# TABLE GÉNÉRALE
## DES MATIÈRES
## DE LA COLLECTION
### UNIVERSELLE
### DES
## MÉMOIRES PARTICULIERS,
### RELATIFS
### A L'HISTOIRE DE FRANCE.
### TOME PREMIER.

IL paroît chaque mois un Volume de cette Collection, aussi réguliérement que le travail peut le permettre.

Le prix de la Souscription pour douze Volumes à Paris, est de 54 livres pour les nouveaux Souscripteurs, à dater du premier Décembre 1788, & de 48 livres pour les anciens. Ceux qui voudront recevoir les Volumes en Province, par la poste, payeront de plus 7 livres 4 sols.

Il faut s'adresser à M. CUCHET, Libraire, rue & Hôtel Serpente, à Paris, & avoir soin d'affranchir le port de l'argent & des lettres.

# TABLE GÉNÉRALE

## DES MATIÈRES

## DE LA COLLECTION

### UNIVERSELLE

### DES

## MÉMOIRES PARTICULIERS

### RELATIFS

## A L'HISTOIRE DE FRANCE.

### TOME PREMIER.

A LONDRES,

*Et se trouve à* PARIS,

RUE ET HOTEL SERPENTE.

1790.

# TABLE
### GÉNÉRALE
## DES MATIÈRES

CONTENUES dans les XXI premiers Volumes de la Collection universelle des Mémoires particuliers relatifs à l'Histoire de France.

---

*Le Chiffre Romain marque le Tome, & le Chiffre Arabe la Page.*

A.

ABBEVILLE (la Ville d') refuse l'entrée aux Troupes du Duc Philippe. V. 480.

Abé se distingue à la prise de Saint Denis. VII. 311.

Abraham, Juif. Pierre-le-Cruel le consulte. IV. 131.

Achau (le Capitaine) blessé à l'assaut de S. Germain. XXI. 95.

Aché (d') secourt les Français

*Tome I.* A

çois attaqués par les Impériaux. XXI. 35.

Acre (Nicole d'). II. 23.

Acre, Ville. Les Turcs cherchent à la furprendre. II. 98.

Adam (l'Ecuyer) fauve le Comte de Guife. XVII. 59.

Adolf de Cleves. VIII. 65. Fait publier une Joute. IX. 2. Se préfente dans la lice. 6 & fuiv. Terraffe Gerard de Roffillon. 8.

Adolphe d'Egmont, Duc de Gueldres, prend prifonnier fon pere & le fait enfermer dans une Tour. XI. 228 & 332. Eft arrêté & conduit prifonnier à Namur. 230. Sa mort. Ibid.

Adoptions (des) d'honneur en frere & des freres d'Armes. Differtation. III. 208 & fuiv.

Adorne (Hieronime) amene des Troupes au Pape. XVII. 174.

Adorne (Antoine) élu Doge de Gênes. VI. 180. Il propofe au Roi de France de recevoir la République fous fa domination. 181. Harangue des Ambaffadeurs au Roi de France. 448.

Adorne (Jean). XII. 169.

Adrian VI, élu Pape. XVII. 192 & 474.

Advin (Jean), Confeiller du Parlement de Paris; fa conduite dans l'affaire de Robert d'Eftouteville, Prévôt de Paris. XIII. 10.

Afrique, expédition en Afrique fous Charles VI. Ses motifs. VI. 430. Perfonnages illuftres qui s'y trouverent. 431.

Agnadel (circonftances de la Bataille d') entre les François & les Vénitiens. XVI. 43 & fuiv.

Agnes de Bourgogne, époufe de Charles, Duc de Bourbonnois & d'Auvergne, meurt au Château de Moulins. XIII. 348.

Agnes, Comteffe de Pife, fait hommage au Roi de France de la Comté de Pife. VI. 302.

Aguerres (Salvadour d'), Capitaine d'Urezeul, remet la Ville entre les mains de Saint Julien. XX. 82. Repouffe les ennemis entrés dans Turin. 434.

Aides (Cour des). Débat entre la Cour des Aides & l'Univerfité de Paris. XIII. 7.

Aigle (le Seigneur de l'), Vicomte de Limoges, envoyé des Troupes à Champeaux. VII. 11.

Aigreville (le Seigneur d'), Capitaine de Montargis. XIII. 15.

Aigue (Etienne d'), Seigneur de Beauvois. XX. 4.

Aiguemortes, Ville. Obferv. II. 250.

Aimeries (le fieur d'), Grand

Bailli du Hainaut, accompagne Louis XI jufques hors des terres du Duc de Bourgogne. XI. 107. Reçoit le Connétable de Saint Paul. 326. Le Duc de Bourgogne lui ordonne de le faire arrêter. 327.

*Aire* (le Comte d'); fa réponfe aux Coureurs de l'Armée Angloife. IV. 205. Il accufe Bertrand du Guefclin de lâcheté. 207.

*Aix* (la Ville d') eft mife au pillage par les François. XIX. 289.

*Aix* ( d' ) Surnommé de Renty. XXI. 153.

*Aydie* (Odet d') commande à la place des Ducs de Berry & de Bretagne. X. 367. Eft chargé par Louis XI de faire accepter un nouveau Traité à Charles de France, Duc de Berry. 113. Et de faire un Traité de paix avec le Duc de Bretagne. 211. Conditions de ce Traité. 212. & *suiv.*

*Alarçon* (le Seigneur) commande les Efpagnols à la place du Marquis de Pefquaire. XVII. 306. Eft commis à la garde de François I<sup>er</sup>. XVIII. 9.

*Albanie* (le Duc d') envoyé à Naples par François I<sup>er</sup>, roi de France. XIV. 230. A Rome en qualité d'Ambaffadeur auprès du Pape. XVI. 245. XVII. 15. 47. Gouverneur du Roi d'E-coffe; fa conduite. 68. Marche avec des Troupes à Naples. 360. Eft envoyé avec des Vaiffeaux pour chercher le Pape. XVIII. 232. Sa mort. XIX. 242.

*Albe* (le Duc d') fuit l'Empereur à l'attaque de Marfeille. XX. 20. Tient la Ville affiégée. 62.

*Alberic Clément*, Maréchal de France, s'embarque avec Saint Louis fur une Galère génoife. II. 31.

*Albert*, Duc de Saxe, eft nommé Lieutenant du Roi des Romains & Gouverneur de l'Archiduc Philippe. IX. 304. Ses conquêtes. 307. Accorde la paix à Philippe de Clèves; à quelles conditions. 309.

*Albon* (Guichard d') prend d'affaut la Ville de Sauffes fur les Caftillans. XII. 410.

*Albon* (Jacques d') vient à Thérouenne. XX. 157.

*Albret* (le fire d') parle en faveur de Bertrand du Guefclin. IV. 256. Il prête ferment de fidélité au Roi Charles V. V. 136. Il époufe la fœur de la Reine de France. *Ibid.* Il marche pour combattre le Roi d'Angleterre. 378.

*Albret* (Charles d'), Connétable de France, prend parti contre le Duc de Bourgogne. V. 358. Eft

A ij

tué à la Bataille d'Azincourt. VII. 240.

Albret (Charles d'), Cousin-Germain de Charles VI, Roi de France, entre dans l'Ordre de la Dame Blanche à l'Ecu Vert. VI. 169.

Albret (Alain d') vient au secours du Duc de Bourgogne. X. 319.

Albret (Jeanne d'), sa mort. VII. 380.

Alebert (le Cadet d'), Confident de Monseigneur de Beaujeu, frère du Duc de Bourbon, est accusé de l'avoir trahi & livré à ses ennemis. XIII. 249. Est décapité à Poitiers. 254.

Alegre (d') repousse les Vénitiens devant Tarente. XIV. 36. Est tué à la Bataille de Ravenne. XV. 315.

Alençon (Pierre Comte d'), cinquième fils de S. Louis. II. 165.

Alençon (le bâtard d') se rend auprès du Comte d'Aumale contre les Anglois. VII. 18.

Alençon (Jean I.er Duc d'), tué à la Bataille d'Azincourt. VII. 240.

Alençon (Jean II, Duc d'), est fait prisonnier à la Bataille de Verneuil. VII. 32. Paye sa rançon & est remis en liberté. 64. Assiège & prend d'assaut Jargeau. 131. Fait les préparatifs pour l'attaque de Beaugency. 136. Force Jeanne d'Arc à se retirer du combat. 180. Prend, par trahison, la Ville de Saint Maixant. 357.

Alençon (Françoise d'), son mariage avec Charles de Vendôme. XVII. 5.

Alençon (Charles Duc d'). XVII. 21. Il va à Boulogne. 37. Assiste à un Tournoi. 41. Commande l'arrière-garde. 48. Défait un parti de Suisses 60. Prend le commandement de la Champagne. 114. Va à Mouzon. Ibid. Commande l'avant-garde. 143. Sa mort. XVIII. 14. 307.

Alexandre IV, Pape, écrit au Roi de Fance au sujet de la mort de Saint Louis. Copie de la Lettre. II. 309.

Alexandre VI, Pape, laisse entrer dans Rome, avec son Armée, Dom Ferrand, fils d'Alphonse, Roi de Naples. XII. 203. Fait arrêter Prosper Colonne & quelques-uns de ses Adhérens. Ibid. Y laisse entrer aussi Charles VIII, Roi de France. 204. Obtient de lui un sauf-conduit pour Dom Ferrand. Ibid. Se retire au Château Saint-Ange. 205. Les Cardinaux veulent le déposer. 218. Traité avec Charles VIII. Conditions de ce Traité. 221. Se retire à Orviette.

267. Instructions données à son Nonce auprès de Bajazet, Empereur des Turcs. 472. Se ligue avec plusieurs Princes contre Charles VIII. XIV. *Mémoires de Guillaume de Villeneuve*, 6. Sa mort. XVI. *Mémoires de Fleuranges*. 12.

*Alexandre Stuart*, frère de Jacques III, Roi d'Ecosse, se réfugie en France. XIII. 403.

*Alexandre de Médicis*, Duc de Florence; sa mort. XX. 147.

*Alexandrie* (Ville d') est prise. XVII. 52. Est prise par Lautrec & rendue au Duc de Sforce. XVIII. 70.

*Algiro*, Ville de Turquie, les Sarrazins l'abandonnent & y mettent le feu, VI. 150.

*Alibaudiere*, forteresse, attaquée par Jean de Luxembourg. V. 445. Relation du Siége. 447 & *suiv*. Elle se rend au Comte de Conversan qui la fait brûler, 448.

*Alligres* (d') passe en Piémont avec mille hommes de pied. XX. 231. Arrive à Turin. 244. Est tué à l'attaque de Bains. 22.

*Alleman* (Soffrey), Capitaine de l'Armée contre les Vénitiens. XV. 67. Témoin du courage & de la blessure du Chevalier Bayard à l'assaut de la Ville de Bresse. 247. Remarques sur sa famille. 448 & *suiv*.

*Allemans* (*Helene des*), mère du Chevalier Bayard. XLV. 323, 417. Discours qu'elle lui tient. 330.

*Allemans* (les) assiégent Mouson. XV. 389, & s'en rendent maîtres. 390. Mézieres. 393. Lèvent le siége. 401. Refusent d'assaillir Padoue. XVI. 58.

*Alles* (*Philippe d'*), Lieutenant du Comte de Nassau dans le Château de l'Ecluse. IX. 310.

*Alponse*, frère de S. Louis, est reçu Chevalier. I. 44. Saint Louis lui donne le Comté de Poitou. 208. Il se croise. 49. Arrive à Damiéte. 79. Est pris par les Sarrazins & délivré par les Bouchers de l'Armée. 138. S'embarque. II. 35. Revient en France. 51.

*Alphonse IV*, roi d'Arragon, reçoit Henri dans ses Etats. IV. 97. Il lui communique les lettres de Pierre-le-Cruel. 99. Interroge Henri déguisé en pélerin. 239. Lui promet du secours. 240.

*Alphonse V*, Roi d'Arragon, ses qualités. VIII. 263.

*Alphonse V*, Roi de Portugal, vient en France solliciter des secours contre le Roi d'Espagne. XI. 193. Va joindre le Duc de Bourgogne au Siége de Nancy.

395. Prend un habit de religieux & est fait prisonnier. 396. Il vient en France demander des secours pour la Conquête des Royaumes de Séville & de Castille. XIII. *Mémoires de Jean de Troye.* 342. Ordre de son entrée à Paris. 343 & *suiv.*

*Alphonse II*, couronné Roi de Naples par le Pape Alexandre VI. XII. 163. Léve des Troupes contre les François. 167. Se reproche sa cruauté envers plusieurs de ses Sujets. 206 & *suiv.* Renonce à la Couronne, & proclame son fils Dom Ferrand, Roi de Naples. 214. Se retire en Sicile. 215. Où il se dévoue à la pénitence. 216. Sa mort. 217. Abandonne le Royaume de Naples devant les Troupes Françoises & se réfugie en Espagne. XIV. *Mémoires de Guillaume de Villeneuve.* 4.

*Alphonse*, premier du nom, Duc de Ferrare, secourt les Assiégés dans la Bastide & gagne la Bataille. XV. 184 & *suiv.* Son embarras d'après les propositions du Pape. 198 & *suiv.* Commande l'avant-garde à la Bataille de Ravenne. 286. Visite les François dans leur camp. XVI. 77.

*Alvianne ( Barthelemy d')*, Chef de l'Infanterie des Vénitiens. XV. 70. Présente la Bataille & la perd. 71. Il est fait prisonnier. 72. Général de l'Armée des Vénitiens à Agnadel. XVI. *Mémoires de Fleuranges.* 43 & *suiv.* Sa réponse au Roi Louis XII. 46. Défait les Suisses. 204. Veut surprendre Bresse. XVII. 66. Sa mort. *Ibid.*

*Amadoc*, tué au Siége de Creil. VII. 295.

*Amandalis ( Gratien d')*, périt au Siège de Ravenne. XVI. 89.

*Amaury de Saint-Leger* défait un gros de Bourguignons. VII. 13.

*Amboise ( Bussy d')* se trouve avec sa Compagnie au Siége de Dijon. XVI. 138. Est fait prisonnier à la journée des éperons. 146.

*Ambroise ( Saint )*, Ville au Val de Suze. XVII. 17.

*Amboise ( Charles d')* se ligue avec les Princes contre Louis XI. X. 353. Fait quelques prisonniers. 355. Vient au Château de Rouvre où la Duchesse de Savoye étoit détenue prisonniere, & lui procure la liberté. 372. Succéde à Georges de la Trimouille dans les Gouvernemens de Champagne, Brie, Bourgogne. XII. 34. &c. &c. Traite avec les Suisses; Conditions de ce Traité. 35. Se rend maître du Château de Rochefort. 36. Prend d'assaut la Ville de Dôle. *Ibid.* Assiége Auſſone qui se rend. 37. Fait son entrée dans Bezançon au nom du Roi. *Ibid.* Reprend quelques Villes qui s'étoient révoltées. 38. Entre au Conseil pendant la maladie du Roi. 59. Succès de son Armée. XIII. 387. 400.

*Amboiſe* (*Chaumont d'*), Grand-Maître de France, Lieutenant-Général pour le Roi dans le Duché de Milan. XVI. 34. Général de l'Armée en Italie. *Ibid.* Arrive à Parme. 66. Accident qui lui arrive étant à Correige. 68. Où il reste malade. 70. & meurt. *Ib.*

*Amboiſe* (*Georges d'*), Archevêque de Rouen & Cardinal, conseille au Duc d'Orléans de ne pas quitter Novare. XII. 345. Il reçoit, pour le Roi Louis XII, l'amende honorable des Habitans de Milan. XIV. 165. Sa mort. XV. 150. Passe en Italie avec le Roi Louis XII. XVI. *Mémoires de Fleuranges*. 37.

*Amboiſe* (*Hugues d'*), frère du Cardinal de ce nom, envoyé à Gènes pour exciter les Génois à la révolte. XII. 279.

*Amboiſe* (Louis d'), Evêque d'Alby, entre au Conseil de Louis XI pendant sa maladie. XII. 59. Il est délégué par le Pape pour connoître du mariage de Louis XII avec Jeanne de France. XIV. 158.

*Amboiſe* (*Pierre d'*), Seigneur de Chaumont, se ligue avec les Princes contre Louis XI. X. 353. Le Roi fait brûler sa Ville de Chaumont. XIII. 126.

*Ambres* (le Chevalier d'). XVII. 74. 160.

*Amé*, Duc de Savoye, élu Pape par le Concile de Bâle. VIII. 42. Renonce à la Papauté. 45, & se retire à Ripaille en qualité de Légat. *Ibid.* & 415.

*Amédée VII*, Duc de Savoye, promet des secours à la France, à quelles conditions. VII. 37.

*Amiens* (la Ville d') envoye des secours d'hommes & d'argent à Charles, Régent du Royaume de France. III. 428. Charles VI s'y rend pour traiter de la paix avec les Anglois. VI. 80. Elle quitte le parti du Duc de Bourgogne, & se met sous l'obéissance du Roi de France. IX. 127.

*Amiens* (le Vidame d'). XVII. 3.

*Amurat I*$^{er}$, reçoit dans sa Cour le Maréchal de Boucicaut & Regnault de Roye. VI. 57.

*Ancienville* (*Antoine d'*) fait

A iv

entrer de l'artillerie dans la Ville d'Arles, XX. 32.

*Andelette* (*Jean d'*). III. 368.

*Andelot* (d'), frère de Gaspard de Coligny, vient à Landrecy, XXI. 29.

*Andoyn* (le Seigneur d') vient à Therouenne, XX, 157. Est tué devant Landrecy pendant le Siège. XXI. 75.

*André* (*de Saint*-), Chevalier de l'Ordre du Roi, est envoyé à Bommy pour traiter de la paix avec les Impériaux XX, 218. Joint l'Armée Françoise en Piémont. XXI. 114.

*André* (frère) *de Ferrare*, prêche contre les François. XVII. 194.

*André* (le Seigneur *de St*-). XVII. 15.

*Andry* (*de Saint*-), Lieutenant du Duc de Bourbon, défend contre les Bourguignons la Ville de Therouenne. XIII. 404.

*Ange* (le Marquis *de Saint*-) est tué. XVII. 391.

*Ange* (le Château *Saint*-); le Pape s'y retire XVIII. 30. S'y retire une autre fois. 36. Est forcé. 37.

*Anglois* (les) s'emparent du Fort de Rouleboise. III. 428. Pénètrent dans le Beauvoisis. *Ibid*. Se répandent dans la Normandie. IV. 15. Refusent d'en venir aux mains avec Bertrand du Guesclin. 16. Perdent la bataille de Cocherel. 31, 38. *& suiv*. Il leur arrive un nouveau secours qui est taillé en pièces. *Ib*. Sont défaits à Pontvallain, 392. Tiennent conseil devant Niort. V. 3. Approuvent l'avis de Jaconel & marchent contre Bertrand. 4. Se saisissent de deux charretées de Vin & le boivent. 5. En viennent aux mains & sont vaincus. 11 *& suiv*. Ils remportent une victoire complette auprès de Cravent. VII. 15. Perdent la bataille à Brossinière. 19. Assiégent par terre & par mer le Mont-Saint-Michel. 22. Lèvent le Siège après un échec considérable. 23. Défendent la Ville Saint-Jame-de-Beuvron. 50. Sont défaits dans le Hainaut. 52. Dans le pays d'Anjou. 53. Rendent aux François Romefort en Anjou. *Ibid*. Malicorne. 55. Assiégent Montargis. 56. Lèvent le Siège avec perte. 61. Sont forcés dans la Ville du Mans. 67. Secourus par le Capitaine Talbot. *Ibid*. Pillent l'Eglise de Cléry. 75. Assiégent Orléans. 79 *& suiv*. Différens échecs depuis l'arrivée de Jeanne d'Arc à Orléans. 101 *& suiv*. Ils lèvent le Siège & se retirent à Meun-sur-Loire. 127. Sont défaits à

Jargeau. 131. Demandent des secours. 137. Sont chassés de Meun. 138. Abandonnent Baugency. *Ibid*. Rendent le Château. 141. Perdent la bataille auprès de Patay. 142 & 282. Abandonnent plusieurs autres Villes & Châteaux. 144. Diverses escarmouches. 176 *& suiv*. Ils rentrent dans Paris. 184. Sont chassés de la Ville de Laval. 186. Défaits dans leur Camp près Compiégne. 191. Gagnent la Bataille d'Azincourt. 239. Sont surpris dans Montargis. 270. Evacuent la Place. 271. Refusent la Bataille devant Sillé-le-Guillaume. 292. Lèvent le Siége de Gerberoy avec perte. 314. Sont défaits à Saint Denis. 319 *& suiv*. A Crotoy. 231. A Meaux. 349. Prennent Auffroy, Presvot. 355. Assiégent Angers. 377. Rendent le Mans. 382. Fougères. 391. Funeste effet de la division qui se met entr'eux. VIII. 368. Font lever le Siége de Dixmude & gagnent la Bataille. IX. 308. Ravages qu'ils exercent en France. 365. Se révoltent contre Henri de Lancastre, leur Roi. XIII. *Mémoires de Jean de Troye*. 6. Mettent à mort plusieurs Princes & Seigneurs de la Cour. *Ibid*.

*& suiv*. Abandonnent le parti d'Edouard, Roi d'Angleterre. 211. Font plusieurs tentatives que la sagesse de la Trémoille rend inutiles. 220 *& suiv*. Assiégent Therouenne. XV. *Mémoires de Bayard*. 340. font une descente en France & assiégent Therouenne. 16. *Mémoires de Fleuranges*. 145 *& suiv*. Qui se rend au Roi d'Angleterre. 150. Ils font une descente à Calais. XVII. 244. Attaquent Hédin. 245. Un détachement est taillé en pièces. 246. Sont contraints de lever le Siége. 247. Se retirent en Angleterre. 249. Descendent à Calais. 297. Parcourent la Picardie. 298. Se retirent sans avoir rien gagné. 305.

*Anglure* (René d'), Vicomte d'Etoges. XVI. 3. Marche à la tête de quatre mille hommes au secours du Duc de Gueldres. 30. Passe en Italie à la tête de la Compagnie de Robert de la Marck. 62. Secourt Boulogne. 85. Prend une pièce d'artillerie aux Anglois. 143.

*Anglure* (Jean d') commande à Arles mille Champenois. XX. 35.

*Angoris*, Capitaine Anglois, propose, dans le Conseil, d'attaquer Bertrand du

Gueſclin qui aſſiégeoit la Ville de Ciſay. V. 3. Il eſt fait priſonnier. 13.

Anguerrand (Louis d') mande les Suiſſes à Peronne. XX. 4.

Anne d'Alençon, épouſe Guillaume Paleologue, marquis de Monferrat. XVI. 10 & 320.

Anne, Ducheſſe de Ferrare, fille du Duc de Milan, après la bataille devant la Baſtide, reçoit honorablement les François. XV. 192. Son Portrait. 193.

Anne de France, fille aînée de Louis XI, épouſe Monſeigneur de Beaujeu, frère du Duc de Bourbon. XIII. 261. Sa mort au Château de Moulins. 421. Intrigue pour avoir la régence du Royaume pendant la minorité de Charles VIII. XIV. 137.

Anne, fille de Magnus, Duc de Mecklembourg, achete la paix avec François de Siekingen. XVI. 235.

Anne, Ducheſſe de Bretagne, épouſe Charles VIII. XVII. 32. Elle tombe malade & meurt. XV. 358. Son éloge. Ibid. & ſuiv. & 455 & ſuiv. XVII. 27 & 304.

Annebaut (Claude Seigneur d'), eſt fait priſonnier à Pavie. XVII. 123. 396. Il pourſuit l'Ennemi & prend Turin. XIX. 36. Ses précautions pour garder la Ville. 432. Envoie ſurprendre un magaſin ennemi. 434. Il apprend au Roi tout ce qui s'eſt paſſé dans ſon Armée d'Italie. XX. 126. Se rend maître de la Tour du Pont du Pô. 136. De Montcaillier. 137. Arrive à Carignan. Ibid. Eſt chargé de ravitailler Therouenne. 157. Se rend maître de la Ville & Château de Saint Paul. 169. Eſt chargé de ravitailler Therouenne. 211 & ſuiv. Eſt fait priſonnier. 215. Eſt nommé Maréchal de France. 281. Gouverneur du Piémont. 286. Va en Ambaſſade à Veniſe. 290 & 480. Le Roi le retient auprès de ſa perſonne. 298. Marche contre le Rouſſillon ſous la conduite du Dauphin. 369. Etat des forces qu'il avoit laiſſées en Piémont. 390. Paſſe en Piémont à la tête d'une Armée & arrive à Turin. 403. Manque l'occaſion de défaire les ennemis. 404. Aſſiége Cony. 409. Lève le Siége avec perte. 410. Licentie ſon Armée. 411. Danger qu'il court ſur le Mont-Cenis. 412. Le Roi le mande à Châtelleraut. 414. Eſt nommé Amiral de France. XXI. 4 & 280. eſt chargé d'inveſtir Aveſnes. Ib. Il aſſeoit ſon Camp à Eſtrée. 5. S'oppoſe aux projets de Martin du Bellay contre Landrecy. 9. Attaque la Ville de Bains. 21. Eſt nommé chef de l'Armée dans le Luxembourg. 33. Fait canonner la Place. 47. Ravitaille Landrecy. 73. Traite de la paix avec les Députés de l'Empereur. 186. 194. Eſt nommé Général de l'Armée navale contre l'Angleterre. 209. Préſente le combat à la Flotte Angloiſe. 215. Ordre de la Bataille. 217. Deſcent ſur les terres du Royaume d'Angleterre. 222. Ce qui fut délibéré dans le Conſeil où ſe trouvèrent tous les Capitaines de l'Armée navale. 225 & ſuiv. Revient en France & débarque auprès de Boulogne. 233. Tombe malade. 248. Eſt envoyé en Ambaſſade auprès de l'Empereur. 260. A Ardres pour traiter de la paix avec le Roi d'Angleterre. 271.

Anſerville (Jean d'), fils de Joinville. Sa naiſſance. I. 50.

Antin (le Baron d') accepte un pas d'armes contre Robert de la Marck, & néglige de s'y rendre. Punition ordonnée par les Loix de la Chevalerie & du Royaume. XVI. 226 & 358.

Antoine, Duc de Brabant, frère du Duc de Bourgogne. V. 342. Il périt à la Bataille d'Azincourt. 383.

Antoine, bâtard du Duc de Brabant, eſt fait Chevalier. VIII. 336.

Antoine, bâtard de Bourgogne. VIII. 140. Suit le Duc à Luxembourg. 267. Commande l'avant-garde contre les Gandois. 300. Eſt fait Chevalier. 301. Commande l'arrière-garde. 338. Engage un Chef des Anglois à quitter le parti des Gandois. 363. Suit le Comte de Charolois contre la France. IX. 70. Marche contre les Turcs. 95. Les force à lever le Siége de Sceulte. 96. Reçoit le Comte de Roche en Ardaine. 97. Accepte le pas d'armes propoſé par le frère de la Reine d'Angleterre. 98. Aſſiége Dinand. 99. Part pour l'Angleterre. 104. Fait armes contre le Seigneur d'Eſcalles. 107 & ſuiv. Invite à dîner la Reine d'Angleterre, ſes ſœurs, &c. &c. 112. Il apprend la mort de Philippe, Duc de Bourgogne ſon père. 112. Prend congé du Roi d'Angleterre. 113. Fait quelques conquêtes ſous le Roi Louis XI. XIII. 31.

Antoine San-Severin, Prince

de Salerne, vient en France. XII. 138. Entretient des intelligences avec Jean Galeas, Duc de Milan. 139.

*Antoine d'Urbin*, fils naturel du Duc d'Urbin, attaque l'avant-garde des François devant Fornoue. XII. 305.

*Antoine*, Duc de Vendôme, Gouverneur & Lieutenant pour le Roi en Picardie, prend le Château de Montoir. XX. 384. De Tournehan. *Ibid*. Est chargé de ravitailler Therouenne. 436. Noms des Seigneurs qui se joignent à lui pour cette expédition. *Ibid*. Campe à Gournay. *Ibid*. Prend la Ville de Liliers & la fait brûler. 440. Se retire avec son Armée à Feryens. 441. Rassemble son Armée auprès d'Abbeville. XXI. 4. Après la prise de la Ville de Bapaume, il renonce, par exprès commandement du Roi, à la prise du Château. 9. Passe en Picardie. 28. Met en déroute les Impériaux partis de Saint-Omer pour ravitailler le Camp devant Montreuil. 184. Fait fortifier les places foibles de Picardie. 262.

*Antoine* ( *Michel* ). XVII. 161.

*Antoinette de Bourbon*, sœur de Charles de Vendôme. Son mariage avec Claude de Lorraine. XVII. 16.

*Antoine*, Comte de Retel, fils du Duc de Bourgogne. V. 100.

*Anton* (le Seigneur d'). XVII. 21.

*Apresmont* ( Gaubert d' ) & ses frères se croisent. I. 49. Il part pour la Terre-Sainte. *Ibid*. S'embarque à Marseille avec Joinville. 51.

*Arabe*. Relation de la Guerre de la Terre-Sainte, extraite de plusieurs manuscrits Arabes. III. 1 & *suiv*. jusqu'à 79.

*Arban* ( le Seigneur d' ) vend au Roi de France le Château de Jou. IX. 261.

*Arban* ( d' ), chef d'une Escadre envoyée au secours des Châteaux de Naples. XII. 339.

*Arbert* ( le Comte d' ) joute contre Louis de la Basine. VIII. 84.

*Arc* ( *Jeanne d'* ). Occupations de sa jeunesse. VII. 92. Elle demande d'être conduite au Roi. 93. Discours qu'elle lui adresse. 96. Satisfait tous ceux qui l'interrogent. *Ib*. Est conduite à Poitiers. 98. Particularités qui lui arrivèrent pendant son séjour. 99 & *suiv*. Son départ de Poitiers. 102. Elle arrive à Blois & fait bénir son Drapeau. 105. Copie de la Lettre qu'elle écrivit aux

Chefs de Guerre Anglois tenant le Siége d'Orléans. *Ibid. & suiv.* Elle arrive & fait entrer les vivres dans Orléans. 109. Reproche qu'elle fait au bâtard d'Orléans. 110. Elle menace le Général Talbot. 112. Secourt les François à l'assaut. 115. Somme les Anglois de lui rendre la Bastide Saint-Laurens. 119. Les force à fuir devant elle. 120. Est blessée. 121, 122. Attaque les Tournelles & les emporte d'assaut. *Idid. & suiv.* En porte les nouvelles au Roi. 131. L'invite à se faire sacrer. 132. A l'attaque de Jargeau monte à l'assaut. 135. Revient à Orléans. 137. Ordonne tout pour l'attaque de Beaugency. *Ibid.* Permet au Comte de Richemont de servir dans l'Armée. 139. Se rend à Gyen. 145. Presse le Roi de se faire sacrer. 147. Se met en marche pour Reims. 150. Se présente au Conseil du Roi. 156. Donne son avis. *Ibid.* Fait les préparatifs pour le Siége. 158. Assiste au Sacre du Roi à Reims. 163. Est blessée à l'assaut devant Paris. 180. Faite prisonnière devant Compiégne. 189. Vendue aux Anglois par Jean de Luxembourg. *Ibid.* Conduite à Rouen où elle fut condamnée à être brûlée. *Ibid.* Circonstances de son supplice & sa mort. 207 *suiv.*

*Arces* (*Antoine d'*), dit le Chevalier Blanc, est fait prisonnier par les Vénitiens. XV. 70. Remarques sur sa famille. 441.

*Archambaut*, quatrième du nom, Comte de Périgord, se révolte contre le Roi de France. VI. 130. Il se rend au Maréchal de Boucicaut. 132. Le Roi lui accorde sa grace. 133. Il prend une seconde fois le parti des Anglois. *Ibid.*

*Archambaut* (*Pierre*), Gouverneur du pays de Ferrete pour le Duc de Bourgogne, est fait prisonnier & condamné à avoir la tête tranchée. XI. 247. De quelle manière il s'étoit conduit dans son Gouvernement. 346.

*Ardres* (Ville). XVII. 9. Préparatifs pour l'entrevue des Rois de France & d'Angleterre. XVI. 268. Elle se rend aux Bourguignons. XVII. 117.

*Aremberch* (*Guillaume d'*) assiége le Duc de Bourgogne. IX. 223.

*Argency* (*Pierre d'*), Baron d'Ivry. Sa mort. V. 483.

*Argones* (Messire d'). Son Ecuyer se laisse tomber dans la mer. Circonstance de ce naufrage. II. 133.

*Arguel* (le Seigneur d') fils de Louis, Prince d'Orange. VIII. 51. Epouse Catherine de Bretagne. 61. Est chef de l'Armée du Duc d'Orléans. 212. Fait la guerre aux Milanois. *Ibid.*

*Arimini* (Robert d'). XII. 45.

*Arles* (la Ville d') est fortifiée par l'ordre de Montmorency. XIX. 392. Différens entre les Italiens & les Champenois. XX. 36 & *suiv.*

*Arly* (Langy d') défend la Ville de Rouen contre les Anglois. V. 418.

*Arlon* (la Ville d') se rend à l'obéissance du Roi de France. XX. 379. Anecdote particulière. 510. XXI. 42.

*Armagnac* (Bernard Comte d'), son avis au Prince de Galles. IV. 206. Il prête serment de fidélité à Charles V, Roi de France. V. 136. Il prend le parti de Charles d'Orléans pour venger la mort de son père. 342. Son crédit auprès du Roi Charles. 387. Il est fait Connétable de France. 528. Il fortifie la Ville de Peronne. 391. Il est fait prisonnier. 406. Il est assassiné par la populace. 413.

*Armagnac* (le bâtard d'), Membre du Conseil de Louis, Dauphin de France. IX. 51.

*Armagnac* (Jean Comte d') obtient des lettres du Roi en cassation de l'Arrêt du Parlement qui l'avoit banni du Royaume & confisqué ses biens. X. 245. Arrive devant Paris. 383. Il vient au secours du Duc de Bourgogne. X. 319. Fait prisonnier Monseigneur de Beaujeu, frère du Duc de Bourbon. 248. Sa mort. 252.

*Armagnac* (Jacques d'), Duc de Némours, vient au secours du Duc de Bourgogne. X. 319. Prend le parti de Louis XI. 320. Arrive devant Paris. 383. Est arrêté & condamné à avoir la tête tranchée. XI. 419. Il est assiégé dans Sarlat, se rend. XIII. 331. Est mené prisonnier au Château de Vienne, & delà à Pierre-en-Scife. *Ibid.* Instruction de son Procès à Noyon. 368. Est condamné à perdre la tête. 369. Copie de la lettre qu'il écrivit au Roi pour fléchir sa colère. 474 & *s.*

*Armenie* (le Roi d') envoye en Chypre, au Roi de France, un riche Pavillon. I. 59. Il demande des secours au grand Roi de Tartarie, se déclare son sujet, & fait la guerre au Soudan de Conie. 60.

*Armes* (des) à outrance, des Joutes, de la Table ronde,

des Behourds & de la Quintaine. Differtation. III. 81 & *fuiv.*
Armes (Cris d'). III. 141 & *fuiv.* 154 & *fuiv.*
Armoiries. De la communication des Armoiries des familles. Differtation. III. 248 & *fuiv.*
Arnout, Duc de Gueldres; traitement qu'il éprouve de la part de fon fils. IX. 228. 332.
Arondel (le Comte d'), Chevalier Anglois, au fervice du Duc de Bourgogne. V. 347. Il attaque les Troupes du Duc d'Orléans qui fe rendent à difcrétion. 348. Lieutenant du Roi d'Angleterre. Il range fon Armée en bataille devant Sillé-le-Guillaume. VII. 292.
Arpajon (le Comte d'), fa querelle avec le Maréchal de Severac. VII. 43. Sa reconciliation. 46.
Arragon (Dom *Antoine*), Lieutenant pour l'Empereur dans la Ville d'Aft. XX. 235.
Arras (la Ville d') envoye des fecours d'hommes & d'argent à Charles, Régent du Royaume de France. III. 428. Elle eft affiégée par Charles VI, Roi de France. V. 366. Circonftances de ce Siége. 367 & *fuiv.* Conférences tenues à Arras pour la paix entre le Duc de Bourgogne & le Roi de France. VII. 308 & *fuiv.* Noms des Seigneurs qui s'y trouvèrent. 419. Conditions de la Paix d'Arras. VIII. 20 & 413.
Ars (*Louis d'*), Capitaine de la Compagnie de Louis de Luxembourg. XIV. 377. Juge du Tournoi publié par Bayard. *Ibid.* Sollicite auprès de Louis de Luxembourg la grace des Habitans de Vaugaire. XV. 8. Paffe en Italie avec fa Compagnie. 12. Ses exploits dans le Royaume de Naples. XVI. 14.
Arfcot (le Duc d') propofe une trève aux François. XX. 218.
Arthault de Nogent demande au Comte Henri-le-Large, de quoi marier fes filles. I. 43 & 206.
Artigue-Dieu (le Capitaine) attaque & défait les Impériaux au Pas de Suze. XX. 262.
Artus, Comte de Richemont, prend parti contre le Duc de Bourgogne. V. 358. Eft fait prifonnier à la Bataille d'Azincourt. 383. Se range du parti des François. VII. 39. Il eft fait Connétable de France. 42 & 250. Affiége & prend Pontorfon. 47. Affiége S.-James-de-Beuvron. 50. Eft forcé de lever le Siége avec perte. 51. Défait les An-

glois en Anjou. 53. Les force à lever le Siége de Montargis. 58. Fait fortifier Pontorfon. 68. Vient à Blois. 137. Se trouve au Siége de Beaugency. 139. Ses Mariages & fes enfans. 230. Différentes conquêtes. 237. Est fait prifonnier à la Bataille d'Azincourt. 240. Conduit à Londres. 241. Vient à Vannes vifiter le Duc Jean, fon frère. 244. Ordonne des fortifications à Rennes. 245. Négociation pour fon mariage avec la fœur du Duc de Bourgogne. 246. Reçoit à Saint-Malo les Ambaffadeurs du Roi de France. 249. Se rend à Angers, auprès du Roi, fuivi de plufieurs grands Seigneurs. 250. Vient en Bretagne pour fe mettre à la tête de l'Armée. 257. Affiége Beuvron. *Ibid.* Défait les Anglois auprès du Mont Saint-Michel. 264. Place la Trimouille auprès du Roi. 266. Reprend fur Regnaut la Place de Mairevent. 288. Range fon Armée en bataille pour attaquer les Anglois. 291. Va trouver le Roi. 294. Prend d'affaut la Ville de Han. 298. Son entrevue avec le Duc de Bar. 301. Différentes conquêtes. 301 & *fuiv.* Il traite de la paix à Arras. 307 & *fuiv.* Il apporte au Roi les conditions de la paix. 313. Raffemble fes Troupes à Pontoife. 316. Attaque les Anglois & les défait à S. Denis. 319 & *fuiv.* Entre & foumet la Ville de Paris. 321 & *fuiv.* Affiége Creil. 335. Vient à Paris & ordonne les préparatifs pour l'entrée folemnelle du Roi. 339. Affiége Meaux. 345. Ordonne l'affaut. 346. Projette de quitter le Gouvernement de France. 347. Reprend fur les Anglois le Marché de Meaux. 353. Affiége Avranches. 354. Se retire à Dol. 355. Sa querelle avec les Seigneurs de Bourbon, Vendôme & le bâtard d'Orléans. 356. Avertit le Roi du danger qui le menace. 357. Affiége & prend S. Germain-en-Laye. 359. Rétablit l'ordre en Champagne. 360. Affiége Pontoife. 361. Ordonne l'affaut. 368. Sa conduite après la prife de Saint-Sever. 372. Différentes conquêtes. 386 & *fuiv.* Il affiége Bayeux. 399. Avranches. 400. Cherbourg. 403. Va à Vendôme où il tombe malade. 412. Meurt. 416.

*Arzac de la Breffe,* Capitaine, fon différent avec Bonneval, Lieutenant du Roi à Arles. XX. 50. Sa Punition. 55.

*Afcaigne,*

*Ascaigne*, Cardinal, frère du Duc de Milan & Vice-Chancelier, tient le parti des Colones. XII. 199. Retenu prisonnier par le Pape. 203. Il avoit le plus contribué à son élection. 220. Après la défaite de l'Armée se retire à Boulogne. XIV. 164. Est arrêté, envoyé au Roi Louis XII. 165. & enfermé dans le Château de Loches. 166.

*Ascot* (le Marquis d'). XVII. 95.

*Asmoaddamo Gajiat-Addin Tarancssac*, est fait Soudan de Babylone. I. 135. Propose un traité de paix. 142. Conditions. *Ibid.* Rejette les offres du Roi. 143. Traite de la rançon du Roi & des autres Prisonniers. II. 8. Demande quatre Chevaliers pour conclure le traité. 10. Demande Damiette & dix cent mille bezans d'or. 13. Description de son habitation. 14. Ses Amiraux gagnent les Chevaliers de la Haulcqua & décident sa mort. 16. Reçoit un coup d'épée dans la main. 17. Sa mort. 19. Observations sur sa mort. 174.

*Asnieres* (le Seigneur d'). XVII. 3.

*Asperrault* (le Seigneur d') leve des Troupes pour conquérir la Navarre. XVII.

90. Est pris par les Espagnols. 91.

*Assal* (le Chevalier) commande en Italie mille hommes de l'Armée Françoise. XX. 127. Repousse les ennemis à Quiets. 228. Est fait Gouverneur de la Ville. 244. qui fut prise d'assaut par le Marquis de Guast. 252. Est nommé Capitaine de Serisolles. XXI. 137.

*Assemblées solemnelles des Rois de France.* Dissertation. II. 384 & *suiv.*

*Assier* (le sieur d') est donné pour otage à Antoine de Leve. XIX. 269.

*Asur* (le Seigneur d'). Les Turcs lui demandent cinquante mille besans. Sa réponse. II. 99.

*Asur*, Ville. Observation. II. 228. Combat singulier entre un Sarrasin & un Chevalier Genois. 99.

*Avalon* (Pierre d') est surpris par les Sarrasins. I. 87.

*Avalos* (Ferrand d') se joint aux Troupes du Pape. XVII. 174.

*Avalos* (Alphonse d'), Marquis de Guast, suit l'Empereur à l'attaque de Marseille. XX. 21. & va reconnoître la place. *Ibid & suiv.* Va à Arles reconnoître la Ville. 30. Danger qu'il court. 45.

*Avaugour* (Louis d'), Comandant à la Ferté-Bernard; capitule & se rend prisonnier. VII. 39.

*Aubespine* (de l'), Conseiller du Roi & Secrétaire d'Etat est envoyé auprès du Roi d'Angleterre. XXI. 186.

*Aubigny* (le Chevalier d') commande un Corps d'armée dans la guerre de France contre les Napolitains. XII. 167. Reste en Calabre après la conquête du royaume de Naples. 263.

*Aubigny* (d') est préposé à la garde de la ville d'Avignon. XIV. 226. Nommé Lieutenant général de l'armée d'Italie. XV. 12. Se rend maître du royaume de Naples. 13. Est forcé de se retirer dans l'Appouille. 14. Entre dans Villefranche où se trouvoit Prosper Colonne. 366 *& suiv*. Ses exploits dans le royaume de Naples. XVI. *Mémoires de Fleuranges*. 14. Est chargé de défendre la ville de Bresse. 103. Est forcé de rendre la Place. 104. Est laissé au siége du Château de Milan. XVII. 62.

*Aubin* (Saint-) fortifiée par les soins du Connétable; se défend contre les Anglois. VII. 387 *& suiv*.

*Aubin* (le Capitaine de S.-) est préposé à la garde de la ville & château de Saint-Paul. XX. 183. Y est tué pendant l'assaut. 200.

*Aubourg* (*Thomas*) fait prisonnier à la bataille de Brossinière. VII. 21.

*Avênes* (Siége d'). XXI. 5 *& suiv*.

*Averolde* (le Chevalier) commande en Italie quatre cens hommes de l'armée Françoise. XX. 127.

*Averton* (*André* d') secourt Orléans assiégé. VII. 82.

*Auger* (*Robinet*) fait prisonnier à Compiegne. V. 415.

*Avignon*. Inquiétude des habitans d'Avignon aux approches de l'armée de Bertrand du Guesclin. IV. 3. Conduite du Pape à leur égard. *Ibid*. Est occupée par le Maréchal de Chabannes. XVII. 347.

*Aumale* (le Comte d') Lieutenant du Roi en Anjou; rassemble ses Troupes pour s'opposer aux entreprises du Chevalier de la Poole. VII. 17. Détail du combat. 19 *& suiv*. Il est fait prisonnier à la bataille de Verneuil. 32.

*Aumale* (le Comte d'), fils aîné du Duc de Guise, marche contre le Luxembourg. XX. 268. Vient à Thérouenne où il escarmouche les ennemis. 437. Présente le combat à la Garnison d'Avesnes. XXI. 21. Se jette dans Landrecy. 29. Prend le Château de

Sainte-Marie. 41. Presse le Siége de Luxembourg. 45. Est blessé. 46. Harcele les Impériaux tenans le Siége de Saint-Dizier. 176. Repousse les Anglois & est blessé. 249.

*Aumont* (Madame d'), dame d'honneur de la Reine Marie. XVI. 170.

*Avogare* (*Louis*) trahit les François & livre la Ville de Bresse aux Vénitiens. 230. Est condamné à avoir la tête tranchée. 254.

*Auphigny* (d') tué au Siége du Château de Hedin. XX. 166.

*Auray* (la Citadelle d') est assiégée par Jean de Montfort. IV. 53. Relation de la bataille. 68 & *suiv.*

*Aussun* (le Seigneur d'). XVII. 74.

*Autonville* (*Paulet* d'), par les ordres du Duc de Bourgogne, assassine le Duc d'Orléans. V. 335.

*Autun* (l'Evêque d') envoyé au Roi par le Duc de Bourbon, est arrêté. XVII. 270. Se sauve aupès de lui & devient Chancelier de Milan. 279.

*Avranches* se rend aux François. VII. 400.

*Avranchies* (*Jacques* d') obtient le prix de l'épée. VIII. 260.

*Avron* (*Guillaume* d') après la prise de Villy, reste au service du Duc de Bourgogne. VIII. 119. Est chargé de la garde d'une des portes de Luxembourg. 131.

*Aussi* (le Seigneur d') quitte la charge de premier Chambellan du Comte de Charollois. IX. 54.

*Auvergne* (*Martial* d'), Procureur au Parlement. XIII. 132.

*Aux* (le Chevalier d'), Capitaine d'une Galére dans l'entreprise contre le Château de Nice. XXI. 13. Sa mort. 230.

*Auxerre* (le Comte d') va reconnoître Meulan. IV. 9. Se joint à Bertrand pour une nouvelle expédition. 17. Se signale dans la bataille de Cocherel. 34. Attaque Valogne. 42. Se rend prisonnier. 69. Est remis en liberté. 80.

*Aydie* (*Odet* d'), Capitaine de l'Armée contre les Vénitiens. XV. 67.

*Aymeries* (d'). Sa querelle avec Robert de la Marche, sieur de Sedan. XVI. 283 & 360.

*Azincourt* (Relation de la bataille d'), gagnée par les Anglois. V. 381 & *suiv.* VII. 238.

## B.

BABYLONE (le Soudan de). I. 60. 245. Assiége le Soudan de Haman. 61. Il est empoisonné & revient en Egypte. *Ibid.* Il livre aux Marchands le Comte Gaultier qui fut massacré. II. 96.

Bacheliers (Chevaliers) qui suivirent Bertrand du Guesclin dans ses différentes expéditions. V. 60 & *suiv.*

Baffraiz ou *Beffroy*. Sa description. I. 274.

Baglion (*Horace*). Sa mort. XVIII. 90.

Bajazet I$^{er}$ attaque l'Armée du Roi de Hongrie devant Nicopoli. VI. 100. Détail de cette bataille. 102 & *suiv.* Sa cruauté envers ses Prisonniers. 113 & *suiv.* Il accepte les présens & la rançon du Comte de Nevers & autres Seigneurs François. 128. Est vaincu par Tamerlan. 164. Sa mort. *Ibid.*

Bajazet II envoye une ambassade solemnelle à Louis XI. XII. 87.

Baillet (*Jean*) créé par Louis XI Maître des Requêtes & Rapporteur en la Chancellerie. XIII. 15. Reçoit le Roi à Sceaux & lui donne à dîner. 216.

Baillet (le Président). Sa reponse à Brion envoyé par le Roi. XVII. 303.

Bailleulmont (le Château de) est pris par M. de Vendôme. XVII. 253.

Bains (la Ville de) se défend contre l'Armée Françoise. XXI. 21.

Balançon (le Seigneur de) est envoyé en France par l'Empereur. XVIII. 153.

Baldach, Ville. Elle est prise par le Roi des Tartares, qui en fait mourir le Calife dans une cage de fer. II. 234.

Ballaigny (*Loiset de*), Capitaine de Beauvais, défend la Ville contre le Duc de Bourgogne. XI. 203.

Ballart (*Martin*) joute contre Jean de Chaumergis. VIII. 85.

Ballon (*Jean-Paul*), Chef des Vénitiens à Bresse. XVI. 86 & 343.

Balsac (le Seigneur de) chargé de préparer à Florence le logement de Charles VIII. Pille la maison de Pierre de Médicis. XII. 195. Est fait Capitaine de la Citadelle de Pise & de plusieurs autres Places. 274 &

Baltasin (*Galiot de*), Chambellan du Duc de Milan, fait armes à pied & à cheval contre le Seigneur de Ternant. VIII. 150 & *suiv.*

*Balue* (*Nicole*) épouse la fille de Jean Bureau. XIII. 148. Le Roi, la Reine, les Princes & Seigneurs assistent à la noce. 149.

*Ballue* (*Jean*), Cardinal, envoyé de Louis XI auprès du Duc de Bourgogne. XI. 12 & 516. 42. Est arrêté prisonnier, & pourquoi. 114. Entretient la division entre Louis XI & Charles Duc de Guienne. 516. Louis XI lui rend la liberté. XII. 60. Rend compte de sa commission dans l'Hôtel-de-Ville de Paris. XIII. 29. Est attaqué & blessé. 91. Présente au Parlement les lettres du Pape qui abolissent la pragmatique sanction 154. Est fait Cardinal & envoyé auprès du Duc de Bourgogne. 156. Revient à Paris. 162. Engage le Roi d'aller à Peronne trouver le Duc de Bourgogne. 193. Est arrêté prisonnier. 195. Ses biens confisqués. 196. Le Roi lui rend la liberté. 412.

*Balignen* (*Loiset de*), Capitaine de Roye, capitule. IX. 205.

*Banière* (de la) de Saint-Louis & de l'Oriflamme. Dissertation. III. 190 &*s.*

*Bannerets* (des Chevaliers). Dissertation. III. 113.

*Bannerets* (Chevaliers) qui accompagnèrent Bertrand du Guesclin dans ses différentes expéditions. V. 60.

*Bapaume*, Ville, se met sous l'obéissance de Charles VI, Roi de France. V. 365. Elle est prise par le Duc de Vendôme. XXI. 9.

*Bapaulme* (le Château de) est pris & rasé. XVII. 144. La Ville est rasée & brûlée par les François. 242.

*Bar* (le Comte de). I. 134. II. 7. 67. Il se bat en combat singulier avec le Comte de Luxembourg. 143.

*Bar* (le Duc de), par les ordres du Duc de Bourgogne, est pris par les Bouchers de Paris. V. 356. Il est remis en liberté. 357. Il périt à la bataille d'Azincourt. 383. S'abouche avec le Connétable de Richemont. VII. 301.

*Bar* (*Jean de*) tué à la bataille d'Azincourt. VII. 240.

*Barbaquan*, Empereur de Perse. Observat. II. 125. De quelle manière il recevoit les tributs de ses Sujets. 70. Il est vaincu & chassé de ses Etats. 77. Il vient à Jérusalem, prend le Château de Tabarie, & tue tout ce qu'il rencontre de Chrétiens. 91. Il dé-

B iij

TABLE GÉNÉRALE

mande du secours au Soudan de Babylone. *Ibid.* Il défait l'Armée du Comte Gaultier & celle du Soudan de la Chamelle. 93. Il fait prisonnier le Comte Gaultier. 95. Il l'envoye au Soudan de Babylonne avec trois cens Chevaliers. *Ibid.*

*Barbazan* (le Seigneur de) se distingue au Siége de Melun. V. 460. Il se rend à discrétion. 461. Il est enfermé à la Bastille. *Ibid.*

*Barberan* (*Albert*) jette du secours dans Alexandrie. XVIII. 69.

*Barberousse*, vient avec une armée au secours du Roi. XXI. 12. Arrive à Marseille & assiége Nice qui se rend. 86 & 290. Retire son Armée à Toulon. 87. 291.

*Barberieux* (le Seigneur de) est fait Amiral du Levant à la place de Doria. XVIII. 97. Veut attaquer Doria. III. Commande à Marseille. XIX. 197. XX. 24.

*Barduffan* (le Seigneur de) tué à la bataille de Ravenne. XV. 310.

*Barde* (*Sicart* de la), Chevalier Anglois, se bat en combat singulier contre le Maréchal de Boucicaut. VI. 44. IX. 51. Abandonne le Roi à Montlhéry. XIII. 52. Envoyé Ambassadeur auprès du Roi d'Angleterre. 127.

*Barges* (la Ville & le Château de) se soumettent à l'obéissance du Roi. XX. 402.

*Barlemont* (le Château de) pris par l'Armée Françoise. XXI. 16.

*Barnieulles* (le Seigneur de) est fait prisonnier. XVII. 301.

*Barre* (la), Chevalier Breton, défait à Lisbonne dans un Tournoi Mathieu de Gournay. IV. 177.

*Barre* (de la) se distingue à la prise de Saint-Denis. VII. 311.

*Barre* (Cornille de la). VIII. 66. Chef des Liégeois contre le Duc de Bourgogne. IX. 121. Est tué dans la bataille. 123.

*Barrois* (le). VI. 40. Il marche au secours du Roi de Hongrie. 89.

*Baruth* (la dame de). I. 65. 251.

*Barut*, Ville prise & pillée par le Maréchal de Boucicaut. VI. 245.

*Basche* (*Peron* de) envoyé par Charles VIII auprès du Pape, des Vénitiens & Florentins. XII. 153. A Ostie avec le Cardinal de Saint-Pierre-aux-Liens. 201. Met en mer une flotte pour aller au secours des Châteaux de Naples. 339.

*Basine* (*Louis* de la). oûte

contre le Comte d'Arbert. VIII. 84.

*Basle* (Concile de). VIII. 40. Condamne le Pape Eugene. 41.

*Bastide* (bataille de la) entre les Troupes du Pape Jules & celles du Duc de Ferrare. XV. 190 & *suiv.*

*Bataille* (Nicole), Conseiller au Parlement de Paris; sa mort. XIII. 423. Quelle en fut la cause. *ibid & suiv.*

*Batarnay* (Imbert de) sieur du Bouchage, Capitaine de Blaye & de Dax. Ses provisions. X. 211.

*Baubin*, commande en Italie quatre cens hommes de l'Armée Françoise. XX. 127.

*Baudouyn de Reims*, suivi de mille Chevaliers, se joint à Joinville. I. 67.

*Baudoüin* (le bâtard) quitte le service du Duc de Bourgogne pour celui de Louis XI. XI. 122.

*Baudricourt* (Robert de) écoute les propositions de Jeanne d'Arc, & la fait conduire au Roi. VII. 93. X. 365.

*Baugé.* Relation de la bataille entre les Anglois & les Dauphinois dans le Cimetière du vieux Baugé. V. 549.

*Baugency* (le Château de) assiégé par les François. VII. 138. Rendu par les Anglois. 140.

*Baux* (la Ville de) est prise d'assaut. IV. 396.

*Bayard* (Pierre de). Réponse qu'il fait à son père. XIV. 324. dont il prend congé pour aller à la Cour de Savoye. 329. Il est reçu Page du Duc. 335. Accompagne le Duc à Lyon. 338. S'offre à combattre Claude de Vaudrey. 350. Circonstances particulières pour les préparatifs nécessaires. 352 & *suiv.* Joûte avec avantage. 366. Prend congé du Roi & de la Cour. 369. Sa générosité. *Ibid. & suiv.* Comment il fut reçu dans sa garnison. 372. Fait publier un tournoi dans la Ville d'Aire. 375. Joûte contre Aymon de Salvaing. 378. Donne un grand repas à tous les Chevaliers qui s'étoient présentés au tournoi & à plusieurs dames. 379 & *suiv.* On lui décerne le prix de la joûte qu'il distribue à deux Chevaliers. 383. Sa conduite à la bataille de Fornoüe. 387. Visite Blanche Paleologue, veuve de Charles Duc de Savoie. 395. Sa conversation avec madame de Fluxas. 396 & *suiv.* Fait publier un tournoi dans la Ville de Carignan. 399. Joûte contre le Seigneur de Ronnasre. *Ibid.* Remporte le prix de la joûte. 401. Est fait

B iv

prisonnier dans Milan. A quelle occasion. 406 & *suiv.* Sa conversation avec Ludovic. 410. qui lui rend la liberté. 412. Comment il refuse le présent du Seigneur de Ligny. XV. 9. Triomphe dans une rencontre de plusieurs Espagnols. 17 & *suiv.* Défie au combat le Capitaine Espagnol qui l'avoit injurié. 28 & *suiv.* & le défait. 30 & *suiv.* Surprend le Trésorier de Gonsales avec quinze mille ducats. 40 & *suiv.* S'oppose seul au passage de deux cens Espagnols sur un pont. 47. Est fait prisonnier. 49. Recouvre sa liberté. 51. Revient en France. 53. Malgré ses infirmités repasse en Italie. 58 & *suiv.* Met en fuite les Génois. 60. Louis XII lui donne une compagnie de cinq cens hommes d'armes. 68. Se trouve au Siége de Padoue. 91. Monte à l'assaut. 93. Surprend & défait un corps de Vénitiens. 99. 108. & *suiv.* Vient en garnison à Véronne. 127. Il est pris deux fois par les Vénitiens & deux fois repris par ses gens d'Armes. 128 & *suiv.* Projette d'arrêter le Pape & ses Cardinaux. 175. Fait prisonnier deux Evêques. 178. Rassure le Duc de Ferrare. 186. & lui fournit un moyen de secourir la Bastide. *ibid.* & *suiv.* & gagne la bataille. 192. Empêche, auprès du Duc de Ferrare, que le Pape Jules ne soit empoisonné. 200. & *suiv.* Ses conquêtes sur les Vénitiens dans le Frioul. 206. Est témoin & juge d'un combat entre deux Espagnols. 211. Défait les Suisses devant Milan. 217. Quelle réponse lui fit un Astrologue. 220. Propose de marcher le premier à l'assaut de la Ville de Bresse. 242. Est blessé. 246. & transporté dans une maison de la Ville qu'il sauve par sa présence des horreurs du pillage. 251 & *suiv.* Sa reconnoissance envers ses hôtes. 253. Va joindre le Duc de Nemours auprès de Ravenne. 259 & *suiv.* Donne son avis dans le Conseil. 272. Avis qu'il donne au Duc de Nemours après la défaite des Espagnols. 306. Copie de la lettre qu'il écrivit à son Oncle relativement à la bataille de Ravenne. 313 & 450. Sa défense contre les Vénitiens dans Paris. 319. Est blessé. 321. Visite son Oncle, Evêque de Grenoble. 322. Sa conduite envers une fille publique. 324 & *suiv.* Prend d'assaut un Château auprès de Pampelóne. 330 & *suiv.* Sa réponse aux Lansquenets. 333. Se rend prisonnier. 348. Est présenté à l'Empereur. 350. Au Roi d'Angleterre qui lui rend la liberté. 352. Moyens qu'il employe pour se saisir de la personne de Prosper Colonne. 366. Danger qu'il court dans une bataille contre les Suisses devant Milan. 378 & *suiv.* Reçoit Chevalier le Roi François, premier de nom. 457. Marche au secours de Mézieres. 391. Suivi de plusieurs Capitaines expérimentés. *Ibid.* & 460. Pourvoit à la défense de la Ville. 392 & *suiv.* Sa réponse à la sommation des Assiégeans. 394. Stratagême dont il se sert pour faire lever le Siége. 396 & *suiv.* Est fait Chevalier des Ordres du Roi. 402. Envoyé en Ambassade à Gênes. 403. Est attaqué dans Rebec. 406. Blessé à mort. 411. Quelle part prirent à son sort même ses ennemis. 413 & *suiv.* Sa mort. 419. Son corps repose à Grenoble dans un Couvent de Minimes. 420. Son éloge. 421 & *suiv.* Est fait prisonnier. XVII. *Mémoires de du Bellay.* 23. Reçoit le Roi Chevalier. 48. Commande à Mézieres. 123. Sa défense. 124 & *suiv.* Il est récompensé par le Roi. 137. S'empare de Laude. 291. Essaye de prendre Crémone. *Ibid.* Fait brêche; les pluies l'empêchent de donner l'assaut. 292. Est envoyé à Vigere. 307. Soutient l'effort de l'Ennemi. 341. Sa blessure. *Ibid.* Sa réponse au Duc de Bourbon. Sa mort. 342.

Bayeux se rend aux François. VII. 400.

Bayonne, assiégée, capitule. Conditions de la capitulation. IX. 384.

Beauchamp (*Guillaume* de), Capitaine de Calais. VI. 49. L'un des Chefs du parti des Anglois. VII. 2.

Beauchamp (le Seigneur de) est fait Chevalier. VIII. 336. Attaque les Gandois. 393.

Beaufort (le Seigneur de), Commandant de la Ville d'Arras. V. 366. Est arrêté comme Vaudois. IX. 450. Sentence portée contre lui par l'Inquisiteur. 459. Recouvre sa liberté; par quels moyens. 465 & 466. Sa cause est plaidée en Parlement. 468. Est déchargé de toute accusation par Sentence. 470 & 526.

Beauffremont (*Pierre* de) fait annoncer un Pas d'Armes. VIII. 63 & 64. Se présente au Duc de Bourgogne. 74.

Beaufremont (*Guillaume* de ) joûte contre Jacques de Visque. VIII. 83.

Beau-Jeu ( *Imbert* de ), Connétable de France. I. 75. Il avertit Saint-Louis du danger que court le Comte d'Artois. 104. Il marche à la tête des Arbalêtriers au secours de Joinville. III.

Beaujeu ( de ), frere du Duc de Bourbon; est fait Gouverneur de Guienne. XIII. 230. Est pris par trahison & mis entre les mains du Comte d'Armagnac. 248. Est remis en liberté. 253. Epouse Anne de France, fille aînée de Louis XI. 261. Assiége Sarlat. 331. Emmène Prisonnier le Duc de Nemours. *Ibid.* Est fait Lieutenant Général du Roi pour tout le Royaume, en l'absence du Roi. 420.

Beaulieu ( le *Camus* de ) remplace auprès de Charles VII, le Seigneur de Giac. VII. 50 & 263. Sa mort. 62. Son administration. 266.

Beaulieu ( *Yvon* de ) secourt Saint-Maixant. VII. 358.

Beaumanoir ( le Seigneur de ) se signale dans le combat auprès d'Auray. IV. 71. 73. Il se rend prisonnier. 76. Il fournit à Bertrand du Guesclin de l'argent pour sa rançon. 281. Force les Anglois à capituler. VII. 53. Leve une Armée; assiége Malicorne & s'en rend le maître. 55. Défait les Anglois auprès de Lude. 65. Se trouve au Siége de Beaugency. 139.

Beaumont ( le Vicomte de ) suit Bertrand dans son expédition contre les Anglois. IV. 17. Il se signale dans la bataille de Cocherel. 32. Il y perd la vie. 35.

Beaumont ( *Allain* de ) se joint à Bertrand pour attaquer Valogne. IV. 42. Il assiége la forteresse de Soria. 352. Bertrand le fait Gouverneur du Poitou. V. 15.

Beaumont ( *Jean* de ). Bertrand le laisse devant Cisay avec quelques Troupes pour résister aux Assiégés. V. 8. Il taille en pieces ceux des Assiégés qui font une sortie, & fait prisonnier le Gouverneur de Cisay. 8.

Beaumont ( le Seigneur de ) joûte à Ingelbert avec le Maréchal de Boucicaut. VI. 69.

Beaumont ( *Thomas* de ), Lieutenant du Roi d'Angleterre, est fait prisonnier à Saint-Denis. VII. 320.

Beaumont ( *Jacquemin* de ) prend la Ville de Villy & ravage le pays. VIII. 97. Se sauve de Villy pendant le Siége, 116. Surprend deux Ecuyers Bourguignons. 117.

DES MATIÈRES.

*Beaumont* (Dom Jean de), Capitaine de Bayonne, & livré prisonnier entre les mains de Charles VII. IX. 384.

*Beaumont* (Louis de), Evêque de Paris. Fait son entrée dans la Ville. XIII. 250.

*Beaumont* (Baltazard de), juge du Tournoi publié par le jeune Bayard. XIV. 377.

*Beaupreau* (le Seigneur de). Sa mort. XVII. 396.

*Beauffet* (le Seigneur de), Amiral de l'Armée Françoise. VII. 22. Force les Anglois à lever le Siége de devant le Mont S. Michel. 23.

*Beauvais* (le brave) est tué. 343.

*Beauvais* (Siége de). IX. 205. 328. XIII. 233 & suiv.

*Beauveau* (Pierre de), sieur de la Bessiere, prend possession de Bayonne pour le Roi de France. IX. 385. Meurt de ses blessures après la bataille de Castillon. 407.

*Beauveau* (de), Conseiller du Roi & Président en la Chambre des Comptes, rend compte au Roi de sa négociation avec le Duc de Calabre. XIII. 61. Périt en défendant le Château neuf contre les Napolitains. XIV. 13.

*Bedaigne* (Theode) attaqué par les Impériaux; fait une vigoureuse défense. XXI. 34.

*Beduns* (les). Observation. I. 301. Ils pillent les Sarrasins. 114. Leur Religion. Ibid. Leur vêtement. 116. Sont tributaires des Sarrasins. Ibid.

*Behaubie* (le Château de) est pris. XVII. 141.

*Belier* (Guillaume) livre au Roi Charles la Ville de Chynon. VII. 274.

*Beliere* (le Vicomte de la) fait prisonnier au Siége de Pontorson. VII. 269.

*Belin* (Geoffroy de Saint-), Bailli de Chaumont, meurt à la bataille de Montlhéry. XIII. 52.

*Belinas*, Ville, est attaquée par les Chrétiens. II. 110. Description des environs. Ibid.

*Bellain* (le Seigneur de) pris dans Hedin. XVII. 152.

*Bellay* (Jean du) projette de reprendre Fresnay. VII. 13. Est fait prisonnier à la journée de Cravent. 15.

*Bellay* (Jacques du). Sa mort. XVIII. 94.

*Bellay* (Nicolas du) transporte à Nole René de Cere. XVIII. 101. Sa mort. 109.

*Bellay* (Guillaume du), Seigneur de Langey, est fait prisonnier à Pavie. XVII. 394. Trouve le moyen de porter des nouvelles du Roi à la Reine mère. XVIII. 15. Commandant à Florence, prévient les desseins du Duc de Bourbon. 34. Va avertir le Pape du projet du Duc. 35. Lève des Troupes pour secourir Rome. 36. Ne veut point accéder à la capitulation du Pape. 39. Est envoyé au Roi par Lautrec. 96. Voit André Doria à Gênes. 97. Est envoyé en Angleterre. 124. Est envoyé aux Princes de l'Empire. 150. Leur accorde les articles proposés. 156. Arrange l'entrevue de Henri VIII & de François I$^{er}$. 160. Est envoyé en Angleterre pour négociations secrètes. 212. Son instruction. *Ibid.* Avertit Henri VIII des hostilités de l'Ecosse. 217. Est envoyé en Allemagne pour soutenir les intérêts du Duc de Wirtemberg. 274. Sa Lettre au Roi Ferdinand. 275. Refuse de se porter comme assistant. 279. Est introduit à la Diette. 281. Sa Lettre de créance. 282. Prononce un discours. 282. 356. En prononce un autre. 283. 377. Trouve moyen de donner de l'argent au Duc de Wirtemberg. 284. Est envoyé en Allemagne. XIX. 196. Dispositions dans lesquelles il trouve les Allemands. 200 & *suiv.* Les difficultés qu'il éprouve. 205. Le service qu'il reçoit d'un ami. 206. Réfute les écrits de l'Empereur. 208. S'autorise des Allemands arrivant de France. 210. Ne reçoit pas une réponse favorable de l'Electeur de Bavière. 212. Lettre qu'il écrit à tous les Electeurs. 214. & ce qu'elle produit. 222. Est envoyé au Camp d'Avignon. XX. 85. A Aix. 117. Arrive & repart pour le Piémont. 184. Cherche à réconcilier les Chefs de l'Armée. 221 & *suiv.* Fait son rapport au Roi. 229. Est chargé de secourir Turin. 250. Entre dans Montcallier & reçoit les soumissions des Habitans. 271. Est nommé Gouverneur & Lieutenant général de Turin. 279. Du Piémont. 298. où il fait venir des vivres. 300. Prévient les Ambassadeurs du Roi des mauvais desseins du Marquis de Guast. 306. Ordonne des informations sur le meurtre des Ambassadeurs du Roi. 314 & *suiv.* Parvient à connoître la vérité du fait. 318. Sa réponse au Manifeste du Marquis de Guast, au sujet du meurtre des Ambassadeurs du Roi. 328 & *s.* Entretient des intelligences dans le Duché de Milan. 372. Fortifie quelques places du Piémont. 391. Etablit son Camp à Carignan. 392. S'y fortifie. 395. Se fait transporter à Turin. 396. Se rend maître de plusieurs petites places du Montferrat. 401. Ses préparatifs pour attaquer Cazal. 403. Part de Turin & meurt à Saint-Saphorin sur le Mont Tarare. 406.

*Bellay* (Jean du), Evêque de Bayonne & Cardinal. Va en Angleterre avec le Maréchal de Montmorenci. XVIII. 41. Y reste en qualité d'Ambassadeur. 43. Se charge de haranguer le Pape. 260. Est envoyé en Angleterre pour adoucir Henri VIII. 286. Va de sa part à Rome. 287. Il est fait Lieutenant général du Roi à Paris. Remet en liberté Jean Louis, Marquis de Saluces. XX. 80. Assemble en Conseil les Habitans de Paris & leur demande des secours. 95. Donne des ordres pour l'approvisionnement de la Ville. 96. Est nommé pour accompagner & conseiller le Duc d'Orléans en l'absence du Roi. 258. Est envoyé auprès du Roi d'Angleterre. XXI. 186.

*Bellay* (Martin du). XVII. 45. Sauve M. de Lorraine. 243. Apprend au Roi que l'Empereur a levé le Camp. XX. 89. Est envoyé à Dourlens avec deux cens chevaux. 153. A Thérouenne. 156. Est nommé Capitaine de Liliers. 170. Chasse les Impériaux de Saint-Venant. 176. Reprend sur eux les vivres & charriots qu'ils avoient enlevés. 179. Est préposé à la garde de la Ville & Château de Saint-Paul. 183. Reprend sur les Ennemis le butin & les Prisonniers qu'ils avoient faits. 188. Défend le bastion de Dourlens. 194. Est fait prisonnier & renvoyé sur sa parole. 201 & *suiv.* Vient à la rencontre du Roi & l'escorte. 273. Reprend sur les Impériaux le butin qu'ils avoient fait. 274. Reprend le Château de Carignan. 398. Est nommé Gouverneur de Turin. 406. Prend d'Assaut S.-Bonny. 408. Châtillon. 409. S.-Raphaël. *Ibid.* Demande de revenir en France. 412. Découvre la trahison de Montejean, juge de Turin. 425. Se prépare à surprendre les Ennemis. 429 Investit Avènes. XXI. 5. Prend la route de Cartigni. 6. Vient au Château d'Emery qu'il fait fortifier. 16. Rend compte au Roi de l'état de la place. 25. Ruine les fortifications d'Emery. 26.

Avertit le Roi des projets de l'Empereur. 32. Arrive à Stenay. 38. Après la prise de Luxembourg vient par Sainte - Menehoult prendre les Ordres du Roi. 50. 62. Est chargé de ravitailler Landrecy. 71. De quelle manière il l'exécute. 76. Passe dans l'Armée du Piémont avec la solde des Troupes. 106. Rend compte en plein Conseil des intentions du Roi. 109. Commande sous le Duc d'Anguin le Corps de l'Armée en Piémont. 113. Est chargé des différens mouvemens de l'Armée. 123. Fait son entrée dans la Ville de Carignan. 145. Vient visiter les nouvelles fortifications d'auprès de Boulogne. 240. Fait son rapport au Roi. 242. Pourvoit à la sûreté de Mezieres. 259. Est chargé de visiter toutes les places de Champagne. 263.

*Bellegarde* (le Seigneur de). XVII. 112.

*Bellejoyeuse* (le Comte *Charles* de) envoyé en ambassade auprès de Charles. VIII. 150.

*Belle-Joyeuse* (le Comte *Ludovic* de). XVII. 175. Est envoyé en Franche-Comté. XVIII. 6. Défait une Troupe de paysans Allemands. 8. Quitte le service de France. 71.

*Belloy* (le bâtard de) rend au Roi Henri le Château de la Fietre. V. 469.

*Belmarin* (le Roi de) envoye à Pierre-le-Cruel dix mille hommes de Troupes, à condition qu'il renoncera au Christianisme pour embrasser la loi de Mahomet, & qu'épousant sa fille il la fera couronner Reine d'Espagne. IV. 288. Il fait serment de rétablir Pierre sur son trône. 306.

*Belmont* (*Jean* de), Chambellan du Roi. I. 251. Il conseille au Roi de rester à Acre. II. 47.

*Belosserage* (*Josselin* de la). VII. 310.

*Bentivoille* (*Jean* de) attaque l'avant-garde des François à Fornoue. XII. 305.

*Berard* (le Baron de). XVII. 20. 46.

*Berard* (*Jean*) Conseiller du Parlement de Paris, prend parti pour le Duc de Berry & va en Bretagne. XIII. 63.

*Bercherel* (la Citadelle de) est assiégée par Jean de Montfort. III. 418.

*Berdauxy* (*Jean* de), Gouverneur de Charles de Bourgogne, Comte de Charolois. VIII. 140. Est fait Chevalier de la Toison d'Or. 190.

*Bergame* (Ville) se rend. XVII. 12.

*Berenger de Caldora* (le

Comte) commande en Italie cinq cens hommes de l'Armée Françoise. XX. 127.

Bergerie (le Seigneur de la). XVII. 112.

Bergues (la Ville de) prise d'assaut. VI. 32.

Bergues (Philippe de) marche au secours de la Ville de Lintz. IX. 219.

Bergues (Jean de) à la prise de Termonde. IX. 273.

Berguettes (Jean), par Ordre du Roi de France, se rend auprès de Bertrand du Guesclin pour le presser de venir au secours de la France. IV. 350.

Bernard de Bearn, bâtard de Foix, est invité à un Pas d'Armes. VIII. 219. Se présente & combat Jean bâtard de Saint-Paul. 227 & suiv. avec peu de succès. 232. Obtient le prix de course à la lance. 260.

Bernard, Seigneur du Bourset, prend le parti du Duc de Bourgogne. VIII. 137. Est blessé. Ibid.

Bernicles (du Tourment des) & du Cippus des anciens. Dissertation. III. 199 & s.

Bernieulles (de), Gouverneur de Therouenne, ravage la vallée Cassel & est défait à son retour. XX. 156.

Bernois (les) secourent Genève contre le Duc de Savoie & lui prennent plusieurs terres. XVIII. 296.

Beron (Pierre), Procureur au Châtelet de Paris. XIII. 83.

Berry (le Duc de) marche contre la France. IX. 71. joint le Comte de Charolois. 76. S'approche de Paris. 81. Après la paix vient en Normandie. 89. Passe en Bretagne avec plusieurs Seigneurs. 92.

Bersat (Robert de) s'introduit dans la Ville de Luxembourg. VIII. 122. Monte à l'escalade. 124.

Berthereau (Nicolas) est envoyé à Bommy pour traiter de la paix. XX. 218.

Bertrand. Action courageuse d'un Chevalier nommé Bertrand, au Siége de Soria. IV. 353.

Bertrandon, Ecuyer Gascon, Capitaine du Château de Riplemonde, avertit les Troupes du Duc de Bourgogne de l'approche des Gandois. VIII. 327.

Bervesque, place forte. Le Gouverneur refuse de se rendre à Henri. IV. 125. Est prise d'assaut. 128.

Bessey (Antoine de), Bailli de Dijon, marche à la tête d'un Corps de Suisses contre les Napolitains. XII. 169. Chef des Allemands à la bataille de Fournoue. 307.

Bessiere (de la) est fait Chevalier. VII. 293.

*Beſſon* (*Jean*) prête de l'argent & reçoit en gage une Couronne enrichie de pierreries. VII. 270.

*Betancourt* (le Sire de) se joint à Bertrand pour une expédition contre les Anglois. IV. 17. Il périt dans la baille de Cocherel. 34.

*Bethfort* (le Duc de), frère du Roi Henri, va au secours de la Ville de Cône. V. 498. Oblige les François à lever le Siége de devant Cône. VII. 11. Il assiége Ivry. 26. Remporte la bataille auprès de Verneuil. 30 *& suiv*. Prend le titre de Régent de France, & envoye des Généraux pour continuer le Siége d'Orléans. 84. Refuſe au Duc de Bourgogne de lever le Siége d'Orléans. 91. Apprend que le Siége est levé. Lève de nouvelles Troupes. 129. Part de Paris, & va à Dammartin combattre les François. 169. Ramène ses Troupes à Paris. 170. Reçoit un nouveau renfort. 171. & part pour Senlis. 172. Pour la Normandie. 177. Fait différentes conquêtes. 271. Se retire à Rouen. 272.

*Bethune* (la succession de madame de) divise le Seigneur de Crouy & le Comte de Charolois. IX. 52.

*Betune* (le Seigneur de) est tué. XVIII. 8.

*Beuil* (Cadet de) fait armes contre Claude de Vaudrey. IX. 128.

*Beuil* (*Antoine* de). Particularités remarquables. X. 324.

*Beuil* (*Charles* de), Comte de Sancerre, tué au Siége du Château de Hesdin. XX. 166.

*Beuil* (*Louis* de), Comte de Sancerre, est envoyé Lieutenant du Roi à Saint-Dizier. XXI. 156. Se prépare à ſoutenir le Siége. 166. 171. Après trois aſſauts dans lesquels les Impériaux avoient été repouſſés, il fait réparer la Place. 175. Sur quels motifs il demande à capituler. 177.

*Beuſſerailhe* (*François* de), Maître de l'Artillerie au Siége de Ravenne. Bleſſé mortellement. XV. 275.

*Beuvron* (*Saint-James* de) aſſiégé. Relation de ce Siége. VII. 257.

*Biagras* (la Ville de) eſt priſe par les Impériaux. XVII. 318.

*Biche* (*Guillaume* de) renvoyé de la Cour du Comte de Charolois. IX. 57. A quelle occaſion. *Ibid*. Remet à Louis XI la Ville de Péronne. XI. 424 & 439.

*Bichers* (*Regnault* de), Maréchal du Temple. Il court ſus aux Sarraſins. I. 82. Il rend à Joinville l'argent qu'il qu'il avoit confié au Commandeur. II. 189.

Bicoque (la). Les Ennemis s'y campent. XVII. 215. Combat qui s'y donne. 217 & suiv.

Bidaut (le Général) envoyé à Rome pour traiter avec le Pape. XII. 202.

Biendras (le Comte Guillaume de) périt au Siége de Côny. XX. 410.

Biez (M. du), Gouverneur d'Hédin. XVII. 153. Est rappelé avec sa Compagnie. XIX. 197. Sénéchal & Gouverneur de Boulogne, est chargé de ravitailler Thérouenne. XX. 158. Est fait Maréchal de France. XXI. 83. Est envoyé à S. Quentin pour découvrir & s'opposer aux desseins de l'Empereur. 84. Abandonne Boulogne & se jette dans Montreuil. 153. Envoye des secours à plusieurs Places. Ibid. & suiv. Reste à Montreuil pour le défendre. 205. Tente inutilement de surprendre Boulogne. 206. Exécute mal les Ordres du Roi pour les fortifications d'auprès de Boulogne. 240. Place son Camp à Mont-Lambert, d'où il attaque les Anglois. 245. Noms des Seigneurs qui l'y suivirent. 245. Reçoit ordre de ravager la terre d'Oye. 252. & suiv.

Repousse les Anglois auprès du Fort d'Outreau. 269 & suiv.

Birague (Galeas) s'empare de Valence. XVII. 283. En est chassé & fait prisonnier. Ibid.

Birague (Jean de) est fait prisonnier à Satirane. XVII. 316.

Birague (le Chevalier de) conduit à Turin deux mille hommes de pied. XX. 140. Prend Chivas. 234. Est nommé Gouverneur de Vérolinc. 279. Repousse les Impériaux devant Chivas. 399.

Blainville (le Maréchal de). Sa mort. VI. 74.

Blanc (Guillaume le) plaide devant le Roi à la Rochelle la cause des Habitans. Sa harangue. XX. 415 & suiv.

Blanc-Estrain (le bâtard de) est élu Chef des Gandois. VIII. 356. IX. 396.

Blanche (la Reine), mère de Saint-Louis. Sa conduite envers Marguerite, épouse de Saint-Louis. II. 241. Elle fait un vœu à Saint-Nicolas. 128.

Blanche (la Reine), épouse de Charles-le-Mauvais, Roi de Navarre; fait sa résidence à Melun. III. 430. Elle refuse les propositions de Charles, Dauphin de France. Ibid.

Blanche de Bourbon, Reine

Tome I.                                C

d'Espagne, maltraitée par son mari Pierre-le-Cruel. IV. 83. Est empoisonnée. 84. Veut faire pendre un Juif pour l'avoir embrassée. 91. Circonstances de sa mort. 92 & *suiv.*

*Blanche Compagnie* (la), surnom des Vagabonds que Bertrand avoit ramassés en France & qu'il conduisit en Espagne au secours de Henri contre Pierre-le-Cruel, Roi d'Espagne. IV. 118. Elle marche contre Tolède. 148.

*Blanche*, Reine de Navarre, épouse de Jean, Roi d'Arragon, prend Louis XI pour arbitre dans ses différens avec Henri, Roi de Castille. XIII. 449.

*Blanchefort*, rend la Ville de Breteuil. VII. 300.

*Blanfossé* (le Capitaine) prévient le Duc d'Anguien des desseins des Impériaux. XXI. 110.

*Blanqueborne* assiégé dans Lude par les François, y est tué. VII. 65.

*Blangue-Taque*. Relation de la bataille entre les Gens du Dauphin & du Duc Philippe. V. 479.

*Blasmont* (le Seigneur de), Maréchal de Bourgogne. VIII. 51. S'oppose aux ravages que font les Troupes du Dauphin. 148.

*Blerencourt*, au Siége de S. Paul, par les Impériaux, Défend le bastion de Dourlens. XX. 194. Est fait prisonnier. 202.

*Blimond* (le Seigneur de Saint- ). XVII. 74. Va en Danemarck. Sa mort.

*Blois* ( *Charles* de) dispute à Jean de Montfort la Souveraineté de Bretagne. III. 364 Il entre dans Rennes. 396. Il donne à Bertrand le Château *de la Roche-d'Arien. Ibid.* Il envoye des Troupes contre Jean de Montfort, qui assiége la Citadelle de Bercherel. 419. Un Evêque propose un Traité dont il accepte les conditions. 420.

*Blossset* (*Jean*), Ecuyer, Capitaine de la Garde du Dauphin. XIII. 264.

*Blot* ( de ), Sénéchal d'Auvergne, est nommé Capitaine de la Bastille. XIII. 131.

*Bodin* ( la Ville de) se rend au Roi de Hongrie. VI. 92.

*Bœuf* ( *Jean* le ), Chevalier, livre aux Bretons la Ville d'Evreux. XIII. 108.

*Boëmond VI*, Prince d'Antioche. Observ. II. 219. Saint-Louis le fait Chevalier. 88. Il fait une demande à Saint-Louis. 89. Il prend les Armes de France. 89. 221.

*Bohier* ( *Thomas* ), Général de Normandie, sauve les bagages de l'armée de Trécas. XVI. 135.

DES MATIÈRES.

Bois (Jean du). VIII. 217. Est fait Chevalier. 301. Blessé à la prise de Schendelbeke. 379.

Bois (Rouland du). Il triomphe d'un Chevalier Anglois en combat singulier. IV. 32.

Boissy (M. de). XVII. 42. Son Frère est fait Cardinal. 67. Est envoyé à Noyon. 75. Va à Montpellier. Sa mort. 80.

Boisy (le Seigneur de) est fait prisonnier à Pavie. XVII. 396.

Boitel (Guillaume). Bertrand lui donne le Commandement de l'avantgarde de son Armée. IV. 42. Il repousse les Anglois & les force à rentrer dans Valogne, avec perte. 43. Il s'élance au milieu des Combattans. 68.

Bolinvillier (Philippe de). XVII. 111. 154.

Bologne (la Comtesse de); ses droits sur le Comté de Dammartin. 187.

Bon (Jean), par les conseils du Duc de Bourgogne, forme le projet d'empoisonner Charles, fils aîné de Louis XI, Dauphin de France. XIII. 346. Quel fut son supplice. 347.

Bon (Pierre), Capitaine d'une Galère dans l'entreprise contre le Château de Nice. XXI. 13. Descend sur les terres d'Angleterre & est blessé. 223.

Bonacurse (Messire) est envoyé au Roi par les Princes de l'Empire. XVIII. 231.

Bonne de Savoye, mère & tutrice de Jean Galeas, Duc de Milan. XII. 139. Est forcée de renoncer à la tutelle de son fils. 142.

Bonnebaut marche contre le Comte de Périgord. VI. 131.

Bonnet (Jean) est fait Chevalier. VII. 293.

Bonneval (le Capitaine). XVII. 223. Est envoyé pour ravager la Provence. XIX. 318. Continue de tout s'accager. 331. Veut en vain détourner Montjau de son entreprise. 384. Suite du dégat de Provence. 385.

Bonneval (le Capitaine) entre à Arles avec sa Compagnie. XX. 32. Visite les Places voisines. 33. Rassure les Habitans d'Arles. 34. Appaise un différent entre les Italiens & les Champenois. 36 & suiv. Punit exemplairement les auteurs d'un nouveau différent. 53 & suiv. Assiége & se rend maître de Trélon. XXI. 24. Glayon. Ibid.

Bonneval (Germain de), ami particulier de Charles VIII. Joûte contre Claude

C ij

de Vaudrey. XIV. 365.
Boniface (Jean de) propose un Pas d'Armes. VIII. 173. L'exécute contre Jacques de Lalain. 191 & suiv.
Bonnin (Louis) donne son cheval à la Trémoille devant Pavie. XIV. 235. Est fait prisonnier.
Bonnin (de Montreuil), Lieutenant du Seigneur de Boissy, entre à Arles avec sa Compagnie. XX. 33.
Bonnivet (le Seigneur de), Général de l'Armée Françoise en Italie. XV. 404. Est fait prisonnier. XVI. 64. Tient un Pas d'Armes. 166. Marche en Guienne au secours du Roi de Navarre. 288. XVII. 20. 46. Va en Allemagne. 79. Va en Angleterre. 82. Commande l'Armée de Navarre. 110. Commande en Guyenne. 114. Prend le Château de Poignan. 138. Prend le Château de Behaubie. 141. Assiége Fontarabie & la prend. 142. Mène l'Armée d'Italie à Suze. 260. Va faire la guerre du Duché de Milan. 281. Marche contre Prosper Colonne. Noms des Officiers de l'Armée. 283. Il lui fait quitter son poste. 288. Perd du tems en pourparlers. 289. Campe devant Milan. 290. Envoie Bayard en expédition. 291.

L'envoie à Vigere. 307. Lève le Siége de Milan. 308. Vient loger à Vigère. 313. Le quitte & va à Morterre. 316. Se jette dans Novarre. 317. La mortalité se met dans son Camp. 319. Marche vers Romagnan. 319. Est blessé & se retire. 341. Sa mort. 392. XVIII. 107.
Bonnivet (le Seigneur de), fils de l'Amiral, est blessé. Sa mort. XVIII. 88.
Bonny (la Ville de) se rend à la France. VII. 147.
Boqueaux (Charles de). VII. 299.
Borde (de la) porte aux Habitans de Paris les Ordres du Roi. XIII. 47.
Bordeaux (les Habitans de) témoignent le plus vif empressement de voir Bertrand du Guesclin. IV. 263. Remettent au Roi de France la Ville & les Châteaux. IX. 379. Font serment d'être fidèles. 380. Sont conquis par les Anglois. 401. Par les François. 406.
Bordel. Punition d'un Chevalier pris au Bordel. II. 82.
Bordes (des) est tué dans une escarmouche devant Châlons. XXI. 188.
Bordet (Nicolas), Anglois, fait prisonnier auprès d'Ardevon. VII. 25.
Borgues, Ville forte. Le Gou-

verneur refuse de se rendre à Henri. IV. 122. Elle est prise d'assaut. 124.

Borran (de), Commissaire ordinaire de la guerre. XX. 230.

Bos (Maussard du) défie le Duc de Bourgogne. V. 344. Il est fait prisonnier. 348. Et décapité. 349.

Bos (Jean du). VIII. 66. Capitaine du Château de Courtray. 385. Va à Gand demander du secours. 386.

Boschuse (Jean de) est mandé à la Cour de France. IX. 210.

Bose (le Capine) sauve la vie à Martin du Bellay à la prise de Saint-Paul par les Impériaux. XX. 201.

Bosqueaux (le Seigneur de) contribue à la prise de Compiégne. V. 415.

Bosse (Jean de) reçoit les Ambassadeurs du Roi d'Arragon. XIII. 269.

Bossu (Nicolas de), Seigneur de Longueval, chargé de faire une levée d'hommes dans le pays de Gueldres. XX. 374.

Botun, Ville, prise & saccagée par le Maréchal de Boucicaut. VI. 243.

Boyleaue (Etienne). Observat. II. 272. Saint-Louis lui donne la Prévôté de Paris. 154.

Bozzolo (le Seigneur Fédéric) Va à Parme. XVII. 268. Est envoyé à Laude.

223. Se sauve à Crémone. 225. Commandant à Laude capitule & se rend. 346.

Boubard (Edmond de) fait prisonnier au Siége de S. Riquier. V. 475. Sa mort. Ibid.

Boucan (le Comte de), Ecossois, Connétable de France. VII. 14. Est fait prisonnier à la journée de Cravent 15. Périt à la bataille de Verneuil. 32.

Boucanegra (Baptiste) accusé de rébellion, est condamné à avoir la tête tranchée. VI. 189.

Boucart, Capitaine de l'Infanterie à Mezieres. XV. 391. XVII. 22. 111. Est repoussé. 206. Sa mort. 210.

Bouchage (du) reçoit les Envoyés du Comte de Saint-Paul. XI. 284. 297. Détourne, par ordre de Louis XI, le Duc de Guienne de son mariage projeté avec demoiselle de Bourgogne. 530. Rend compte au Roi Charles VIII du succès de son Ambassade auprès du Roi de Castille. XII. 418.

Bouchain (la Ville de) se rend au Duc de Bourbon. XVII. 148.

Bouchard (Catherine de l'Isle), veuve de Hugues de Châlons, Comte de Tonnerre, épouse le Seigneur de la Trimouille. VII. 50.

C iij

Bouciquaud (le Maréchal de). Voyez Maingre. V. 383.
Boucquan (la Comtesse de), fille du Roi d'Ecosse, accouche d'un fils. VIII. 269.
Boufflers (Nicaise de), Commandant du Château de la Fietre. V. 469. Il le rend aux Dauphinois. 473.
Bouillon (Ville) se rend au Comte de Nassau. XVII. 108.
Boulainvilliers (Philippe de), Lieutenant du Duc d'Angoulême à Péronne. XX. 99.
Boulen (Anne de) épouse Henri VIII. XVIII. 215. 347.
Boulengier (Jean le) Député du Parlement auprès du Duc de Berry. XIII. 70. Président au Parlement de Paris. 107. Sa mort. 422.
Boulogne (la Ville de) se rend aux François. XVI. 82. Les François s'y retirent avec perte. XVII. 9. Traité de paix entre le Pape & le Roi. 66.
Boulogne, frère du Duc d'Albanie, est fait Cardinal. XVIII. 261.
Bourbon (Hector de), frère, bâtard du Duc de Bourbon, se signale au Siège de Compiégne. V. 362. Il est blessé à mort devant Soissons. 363.
Bourbon (Jean I$^{er}$, Seigneur de), fait prisonnier à la bataille d'Azincourt. VII. 240. Se rend maître de Bourges. (VII). 276. Son entrevue avec le Roi. Ibid. Il est choisi pour aller à Arras traiter de la paix. 307.
Bourbon (bâtard de). Plaintes au Roi contre sa personne. VII. 360 & 432. Il est condamné à être jeté dans la rivière. 360.
Bourbraine (Pierre de) se rend caution de Joinville auprès d'un marchand de la Ville d'Acre. II. 187.
Bourdaiziere est chargé de fournir de vivres la Ville de Luxembourg. XXI. 51.
Bourdeille (Elie), Archevêque de Tours. S'intéresse auprès du Roi pour Louis de la Trémouille. XIV. 131.
Bourdet (Nicolas) ravage la Bretagne & la Normandie. VII. 50.
Bourdillon (de), ami particulier de Charles VIII. Soutient un Pas d'Armes contre Claude de Vaudrey. XIV. 365.
Bourdillon (de) joint l'Armée Françoise en Piémont. XXI. 114.
Bourg-de-Bar, fait prisonnier par les Anglois, recouvre sa liberté d'une manière singulière. VII. 129.
Bourges (Henri) condamné à être pendu & pourquoi. VII. 301.

*Bourges* (l'Archevêque de), Cardinal de Tournon, accompagne le Maréchal de Montmorency. XVIII. 127. Accompagne le Pape dans son entrevue avec l'Empereur. 169. Instruction qu'il reçoit. *Ibid. & suiv.* Son discours. 177.

*Bourgeois* se distingue à la prise de Saint-Denis. VII. 311. De Montreau-sur-Yonne. 338.

*Bourguignons* (les) viennent plaider devant le Roi de France. II. 145. Proposent un Traité de Paix avec la France. VII. 146. Leur perfidie. *Ibid.* S'assemblent à Montlhéry. X. 334 & *suiv.* Ravagent la France & y font plusieurs conquêtes. XIII. 37 & *suiv.* Arrivent à Saint-Denis en France. 41. Font une entreprise sur Paris. 42 & *suiv.* Sont défaits à Montlhéry. *Mémoires de Jean de Troye.* 48. Passent les rivières de Seine & d'Yonne malgré les ennemis. 61. Se rendent maîtres de Charenton. 67. Diverses entreprises sur Paris. 74. Font un pont sur la Seine. 77. Ravagent les vignes des environs de Paris. 82. Profitent de la trêve pour se fortifier dans leur camp. 84. Attaquent les François logés à Saint-Marceau. 85. Somment les Habitans de Beauvais de se rendre. 106. Assiégent Dinan. 135. Cruauté qu'ils exercent envers les Habitans. 136. Envers ceux de Merville. 176. De liége. 184. De Nesle. 232. Assiégent Beauvais; détail de ce Siège. 233 & *suiv.* Lèvent le Siége & ravagent le Pays. 242. Perdent plusieurs Places. 246. Font quelques conquêtes dans le Duché de Nevers. 261. Se rendent maîtres de Verdun. 273. Perdent Tronquoy, Mondidier. 290 & *suiv.* Sont défaits à Château-Chinon. 294. A Granson par les Suisses. 329. Devant Nancy par le Duc de Lorraine. 352 & *s.* Remportent un avantage auprès de la Ville de Crey-sur-Saône. 375. Rompent la trève. 399. Sont défaits à Thérouenne. 404. Assiégent Dijon. XIV. 192. Prennent & rasent Ardres. XVII. 117. Attaquent Dourlens & sont repoussés. 197. Assiégent Hédin. 245. Se retirent dans leurs garnisons. 249. Fuient à Elfaut. La déroute se met dans l'Armée. 255. Essaient en vain de nous surprendre. 257. Détails de cette affaire. 258. Sont chargés. 369. Sont défaits par trahison croyant surprendre Hédin. 378.

*Bournel* (Louis) prend le

parti du Dauphin contre le Roi d'Angleterre. V. 467. Il est fait prisonnier. 483.

Bournonville (*Thierry* de) se joint à Bertrand pour une expédition contre les Anglois. IV. 17. Il périt dans la bataille de Cocherel. 34.

Bournonville (*Enguerrand* de), Capitaine de Cavalerie dans l'Armée du Duc de Bourgogne contre les Liégeois. V. 339. Il attaque la Ville de Saint-Cloud & s'en rend le maître. 348. Il assiége Etampes. 349. Il commande l'avant-garde devant Bourges. 350. Il est envoyé Capitaine de la garnison à Soissons. 360. Il est fait prisonnier & condamné à avoir la tête tranchée. 364. Commandant de Soissons après la prise de la Ville, est décapité. VII. 237.

Bournonville (*Lionnel* de) attaque les Anglois & les défait. V. 422. Il est fait Chevalier devant Toucy par l'Isle-Adam. 449.

Bourré (*Jean*) envoyé au Siége de Perpignan. XIII. 257.

Bours (le Seigneur de). XVII. 112.

Boursieres (de). VII. 267.

Bousanton (*le Veau* de) est préposé à la garde du Zupthen. IX. 231. Apprend au Roi des Romains la conduite de Charles, Dauphin de France, envers Marguerite de Bourgogne. 266.

Bousille, Chevalier Lombard, se présente pour un combat à toute outrance. XIII. 325.

Boussac (de), Maréchal de France, secourt Orléans assiégé. VII. 83. Ordonne le meurtre du Camus de Beaulieu. 266.

Boussac (*de Saint-Seneve* de) assiége Chalais dans le Bordelois. IX. 404.

Boussey (le Seigneur de la) est fait Chevalier. IX. 386.

Bouteillier (*Gui* le) défend la Ville de Rouen contre les Anglois. V. 418. Il passe au service du Roi d'Angleterre. 420.

Bouteillier (*Guillaume* le) marche contre le Comte de Périgord. VI. 131.

Boutieres (de), Gouverneur & Lieutenant du Roi dans Turin. XX. 240. Se retire à Pignerol. 396. Tente inutilement de se rendre maître de la Ville & Château de Barges. 400. Par sa négligence il laissa entrer les ennemis dans la Ville. 431 & *suiv*. Fortifie la garnison de Mont-Devis. 88. Assiége Saint-Germain qui capitule. 95. Vient au-devant du Duc

## DES MATIÈRES.

d'Anguien, nommé Lieutenant général du Roi en Piémont. 97. Se retire en Dauphiné. *Ibid.* Revient en Piémont pour se trouver à la bataille. 112. Commande l'avant-garde. 113. Commande l'aîle droite de l'armée navale. 217.

Bouton (*Hemet*) est fait Chevalier. IX. 71.

Bouton (*Philippe*) se prépare à faire Armes en Angleterre. IX. 98. Combat Thomas de la Lande. 111.

Boutonvilliers refuse de rendre au Roi Charles la Ville de Sens. 453.

Bouzeguin, Seigneur de Montpensier, Capitaine du Château de Baclette, le rend au Prince de Tarente. XIV. 17. Fait un Traité avec le Roi Ferrand en sa qualité de Lieutenant général pour le Roi de France au Royaume de Naples. 78. Devient la victime de la mauvaise foi du Roi Ferrand. 82 & 99. Marche avec Charles VIII à la conquête du Royaume de Naples. *Mémoires de la Trémouille.* 146. Est fait Vice-Roi de Naples. 149.

Bouzondes-Failles, Capitaine gascon, défend Montargis assiégé par les Anglois. VII. 56.

Brabant (*Clugnet* de), Amiral de France, poursuit le Duc de Bourgogne, auteur de l'assassinat du Duc d'Orléans. V. 334.

Brabant (le Seigneur de) est tué à la bataille d'Azincourt. VII. 240.

Brambroc (*Guillaume*) défie Bertrand en combat singulier. III. 385.

Branche (*Philippe*) ravage la Bretagne & la Normandie. VII. 50.

Branche (*Henri*), Anglois, est battu auprès d'Ambrières & fait prisonnier. VII. 63.

Brancion (*Josserand* de), Chef d'un Corps de l'Armée des Chrétiens. I. 128.

Brandebourg (le Marquis de). IX. 226.

Brandec (le Capitaine), Chef des Lansquenets au Siége de Thérouenne. XV. 341.

Brandely, envoyé du Roi Louis XI auprès de l'Archiduc Maximilien, traite inutilement d'une trève entre ces deux Princes. IX. 262.

Brandhec, Capitaine des Lansquenets au Siége de Thérouenne. XVI. 145.

Bras-Saint-Paul, Ville. Détail de l'attaque par le Maréchal de Boucicaut. VI. 53.

Breban (*Pierre* de), Curé de Saint-Eustache de Paris & Avocat en Parlement. XIII. 345.

Breda (le Seigneur de) lève des Troupes contre les Gandois. VIII. 286.

Brederobe (le Seigneur de) conduit les Hollandois contre les Gandois. VIII. 341.

Brenne (le Comte de). XVII. III.

Breſſe (la Ville de) reprise par les François sur les Vénitiens. XV. 242 & suiv. Elle est assiégée & prise d'Assaut. XVI. 88 & 344. Se rend. XVII. 12. Est assiégée. 69. Détails. Ibid. Assiégée de nouveau. 72. Capitule, se rend & est remise aux Vénitiens. Ib.

Breſſe (de) s'accorde avec Philippe de Comines ; prend le Seigneur de la Chambre & le Duc de Savoie qu'il conduit à Grenoble. XII. 62. 184. Envoyé à Gênes pour exciter les Génois à la révolte. 279.

Breſſiere (le Commandant de) refuse d'ouvrir les portes de la Ville aux Anglois que Bertrand poursuivoit. IV. 405. Il refuse de se rendre à Bertrand. 409. Il insulte Bertrand. 410. La Ville est prise d'assaut, & la Citadelle capitule. 415.

Breſſuyre (le Seigneur de). XI. 292.

Bretagne (les États de) réclament auprès du Roi d'Angleterre le Comte de Richemont pour leur chef. VII. 242. Concluent pour l'entrevue du Comte de Richemont avec le Roi de France. 249.

Bretagne (le Duc de) se rend à Saumur auprès du Roi de France, & lui fait l'hommage de son Duché. VII. 47.

Bretagne (la Province de) se donne à la France. XVIII. 160.

Brete (Jean), Docteur en Théologie. XIII. 226.

Bretelles (Louis de) fait armes contre Jean de Chassa. IX. 111.

Bretons (les) abandonnent la Ville de Fougères. XIV. 142. Sont défaits auprès de Saint-Aubin. 143.

Brezé (Louis de) est fait Gouverneur de Normandie. XVIII. 22.

Brezé (Pierre de), Sénéchal du Poitou, se trouve à la prise de la Ville & du Château de Verneuil. IX. 367. 509. Entre en armes dans la Ville de Rouen. 370. Commande l'avant-garde à Montlhéry. X. 327. Périt dans le combat. XIII. 52. VII. 363. Entre au ministère. 378.

Brezé (Gaſton de) va en Danemarck. XVII. 78.

Brezé (Jacques de), grand Sénéchal de Normandie, refuse le serment de fidélité

au Duc de Berry. X. 413.
Est chargé par Louis XI
de reconduire en Angleterre Marguerite d'Anjou,
Reine d'Angleterre. XIII.
457.
Briand (Maître) est envoyé
en Angleterre. XVIII.
126.
Bricart (Artus). VII. 312.
Bricotte (le Capitaine) périt
au Siége de Cony. XX.
410.
Brie (État de la) pendant le
Siége de Meaux. V. 550.
Brienne (Ayrart de). Observation. I. 199. Il épouse
la fille de Henri, Comte
de Champagne. 36.
Brienne (Gaultier de). Ses
funérailles en l'Eglise de
l'Hôpital d'Acre. II. 65. Il
fut Comte de Japhe. 89.
222. Excommunié par le
Patriarche, & pourquoi.
91. Il commande un Corps
d'Armée. 92. Le Patriarche lui refuse l'absolution.
Ibid. l'Evêque de Rennes
l'absout. 93. Il est fait prisonnier. Ibid. L'Empereur
le fait suspendre par les
bras à des fourches devant
la Cité de Japhe. 95. Il
est massacré par les Marchands de Babylonne. 96.
Brienne (le Comte de), Général des Légionnaires à
Landrecy. XXI. 59.
Brimeu (Atis de) Sa mort.
V. 464.
Brimeu (Jacques de) est fait

Chevalier devant Pierre-Pont. V. 494.
Brimeu (Florimond de) périt dans la bataille auprès
de Tongre. V. 340.
Brion (le Seigneur de) vient
à Paris rassurer les Habitans. XVII. 303. Est envoyé à Marseille. 346. Prisonnier à Pavie. 396. Va
joindre le Roi à Madrid.
XVIII. 16. Est fait grand
Amiral. 20. Gouverneur
de Bourgogne. 21. Reçoit
l'Ordre de la Jarretière.
161. Commande une Armée en Savoie. XIX. 32.
Noms des Officiers de
l'Armée. Ibid. Force les
Ennemis au passage de la
Doire. 38. Suivant l'Ordre
du Roi poursuit l'Ennemi.
49. Reçoit des Ordres du
Roi & délibère sur ce qu'il
doit faire. 100. Retire son
Camp du côté des Suisses.
107. Est averti de se tenir
sur ses gardes. 119. Fortifie
Turin. 120. Envoie un
Courrier au Roi pour l'avertir de ce qui se passe.
121. Détails de la Garnison qu'il met à Turin.
222. Laisse le Marquis de
Saluffes pour Lieutenant
Général. 224. Lui envoie
le secours qu'il demande.
Ibid.
Briquebec (le Seigneur de).
XI. 292.
Brissac (de) passe en Piémont
avec deux cens Chevau-

Légers. XX. 231. Repousse la Garnison de la Ville d'Ast. 237. Est blessé au Siége de Perpignan. 388. Est préposé à la garde de Guise avec quinze cens Chevau-Légers. 28. Investit la Ville d'Arlon qui se rend. 42. Attaque les Impériaux devant Guise. 55 & suiv. Se signale dans une escarmouche devant Landrecy. 75. Protége l'arrière-garde dans la retraite de l'armée. 81. Force l'Empereur à lever le Siége de Luxembourg. 93. Se loge avec ses Troupes à Vitry. 166. Fait une retraite honorable devant soixante Impériaux. 169 & suiv. Défait un Corps de Troupes Angloises dans le pays d'Oye. 255.

Brisse (Saint-) est envoyé au secours de Thérouenne. XX. 209.

Brisson, Lieutenant des Troupes Françoises au service du Duc de Gueldres, contre les Bourguignons. XVI. 30.

Brissonnet entend les propositions de Ludovic de Milan. XII. 150 & 476. Est fait Cardinal de S. Malo. 163. Opine pour le voyage de Naples. 175. Porte à Pierre de Médicis les propositions de Charles VIII. 185.

Bron (Guillaume de), Hérault du Roi de France, I. 109. Le feu grégeois s'attache à sa robe. Ibid.

Bron (Jean de) est fait Chevalier. VII. 339.

Bron (Olivier de) commande à Grandville. VII. 378.

Broquemont (de), Capitaine du Palais de Rouen, soupçonné de trahison, est arrêté. XIII. 97.

Brosse (de la) est envoyé par le Roi auprès de la Reine d'Ecosse. XXI. 208.

Brossiniere, bataille entre les Anglois & les François. VII. 19.

Broussart (Frère Pierre le), Jacobin, Inquisiteur à Arras. IX. 431. Condamne plusieurs personnes accusées d'être Vaudoises. 432 & suiv.

Bruestein (détail de la bataille de) XI. 17. où les Liégeois sont défaits. 19.

Bruges (les Habitans de) traitent de la paix entre l'Archiduc Maximilien & les Gandois. IX. 282. Se révoltent contre l'Archiduc. 296 & suiv. Le retiennent prisonnier. 299. Entrent en composition. 300.

Brun (Gilles le), Connétable de France, attaque la Ville de Belinas. II. 110.

Brunswic (le Duc de) visite le Duc de Bourgogne. VIII. 51.

# DES MATIÈRES.

*Brunſwic* (le Duc de) vient ſecourir Naples & ſe retire en Allemagne. XVIII. 104.

*Bruſac.* VII. 312.

*Bruyn* (*Gilles* de), frère de Joinville. Il eſt fait Connétable de France. 11.

*Buc* (de), Général de l'Armée Angloiſe, entre ſur les terres de France & ſe propoſe d'y troubler la cérémonie du Couronnement du Roi Charles. IV. 22. Il cherche à ſurprendre l'Armée Françoiſe. 23. Il rejette avec fierté les propoſitions de Bertrand. 26. Malgré le Conſeil de pluſieurs Officiers de ſon Armée, il donne dans le piége. 27. Diſcours qu'il tient à ſes Troupes pour les animer au combat. 29. Il ſe défie de ſes Troupes & fait faire des propoſitions à Bertrand. 30. Il ſe rend priſonnier. 38. Il rend quelques Châteaux & recouvre ſa liberté. 80. Il tente inutilement d'accorder le Roi de Navarre avec le Roi de France. 81. Le Prince de Galles lui donne le commandement de ſon Armée contre Henri. 209. Il eſt commis à la garde de Bertrand & de quelques autres priſonniers. 225.

*Bucy* (*Oudard* de), Conſeiller du Roi en ſa Cour de Parlement à Paris, décapité à Arras. XIII. 262.

*Budes* (*Jean*) ſe diſtingue à la priſe de Saint-Denis. VII. 311.

*Büeil* (Monſeigneur de) ſecourt Orléans aſſiégé. VII. 82. Eſt fait Chevalier. 293.

*Bufalore* (Ville). XVII. 54.

*Buffez*, Capitaine, Lieutenant du Roi d'Yvetot; repouſſe les Vénitiens devant Tarente. XIV. 36. Eſt bleſſé dans le Combat. 37.

*Buiſſet* (de) porte au Conſeil aſſemblé de la Ville de Paris, les Ordres du Roi. XIII. 62.

*Buiſſon* (le Seigneur du), priſonnier à la bataille d'Azincourt. VII. 240.

*Bunou* (le Capitaine). Sa mort. 293. XVII.

*Burgos* (la Ville de) envoye à Henri dix mille hommes de Troupes pour ſoutenir la guerre. IV. 200. Elle ouvre ſes portes à Pierre, vainqueur de Henri. 227.

*Burgos* (les Habitans de) s'aſſemblent pour délibérer ſur le Siége dont ils ſont menacés. IV. 135. Diſcours de l'Archevêque préſidant l'Aſſemblée des Chrétiens. 137. Les Juifs & les Sarraſins ſe déclarent pour Henri. 138. Ils lui envoyent deux Cordeliers pour lui offrir de le couronner Roi d'Eſpagne. 140. Ils viennent au-devant de

Pierre dans la plus grande consternation. 230.

Burgos (les Dames de) s'entretiennent sur la figure & l'air de Bertrand du Guesclin. IV. 144. Elles présentent leurs hommages à l'épouse de Henri. 145.

Bussy d'Amboise, Commandant à Alexandrie, capitule & se rend. XVII. 344. Est fait prisonnier. XVII. 23. Sa mort. 59. 396.

Bussy de Bourgogne. XVII. 15.

Busthin (Marc de) périt au camp devant Marseille. XX. 90.

Bureau (Jean), Trésorier de France, est nommé Maire de la Ville de Bordeaux. IX. 380. Maître de l'Artillerie au Siège de Castillon. 405. 407. Envoyé à Paris par le Roi pour informer contre les Parisiens. XIII. *Mémoires de Jean de Troye.* 9.

Bures (le Comte de) assiège Dourlens & est repoussé. XVII. 197. Commande l'Armée Impériale & se joint aux Anglois. 239. Est Lieutenant Général de l'Empereur; assiège Saint-Paul. XX. 191. Après la prise de la Ville, il ordonne qu'on lui représente les prisonniers. 203. Fait brûler la Ville & raser le Château. 205. Assiège Montreuil. 206. Thérouenne. 211. Montreuil. XXI. 152.

Burie (le Seigneur de) est commis à la garde d'un Fort. XVIII. 88. Se rend maître de Groillan. XX. 136. Est préposé à la garde de Thurin. 140. Son entreprise contre Cazal. 149. Est fait prisonnier. 151 & 455. Est maître de l'Artillerie; passe en Italie avec l'Armée Françoise. XX. 258.

Buzancès (le Baron de). Sa mort. XVIII. 107 & 396.

Buzancy (le Seigneur de) fait fortifier son Château. XVIII. 292. Rentre en grace avec le Roi. 293. Manque de parole & son Château est rasé, & la Terre confisquée. 294.

---

### C.

CABOCHE, Boucher de Paris, ameute le petit Peuple en faveur du Duc de Bourgogne. V. 357.

Cabre (de), Lieutenant de la Compagnie de More de Novare, se trouve à l'avant-garde de l'Armée

en Piémont. XXI. 113.
*Cabrieres*, petite Ville du Comtat, est détruite pour cause de religion, par Arrêt du Parlement d'Aix. XXI. 328 & *suiv.*
*Cadet* (Jean) délivre à Montlhéry, des mains des Ennemis, le Comte de Charolois. X. 341.
*Caën*, assiégé. VII. 400. Capitule. 402.
*Cajazze* (le Comte de), fils de Robert de Saint-Severin, envoyé en ambassade auprès de Charles VIII. XII. 150. Est admis à l'audience du Roi. 152. Prend le Commandement de cinq cens hommes d'Armes. 167. Attaque l'avant-garde des François à Fornoue. 304. Opine pour le combat. 306. 311. Après la bataille entre en négociation avec les François. 323. Poursuit les François. 329.
*Caillac* (de) à la bataille de Serisolles. XXI. 122.
*Calais* (Ville). Les Députés du Roi & de l'Empereur se retirent sans conclure. XVII. 118. 464.
*Caloüani*, neveu de l'Empereur de Constantinople. VI. 155.
*Cambray* (Adam de), premier Président, est choisi pour aller à Arras traiter de la paix. VII. 307.
*Cambray* (Jérôme de), serviteur du Duc de Bourgogne, remporte le prix de la joûte à Bruges. XIII. 174.
*Cambray* (Isabeau de), épouse de Guillaume Coulombel, accusée par son mari, est constituée prisonnière en la Conciergerie du Palais Royal. XIII. 128.
*Cambray* (Ville), ligue entre le Roi, le Pape & l'Empereur. XVII. 11 & 421.
*Camont* (Bernard de) condamné à avoir la tête tranchée pour avoir sauvé un prisonnier. V. 461.
*Campefregose* (Jean-Baptiste) propose de mettre entre les mains de Charles VIII la Seigneurie de Gênes. XII. 403.
*Campobache* (le Comte de) amène au Duc de Bourgogne des Lombards & des Italiens. IX. 217. Assiége Nancy. 244. Traite secrètement avec le Duc de Lorraine. 245 & 334. X. 365. Au Siége de Ruz trahit son maître le Duc de Bourgogne. XI. 235. Fait des propositions au Duc de Lorraine contre les intérêts de son maître. 332. 339 & *suiv.* Trahit de nouveau son maître, malgré les bienfaits qu'il en avoit reçu. 383 & *suiv.* 389 & *suiv.* Au moment

de la bataille, il paſſe du côté du Duc de Lorraine. 398. Les Allemands le chaſſent de leur Compagnie. 400. Va auprès du Duc de Bretagne; diſcours qu'il lui tient contre le Duc de Bourgogne. XIII. *Mém. de Jean de Troye*. 331. L'abandonne au Siége de Nancy. 350. Avertit le Duc de Lorraine des deſſeins du Duc de Bourgogne. 351.

Canaples (le Seigneur de) eſt fait priſonnier. XVII. 301. Eſt rappelé avec ſa Compagnie. XIX. 196. Eſt fait Capitaine de Montreuil. XX. 206. Y eſt aſſiégé. 207. Capitule. 208.

Candalles (le Seigneur de) eſt envoyé pour eſcorter le Prince de Navarre. Eſt bleſſé. Sa mort. XVIII. 101.

Candalora, Ville ſur le Golfe de la Satalie. VI. 217. Eſt attaquée par les Troupes du Maréchal de Boucicaut. 220. Relation de ce Siége & de la défaite des Habitans. *Ibid & ſuiv*.

Cannes (le Seigneur de) envoyé par l'Empereur auprès du Pape. Son Diſcours. XVIII. 185.

Canni (le Seigneur de) eſt ſoupçonné d'avoir aſſaſſiné le Duc d'Orléans. V. 332.

Cantacuzêne (*Théodore*), Ambaſſadeur de l'Empereur de Conſtantinople en France. VI. 133.

Cantimpré (*Thomas* de); éloge qu'il fait de Saint-Louis. II. 308.

Cantorbie (*Thomas* de). Sa conduite envers Olivier du Gueſclin qu'il fait priſonnier de guerre. III. 399. Il défie Bertrand en combat ſingulier. 404. Il fait propoſer un accommodement. 409. Relation du Combat. 411. Il eſt vaincu. 413.

Cantorbie (*Richer* de), beau-frère de Chandos, périt dans le combat par les mains de Charles de Dinan. IV. 73.

Capoue (la Ville de). Les Habitans trahiſſent les François & ſe livrent aux Ennemis. XVIII. 114.

Cappel (*Jacques*), Avocat du Roi, portant la parole devant le Roi & ſon Conſeil, conclud à ce que l'Empereur ſoit cité au Parlement. XX. 154 & 456.

Capuſſement (*George*), Capitaine de deux cens Chevaux à Dourlens. XX. 153. Eſt chargé de ravitailler Thérouenne. 157. Eſt fait priſonnier. 215.

Carara (*Alexandre* de) avertit le Gouverneur de Turin de la manœuvre des Ennemis. XX. 431.

Cardin de Crémone, pendu comme

comme espion. XVII. 158.
Cardonne, Ville. Pierre-le-Cruel s'y réfugie. IV. 149. Elle se rend à son ennemi. 155.

Cardonne (Raymond de), Vice-Roi de Naples, chef de l'Armée des Espagnols en Italie. XV. 257. Commande le corps d'Armée devant Ravenne. 302. Est défait par les François. 313.

Care (Anglois). Sa mort. XVIII. 65.

Carentan (les Habitans de) livrent leur Ville à Olivier de Mauny. IV. 49. Réponse du Gouverneur de la Ville à Bertrand. 50.

Carignan (le Château de) pris par le Marquis de Guast. XX. 397. Repris par les François. 398.

Carignan (la Ville de) abandonnée par les François; le Marquis de Guast y loge son armée. XXI. 90. La Garnison demande des secours ou menace de se rendre au Duc d'Anguien qui l'assiége. 102. Elle capitule. 144.

Carmagnollis (Village). XVII. 52.

Carmanoli, Empereur des Grecs, fait la paix avec Caloïani, son neveu. VI. 153.

Carondelet (Jean) à la suite du Comte de Charolois. IX. 88.

Carpi (le Cardinal de) envoyé à l'Empereur par le pape. XIX. 172. Vient vers lui à Savillan. 287.

Carpi, ville où séjourne deux jours le Duc de Nemours avec plusieurs Capitaines François; ce qui leur fut prédit par un Astrologue. XV. 217 & suiv.

Carraciol (Jean), Prince de Melphe, Lieutenant du Roi à Arles. XX. 32. Est chargé de connoître du démêlé entre les Italiens & les Champenois, à Arles. 42. Fait punir exemplairement les auteurs d'un nouveau différent. 53 & suiv. Est préposé à la garde de Guise. XXI. 28. La famine se met dans son Camp. 59. Ravitaille Luxembourg. 60. Arlon. 61. Force l'Empereur à lever le Siége de Luxembourg. 93. Est nommé Gouverneur & Lieutenant-Général du Roi en Piémont. 262.

Carraccioli (Hector de), tué à l'attaque de Gênes. XX. 133.

Carré (Pierre), condamné à avoir la tête tranchée. VII. 350.

Carreman (Philippe) est fait Chevalier. IX. 306.

Caseneuve (Guillaume de), Vice-Amiral de Louis XI. XIII. 208.

Cassinel (Geoffroy) commande l'aile droite devant Cisay. V. 8.

Tome I.   D

*Caſtet* (*Etienne du*) épouſe Chriſtine de Piſan. V. 91. Sa mort. 93.

*Caſtellan* (le Seigneur Iean Hieronyme), priſonnier. XVIII. 121.

*Caſtelpers* (le Baron de) eſt nommé Gouverneur de Savillan. XX. 279.

*Caſtel-Saint-Ange* (le Château de) ſe rend aux Impériaux. XVII. 382.

*Caſtiglion*, Gentilhomme Milanois eſt tué. XVIII. 241.

*Caſtille* (malheurs arrivés au Roi & à la Reine de). XII. 419 & *ſuiv*.

*Caſtillon*, Ville du Périgord, aſſiégée. IX. 404. Détail de la bataille gagnée par les François. 514.

*Caſtre* (le Comte de) cherche à raſſurer Pierre-le-Cruel. IV. 130. Il l'engage à faire un accommodement avec Henri. 152. Il quitte le parti de Pierre. 155. Il conduit à Pierre un ſecours de quinze cens hommes. 295. Il quitte Pierre & s'en revient en Galice. 299.

*Catherine*, fille de Charles VI, Roi de France. V. 160. Elle épouſe Henri, Roi d'Angleterre. 451.

*Catherine de Bretagne*, épouſe Arguël, fils du prince d'Orange. VIII. 61.

*Catherine de France*, Comteſſe de Charolois. VIII. 140. Sa mort. 209.

*Catherine de Médicis*, nièce de Clément VII, épouſe le Duc d'Orléans. XVIII. 261.

*Catto* (*Angelo*), Archevêque de Vienne. Sommaire de ſa vie. X. 433 & *ſuiv*.

*Caufour* (*Henri de*), mort au Siége d'Alibaudiere. V. 447.

*Caulers* (*Motin de*), ſauvé par le Roi Louis XI dans le ſaccage de Tronquoi, & nommé Elu extraordinaire de Paris. XIII. 290.

*Caurelay* (*Hugues de*) défend avec valeur la Place dans laquelle il commande. IV. 51. Eſt forcé de ſe rendre. 52. Attaque les François. 67. Se joint à Bertrand contre le Roi d'Eſpagne. 108. Fait ſes adieux à Bertrand. 198. Propoſe au Prince de Galles de remettre Bertrand en liberté. 233. Accompagne Bertrand & lui offre vingt mille doubles d'or. 265. Rend juſtice à la valeur de Bertrand, & propoſe un avis qui fut trouvé bon dans le Conſeil. 373.

*Cayeux* (*Jean des*), périt dans la bataille de Cocherel. IV. 34.

*Cazache* (*Jean-Bernardin*) fait priſonnier le Chevalier Bayard. XIV. 408.

*Cecco*, Secrétaire de Jean Galeas, Duc de Milan, abuſe de ſon crédit ſur

l'esprit du Duc. XII. 139.
Eſt arrêté & conduit dans
les priſons de Pavie. 140.
*Celerin* (Saint-) aſſiégé & pris
par les Anglois. VII. 290.
*Cental* (*de*) attaque & prend
d'aſſaut la Ville de Quieras.
XX. 391. En eſt fait Gouverneur. 393. Commande
un Corps de troupes de
l'avant-garde de l'Armée
en Piémont. XXI. 113.
Emprunte de l'argent pour
la ſolde des Suiſſes. 162.
*Cere* (*Rence de*) ſe joint au
Capitaine Bayard. XVII.
291. Aſſiége Aronne. 308.
Eſt forcé de lever le Siége.
309. Eſt envoyé à Marſeille. 346. Lève des Troupes pour ſecourir Rome.
XVIII. 36. Ne veut point
accéder à la capitulation
du Pape. 39. Commande
une Armée pour la Sicile.
93. Eſt battu en Sardaigne.
94. Eſt envoyé à Naples.
101. Périt malheureuſement. XIX. 34.
*Cere* (*Jean-Paul de*) eſt envoyé en Savoie remplacer
le Marquis de Saluſſes.
XIX. 245. Eſt bleſſé. 282.
Reprend quelque butin ſur
les ennemis. XX. 65. Prend
d'aſſaut le Château de Lormarin. 66. Fait priſonnier quarante fourrageurs.
67. Pourſuit les Impériaux.
92. Défait ſept à huit cens
Eſpagnols devant Albe.
238.

*Cermes* (le Seigneur de) eſt
fait Bailli de Montbelliard. XVIII. 285.
*Cervie* (Ville) remiſe au
Pape XVII. 12.
*Ceſar d'Arragon* (Don), fils
naturel de Ferdinand I,
Roi de Naples. XIV. 28.
*Chabannes* (*Jacques de*) ſecourt Orléans aſſiégé. VII.
82. Sa querelle avec le
Seigneur de Peſmes. VIII.
33. Il prend pour juge le
Duc de Bourbon. 34. Aſſiége Chalais dans le Bordelois. IV. 403. Sa mort.
407.
*Chabannes* (*de*), Seigneur
de Vendeneſſe, Capitaine
de l'Armée contre les Vénitiens. XV. 67.
*Chabannes* (*Jacques de*). Le
Légat refuſe de lui remettre la Ville d'Avignon.
XIV. 225. Eſt nommé
chef de l'Armée d'Italie.
227. Meurt à la bataille
de Pavie. 236.
*Chabannes* (*Antoine de*).
VII. 295. Appaiſe les Seigneurs qui en vouloient
au Connétable. 356. Tué
au Siége de Pontoiſe. 365.
Eſt chargé par le Roi
Charles VII de ramener
en France Louis, Dauphin
de Vienne. IX. 411. Extrait d'une Chronique manuſcrite ſur le Comte de
Dammartin. X. *Mémoires
de Comines*. 192 *& ſuiv.*
Abrégé de ſon hiſtoire.

D ij

214 & *suiv*. Pièces relatives à son procès. 237 & *suiv*. 323. Accompagne le Roi dans son entrevue avec le Connétable de Saint-Paul. XI. 221. Se sauve de la Bastille & se réfugie auprès des Ducs de Bourbon & de Berry. XIII. *Mémoires de Jean de Troye*. 29. Se rend maître de Saint - Farjeau & de S.-Maurice. 30. Echange qu'il fait avec le Roi. 126. Est nommé Grand-Maître de l'hôtel du Roi. 140. Marche au secours des Liégeois. 154. Surprend Colonne. XVII. *Mémoires de du Bellay*. 51. Est fait Gouverneur de Navarre. 53. Seigneur de la Palisse. Défait un Corps de troupes auprès de Villefranche en Piémont. XIV. 200. Conduit à l'Empereur Maximilien un secours de cinq cens hommes d'armes. XV. 79. Lève le Siége de Padoue. 125. Revient à Milan. 127. Marche au secours de l'Empereur contre les Vénitiens. 204. Est blessé. 241. Commande l'avant-garde à la bataille de Ravenne. 286. Est élu chef de l'Armée. 317. Assiége Pampelune. 329. Se rend maître de Villefranche où se trouvoit Prosper Colonne. 366. & *suiv*. Est blessé devant Venouse.

XVI. *Mémoires de Fleuranges*. 14. Prête secours à l'Empereur contre les Vénitiens. 55. Assiége Padoue. 56 & *suiv*. Lève le Siége & quitte l'Empereur. 59. Est nommé, par les Capitaines, Général de l'Armée. 100. Le Roi le confirme & le nomme Gouverneur de Milan. 101. Fortifie plusieurs places pour s'opposer aux entreprises des Suisses. 103. Se retire à Pavie. *Ibid*. L'abandonne & revient en France avec son Armée. 104. Marche dans le Royaume de Navarre contre les Espagnols. 114. Assiége Pampelune. 115. Revient en France. 116. Tient un Pas d'armes. 166. XVII. *Mémoires de Martin du Bellay*. 12. Est fait Gouverneur & Lieutenant-Général du Duché de Milan. 13. 20. Est fait prisonnier & repris. 23. Maréchal de France. 42. & 115. Député à Calais 117. Remplace le Maréchal de Chastillon. 238. Marche avec toutes ses forces à Andaye. *Ibid*. Fait lever le Siége de Fontarabie. *Ibid*. Se rend maître d'Avignon. 347. Poursuit l'ennemi dans sa retraite. 348. Sa mort. 393.

Chabannes. ( *Joachim de* ) prend d'assaut le Château

de Lormarin. XX. 66.
*Chabot* (*Philippe*) défend la Ville de Marseille, assiégée par Charles de Bourbon, au service du Roi d'Espagne. XIV. 225. XVII. 42. 345.
*Chailly* (*Florimond de*). Sa mort. XVIII. 106.
*Chalais*, Ville du Bordelois, assiégée. IX. 403. Prise d'assaut. 404. Tous les Habitans mis à mort. *Ibid.*
*Chalons* (*Jean de*), Ecuyer du Duc de Bourgogne. V. 100.
*Châlons-sur-Sône*, Pas d'arme exécuté à l'arbre de Charlemagne. VIII. 71 & *suiv.*
*Chambrelan* (*Guillaume*) se rend maître d'Orville. VII. 343.
*Chamelle* (le Soudan de la). Observation. II. 227. Il envoye du secours aux Chrétiens. 91. Il commande un corps d'Armée. 92. Il livre bataille & la perd. 93. Il se retire au Château de Chamelle. 94. Il revient sur l'Empereur de Perse & tue vingt-cinq mille hommes. *Ibid.*
*Champagne* (le Comté de). Sa mouvance. Dissertation. III. 162.
*Champdenier* (le Seigneur de) de la maison de Rochechouart, est chargé de pourvoir à la sûreté des Villes de Nîmes, Beziers,

&c. XX. 49. Repousse les Espagnols. 122.
*Champeaux* (*Guillaume de*), Evêque de Laon, lève des Troupes pour secourir les François assiégés dans Bazas. VII. 11. Baptise Louis, fils aîné de Charles VII. 25.
*Champeroux* (le Seigneur de). XVII. 115. Capitule & rend Tournay. 155.
*Champs* (*des*), Gentilhomme de la maison du Roi Charles VIII. Périt en se défendant contre les Napolitains. XIV. 13.
*Chandios* (*Pierre de*) combat contre Jacques de Lalain. VIII. 247 & *suiv.*
*Chandiou* (*de*), Général de l'Infanterie à Dijon. XVI. 138.
*Chandos* (*Jean de*). III. 368. 409. Le Roi d'Angleterre met sous sa conduite les Troupes qu'il envoye à Jean de Montfort. 418. Il fait le serment de ne pas lever le Siége d'Auray. IV. 60. Dans le combat il s'attache à Bertrand. 74. Il reçoit à Angoulême Pierre-le-Cruel. 189. Le Prince de Galles lui donne le Commandement de l'arrière-garde. 210. Il offre à Bertrand dix mille livres pour sa rançon. 262.
*Chandu* (le Seigneur de) commande le secours accordé au Duc de Richemont. XVII. 33.

*Chantelles* (le Château de), le Duc de Bourbon s'y retire. XVII. 268.

*Chantemelle*, Gouverneur du Comte de Charolois. V. 100 & 410.

*Chantemerle* marche au secours de la Mirandole contre le Pape. XV. 173.

*Chanteraine* (le Seigneur de), Chevalier de Rhodès, poursuit les Allemans. IX. 226.
— Secourt Saint-Omer. 253.
— Se trouve à la prise de Termonde. 273.

*Chapelle* (Geoffroy de la) remet à Thibaut, Comte de Champagne, des lettres de Saint-Louis. I. 37.

*Chapelle* (Pierre de la) au Siége d'Orléans. VII. 79. blessé mortellement dans un assaut. 80.

*Chapelle* (le bâtard). VII. 310.

*Chapelle* (la) de Biron, surprend les Impériaux auprès de Sainte-Marie. XXI. 39. Sort de Landrecy, passe au camp du Roi qui le fait son maître d'hôtel ordinaire. 74.

*Chardon* (le Capitaine) est tué. 183. XVII.

*Charente* (la Garnison du Château de) se rend à discrétion. VI. 38.

*Charles*, Roi d'Espagne, élu Empereur dans l'Assemblée des Electeurs à Francfort. XVI. 264. Prend possession de l'Empire. 266. 279 &s. Est couronné à Aix. 281. Fait la guerre au Seigneur de Sedan. 287. XVII. 43. Pour-parlers de son mariage. *Ibid.* Envoie une Ambassade au Roi. 75. Conclusion de son mariage avec la fille aînée du Roi. 76. Va en Espagne. 77. Est élu Empereur. 80. Fait un Traité avec le Roi d'Angleterre. 88. Fait des propositions inutiles à Robert de la Marck. 98. Envoie des Troupes sur ses terres. 104. Il fait avoir le Chapeau à l'Evêque de Liége. 105. Veut inutilement empêcher le passage de l'Escaut. 146. Abandonne son Armée. 148. Veut qu'on rende Fontarabie. 149. Cherche à rompre la ligne des Vénitiens & des Suisses. Se lie avec le Pape. *Ibid.* Ordonne à Lanoy de faire une descente en France. 345. Fait faire au Roi des propositions outrées. XVIII. 10. Lui fait une visite. 16. 310. Envoje une Ambassade au Roi. 22. Envoie le Duc de Bourbon en Italie. 24. Averti de la ligue. Fait arrêter les Ambassadeurs de France & d'Angleterre. 43. Son cartel en réponse à celui du Roi. 51. Se fait couronner par le Pape. 130. 334. Donne

# DES MATIÈRES.

la nièce à Francifque de Sforce. 131. Il fait marcher contre les Florentins. 132. Arme contre le Turc. 144. Ses démêlés avec les Princes de l'Empire. 145. Envoie un Ambaffadeur en France. 153. Arrivé à Gênes, cherche à avoir une entrevue avec le Pape. 168. Son entrevue. 175. Ce qui s'y paffe. *Ibid. & fuiv.* Difcuffion relative à ce concile. 192. La Ligue conclue, il veut retourner en Efpagne. 209. Eft piqué de la demande de François I$^{er}$. 210. S'embarque pour l'Efpagne. 219. Cherche par fes Ambaffadeurs, à éloigner le Pape de Henri VIII. 220. Demande juftice au Pape du divorce de Henri VIII. 226. Lui demande du fecours contre le Turc. 227. Sa réponfe au Roi fur le meurtre de Merveilles. 248. Fait marier fa nièce au Duc de Milan. 249. Bat les Turcs ; fon Armée eft ruinée. 297. Cherche à amufer François I$^{er}$. 299. Ses pour-parlers. XIX. 7 *& fuiv.* Ne fait pas de réponfe pofitive aux propofitions. 17. Eft averti du difcours de Langey à la Diette, & fe ralentit. 22. Accorde le Duché de Milan au Duc d'Orléans. 26. Amufe toujours les Ambaffadeurs de François I$^{er}$, & ne conclud rien. 39 *& fuiv.* Arrive à Rome. 50. Ses difcuffions avec Velly. 57 *& fuiv.* Accorde une audience à l'Evêque de Mâcon. 63. Va avec lui au Confiftoire. 65. Son difcours. 67. Prie le Pape d'être jugé entre lui & le Roi. 70. Eclaircit quatre points principaux de fon difcours. 89. Balance toujours à céder le Duché de Milan pour le Duc d'Orléans. 97. Quitte Rome. 107. Reçoit à Sienne le Cardinal de Lorraine. 111. Nie la promeffe du Duché de Milan. 115. Déclare formellement fa volonté. 118. Part de Sienne. *Ibid.* Veut faire retirer les Troupes Françoifes du Piémont. 158. Sa réponfe au Cardinal de Lorraine. 176. Sème en Allemagne de faux bruits contre le Roi. 200 *& fuiv.* Vient au Camp de Piémont. 271. Fait accueil à un des Otages. *Ibid.* Cherche encore à accufer le Roi. 279. Fait faire des provifions pour fon Armée. 285. Reçoit à Savillan les Ambaffadeurs du Pape. 287. Charles V leur déclare fes intentions. 288. Donne une audience particulière au Cardinal de Trivulce. *Ibid.* On l'exhorte à ne pas aller en Provence. 290 *& fuiv.*

D iv

Sa réponse. 296 & *suiv.*
Son discours à son Armée.
307 & *suiv.* Division de
son Armée. 317. Arrive à
Saint-Laurens. 221. Harangue ses Troupes. 322
& *suiv.* Distribue d'avance
les dignités de l'Etat. 329.
Se vante de la défaite de
Montejan. 405. Est accusé
d'avoir eu part à la mort
du Dauphin. 425. 470.
Cherche à engager, dans
la guerre avec la France,
le Pape & toute la ligue
d'Italie. XX. 6 & *suiv.*
Arrive à Aix où il reçoit
la réponse du Pape, après
avoir essuyé plusieurs
échecs. 15. Sa cruauté lui
suscite de nouveaux ennemis. 17. Propose des arrangemens aux Négocians
d'Anvers. 18. Marche contre Marseille. 20. Donne
ses ordres aux Capitaines
& revient dans son Camp.
24. Reçoit des secours de
vivres & d'argent. 78.
Lève son Camp. 89. Circonstances de sa retraite.
90 & *suiv.* Raisons sur
lesquelles il prétend la
justifier. 120 & *suiv.* Dispose du Marquisat de
Montferrat en faveur du
Duc de Mantoue, au préjudice du Duc de Savoye.
149. Se rend à Nice. 284
& 473. Conclud une trève
de dix ans. 285 & 475.
Vient à Barcelone. 285.

Propose une entrevue au
Roi de France. *Ibid.* &
478. Demande passage en
France. 289. Arrive à Bayonne. 292 & 482. Cérémonies de sa réception.
*Ibid.* & 483. & *suiv.* Arrive à Paris. 294 & 488.
Arrive à Valenciennes. *Ib.*
à Gand où il punit les principaux auteurs de la révolte. 295. Refuse de tenir sa promesse au Roi de
France. 296. Tient une
Diète à Ratisbonne. 320.
Fait une entreprise contre
Alger. 321 & 505. Perd
presque toutes les places
du Duché de Luxembourg.
375 & *suiv.* Fait un traité
de paix avec le Duc de
Cleves. XXI. 52. Conditions de ce traité. 283 &
*suiv.* Il attend au Quesnoy-le-Comte, les secours qui
lui arrivent. 58. Etat de
son Armée devant Landrecy. 62. Poursuit l'Armée Françoise dans sa retraite. 80. Se retire à
Cambray. 84. Use de
mensonge envers les Habitans. 85. Est forcé de
lever le Siége de Luxembourg & de se retirer en
Allemagne. 93. Fait un
traité d'alliance avec le
Roi d'Angleterre contre la
France. 149. Assiége Boulogne. 152. Ligny. 155.
dont il se rend maître.
157. Saint-Dizier. 165.

En presse le Siége. 172.
Fait donner inutilement
trois assauts. 174. Par
quelle supercherie il oblige les François à capituler.
177. Considérations qui
lui font desirer la paix.
185 & suiv. Se loge au-
près de Châlons. 187. Re-
met sur les voies d'un traité
de paix. 190 & 313 & suiv.
Surprend Château-Thier-
ry. 191. Prend la route de
Soissons. 192. Conditions
du traité de paix. 196.
Ordonne à ses Généraux
de retirer ses Troupes.
196 & 321. Prend le che-
min de Valenciennes. Ibid.
Refuse le passage, par ses
états, aux Allemands au
service de l'Angleterre.
259. Comment il reçoit
les Ambassadeurs du Roi
de France. 261. Son voya-
ge en Allemagne. 264.

*Charles V, dit le Sage*, Roi
de France, reçoit les Am-
bassadeurs du Comte de
Montfort. IV. 78. Il choisit l'Archevêque de Reims
pour recevoir en son nom
la foi de ce Prince pour le
Duché de Bretagne. 79. Il
reçoit les Généraux des
vagabonds qui infestoient
le Royaume. 106. Il écrit
à Bertrand du Guesclin,
& lui offre l'épée de Connétable de son Royaume.
344. Il presse Bertrand de
se rendre auprès de lui.
350. Accueil qu'il fait à
Bertrand du Guesclin. Ib.
Il assemble son Conseil.
367. & donne à Bertrand
l'épée de Connétable. 369.
V. 166. Il apprend par un
Courrier le mécontente-
ment de Bertrand. IV.
424. Acceuil qu'il lui fait.
425. Il fait équiper une
flotte. 428. Il envoye des
Troupes à son frere le
Duc d'Anjou, & en donne
le commandement à Ber-
trand. V. 15. Il l'envoye
assiéger le Château de
*Randan*, 16. Il apprend
la mort de Bertrand. 20.
Il ordonne sa sépulture à
Saint-Denis. 20. Quel jour
il fut couronné & à quel
âge. 104. Il corrige les
mœurs. 106. Ordre de sa
journée. 108. Ordre de
ses voyages. 113. Preuves
de sa justice. 115. De sa
clémence. 116. Sa manière
d'emprunter. 119. Ordre
de sa maison & ses lar-
gesses. 120. Sa chasteté.
121. Son amour pour la
vérité. 123. Ses aumônes.
125. Pour quelles raisons
il déclare la guerre au
Roi d'Angleterre. 137. Ses
conquêtes. 138. Raisons
qui le dispensoient de la
guerre en personne. 141.
État des forces de son
Royaume. 180. Il recou-
vre le Duché de Guienne
sur le Roi d'Angleterre.

184. Il rentre en possession du Duché de Bretagne. 185. Son application & son progrès dans les sciences. 189 & *suiv*. Ses vertus. 192. Etat des bâtimens qu'il fait faire pendant son règne. 198. Etat de sa Bibliothéque. 200. Sa décision sur deux concurrens pour un office. 210. Ses alliances. 228. Il refuse les propositions du Soudan de Babylone. 229. Sa manière de recevoir les étrangers. 230. Accueil qu'il fit à l'Empereur des Romains. 234 & *suiv. jusqu'à* 248. Il invite l'Empereur à son Conseil, il lui fait part des torts du Roi d'Angleterre. 248. Présens qu'il lui fait. 258. Il est averti qu'on trame sa mort. 265. Il tombe malade. 271. & meurt. 279.

*Charles VI*, fils aîné de Charles V, Roi de France. Sa naissance. V. 153. Il monte sur le trône de France. 154. Ses qualités. *Ibid*. Il remporte une victoire à Rosebech sur les Flamands. 156. Jusqu'à quel point il mérite l'amitié de ses peuples. *Ibid*. Etat du Royaume sous son règne. 158. Ses enfans. 159. Il prend le parti du Duc de Bourgogne. 350. Il donne ses ordres pour le Siége de Bourges. *Ibid*. Il prend parti contre le Duc de Bourgogne. 357. Il assiége Compiégne. 361. Il emporte d'assaüt la Ville de Soissons. 364. Il se rend maître de Bapaume & assiége Arras. 365. Il accorde la paix au Duc de Bourgogne. 370. Il revient à Paris. 371. Il assiége Senlis. 403. Il lève le Siége & revient à Paris. 403. Entrevue avec le Roi d'Angleterre. 413. Il consent à lui donner en mariage sa fille Catherine. 404. Après le mariage il renouvelle la paix avec le Roi d'Angleterre. 452. Il fait son entrée dans la Ville de Sens. 454. Sa mort. 506 & 555. Troubles qu'elle occasionne dans le Royaume. 507. Il marche au secours de Louis, Comte de Flandres. VI. 30. Son voyage à Avignon. VI. 427. Son entrevue avec Clément VII. *Ib*. Il arrive à Toulouse. 428. Ce qui donna occasion à sa maladie. 433.

*Charles. VII*, Roi de France, demande des secours au Duc de Bretagne. VII. *Mémoires de la Pucelle, &c*. 37. Fait proposer au Duc de Savoie d'ammener le Duc de Bourgogne à un traité de paix. *Ibid*. De quelle manière il reçoit

Artus, Comte de Richemont. 40. Se rend à Angers. 41. Envoie une Ambassade au Duc de Bretagne. 46. Il se rend à Saumur où il reçoit le serment du Duc de Bretagne. 47. Vient à Issoudun. *Ib.* Assemble les Etats à Meun-sur-Yevre. *Ibid.* Vient à Bourges & appaise les Seigneurs de sa Cour mécontens. 66. Consent à recevoir Jeanne d'Arc. 95. Assemble son Conseil pour délibérer. 96. Ordonne tout ce qu'elle desire pour son expédition. 101. Vient à Château-neuf-sur-Loire. 145. Refuse de pardonner au Comte de Richemont. 146. Ordonne les préparatifs pour son sacre. 148. Part pour Reims. Assemble son Conseil auprès de Troyes. 154. Prend l'avis de Jeanne d'Arc. 166. Fait son entrée dans Troyes. 159. Dans Châlons-en-Champagne. 160. Cérémonies du sacre à Reims. 163. Visite Saint-Marcout à Corbigny. 164. Plusieurs Villes se rendent à son obéissance. 164 *& suiv.* Vient à Dammartin où il met ses Troupes en bataille. 169. La présente aux Anglois. 174. Vient à Saint-Denis. 177. Diverses escarmouches. 178. Son entrevue avec le Comte de Richemont. 250. Il fait serment de chasser du Royaume tous ceux qui avoient contribué à la mort du Duc de Bourgogne. 251. Vient à Saumur, il y reçoit le Duc Jean. 255. Sa réponse au sujet de la Trimouille. 267. Vient à Lyon & à Vienne. 294. Assemble les Etats de son Royaume & envoye à Arras pour traiter de la paix. 307. Fait serment d'en remplir les conditions. 313. Fait son entrée dans Paris. 339. Ordonne le Siége de Meaux. 344. Assemble à Bourges les Princes, Seigneurs & Prélats du Royaume. 353. Mande le Connétable auprès de lui. 357. Fait la guerre à son fils. 431. Va à Poitiers. 357. Pardonne au bâtard d'Orléans. 358. Entreprend un voyage à Tartas. 370. Ordonnance militaire. 433. Assiége Falaise. 403. Raisons qui le déterminent à la paix d'Arras. VIII. *Mémoires d'Olivier de la Marche.* 21. Fait des Réglemens pour la tenue des Troupes. 147. Envoie des Ambassadeurs pour traiter de la paix entre le Duc de Bourgogne & les Gandois. 344 *& suiv.* Reçoit les Ambassadeurs du Roi de Hongrie. IX. 47. Son mécontentement de l'évasion du Dauphin. 49. Sa mort. 59 & 471. Exige la restitution des Places françoises conquises par le Roi d'Angleterre. IX. 371. Ordonne le Siége du Palais de Rouen. 372. Fait son entrée dans la Ville. 374. Remet la Normandie sous son obéissance. *Ibid.* Ordonne des prières publiques en actions de graces. 376 *& s.* Cérémonies de ses funérailles. XIII. *Mémoires de Jean de Troye.* 16 *& suiv.*

**Charles VIII**, fils de Louis XI, épouse la Duchesse, héritière de Bretagne. IX. 265. Prend congé de Marguerite de Bourgogne. 266. 269. Devient Roi de France par la mort de Louis XI. *Ibid.* Envoie des secours aux Gandois contre le Roi des Romains. 302. Rend à René II, Duc de Lorraine, le Duché de Bar. XII. 131. Ses droits sur le Comté de Provence. 132. Renvoie Marguerite d'Autriche & épouse la fille du Duc de Bretagne. 154. 477. Fait la paix avec Maximilien d'Autriche. 155. Demande conseil aux Vénitiens sur la conquête de Naples. 158. Vient à Lyon. 161. Part de Vienne en Dauphiné pour conquérir le Royaume de Naples. 166 *& suiv.* Est malade de la petite vérole. 176. Arrive à Plaisance où il apprend la mort du Duc de Milan. 178. Assiége Serzane. 183. Vient à Florence. 186. Donne aux Pisains la liberté qu'ils réclament. 189. Fait son entrée dans Florence. 195. Fait un traité avec les Florentins. 196. S'empare de plusieurs places. 197. Entre dans Rome avec toute son Armée. 204. S'oppose à la déposition d'Alexandre. VI. 219. Traite avec lui. 221. Part de Rome & fait différentes conquêtes. 222 *& suiv.* Entre dans Saint-Germain. 224. Capoue. 225. Naples. *Ibid.* Offre des biens en France à Ferrand, Roi de Naples & à Fédéric son oncle. 229. Est couronné Roi de Naples. *Ibid.* Dispose de toutes les places & offices en faveur des François. 230. Fait les préparatifs pour son retour en France. 261 *& suiv.* & 489. Arrive à Sienne. 268. A Pise. 273. Son voyage jusqu'à Serzane. 278. Se rend maître de Pontrème. 281. Difficulté qu'il éprouve pour transporter son Artillerie sur les Monts Apennins. 287. Arrive à Fornoue en présence des ennemis. 295. Met son Armée en bataille. 307. Va aux ennemis. 308 & 493. Crée plusieurs Chevaliers. 309. Gagne la bataille. 312. Part avec toute son Armée. 329. Difficultés de la marche *Ibid. & suiv.* Arrive dans le Marquisat de Montferrat. 333. & à Ast. 237. Accorde un sauf-conduit afin qu'on puisse traiter de la paix avec le Duc de Milan. 356. Conclusions & conditions du traité. 366 *& suiv.* Engage le Duc de Milan à venir le trouver. 370. Envoie Comines à Venise. 371. Néglige d'envoyer des secours dans le Royaume de Naples. 380. Apprend la mort de son fils, Dauphin de France. 381. La reddition du Château de Naples. 386. De la Citadelle de Pise. *Ibid.* Accord fait avec le Roi Ferrand, contre ses intérêts. 392. Envoie à Ast le Duc d'Orléans, avec une nouvelle Armée. 398. Mauvais succès de plusieurs entreprises sur l'Italie. 399 *& suiv.* Sa nouvelle querelle avec Ferrand, Roi de Castille. 407. Différentes négociations avec le Roi de Castille. 413 *& suiv.* Ses nouveaux projets pour la conquête du Royaume de Naples. 428 *& suiv.* & pour les réformes nécessaires dans son Royaume. 429 *& suiv.* Sa mort. 431. Cérémonies de ses funérailles. 438. Exemple de l'attachement qu'avoient pour ce Monarque ceux qui le servoient. 439 & 496. Traité de paix avec Maximilien d'Autriche, conclu à Senlis. 471. Son voyage en Italie pour la conquête du Royaume de Naples. XIV. *Mémoires de Guillaume de Villeneuve.* 2. Attaque & prend d'assaut le Mont-Saint-Jean. 4. Est couronné Roi de Naples. 5 & 90. Vient à Rome. 8. Attaque & défait ses ennemis. 8. Envoie une Armée contre les Anglois & les Bretons, & assiége Nantes. *Mémoires de Louis de la Trémoille.* 138. 282. Se met en marche avec son Armée pour la conquête du Royaume de Naples. 146. Fait son entrée dans Rome. 148. Y exerce l'autorité souveraine. *Ibid.* & 288. Revient en France malgré les obstacles des ennemis. 149 *& suiv.* Arrive à Fornoue. 151. Gagne la bataille. 153. Sa mort. *Ibid.* Reçoit à Lyon le Duc de Savoye. *Mémoires du Chevalier Bayard.* 340 *& suiv.* Retient à son service le jeune Bayard. 346. *Charles*, Comte d'Anjou, frère de Saint-Louis. Il se croise. I. 49. Attaque les

Turcs. 89. Il se couvre de gloire. *Ibid.* Il vient au secours de Joinville. 102. Est défait. 124. Saint-Louis vient à son secours & met en fuite les Sarrazins. *Ib.* Il monte sur un Vaisseau Génois. II. 31. Est chargé de l'attaque de Belinas. 110.

*Charles*, fils aîné de Louis Duc d'Orléans. V. 336. Il entreprend de venger la mort de son père contre le Duc de Bourgogne. 341. Il assemble son Armée à Han. 344. Il loge ses Troupes à Saint-Denis & à Saint-Cloud. 347. Il perd la bataille & se retire dans le Berry. 349. Il est assiégé dans la Ville de Bourges. 351. Il fait la paix avec le Duc de Bourgogne. 353. Il demande du secours à l'Angleterre. 356. Il jure de garder le traité de paix. 372. Il est fait prisonnier à la bataille d'Azincourt. 283.

*Charles*, troisième fils de Charles VI, Roi de France. V. 160.

*Charles*, Comte de Clermont, fils aîné du Duc de Bourbon, secourt Orléans. VII. 86.

*Charles de Valois*, Duc d'Orléans, lève des Troupes & les envoye en Piémont. VIII. 212.

*Charles de France*, Duc de Berry, frère de Louis XI, vient en Bretagne. IX. *Mémoire d'Olivier de la Marche.* 68. Se ligue contre son frère, Roi de France. 69. Se réconcilie. 91. X. 245. Chef de la guerre du *bien public.* 320. Arrive à Etampes où il renouvelle la ligue contre Louis XI. 352. Discours qu'il tint dans un grand Conseil. 357. Passe la rivière de Seine sur un pont de bateaux. 364. Préside à l'Assemblée tenue à Saint-Maur. 376. La Normandie se met sous son obéissance. 411 & *suiv.* Il en fait hommage au Roi Louis. 420. Vient en Normandie. 421. Ses différens avec le Duc de Bretagne. 424. Sa réconciliation. 427. Se retire en Bretagne abandonné de tous ses Chevaliers. 428. Copie de la Lettre qu'il écrit au Duc de Bourgogne. 460. Se justifie dans un manifeste, d'avoir pris les armes pour le bien public. *Ibid.* Renonce au Duché de Normandie pour une pension de soixante mille livres. XI. 43. Accepte en échange le Duché de Guienne. 114. Prête le serment d'usage. 524. Sert le Roi contre le Duc de Bourgogne. 129. Sa mort. 188. Se joint aux Ambassadeurs du Duc de

Bretagne, & se déclare contre le Roi Louis XI. XIII. *Mémoires de Jean de Troye.* 27. Ecrit aux différens Corps de la Ville de Paris, sur les motifs de la guerre qu'il a entreprise. 70. Fait hommage au Roi du Duché de Normandie. 110. Rend au Comte d'Armagnac une partie de ses terres. 225. Fait la paix avec le Roi. 249.

*Charles d'Anjou,* Comte du Maine, évite le combat. X. 325. Abandonne le champ de bataille à Montlhéry. 343. Suit le Roi Louis XI. & défend la Normandie contre les Bretons. XIII. 31. Abandonne le Roi à Montlhéry. *Mémoires de Jean de Troye.* 51. Envoye des provisions de bouche au Duc de Berry. 79. Est nommé Ambassadeur auprès des Princes ligués. *Ibid.* Est privé du Gouvernement du Languedoc. 131.

*Charles,* Duc de Bourbon, vient à Châlons-sur-Saône, visite le Duc de Bourgogne. VIII. 32. Prend possession de la Normandie pour le Duc de Berry. X. 4. 11 & *suiv.* Copie de la Lettre qu'il écrit de Bourges à Louis XI. 468 & *suiv.*

*Charles de Bourbon,* fils de Charles I.er, Duc de Bourbon, Cardinal, Archevêque de Lyon. X. 318. Vient à Péronne avec son frère Louis XI. XI. 47.

*Charles d'Artois,* Comte d'Eu, envoye en Ambassade auprès du Duc de Bourgogne. X. 293. Particularités de sa vie. *Ibid.* Se plaint du Duc de Bourgogne devant les Etats assemblés à Tours. XI. 120. Est nommé Lieutenant-Général de Paris. XIII. 64. Sa réponse aux Députés de la Ville. 66. Sa mort. 224.

*Charles,* Comte de Charolois, se rend maître de la Ville de Péronne. V. 410. Il devient Duc de Bourgogne par la mort de son père. 432. Il propose à son Conseil d'en venger la mort. 433. Fait un traité de paix avec le Roi d'Angleterre. Conditions de ce traité. *Ibid.* & 543. Il assemble ses troupes à Péronne. 435. Assiége Crépy. 440. Rejoint le Roi Henri. 470. Vient au-devant des ennemis. 477. Est fait Chevalier par Jean de Luxembourg. 478. Se distingue dans la bataille. 479. Son Armée est mise en déroute. 480 & 483. Il rentre dans Abbeville. 484. Traite avec le Seigneur d'Ossemont. *Ibid.*

Marche au secours de la Ville de Cône. 498. Vient à Troyes où il apprend la maladie du Roi Henri. 499. Se dégoute de son alliance avec les Anglois. VII. 38. Défait les Anglois dans le Hainaut. 52. Demande au Duc de Betfort de lever le Siége d'Orléans. 91. Vient au-devant du Duc son père. VIII. 139. Va à Bruxelles. 267. Court sa première lance contre Jacques de Lalain. 275. Joûte avec plusieurs Seigneurs & obtient le prix. 277. Ses qualités. 278. Se prépare pour la guerre. 287. Attaque les Gandois. 379. S'exerce à la joûte. 406. Ses qualités. 407. Commande dans les Etats du Duc, en son absence. IX. 36. Epouse Isabelle de Bourbon, sa nièce. 39. Se fixe au Quesnoy. 51. Se brouille avec le Duc son père. 54. Se réconcilie. 59. Accompagne en France Louis, Dauphin, devenu Roi. 60 & *suiv.* Fait un tournoi. 63. Reçoit trente-six mille livres de pension du Roi de France. 64. Mauvaises façons du Roi à son égard. 64 & *suiv.* Fait alliance contre Louis XI. Met une Armée sur pied. 70. Est blessé dans un combat. 73. Assemble son Conseil. 75. Entre à Montlhéry. 76. Poste son Armée à Conflans. 81. Reçoit le Roi dans son Camp. 87. Sépare son Armée & vient à Villiers-le-Bel. 89. Marche contre Liége. *Ibid.* Revient à Bruxelles. 90. Dissimule son mécontentement contre le Roi. 93. Assiége Dinand. 100. La fait brûler. 101. Poursuit les fuyards. 102. leur pardonne 103. Devient Duc de Bourgogne par la mort de Philippe son père. 118. Arme contre les Liégeois, campe auprès de Saintron, 120. Livre bataille. 122. Met en mer une flotte considérable. 126. Déclare la guerre au Roi de France. 127. Assiége Amiens. 128. Accepte la trève. 129. Epouse Marguer. d'Yorch, sœur du Roi d'Angleterre. 133. Fêtes & réjouissances à cette occasion. *Ibid.* & *suiv.* Se rend maître de Roye, de Neele. 205. Assiége Beauvais. *Ibid.* Lève le Siége. 206. Prend Neuf-Châtel. *Ibid.* La disette & la maladie se mettent dans son Camp. 207. Assiége Amiens. *Ibid.* Sa conduite envers Nicolas de Calabre. 208 & 329. Vient à Arras, présente la bataille aux François qui la refusent. 209. Fait un Camp d'honneur à Lions en Santres. Se rend

rend à Péronne avec le Roi de France. 210. Tient un Conseil. 211. Fait la paix avec Louis XI. 212. Marche contre Liége. 213. Attaque la Ville. *Ibid.* qu'il prend d'assaut. 214. Envoye des Ambassadeurs au Duc de Bretagne. 215. Assiége la Ville de Nuz. 217. Appaise les différens entre les Anglois & les Italiens. 223. Attaque le Camp de l'Empereur. 226. Revient dans ses Etats. 227. Arrête & retient prisonnier le jeune Duc de Gueldres. 228. Fait la fête de la Toison d'Or à Valenciennes. 289 *& suiv.* Soumet à son obéissance tout le pays de Gueldres. 230. Se déclare Duc de Lorraine, & la soumet. 233. Est battu par les Suisses. 234. Rassemble de nouvelles Troupes & assiége Morat. 236. Il y est défait. 237. Vient combattre les Liégeois à Franchemont. *Ibid.* Secourt la Ville de Nancy assiégée. 239. Conclud une trève avec le Roi de France. *Ib.* Fait arrêter madame de Savoye & ses enfans. 241. Visite Edouard, Roi d'Angleterre. 243. Vient au secours de Nancy. 244. Est battu & mis à mort par les Troupes du Duc de Lorraine. 245. 335. *& suiv.*

Ses sujets de plainte contre Jean de Bourgogne, Comte d'Etampes. X. *Mémoires de Comines.* 261. Demande de répondre aux Ambassadeurs de Louis XI sur différens chefs d'accusation. 298 *& suiv.* Accuse la maison de Crouy de la vente des Villes de la rivière de Somme, consommée par Philippe son père. 302 *& suiv.* Déclare la guerre à Louis XI. 306. Etat de son Armée. 306 *& suiv.* Assiége & prend le Château de Nesle. 311. Arrive à Saint-Denis. 312. Aux portes de Paris. 313. Apprend que le Roi vient à sa rencontre avec une Armée. 316. Se loge à Long-Jumeau, près Paris. 321. Danger qu'il court à la bataille de Montlhéry. 339 *& suiv.* Se retire à Etampes, où il est joint par plusieurs Seigneurs qui avoient quitté le parti de Louis XI. 352. Assemblé un grand Conseil. 357. Sa surprise des discours du Duc de Berry. 358. Demande en mariage Marguerite, sœur d'Edouard, Roi d'Angleterre. 360. Passe la Seine sur un pont de bateaux. 363. S'arrête à Conflans. 369. Y est attaqué par l'Artillerie de Louis XI. 384. Fait placer son Artillerie. 386. Or-

*Tome I.*   E

donne un pont de bateaux. 387. Conditions qu'il met à la paix. 402. Son entrevue avec le Roi Louis. 413. Conclud le traité. 418 & *suiv*. Part pour la Flandre. 421. Congédie ses Troupes. 426. Expose les motifs de son mécontentement contre le Seigneur de Crouy. 465 & *suiv*. Est reconnu par les trois Etats de Brabant, Limbourg, &c. &c., pour leur Seigneur, après la mort de Philippe son père. 475. Donne ses instructions aux Commissaires qui devoient traiter en son nom avec les Ambassadeurs du Roi d'Ecosse. 476. Fait un traité d'alliance avec Louis, Duc de Baviere. 477. Avec Frédéric, Electeur Palatin. 478. Avec François, Duc de Bretagne. 487. Prend le commandement de l'Armée contre les Liégeois. XI. 4. Leur accorde la paix. 8. Attaque de nouveau les Liégeois. 11. Ecrit à Louis XI la mort de Philippe, Duc de Bourgogne son père; copie de la Lettre. 514. Rejette les propositions de Louis portées par le Cardinal Ballue, son Ambassadeur. 12. Assiége Saint-Tron. 13. Combat les Liégeois à Bruesteim. 18. Gagne la bataille.

19. Après la prise de Saint-Tron, ordonne la mort de dix Habitans, & assiége Tongres, où il exerce la même sévérité. 23. Fait son entrée dans la Ville de Liége. 34. Dans celle de Gand. 35. Sa conduite envers les Gandois. 37 & *suiv*. Différentes Ambassades qu'il reçoit, qu'il envoye. 42. Sur le refus de Louis XI de renoncer à son entreprise sur la Bretagne, il met une Armée sur pied. 42. Consent avec peine à une entrevue avec Louis, proposée par ses Ambassadeurs. 45. Reçoit le Roi à Péronne. 47. A la nouvelle de la révolte des Liégeois, retient le Roi prisonnier. 59. Tient plusieurs Conseils & propose enfin un traité à Louis XI. 71 & *suiv*. Marche contre les Liégeois. 78 & *suiv*. Conclud pour l'assaut. 99. Se rend maître de la Ville de Liége. 102. Propose quelques nouvelles conditions au traité de Péronne. 106. Ordonne la destruction de la Ville de Liége. 108. & des pays voisins. 110. Part pour le Brabant. 111. Est ajourné par Huissier devant le Parlement de Paris. 121. Vient à Arras où il rassemble ses Troupes. 125. Conçoit une haine mortelle contre

le Comte de Saint-Paul. 126 & *suiv.* S'empare de la Ville & Château de Picquigny. 132. S'approche d'Amiens. 133. Propose une trève qui est acceptée. 134. Assemble les Etats. 136. Donne des secours au Roi d'Angleterre. 143 & *suiv.* Lève une Armée. 188. Accepte les conditions de paix. 190. Apprend la mort du Duc de Guienne. 192. Prend le Château de Nesle & y exerce des cruautés inouies. 195 & *suiv.* La Ville de Roye. 202. Un des Faux-bourgs de Beauvais. 203. Bloque la Ville. 204. Ordonne l'assaut. 207. Lève le Siége, ravage tout ce qui se trouve sur sa route jusqu'à Rouen. 209. Soumet le Duché de Gueldres. 228 & *suiv.* Assiége Nuz. 233 & *suiv.* Sur les promesses du Comte de Saint-Paul, lui renvoye ses parens. 267. Fait un traité de paix avec l'Empereur. 260. Vient à Calais au-devant du Roi d'Angleterre. 269. Envoye ses Troupes contre René, Duc de Lorraine. 272. Prend congé du Roi d'Angleterre & va en Brabant. 274. Témoigne au Roi d'Angleterre son mécontentement de la trève avec Louis XI. 289. Envoye des Ambassadeurs à Avennes pour traiter de la paix avec Louis XI. 318. Fait un traité avec lui contre le Comte de Saint-Paul. 323 & *suiv.* Fait arrêter le Comte. 327. Assiége Nancy. 331. Hérite des possessions du Comte de Saint-Paul. 343. Projette de faire la guerre aux Suisses. 344. Fait quelques conquêtes, assiége Granson. 347. dont les Habitans se rendent à discrétion. 349. Est défait par les Suisses. 350. Lève de nouvelles Troupes. 363. Assiége Morat. 365. Perd la bataille. 367. Se retire à Rivière en Bourgogne. 368. Fait arrêter Madame la Duchesse de Savoye & ses enfans. 369. Vient au secours de Nancy. 381. N'ajoute aucune foi aux différentes instructions qu'il reçoit sur les trahisons du Comte de Compobasse. 382 & *suiv.* Contre l'avis de son Conseil, conclud pour la bataille. 400. La perd & meurt dans le combat. 402. Danger qu'il court à la bataille de Montlhéry. XIII. *Mémoires de Jean de Troye.* 51. Conditions d'un traité de paix avec Louis XI. 99. Marche contre la France & prend le Pont Saint-Maixance. XIII. *Mémoires de Jean de Troye.* 37.

Beaulieu & autres Places. *Ibid. & suiv.* Arrive à S.-Denis & campe à Boulogne, près Saint-Cloud. 467. Demande aux Habitans de Paris qu'ils lui envoyent des Députés pour apprendre les motifs de la guerre qu'il déclare à Louis XI. 46. Passe la revue de ses Troupes en présence du Roi. 108. Commande son Armée contre les Liégeois. 110. Fait son entrée à Rouen. 117. Engagemens qu'il prend avec les Habitans de la Ville. 120. Assiége Dinan. 135. & s'en rend le maître. *Ibid.* & 468. Menace les Liégeois. 154. Les attaque, & se rendent. 163. Mande ses Troupes à Saint-Quentin. 166. Reçoit Louis XI à Péronne. 180. Accepte la paix. 181. Refuse les propositions des Habitans de Liége & assiége la Ville. 183. La prend d'assaut. 184. Envoye des Ambassadeurs auprès de Louis XI. 189. Prend l'Ordre de la Jarretière du Roi Edouard d'Angleterre. 202. Ecrit au Parlement & se plaint de ce que le Roi a accueilli le Comte de Warvich contre le traité de Péronne. 204. Arme une Flotte contre les Anglois. 207. Différentes négociations pour un traité de paix avec le Roi. 224. Malgré la trève recommence la guerre contre le Roi. 230. Se rend maître de la Ville & du Château de Nesle. 231. De Roye. 233. Assiége Beauvais. *Ib.* Léve le Siége. 242. & fait ravager le pays. *Ibid. & suiv.* Accepte la trève & y comprend tous ses Alliés. 248. Porte ses armes contre le Duché de Gueldres. 258. Conspire contre Louis XI. 262. Assiége la Ville de Nuz. 277. où il fait de grandes pertes. 283. Léve le Siége. 297. Est défait par les Suisses. 328. Ses Etats lui refusent des Troupes & de l'argent pour continuer la guerre. 332. Est vaincu par le Duc de Lorraine devant Morat. 337. Assiége Nancy. 342. Est défait par les Suisses & périt dans le combat. 353. & *suiv.* Le Duc de Lorraine lui fait rendre les honneurs funèbres. 357.

*Charles*, Comte de Nevers, fêtes & réjouissances à l'occasion de l'arrivée de la Comtesse, son épouse, auprès du Duc de Bourgogne. IX. 425.

*Charles d'Orléans*, petit-fils de Charles V, Roi de France, est fait prisonnier à la bataille d'Azincourt. VII. 240.

*Charles*, Duc d'Orléans, père de Louis XII. Sa mort. XIII. 465.

*Charles*, Duc d'Orléans, second fils du Roi, épouse la nièce du Pape. XVIII. 261.

*Charles de Bourbon*, Connétable de France, est nommé Gouverneur de Milan. XIV. 207. Se révolte contre le Roi & se réfugie chez ses ennemis. 219. Est fait Lieutenant-Général du Roi d'Espagne. 223. Assiége Marseille. 225. Lève le Siége & se retire en Italie avec perte. 226. Est repoussé par les François devant Pavie. 231. XVII. 5. 15. Il va à Boulogne. 37. Il commande l'Armée qui va à Milan. 38. Il assiste au tournois. 41. Il est fait Connétable. 42. Commande l'avant-garde. 45. Combat les Suisses. 57 & *suiv*. Assiége le Château de Milan. 62 & *suiv*. Est fait Lieutenant-Général du Milanois. 67. Se fortifie dans Milan. 70. Retourne en France. 72. Reçoit ordre de lever des Troupes 111. Son mécontentement. 143. 466. Prend Bouchain. 148. Hédin. 159. Se retire à Amiens. 153. Pratique avec l'Empereur ; cause de cette trahison. 261. Détails du complot. 264. Sa conversation avec le Roi. 266. Ecrit au Roi ; sa Lettre. 268. Se sauve. Détails de sa fuite. 270 & *suiv*. 488. Arrive à Mantoue. 276. Reste en Italie, & joint l'Armée de l'Empereur. 278. Ce qu'il dit à Bayard. 342. Est fait Général de l'Armée de l'Empereur. 345. Entreprend d'assaillir Marseille. 346. 501. Se retire, & son Armée est maltraitée. 348. Se sauve de Milan. 353. Retourne commander en Italie. XVIII. 24. S'empare du Château de Milan. 27. Ne tient pas la parole donnée au Duc de Sforce. 28. Force, par des supplices, les Habitans de Milan à donner de l'argent. 32. Veut assaillir Plaisance. *Ib*. Veut surprendre Florence, mais il est prévenu. 34. Veut marcher à Rome. 35. L'assiége. 36. Sa mort. 37. 314.

*Charles*, Comte de Vendôme. Son mariage. XVII. 5. 20. Il va à Boulogne. 38. Il assiste au tournoi. 41. Est fait Gouverneur de l'Isle de France. 42. Est envoyé à Charles d'Autriche. 44. Accompagne le Roi. 47. Reçoit ordre de lever des Troupes. 111. Commande en Picardie. 114. Commande l'arrière-

E iij

garde. 143. Prend Landrecy, 144. Prend Hédin. 152. Se retire à Amiens. 153. Envoie chercher des secours. 198. Assemble ses Troupes & prend plusieurs Châteaux. 201. Envoie avertir le Roi de la descente des Anglois. *Ibid.* Dispose ses Troupes contre les ennemis. Détails des dispositifs. 240. Se rend à Abbeville. 241. Envoie le Comte de Saint-Paul au-devant des ennemis. 247. Va à Thérouenne, & prend en passant le Château de Bailleul-Mont. Noms des Officiers de l'Armée. 252. Poursuit les ennemis. 255. Se loge à Andineton. 256. Va en Italie avec le Roi. 265. Vient avec des Troupes au secours de Paris. 302. Est mandé à Lyon par la Régente. XVIII. 3. Refuse les offres du Parlement. 4. Est déclaré chef du Conseil. 5. Repousse les ennemis en Picardie. XIX. 417.

*Charles*, Duc d'Orléans, nommé Lieutenant-Général du Roi en Picardie, Normandie. XX. 258. Vient à Bayonne au-devant de l'Empereur. 289. Est nommé Chef d'une entreprise contre le pays de Luxembourg. 368 & 504. 374. Arrive à Danvilier qu'il assiége. 375. Prend Yvoy. 376. Arlon. 379. Assiége Luxembourg. 380. Y fait son entrée. 381. Se rend maître de Montmédi. *Ibid.* Vient joindre le Roi à Montpellier. 382 & 511. Est nommé Chef de l'Armée dans le Luxembourg. XXI. 33. Assiége Luxembourg. 43. qui capitule & se rend. 47. Assemble son Conseil & délibère sur ce qui lui reste à faire. 48. Accompagne l'Empereur jusqu'aux extrémités du Royaume. 196. Sa mort. 246 & 335.

*Charles*, Cardinal de Lorraine, est garant du traité de paix entre l'Empereur & le Roi de France. XXI. 196.

*Charles*, Duc de Normandie, accepte les offres de Bertrand contre les Anglois & les Navarrois. III. 427. Il demande & reçoit des secours des Villes soumises à son obéissance. 428. Il part avec ses Troupes pour assiéger Melun. 429. Il fait des propositions avantageuses à la Reine Blanche. 430. Il Ordonne l'assaut. 431. Ses réflexions pendant l'assaut. 432. Il admire la valeur de Bertrand. 434. Il met Garnison dans la Ville & le Château de Melun. 436. Il donne à Bertrand le Gouvernement de Pontorson. 437. Il se dispose à assiéger Rouleboise. IV. 1. Il devient Roi de France par la mort de Jean, son père. 15. Il fait Bertrand du Guesclin Général de ses Armées, & lui donne un pouvoir absolu. 16. Il apprend à Reims la nouvelle de la victoire remportée par ses Troupes à Cocherel. 41.

*Charles de Blois* appelle Bertrand au secours de la Citadelle d'Auray. Il assemble ses Troupes à Guingamp. IV. 55. Il rejette les propositions de Jean de Montfort. 60. Relation d'un songe. 59. Il promet du secours aux assiégés. 62. Il arrive avec son Armée à la vue du Château. 63. Il ouvre le combat. 67. Se bat en combat singulier en présence des deux Armées contre un Chevalier qu'il croyoit être le Comte de Montfort. 70. Il recommence le combat conte le Comte de Montfort. 71. Il est mis à mort. 75. Son corps est transporté à Guingamp, & inhumé honorablement. 77. Guérison surprenante à son tombeau. 79.

*Charles I$^{er}$*, Duc de Savoye, se prévient en faveur du Chevalier Bayard. XIV. 334. Le reçoit à son service. 335 & 421. Visite le Roi Charles VIII. 337. Son entrée à Lyon. 339. Cède au Roi le jeune Bayard. 346.

*Charles III*, Duc de Savoye, rejoint le Roi François I$^{er}$. XVII. 52. Négocie un traité de paix entre le Roi & les Suisses. 53. Refuse à François I$^{er}$ le passage de ses Troupes sur ses terres. XVIII. 295. Envoye demander du secours à l'Empereur. XIX. 5.

*Charles*, Duc de Gueldres. XVII. 17. 47. Quitte le Roi. Sa maladie. 54.

*Charlotte de Savoye*, épouse Louis Dauphin de France. VIII. 280. Ses enfans. IX. 50.

*Charmes* (*Thiery de*), court sur les Gandois. VIII. 339.

*Charny* (le Seigneur de), épouse Marie de Bourgogne, fille naturelle du Duc de Bourgogne. VIII. 209.

*Charpentier* (*Jean le*), pour avoir traité avec le Duc Philippe, est mis à mort par les Liégeois. IX. 99.

*Chartier* (*Guillaume*), Evêque de Paris, porte la parole devant les Princes ligués contre Louis XI. X. 375. Est à la tête de la députation des différens Corps de Paris, auprès du Duc de Berry. XIII. 70. Sa mort. 226.

*Chartres* (la Ville de) reçoit

le Duc de Bourgogne. V. 397.

Chartreux (le Prieur des) de Paris raſſure le Connétable, & l'engage à conſerver le Gouvernement de France. VII. 347 & ſuiv.

Chartreux (les) de Paris ſont forcés de loger dans leur Monaſtère les Gens de guerre de Louis XI. XIII. 85.

Chas-Chaseilz, machine de guerre. Sa deſcription. I. 279.

Chaſſa (Jean de) ſe prépare à faire armes en Angleterre. IX. 98. Combat Louis de Bretelles. 111.

Chaſteaumorant (de). VI. 40. Il arrive à Burſe chargé de négocier de la rançon du Comte de Nevers. 127. Va en Ambaſſade auprès de l'Empereur de Conſtantinople. 138. Commande les Troupes que le Maréchal de Boucicaut laiſſe à Conſtantinople. 166. Prévient la famine. 157. Son courage à l'attaque de Candalora. 220. Il prend deux Vaiſſeaux ſur les Sarrazins. 243. Il eſt fait priſonnier par les Vénitiens. 271.

Chaſteigneray (Jacques de la) traite, avec l'Empereur, de la capitulation de Saint-Dizier. XXI. 178.

Chaſtel (Jacques du), Évêque de Soiſſons. Marche ſeul contre les Turcs. Sa mort. II. 37.

Chaſtel (Tanneguy du) demande au Duc de Bretagne, au nom du Roi de France, des ſecours. VII. 37. Eſt Gouverneur du Rouſſillon. Mémoires de Comines. X. 297. Nommé par le Roi Louis XI, pour traiter à Vervins avec le Duc de Bourgogne. XI. 320.

Chaſtel (Guillaume du) tué au Siége de Pontoiſe. VII. 365.

Chaſtellet (le Seigneur de). Sa querelle. XVII. 296.

Chaſtillon (de), Maréchal de France, conduit des ſecours de vivres à Novarre. XII. 346. Eſt nommé grand Maître des Eaux & Forêts. XIII. 131. Ses différens avec Robert de la Marck. XVI. 298 & 361 & ſ. Sa mort. XVII. 237.

Chaſtillon (Jean Hieronime de). XVII. 175.

Chatillon (Gaultier de) ſe croiſe. I. 49. Il commande l'arrière-garde. 111. Il défend, contre les Sarraſins, les machines que les Chrétiens leur avoient priſes. 118. Son courage. II. 36. Nouvelle de ſa mort. 37.

Chatillon (le Seigneur de), Prévôt de Paris, bleſſé au Siége de Ravenne. XV. 275. Marche au ſecours du Duc de Gueldres. XVI.

30. Est blessé à mort devant Ravenne. 90.

Chatillon est fait Cardinal. XVIII. 261.

Chatillon (le sieur de) tué à l'attaque de Bains. XXI. 23.

Chatillon (de) joint l'Armée Françoise en Piémont. XXI. 114.

Chastre (Gabriel de la) conduit auprès du Roi Maximilien-le-More. XVI. 210.

Chateaubriant (de) nommé Lieutenant du Roi en Bretagne. XX. 258.

Châteaudun (Ville). Mariage de Charles, Comte de Vendôme, avec Françoise d'Alençon. XVII. 4.

Chateaugiron (le Seigneur de) tué à la bataille d'Azincourt. VII. 240.

Chateaugiron, mort au siége de Pontorson. VII. 269.

Chateau-Guion (Monseigneur de). XI. 347. Sa mort. 350.

Chateau-Guyon (Hugues de). XI. 370.

Chateau-Neuf (Antoine de) attaque les Bourguignons à Conflans. X. 398. Vient à Péronne. XI. 49. Est fait prisonnier. XIII. 129. Le bruit de sa mort se répand par les soins de Tristan l'Ermite. 159. Défend la Ville de Perpignan contre le Roi d'Arragon. 255.

Chateauroux (de). Sa querelle avec quelques Gentilshommes. XX. 281.

Chateigneraye (le Seigneur de la). Sa mort. XVIII. 107.

Chaumergis (Jean de) joûte contre Henri de Gouvignon. VIII. 84. Martin Ballard. 85. Plante l'étendart du Duc de Bourgogne sur les Tours de Luxembourg. 135.

Chaumont (Monseigneur de) secourt Orléans assiégé. VII. 82. Est fait Chevalier. VII. 293.

Chaumont (le Seigneur de), Grand Maître de France & Gouverneur de Milan. XV. 149. Assiége Lignago. Ibid. Fortifie la Ville de Rege. 180. Sa mort. 215 & 447. & XVII. 396.

Chaumont en Bassigny; le Roi le fait fortifier. XXI. 266.

Chavigny (Regnault de) marche au secours du Roi de Hongrie. VI. 89.

Chauffée (Jean de la) est fait Chevalier. VII. 293.

Chauvin (Emery) est fait Chevalier. VII. 293.

Chazerac (Odet de), ami particulier de la Trémouille avec lequel il consent d'aller à la Cour de Louis XI. XIV. 16 & suiv.

Chemans (de), Garde des Sceaux de France, traite de la paix avec les Députés de l'Empereur. XXI. 186.

**Cheneteau** (*Jean*), Greffier du Parlement de Paris, privé de ses Offices Royaux pour avoir refusé de prêter de l'argent à Louis XI. XIII. 56.

**Chenu** (*Guillaume*) est nommé Capitaine de Pontoise. VII. 369.

**Chenu** (*Pierre*) court sur les Gandois. VIII. 339.

**Cherbourg**, assiégé. VII. 403. Se rend aux François. 404.

**Chevalier** (Lettre du sieur) sur le rachat des Villes de la rivière de Somme. X. 268 & suiv.

**Chevalier** (*Etienne*), Trésorier des Finances de Charles VII, & l'un de ses exécuteurs testamentaires, est arrêté à Montargis, mais bientôt délivré par les ordres de Louis XI. XIII. 15. Lui donne à souper. 60.

**Chevaliers** qui accompagnèrent Saint-Louis dans le voyage d'Outre-Mer. Conventions faites entr'eux & le Roi. III. 305.

**Chevaliers** de l'Hôtel du Roi Saint-Louis pour le voyage de Tunis. III. 311.

**Chevaliers** (liste des) & Ecuyers qui suivirent le Maréchal de Boucicaut à Constantinople. VI. 135.

**Chevenon** (*Hugues de*) monte à l'assaut de la Ville appelée Raco. VI. 96.

**Chievre** (le Seigneur de) fait prisonnier à Compiegne & conduit à Pierre-Font. V. 415. Il recouvre sa liberté. 416.

**Chievres** (*de*), Ambassadeur du Roi Catholique, arrive à Montpellier. XVI. 257.

**Chievres** (le sieur de), de la maison de Crouy. XVII. 7. Gouverneur du Prince Charles d'Autriche 44. Ce qu'il dit au sieur de Genly. 45. Va à Montpellier. 80.

**Chimay** (le Baron de) prédit le gain de la bataille & la mort du Duc de Nemours à Ravenne. XVI. 98.

**Chiffey** (le Seigneur de). XVII. 74.

**Chivas** (la Ville de) prise par les Suisses. XVI. 187.

**Choart** (*de*), Lieutenant-Civil au Châtelet de Paris, député de la Ville auprès du Duc de Berry. XIII. 70. Est chassé de Paris. 76.

**Chollet** (*Casin*), Sergent à verge du Châtelet de Paris, répand la terreur parmi le peuple. XIII. 44. Supplice auquel il est condamné. 64.

**Choleton**, commande dans Gênes en l'absence du Maréchal de Boucicaut. VI. 456. Il est assassiné par les séditieux. *Ibid.*

**Chrétiens** (les) devant Damiette, impatiens, se jettent dans les barques en tumulte. I. 65. Leurs travaux pour le passage du fleuve de Rexi. 85. Ils détruisent les Tandeis des Sarrazins. 119. Maladie dans l'Armée des Chrétiens. A quelle occasion. 136. Elle manque de vivres. 138. Leur cherté. *Ibid.* Elle décampe. 139. La maladie fait de nouveaux ravages. 143. Ils se rendent aux Turcs. 147. Leur traitement dans la prison. II. 7. Leur frayeur après la mort du Soudan. 19. Ils marchent contre l'Empereur de Perse & le Soudan de Babylone. 91. Division de l'Armée. 92. Elle est défaite. 94. Ils attaquent la Ville de Belinas. 110. Disposition de l'Armée. 111.

*Christierne I*er*, Roi de Danemarck, vient auprès du Duc de Bourgogne, comme médiateur entre le Duc & l'Empereur. 224.

*Christophe*, Duc de Bavière, vient au secours du Roi des Romains. IX. 300.

*Cibo* (le Cardinal) envoyé à Lautrec par le Pape. XVIII. 72.

*Cimay* (le Seigneur de) blessé à la bataille contre les Gandois. VIII. 341. Les défait. 375. Est fait Chevalier de la Toison d'Or. IX, 230. Assiége Nancy. 244. Est fait prisonnier. 246. Est compère pour le Duc de Bretagne, d'un fils de l'Archiduc Maximilien. 268.

*Cisay*, Ville, est assiégée par Bertrand du Guesclin. V. 1. Elle se rend à discrétion. 14.

*Claiette* (le bâtard de la) fait prisonnier par les ennemis, veut les faire tomber dans un piège. XVII. 374. Détails de sa ruse. 375 & *suiv.*

*Clairmont* (le Comte de) prend le parti de Charles d'Orléans pour venger la mort de son père. V. 342.

*Clarence* (le Duc de) périt à la bataille d'Azincourt. 239. IX. 125 & X. 373.

*Claude de Lorraine*, Duc de Guise, repousse les Suisses devant Milan. XV. 377.

*Claude de France*, fille aînée de Louis XII & d'Anne de Bretagne. XV. 360. Epouse François Duc de Valois & d'Angoulême, héritier de la couronne de France. 361. Elle met au monde un fils nommé François. 386. XVII. 77. Sa mort. 350.

*Claude de Lorraine*. Son mariage. XVII. 10. Accompagne le Roi. 47. 112.

*Claude d'Estampes*. Sa mort. XVIII. 107.

*Claude d'Orléans*, Duc de Longueville, mort au Siége de Pavie. XIV. 229. XVII. 357.

*Cleci* (le Seigneur de) est

fait Chevalier. IX. 71.
*Clément IV*, Pape. Il adresse à Saint-Louis une Bulle au sujet des blasphémateurs. II. 258. Il en adresse une au même sujet au Roi de Navarre. 259. Il écrit à Saint-Louis avant son second départ pour la Terre Sainte. Copie de la Lettre. 302.

*Clément VII*, Pape, fait alliance avec François I$^{er}$. XVII. 359. 504. Essaye de détourner le Roi du Siége de Pavie. 388. Fait un traité avec Vespasien Colonne, & retire son Armée de Romagne. XVIII. 29. Forcé de capituler dans le Château S.-Ange. V. 30. 314. Rompt le traité & appelle le Comte de Vaudemont à son secours. 33. Refuse de prendre des précautions contre le Duc de Bourbon. 35. Est assiégé. *Ibid.* Se retire au Château Saint-Ange. 36. Capitule avec le Prince d'Orange & reste prisonnier. 39. Fait prier Lautrec de chasser l'Armée Impériale de ses terres. 72. Se sauve de sa captivité & va à Orviette. 76. 323. Entre dans la ligue contre le Turc. 144. A une entrevue avec l'Empereur. 175. Ce qui s'y passe. *Ibid.* & *suiv.* Se plaint de la conduite de Henri VIII. 222. Délibère sur l'entrevue avec François I$^{er}$. *Ib.* Ecrit au Roi. 223. Commence à tergiverser. 225. Apprend le divorce de Henri VIII. 227. Accorde des galères à Charles V. Quitte Rome pour se rendre à Marseille. 249. Y arrive. 257. Son entrée. 258. Fait le mariage de sa nièce & du Duc d'Orléans. 261. Fait quatre Cardinaux. *Ibid.* S'en retourne à Rome. 262. Lance les foudres de l'Eglise contre Henri VIII. 289. Donne audience aux Ambassadeurs de France. XIX. 50. Leur découvre les manœuvres de l'Empereur. 56. Reçoit l'Empereur au Consistoire. 66. Lui déclare qu'il veut rester neutre. 82. Cherche à s'excuser auprès de François I$^{er}$, & à l'engager à la paix. 86. Les promesses qu'il fait aux deux partis. 109. Envoie un Légat à François I$^{er}$ & un à Charles. 172.

*Clerebourg* (*Jean*), maître général des Monnoies, envoyé auprès de Charles VII pour justifier les Parisiens. XIII. 9.

*Clermont* ( M. de ) est fait Duc d'Auvergne. VII. 260.

*Clermont* (*Jacques de*), Bailli d'Evreux, se trouve à la prise de Verneuil. IX. 367. Est fait Capitaine de la

Ville de Bordeaux. 383.
*Clermont* (le Comte de), fils du Duc de Bourbon, Lieutenant-Général du Bordelois & de la Guienne. IX. 407.
*Clermont d'Anjou* (le Seigneur de). XVII. 20. Fait prisonnier. 23.
*Clermont* (*Claude de*), Baron de Dampierre, vient à Thérouenne. XX. 157.
*Cleves* (le Duc de) lève des Troupes pour aller secourir le Duc de Bourgogne, son oncle. VIII. 285. Demande en mariage, pour son fils, Madame Marie de Bourgogne. IX. 251. Fait un traité de paix avec l'Empereur Charles-Quint. XXI. 52. Conditions de ce traité. 283 & *suiv.*
*Click* (le Comte de), Lieutenant du Duc de Saxe dans le pays de Luxembourg. VIII. 100. Ses conférences à Florehenges avec le Duc de Bourgogne. 107. Après la prise de Luxembourg, se renferme à Thionville. 132.
*Clifort* (*Thomas de*) est vaincu dans un combat singulier, contre le Maréchal de Boucicaut. VI. 48. 69.
*Clifftton* (*Thomas*) fait prisonnier à la bataille de Brossiniere. VII. 21.
*Clifston* (le Comte de) fait prisonnier à Pontoise. VII. 369.
*Clisson* (*Olivier de*) conseille à Jean de Montfort de différer le combat. IV. 64. Il parle en faveur de Bertrand. 156. Il secourt Bertrand à la bataille de Pont-Vallain. 389. Il fait prisonnier Thomelin Folisset. 392. Il est chargé d'une expédition contre les Anglois 416. Il les défait & prend prisonnier le Général qui les commandoit. 417. Il succède à Bertrand dans la dignité de Connétable de France. V. 34.
*Clite* (*Jeane de*), Dame de Comines, première Dame de Marie de Bourgogne. XII. 19.
*Clohe* (*Henri de la*), Procureur du Roi au Châtelet de Paris, chargé de conduire des pionniers dans les Villes nouvellement conquises. XIII. 218.
*Clochetiere* (*de la*), Maître de l'Hôtel du Roi. XIII. 256. Chargé de la garde du Duc d'Alençon. *Ibid.*
*Cloud* (*Saint-*). Bataille entre le Duc de Bourgogne & le Duc d'Orléans. V. 348.
*Clugny* (Abbaye de). Dispute de Religion entre des Clercs & des Juifs; un vieux Chevalier la termine. I. 22.

Clugny ( Guillaume de ), Evêque de Poitiers, envoyé par le Comte de Charolois auprès du Roi d'Angleterre, pour demander en mariage Marguerite, sa sœur. X. 359. Est arrêté prisonnier par les Gandois. XI. 459. & condamné à mort. 461.

Cocherel (détail de la bataille de). IV. 31 & suiv.

Coëquen ( le sire de ) attaque les Anglois devant le Parc-l'Evêque. VII. 42.

Coetquen (Jean de) tué à la bataille d'Azincourt. VII. 240.

Cœur (Jacques). Histoire de sa vie. IX. 408. 515 & suiv.

Cohen (le Seigneur de) est fait Capitaine d'Abbeville par Henri, roi d'Angleterre. V. 470. Accident qui lui arriva. 481.

Coiffy. Le Roi le fait fortifier. XXI. 266.

Coimbres (le Duc de), Régent du royaume de Portugal. VIII. 235. Se défend contre le Roi. 237. Sa mort. 238.

Coimbres (Isabelle de) se réfugie auprès du Duc de Bourgogne. VIII. 270. Epouse Ravastain, neveu du Duc Philippe. Ibid.

Coing (Guyon du) attaque les Anglois & est repoussé. VII. 54.

Coitivi (Pregent de) capitule & rend la place de Mairevent. VII. 288. Est fait Chevalier. 293. Amiral de France. IX. 383.

Coitivy (de) tué au Siége de Beuvron. VII. 258.

Coitivy (Olivier de), Lieutenant du Capitaine de la Ville de Bordeaux. IX. 383.

Coittier (Jacques), Médecin de Louis XI, lui annonce sa fin prochaine. XII. 95. Honneurs & richesses qu'il obtint du Roi pour lui & ses parens. 100.

Colette (Sœur), Religieuse de Sainte Claire. VIII. 7. Persuade à Jacques de Bourbon, Roi de Sicile & de Naples, de renoncer au monde. 8.

Coligny (Jacques de) soutient un Pas d'Armes contre Claude de Vaudrey. XIV. 365.

Coligny (Gaspard de), Maréchal de France, prend possession de Tournay. XVII. 83. Est blessée à l'attaque de Bains. XXI. 23. Anecdote particulière. 281.

Colinet avertit le Roi Louis XI du projet d'attenter à sa vie par le poison. XIII. 263.

Cologne (l'Archevêque de) déclare la guerre au Duc de Cleves. VIII. 210.

Colombe ( le Seigneur de Sainte- ). VII. 90.

Colonne (*Fabrice*), Chef de l'avant-garde de l'Armée Espagnole devant Ravenne. XV. 301.

Colonne (*Marc-Antoine*), Capitaine de Veronne pour l'Empereur Charles. XVI. 294. Soutient le Siége de Veronne contre les François & les Vénitiens. 295. Est blessé. XVII. 73. Sa mort. 205.

Colonne (*Prosper*) est arrêté prisonnier à Rome par les ordres du Pape. XII. 203. Est chef d'un corps de Troupes de Maximilien, Roi des Romains, est fait prisonnier & envoyé en France. XIV. 200. Se rend prisonnier. XX. 367 & *suiv.* XVI. 184. XVII. 49. Est surpris à Villefranche & se rend. Détails de l'affaire. 49. 50. 51. Est chef de la ligue. 173. Marche contre Milan. 183. Entre dans Alexandrie. 191. Congédie l'Armée. 194. Fortifie Milan. 203. Envoie des Troupes contre Lautrec. 204. Asseoit son camp près celui des ennemis. 215. Il accorde une trève de trois mois. 230. Va à Gênes. 232. Forme une ligue de toute l'Italie contre le Roi. 261. Poursuivi par nos Troupes, se retire à Milan. 288. S'y fortifie & abandonne les autres places. 289. Il envoie des Troupes à Crémone & à Pavie. 290. Demande du secours pour Crémone. 292. Sa maladie recommence. 304. Envoie des Troupes à Aronne. 308. Sa mort. 310. 498.

Colonne (*Vespasien*) fait un traité avec le Pape. XVIII. 29.

Colonne (*Pompée*), Cardinal. XVIII. 29.

Colonne (*Ascagne*) lève une Armée, marche & arrive à Rome. XVIII. 29. Est fait prisonnier. 92. Est envoyé par l'Empereur auprès du Pape & des autres Princes d'Italie, & pourquoi. XX. 6. Expose sa mission au Pape. 11.

Colonne (*Stephe*), Lieutenant du Roi à Arles. XX. 32. Renonce à sa place & vient au camp. 40.

Colonne (*Pierre*) est nommé Capitaine de la Ville de Carignan. XXI. 90. Est forcé de capituler. Quelles conditions lui sont imposées. 144.

Colones (les) maîtres de la Ville d'Ostie. XII. 199. Lèvent des Troupes contre don Ferrand, Roi de Naples. 201.

Comberel, Evêque, son opinion aux Etats sous Charles VII à Meun-sur-Yevre. VII. 48.

Côme (la Ville de). XVII. 165. Est remise au Duc de Sforce. XVIII. 27.

Comines (*Philippe de*) entre au service de Charles, Comte de Charolois. X. 292. De Louis XI. XI. 210. Le suit dans ses expéditions militaires contre la Bourgogne. 248. Reçoit les Députés du Comte de Saint-Paul. 284. Avertit le Roi du danger qu'il court à Amiens où les Anglois sont en grand nombre. 295. 297. Assiste à l'entrevue des Rois de France & d'Angleterre. 303. Chargé de la part du Duc de Bourgogne de la paix avec Louis XI. 321. Entre dans Saint-Quentin au nom du Roi. 327. Reçoit l'envoyé de la Duchesse de Savoie. 359. Part pour la conquête de la Bourgogne. 413. Traite la reddition de la Ville d'Arras. 416. Va en Poitou & en Bretagne pour quelques négociations. 430. Instructions qu'il reçoit du Duc de Bourgogne pour entrer en négociation avec le Gouverneur de Calais. 526. Arrive à Florence. XII. 43. Reçoit à Milan, pour le Roi de France, l'hommage du Duché de Milan. 46. Revient en France, jouit des bonnes graces du Roi. *Ibid.* Services qu'il lui rend pendant sa maladie. 55 & *suiv.* Particularités remarquables arrivées au commencement du regne de Charles VIII. XII. 136 & 473 & *suiv.* Envoyé Ambassadeur à Venise. 176. Son voyage 235 & *s.* Il y fait son entrée. 238 & *suiv.* Différentes négociations avec les Vénitiens pour les intérêts de Charles VIII. 250 & *suiv.* L'avertit d'une ligue formée contre lui. 254. Prend congé des Vénitiens & arrive à Florence. 260. & à Sienne auprès du Roi, auquel il rend compte de son Ambassade auprès des Vénitiens. 267. Donne son avis sur différens objets. 268 & *suiv.* Visite Jérôme Savonarole, fameux Prédicateur, & pourquoi. 270 & *suiv.* Ecrit au camp des Vénitiens pour avoir une entrevue avec les Provéditeurs. 298. 303. Après la bataille de Fornoue, reprend la négociation. 322 & *suiv.* Recommande le bâtard de Bourbon, fait prisonnier à la bataille de Fornoue. 426. Est envoyé à Montferrant pour accorder les prétendans au Gouvernement de ce pays. 348. Entame une nouvelle négociation pour la paix. 354 & *suiv.* Quelle fut la forme observée dans ces

ces conférences. 358. Envoyé en Ambassade à Venise. Quel étoit l'objet de ses négociations. 371. Demande au Duc de Milan l'exécution du traité de paix. 374. Rend compte au Roi de la tromperie du Duc de Milan. 377.

*Commains* (les) font un traité d'alliance avec l'Empereur de Constantinople. II. 79. Circonstances de ce traité. *Ibid.* Funérailles d'un prince des Commains. 81.

*Commarques* (le Capitaine). XVII. 47.

*Commercy* (le Damoiseau de) demande du secours au Connétable de Richemont. VII. 302. Est arrêté par ordre du Connétable. *Ibid.* S'évade. 303. Se rend prisonnier. *Ibid.* S'empare, par trahison, de la tente de Philibert de Vaudrey. VIII. 114. Est repoussé. 115.

*Comminges* (le Seigneur de). VII. 371.

*Compays* (Jean de) joûte contre Antoine de Vaudrey. VIII. 82.

*Compiegne*, Ville, assiégée par Charles VI, Roi de France, se rend après une belle défense. V. 363. Elle se rend au Duc de Bourgogne. 409. Elle est reprise par les Troupes du Dauphin. 415. Elle se rend au Roi Henri, 491. Se met sous l'obéissance du Roi. VII. 170. Est assiégée par les Bourguignons & les Anglois. 188.

*Comptes* (Protestation de la Chambre des) contre le traité de Conflans. X. 489. Grand Conseil qui s'y tient. XIII. 86.

*Comtes* (Louis des), Page de Jeanne d'Arc. VII. 101.

*Conches* (le Seigneur de). VIII. 52.

*Conchi*, brûlé par les Dauphinois. V. 476.

*Condé* (le Seigneur de) prend l'épouvante & fuit en Bourgogne. IX. 75.

*Cone* (Henri de) secourt l'Armée de Brantion. I. 129.

*Conflans* (le Seigneur de) est fait prisonnier. V. 483.

*Conflans*. Louis XI s'y rend auprès des Princes ligués, pour y traiter de la paix. X. 404. Conclusion du traité. 418 & *suiv.*

*Conie* (le Soudan de). I. 59. 243. Ses richesses. *Ibid.* Il défait le Roi d'Arménie. 60.

*Conne* (la Ville de) assiégée, promet de se rendre & à quelles conditions. V. 497 & *suiv.*

*Conraze* (le sire de) au siége d'Orléans. VII. 79. Blessé dans un assaut. 80.

*Constain* (Jean) accusé d'avoir voulu empoisonner le

*Tome I.* E

Comte de Charolois. IX. 484. Est arrêté. 486. Confesse son crime. 488. Est condamné à avoir la tête tranchée. 489.

Constance (Discours de l'Evêque de) à Louis, Dauphin de France. X. 177 & s.

Constantin, oncle de la Marquise de Montferrat, prétend succéder à sa nièce après sa mort. XII. 48. Est confirmé Gouverneur du Marquisat, par l'autorité du Roi Charles VIII. 350.

Contay (le Seigneur de) donne son avis dans le Conseil du Comte de Charolois. IX. 75. Rend la Ville de Corbie aux Troupes de Louis XI. XI. 249. Est fait prisonnier. 251. A quelles conditions on lui propose la liberté. 285. Est envoyé auprès du Duc de Bourgogne pour l'instruire de la mauvaise foi du Comte de Saint-Paul. 288. Apporte au Roi Louis la nouvelle de la défaite du Duc de Bourgogne devant Morat. 368. Avertit, de la part de Louis XI, le Duc de Bourgogne des trahisons de Campobasse. 391.

Contes (le Château de) est emporté d'assaut par les François. XVII. 244.

Conty (le Baron de). Sa mort. XVIII. 107.

Cony (Village). XVII. 52.

Conversan (le Comte de), frère de Jean de Luxembourg, commande le Siége d'Alibaudiere. V. 448. Il y fait mettre le feu. Ibid. Il est fait prisonnier. Le Roi Henri obtient sa liberté. 486.

Conychan (Robert de) marche au secours des Liégeois. XIII. 154.

Copin (Philipot). VIII. 66.

Coppenole (Jean de), Maître d'Hôtel du Roi de France, chargé d'entretenir la dissention entre les Gandois & l'Archiduc Maximilien. IX. 281. Se retire en France. 284. Revient à Bruges. 296. Sa mort. 311.

Corbeil. Assemblée des Barons de France à Corbeil. Ils proposent au Comte de Bretagne de se mettre à leur tête. I. 33. Est assiégé par le Duc de Bourgogne. V. 396.

Corbie (Guillaume de), Conseiller au Parlement, donne à souper au Roi Louis XI & à plusieurs Seigneurs de sa Cour. XIII. 24. Il est nommé premier Président du Dauphiné. Ibid.

Corbie (le Château de) est attaqué. VI. 41. Il se rend à discrétion. 43.

Corbie (Siége & prise de la Ville de) par Louis XI. XI. 249.

Corcenay (le Seigneur de).

DES MATIÈRES.

Les Turcs lui tranchent la tête. I. 77.
Cordes (le Seigneur de) s'entremet pour le mariage du Comte de Charolois. IX. 90. Attaque inutilement Nieuport. 307. Y est blessé. 308. Attaque & défait les Liégeois à Bruestein. XI. 19. Après la mort du Duc de Bourgogne, remet au Roi Louis XI la Ville d'Arras. 442. Lui fait serment de fidélité. 443. Va au Siége d'Hesdin. 444. qui se rend. *Ib.* Boulogne. *Ibid.* Secourt Thérouenne contre Maximilien d'Autriche. XII. 47.
*Cordebeuf (Merlin de).* XIII. 187.
*Cordelier.* Avis d'un Cordelier à Saint Louis. 24.
*Cornille*, bâtard de Bourgogne. VIII. 66. Remporte le prix de la Joûte. *Ibid.* Lève des Troupes. 89. Est fait Gouverneur du Duché de Luxembourg. 138. Est fait Chevalier. 317. Court sur les Gandois & meurt. 339. Son corps est porté à Bruxelles. 341
*Cornillon* (le Seigneur de). Sa mort. XVIII. 167.
*Cornouaille* (le Seigneur de) défait les François. V. 421. Il dresse les articles de la capitulation pour la Ville de Sens. 453.
*Coronan* (*Guillaume*), An-
glois, capitule & rend Maure. VII. 300.
*Corton* (*de*) envoyé du Roi Louis XI auprès de l'Archiduc Maximilien, traite inutilement d'une trève entre ces Princes. IX. 262.
*Cossé* (*Jean*), Sénéchal de Provence, porte la parole en présence des Rois de France & de Sicile. XI. 358. XVII. 60.
*Cotereau* (*Robert*) défend le Comte de Charolois, qui le fait Lieutenant des Fiefs en Brabant. IX. 73.
*Couci* (Sire de), fils d'Enguerrand, poursuit les Sarrasins; il est tué. I. 98.
*Coucy* (le Chevalier de). II. 210. Le Roi le reconnoît pour son Cousin & le retient à Cesaire. 78. Il raconte de quelle manière l'Empereur de Constantinople avoit fait alliance avec le Roi des Commains. 79. Révient à Constantinople. *Ibid.*
*Coucy* (le bâtard de) commande une aîle de l'Armée de Henri. V. 479.
*Coucy* (*Raoul*, Seigneur de). va au secours du Roi de Hongrie. VI. 88. Son courage & sa mort à la bataille de Nicopoli. 112. Son corps est transporté en France. 127. Particularités de sa vie. 444.
*Coué* (*Méry de*) défend la Ville de Beauvais. XI. 206.

F ij

Couldre ( *Philippe de la* ) envoyé à Novarre prévenir le Duc d'Orléans de divers traités proposés. XII. 337.

Coulombel ( *Guillaume* ) accuse sa femme & la fait constituer prisonnière dans la Conciergerie du Palais Royal. XIII. 128.

Culon, ses exploits sur mer. XIII. 407.

Coulonces ( le Baron de ) mort au Siége de Pontorson. VII. 269.

Couraut ( *Jean* ). VIII. 66.

Courcelles ( *Thomas de* ), Doyen de l'Eglise de Paris, député par son Corps auprès du Duc de Berry. XIII. 70.

Cours & fêtes solemnelles des Rois de France. II. 405 & *suiv.*

Courte-Heuse ( *Guillaume* ), par les ordres du Duc de Bourgogne, assassine le Duc d'Orléans. V. 335.

Courte-Jambe ( *Jacques de* ) se signale à la bataille auprès de Tongre. V. 340.

Courtenay ( *Pierre de* ), Chevalier Anglois, se bat en combat singulier contre le Maréchal de Boucicaut. VI. 48 & 69. Il est vaincu dans un combat singulier contre le Seigneur de Clary. 417.

Courtois ( *Simon* ), Procureur Général du Roi pour le Comté d'Artois, accusé de trahison, est condamné à perdre la tête. XIII. 394.

Courvant ( *Josselin de* ) invente & exécute des machines de guerre. I. 86.

Courville ( le Seigneur de ). Sa querelle. XVII. 296. Est tué à la bataille de Sérisolles. XXI. 131.

Cousinot ( *Guillaume* ) porte aux Habitans de Paris les Ordres du Roi. XIII. 47.

Coutances assiégée. VII. 389. Se rend. 390.

Coutes ( *Jeanne de* ), épouse de Florent, sire d'Illiers. VII. 465.

Couvran ( *Jeoffroy de* ) est fait Chevalier. VII. 339. Commande à Grandville. 378.

Craon ( le Seigneur de ), de concert avec plusieurs autres Seigneurs, fournit la somme pour la rançon de Bertrand du Guesclin. IV. 281.

Craon ( le Seigneur de ), membre du Conseil de Louis Dauphin de France. IX. 51.

Cravent, Ville, tient pour le Roi de France, est assiégée. VII. 14.

Crevant ( *Guillaume de* ) est nommé Butinier à Luxembourg. VIII. 131. Est préposé à la garde de la Ville. 374.

Creil, assiégé. VII. 295.

Crême ( Ville ) se rend. XVII. 12.

Crémone ( Ville ) se rend.

XVII. 12. Eft affiégée par les Impériaux. 230. Capitulation. 231. Se rend faute de fecours. 237. Eft prife par le Duc d'Urbin. XVIII. 28.

Crefpin (*Antoine du Bec*), Archevêque de Narbonne, envoyé en ambaffade auprès du Duc de Bourgogne. X. 293.

Crefpin (*Jeanne*), veuve de Pierre de Brezé, fait arrêter Broquemont, Capitaine du Palais de Rouen, & en écrit au Roi Louis XI. XIII. 97. Elle livre la place au Duc de Bourbon. 98.

Crequi (*Jean de*). VIII. 51.

Crequy (*Antoine de*) affiégé dans Thérouenne par les Anglois. XV. 341. Eft fait Seigneur de Pont-Dormy. XVII. 10. Lieutenant de Roi à Montreuil, eft chargé de ravitailler Thérouenne. XX. 158.

Creffentin, Ville du Piémont, fe foumet à l'obéiffance du Roi. XXI. 98.

Creffol (le Seigneur de). IX. 51.

Creffonfac, Ville, fe rend au Roi Henri. V. 491.

Creffonval, Gouverneur de Saint-Maur-fur-Loire, fe rend à l'invitation de Bertrand du Guefclin. IV. 398. Il accepte de dîner avec lui dans fon camp. 399. Il propofe aux Habitans de fe rendre. 400. Il fait mettre le feu à la Ville. 403.

Crevecœur (*Jean de*) eft fait prifonnier à Compiégne & conduit à Pierre-Font. V. 415. Il recouvre fa liberté. 416. Il eft fait prifonnier au Siége de Saint-Riquier. 475.

Crevecœur (*de*) vient à Landrecy. XXI. 29.

Crevecueur (le Seigneur de) eft fait Chevalier. VIII. 301. Rend, par trahifon, aux François la Ville d'Arras. IX. 254.

Creville (*Louis de*) envoyé par le Comte de Saint-Paul, auprès de Louis XI. XI. 284 & *fuiv*.

Criftierne, Roi de Danemarck. Sa feconde fille époufe le Duc de Milan. XVIII. 249.

Croifés (lifte des) après la fête donnée à Lille par le Duc de Bourgogne. IX. 20 & *fuiv*. jufqu'à 32.

Croix (*Pierre de la*) eft chargé de faire la Vie de Saint-Louis. II. 316.

Croix noires. Pourquoi la Proceffion d'ufage le jour de Saint-Marc s'appeloit la Proceffion des Croix noires. I. 193.

Cropte (*de la*), Capitaine de l'Armée contre les Vénitiens. XV. 67. Eft nommé Capitaine de Lignago. 150. XVI. 65. Eft tué à la ba-

F iij

taille de Ravenne. 315. XVII. 14.

*Croq* (le Seigneur du). Sa mort. XVIII. 107.

*Crouy* (*Jean de*) est envoyé en Ambassade auprès du Roi d'Arragon. VIII. 265. du Roi de France *Ibid*. Epouse la fille du Comte de Saint-Paul. IX. 32.

*Crouy* (*Antoine de*), premier Chambellan du Duc de Bourgogne. VIII. 88. Gouverneur de Luxembourg. 374.

*Crouy* (*Philippe de*) est fait Chevalier. VIII. 317. Chambellan du Comte de Charolois. IX. 53. Est blessée à l'attaque d'Amiens. 129.

*Croy* (le Seigneur de), Capitaine de Cavalerie dans l'Armée du Duc de Bourgogne contre les Liégeois. V. 339. Il est fait prisonnier. 349. Il commande l'avant-garde devant Bourges. 350. Son fils est fait prisonnier & conduit à Montlhéry. 358. Il est remis en liberté. 359. Il marche au secours de la Ville d'Arras. 369. Il prend le parti de Philippe, Duc de Bourgogne. 436. Il est fait Chevalier devant Toucy. 449.

*Croy* (*Butor de*), bâtard du Seigneur de Croy, meurt au Siège de Montreau. V. 458.

*Croy* (le Seigneur de). VII. 316.

*Crussol* (*Louis*, Seigneur de), Chambellan du Roi Louis XI. Défend la Ville de Beauvais. XI. 206. Grand Pannetier de France. XIII. 152. Accompagne le Roi à Saint-Denis. *Ibid*. Marche au secours de Beauvais. 234. de Noyon 245.

*Crussol* (*Charles*, Baron de) & Vicomte d'Uzès, commande à Turin en l'absence de Martin du Bellay. XXI. 114.

*Cueur* (*Godefroy*) est dépossédée, par Antoine de Chabanes, des Places de Saint-Fargeau & de Saint-Maurice. XIII. 30.

*Culant* (le Seigneur de) se querelle avec le Seigneur de Lignieres. VII. 48.

*Curel* (*Gaultier de*) est commis à la garde des Chaz-Chateils. I. 90.

*Curton* (le Seigneur de), Gouverneur du Limousin, assiste à l'Assemblée de Bouvines. XI. 218. Est fait prisonnier à Pavie. XVII. 396. Passe en Piémont avec cinquante hommes d'armes. XX. 330. Commande l'aile gauche de l'Armée navale contre les Anglois. XXI. 217.

*Cusau* (*Marc-Antoine de*) surprend un Château. XIX. 435. Fait un grand butin dans les fauxbourgs de

DES MATIÈRES.

Savillan. 437. Repousse l'ennemi qui venoit le surprendre. 439. Meurt d'une blessure. 441.

## D.

DADIZELLE (*Jean*), Bailli de Gand, Capitaine des Flamands au service de l'Archiduc Maximilien. IX. 262. Prend parti pour les Gandois. 272.

Daillon (*Jean de*), favori du Roi Louis XI, Gouverneur du Dauphiné. XI. 312. Entre au Conseil pendant la maladie du Roi XII. 59.

Daillon (*Jacques*) est commis à la garde de Fontarabie. XVII. 143.

Dain (*Olivier le*), Barbier de Louis XI, envoyé pour engager la Ville de Gand à se mettre sous l'obéissance du Roi. XI. 424. Quel fut le succès de sa négociation. 433 & *suiv*. Vient à Tournay. 436. En fait ouvrir les portes aux Troupes du Roi. 437. Particularités remarquables. XII. 454. Donne une fête aux Cardinaux de Saint-Pierre-aux-Liens & de Bourbon. XIII. 410.

Dalviane (*Barthélemi*), Chef de l'Armée Vénitienne, est fait prisonnier à la bataille d'Agnadel. XIV. 177.

Damas (le Soudan de) sort de Gadres & attaque les Amiraux d'Egypte. II. 96. Il divise son Armée en deux Corps. L'un est vaincu, l'autre vainqueur. *Ibid*. Il revient à Gadres. *Ibid*. Il fait la paix avec les Amiraux. 97. Vient attaquer les Chrétiens avec trente mille hommes. *Ib*.

Damiette. Saint-Louis arrive à Damiette. I. 63. Les Sarrazins s'opposent au débarquement de la Flotte chrétienne. 66. Conduite des Chrétiens à Damiette. 73. Le Soudan met à prix la tête des Chrétiens. 77. Mort du Soudan. 86.

Damiette (le Capitaine) défait les Mineurs Impériaux devant Péronne. XX. 108. Est tué au Siége du Château d'Hédin. 166.

Dammartin (*Simon*), Changeur de Paris, est condamné, par Charles V à 500 livres d'amende, & pourquoi. V. 218.

Dampierre, Amiral de France, mort à la bataille d'Azincourt. V. 383.

Dampierre (le bâtard de). Sa mort. VIII. 133.

F iv

*Dampierre* ( *de* ) vient à Stenay. XXI. 31. Commande trois mille hommes de l'arrière-garde de l'Armée Françoise en Piémont. 115. Charge la Cavalerie Impériale & la défait. 131. Sa mort. 247.

*Daniot*, juif, meurtrier de la Reine Blanche de Bourbon. IV. 154. Pierre l'exile de sa Cour. 156. Il est surpris par un Chevalier Anglois, auquel il demande la vie, lui promettant de livrer à Henri la Ville de Séville. 157. Il se bat en champ clos contre Turquant. 183. Il meurt d'un coup de Tonnerre. 184. Effet que produisit cette mort tragique. 185.

*Danhet*, Prévôt d'Utrecht, Ambassadeur de l'Empereur Charles auprès du Roi de France. XVI. 286.

*Danvilliers*, Ville du Luxembourg prise par le Duc d'Orléans. XX. 375.

*Dau* ( *de* ). IX. 51.

*Dauffay* ( *Jean* ), Maître des Requêtes du Grand Conseil, médiateur entre Maximilien Duc d'Autriche & Louis XI. XII. 446.

*David de Bourgogne*, fils naturel du Duc, consacré Evêque de Thérouenne. VIII. 286. Elu Evêque d'Utrecht. IX. 46.

*Dauphiné* ( *Hercules de* ). XVII. 47. 111.

*Dauvet* ( *Jean* ), Président du Parlement de Toulouse, Ambassadeur pour le Roi auprès des Princes ligués. XIII. 79. Nommé premier Président du Parlement de Paris. 115. Donne à souper à la Reine & autres Princesses. 149.

*Dax*, assiégé. VII. 373. Se rend au Roi. 374.

*Degreville* ( *Jean* ), marche au secours du Roi de Hongrie. VI. 89.

*Demiselle*, femme, arrêtée comme Vaudoise & punie du dernier supplice. IX. 431. Singularités de son procès. 432. 435 & *suiv.*

*Den* ( le Comte de ). II. 217. Il est fait Chevalier. 88.

*Denis* ( *Saint-* ), Ville, prise par les François. VII. 310. Suites de cette conquête. 420.

*Deniset de Chaumont*, Boucher de Paris, excite le peuple en faveur du Duc de Bourgogne. V. 357.

*Derbi* ( le Comte de ) joûte avec le Maréchal de Boucicaut à Ingelbert. VI. 69.

*Desanne*, Ville du Piémont, se soumet à l'obéissance du Roi. XXI. 98.

*Descros*, commande deux mille hommes de l'arrière-garde de l'Armée françoise en Piémont. XXI. 115.

*Despiris*, Chevalier, mort à l'assaut donné à Beauvais. XI. 207.

*Destoges*, Chef des Lansquenets en Italie. XVI. 104.
*Deventel* (les Habitans de) se révoltent contre leur Evêque. IX. 46.
*Devonshire* (le Comte de) épouse une des filles d'Edouard IV. XVII. 34.
*Deymer* (*Jean*), condamné au dernier supplice pour avoir trahi le Roi, est exécuté à Tours. XIII. 249.
*Diegue de Vere* (Don). Son Armée est défaite. 140. XVII.
*Dieppe* prise par les François. VII. 312.
*Digonne* (*Evrard de*) poursuit les Gandois. VIII. 306. Est blessé. 323.
*Dijon* (Ville) est assiégée par les Suisses. Détails du Siége. XVII. 24 & 25.
*Dinan* (les Habitans de) écrivent à Charles de Blois, que leur Ville est menacée d'un Siége & qu'ils ont besoin d'un prompt secours. III. 397. Ils demandent une tréve de quinze jours. 398.
*Dinan* (*Charles de*) s'attache dans le combat à Robert Knole. IV. 69. Il secourt Bertrand. 73. Se rend prisonnier. 76. Il contribue à la rançon de Bertrand. 281.
*Dinan* (*Bertrand de*) est fait Capitaine de Pontorson. VII. 69.
*Dinan* (Siége de la Ville de).

IX. 100. Elle se rend à volonté. Ibid. XI. *Mémoires de Comines*. I. Prise de la Ville. Ibid.
*Dinan* (*Françoise de*), dame de Laval. XIV. 139 & 282.
*Disthein*, fils du Comte de Bures, sauve la vie à Martin du Bellay. XX. 203.
*Dixmude* (Siége de) & bataille où les François & les Allemands sont défaits. IX. 308.
*Dizier* (Relation du Siége de Saint-) par les Impériaux. XXI. 165 *& suiv.* Est livré aux Impériaux. 182. Le Roi la fait fortifier. 266.
*Dodenfort* (*Robinet*) envoyé par Louis XI pour engager les Habitans de Saint Omer à lui remettre leur Ville. XI. 425.
*Dôle*, assiégée & prise d'assaut. XII. 36.
*Dolon* (*Jean*), Ecuyer de Jeanne d'Arc. VII. 101.
*Dombourg* (*Jean de*), est accusé devant le Duc de Bourgogne. VIII. 171. Est condamné à avoir la tête tranchée. 172.
*Doreilles* (*Rigaut*), Ambassadeur pour le Roi Charles VIII auprès du Duc de Milan. XII. 374.
*Dorie* (le Comte *Philippin*), neveu d'André Dorie. XVIII. 90.
*Dorie* (*André*) fait la guerre

aux Génois. XVIII. 67. Commande l'Armée navale envoyée en Sicile. 93. Est obligé de se retirer à Gênes avec perte. 94. Causes de sa défection. 95. Sa réponse à Barlezieux. 98. Jette du secours dans Naples. 99. Poursuivi par Barbezieux, se met à couvert. 111. Se rend maître de Gênes. 112. XX. 77. Arrive au camp de l'Empereur avec des vivres & de l'argent. 78.

*Dorie* (*Jannetin*) protège le Château de Nice, poursuit & prend quatre Galères Françoises XXI. 14.

*Doriole* (*Pierre*), Chancelier de France, envoyé de Louis XI auprès du Duc de Bourgogne, pour traiter de la paix. XI. 189. 320. Est arrêté prisonnier à Moulins. XIII. 28. Quitte le parti de Louis XI & prend celui du Duc de Berry. 71. Envoyé en Ambassade auprès du Duc de Bourgogne. 225. Prononce au Duc d'Alençon la sentence de mort. 275.

*Dormans* (*Regnault des*) est fait Maître des Requêtes. XIII. 116.

*Dorsan* (*Jacques*) court sur les Gandois. VIII. 339. Est tué au Siége de Beauvais. IX. 206.

*Dourlens* (la Ville de) est assiégée. XVII. 197.

*Dourfan* (*Simon*). VIII. 57.

*Douzy* (*Bourg*), le Comte de Nassau y campe. 120. XVII.

*Doyac*, Gouverneur de la Province d'Auvergne, fait saisir des harnois, &c. pour le Duc de Bretagne. XIII. 417.

*Dreux-Budé*, Audiencier en la Chancellerie de France, est arrêté à Montargis, mais bientôt remis en liberté par les ordres de Louis XI. XIII. 15.

*Dros* (*Charles de*) est nommé Gouverneur de Mont-Devis. XX. 279. Pendant le Siége se retire à Roque-de-Bau qu'il fait fortifier. XXI. 88. Commande mille hommes de l'arrière-garde de l'Armée Françoise en Piémont. 115.

*Dubois* (*Jean*) fait serment de planter l'étendard de Bertrand sur la Tour de Bressiere. IV. 410.

*Dugelle* (le Seigneur de) est décapité par les Habitans de Bruges. IX. 296.

*Duglas* (*Guillaume de*). Sa mort. VI. 72.

*Dunois* (le Comte de) secourt Montargis & force les Anglois à en lever le Siége. VII. 58. Est fait Lieutenant Général du Roi de France; consent aux conditions de paix proposées par les Bordelois. IX. 378. Fait son entrée dans la ville. 380. Y maintient le bon ordre. 383. Assiége Bayonne. 384. Y fait son entrée. 385.

*Duplessis* attaque les Anglois près de Boulogne, & meurt de ses blessures. XVI. 142.

*Duprat* (*Antoine*) est député à Calais. XVII. 117. Se déclare contre Semblançay. 229.

*Durfort* (*Georges de*), Capitaine de l'Armée contre les Vénitiens. XV. 67.

*Dusie* (*Guyot*) poursuit les Gandois. VIII. 306. Est blessé. 323. Renvoyé de la Cour du Comte de Charolois, & pourquoi. IX. 57. Passe à la Cour de France. *Ibid.*

## E.

*Eaucour* (le Chateau d') pris & brûlé. V. 473.

*Ecossé* (*Hugues d'*) se joint à Joinville. I. 100.

*Ecuyers* qui suivirent Bertrand du Guesclin dans ses différentes expéditions. V. 62 & *suiv.*

*Eder* (*Guillaume*) tué au Siége de Beuvron. VII. 258.

*Edouard* I$^{er}$, Roi d'Angleterre, envoye des Troupes à Jean de Montfort contre Charles de Blois. III. 397. Il rappelle ses troupes. 415. Il envoie de nouveaux secours à Jean de Montfort. 418.

*Edouard*, Prince de Galles, surnommé le Prince noir, reçoit avec honneur Pierre-le-Cruel. IV. 190. Il promet de le secourir. 191. Pressentimens fâcheux de son épouse à l'arrivée de Pierre. 193. Il assemble ses Troupes à Bordeaux. 195. Il défie Henri. 197. Il demande au Roi de Navarre le passage sur ses terres. 201. Disposition de son Armée. 209. Il commande en personne le camp de réserve. 211. Il anime ses troupes au combat. *Ibid.* Il refuse de rendre à Pierre, Bertrand & les autres prisonniers. 225. Il perd beaucoup de l'opinion qu'il avoit conçue de Pierre. 229. Ce qu'il exige de Pierre en faveur des Habitans de Burgos. 230. Il accepte les propositions de Pierre & s'éloigne avec ses Troupes. 232. Il prend la route de Bordeaux, dans le dessein de revenir punir Pierre de sa perfidie. 235. Il propose la liberté au Belque de Vilaines. 250.

& à Arnould d'Endregem. *Ibid.* Il fait venir devant lui Bertrand. 256. A quelles conditions il lui propose sa liberté. 158. Il part pour l'Angleterre. 418.

*Edouard IV*, Roi d'Angleterre, ordonne les préparatifs d'un pas d'armes. IX. 104. Donne un grand souper. 111. Ses différents avec le Duc de Clarence, son frère. Arme une Flotte considérable. 126. Fait périr son frère, Duc de Clarence. *Ibid.* Fait une descente en France. 130. Accepte une somme d'argent & repasse en Angleterre. *Ibid.* En chasse le Comte de Warvic. 243. Demande en mariage, pour son frère, Madame Marie de Bourgogne. 250. Est attaqué dans ses Etats par le Comte de Warvic. XI. *Mémoires de Comines.* 143 *& suiv.* Obtient des secours du Duc de Bourgogne; combat & défait le Comte de Warvic. 169 *& suiv.* Le Prince de Galles. 175. Remonte sur le trône d'Angleterre. *Ibid.* Lève une Armée au secours du Duc de Bourgogne. 261. Passe la Mer. 263. Défie Louis XI & demande la restitution du Royaume de France. 264. Envoie des Ambassadeurs pour traiter de la paix. 282. Se rend en personne auprès d'Amiens. 291. Sa réponse au Connétable de Saint-Paul. 293. Entrevue avec le Roi de France à Picquigny. 302 *& suiv.* Témoigne au Roi qu'il protège le Duc de Bretagne. 306. Lui envoie toutes les lettres du Connétable de Saint-Paul. 315. Repart pour l'Angleterre. 315. Son caractère. XII. 12. Apprend le mariage de Marguerite d'Autriche avec le Dauphin de France, & meurt. 81 & 462. Chassé de ses Etats, se réfugie auprès du Duc de Bourgogne. XIII. *Mémoires de Jean de Troye.* 212. Met une Armée sur pied, attaque ses ennemis & les défait. 221. Réclame auprès de Louis XI les Duchés de Guienne & de Normandie. 278. Son entrevue avec le Roi Louis XI à Picquigny. 299. Où se conclut une trève pour sept ans. 301. Repasse la Mer avec son Armée. 302. Renvoye au Roi les lettres du Connétable de Saint-Paul. 304. Condamne son frère à perdre la vie dans les tourmens. 376. Envoie des Ambassadeurs au Roi de France pour solliciter la prolongation de la trève. 415. Sa mort. 438.

*Eguiers* (le Seigneur d'),

Capitaine de quatre cens hommes du pays d'Arles. XX. 54.

*Eleonore de Guevarra de Baux*, Princesse d'Altamura, &c. épouse Louis de Luxembourg, seigneur de Ligny, Cousin germain du Roi de France. XV. 11.

*Eléonore* (la Reine) épouse François Ier. XVIII. 129. Fait son entrée à Paris. *Ibid.* Cherche à procurer une entrevue entre le Roi & l'Empereur. 140 & *suiv.*

*Emar de Prie.* XVII. 20. Prend Alexandrie. 52.

*Emery* ( le Seigneur d' ). XVII. 94.

*Emery* (le Château d') pris par l'Armée Françoise est fortifié. XXI. 16.

*Emmanuel*, Empereur de Constantinople, demande des secours au Roi de France. VI. 133. Il arrive à Naretez, & commence l'attaque. 142. Avantages qu'il remporte. *Ibid. & s.* Il confie la garde de ses Etats à Caloïani, & part pour la France. 155. S'arrête à Venise. 159. Arrive à Paris. 160. Cérémonie de son entrée. 446. Il obtient des secours du Roi de France & du Saint Père. 161.

*Endreghem* (*Arnould d'*) se joint à Bertrand du Guesclin contre le Roi d'Espagne. IV. 108. Sa réponse au Cardinal. 109. Il se rend au prince de Galles. 224. Il est remis en liberté. 252. Il rend compte au Roi de France des exploits de Bertrand du Guesclin. 363. Il secourt Bertrand à la bataille de Pontvallain. 389. Il est blessé devant Bressière & meurt. 414.

*Engilbert* commande les Allemands à la bataille de Fornoue. XII. 307. XIV. 151.

*Enguerrand d'Eudin* se joint à Bertrand pour une expédition contre les Anglois. IV. 17.

*Ennequin* ( *Baudoin d'* ), Grand-Maître des Arbalêtriers de France, suit Bertrand à la poursuite des Anglois. IV. 17. Il se signale dans la bataille de Cocherel. 32. Il y perd la vie. 35.

*Entrache* (*Gaultier d'*), il court seul contre les Turcs. I. 75. Son cheval le renverse. 76. Quatre Turcs lui donnent des coups de masse. *Ibid.* Le Connétable de France vient à son secours. *Ibid.* On le reconduit à sa tente. *Ibid.* Il meurt. 77.

*Entragues*, Gouverneur de la Citadelle de Pise pour Charles VIII. La rend aux Pisains contre le serment fait par le Roi de France.

XII. 386. Vend plusieurs autres places. 387.

Epinay (*Eustache de l'*). VII. 312.

Epine (*Pierre de l'*) périt à la bataille de Cocherel. IV. 34.

Erard, Evêque d'Auxerre, est nommé par le Pape pour informer de la vie de Saint-Loüis. II. 313.

Ercatay, Roi de Tartarie. I. 57. 243. Il envoye des Ambassadeurs à St-Louis, & lui propose de se joindre à lui pour l'expédition de la Terre-Sainte. *Ibid.*

Errart d'Esmeray blessé dangereusement. I. 101. Il va demander du secours au Comte d'Anjou.

Escalles (le Seigneur d'), frère de la Reine d'Angleterre, propose un Pas d'Armes au bâtard de Bourgogne. IX. 98. Demande l'entrée de la lice, pour faire armes avec le bâtard de Bourgogne. 106.

Escarcelle (de l') & du Bourdon des Pélerins de la Terre-Sainte. III. 176 *& suiv.*

Escars (le Seigneur d'). XVII. 111. Vient à Thérouenne. XX. 157. A Stenay. XXI. 31. Joint l'Armée Françoise en Piémont. 114. Rend compte au Roi du gain de la bataille de Serisoles. 140.

Escornets (le Seigneur d'), Grand-Bailli de Gand, présente au Duc Maximilien la Verge de Bailli. IX. 286.

Escouet (*Mathurin l'*). VII. 310.

Escun (*de l'*), Maréchal de France, soutient le Siége de Parme contre toute l'Armée des Espagnols. XVI. 317. Sa conduite envers les Italiens effrayés du Siége. 318.

Escut (le Seigneur de l') défait les Impériaux. XVII. 71. Marche au Duché d'Urbin & le prend. 74. Commande pendant l'absence de Lautrec. 157. Va à Rège demander les Bannis. 160. Est surpris. 161. Est excommunié 162. Reparoît à Milan. 163. Fait faire de nouvelles levées. 168. Marche contre l'Empereur. 174. Se retire de Parme. 177. Va joindre son frère. 179. Revient en France. 190. A un Cheval tué sous lui. 222. Envoie demander du secours en France. 232. Se retire à Suze faute de secours. 237. Est fait prisonnier. 393. Sa mort. *Ibid.*

Espagne (le Maréchal d') commande le second corps des Troupes de Henri IV. 200. Il est renversé dans la mêlée & secouru par Henri lui-même. 218.

Espagne (*Rogier d'*) est fait Chevalier. IX. 384.

*Espagne* ( *Bertrand d'* ) est fait Chevalier. IX. 384. Entre dans Bayonne. 385.

*Espagnols* ( les ) engagent Henri à faire des représentations à Pierre sur sa conduite. IV. 85. Refusent le combat devant Navarette. 219. Rangent leur Armée en bataille devant Ravenne. XV. 301. Commencent l'attaque. 304. *& s.* Gagnent la bataille de Cerignole sur les François. XVI. 15. Assiégent Boulogne. 85. Lèvent le Siége. 86. Perdent la bataille de Ravenne. 91 *& suiv.* Font une descente en France & prennent Saint-Jean-Pied-de-Porc. 112. Marchent en armes contre Parme. 316. Donnent inutilement plusieurs assauts. 318 & 363. Défont l'Armée de Henri. Prennent le Seigneur de Lasparrault. XVII. 91. Reprennent la Navarre. 92. Attaquent Fontarabie. 237. Se retirent. 238. Viennent attaquer Bayonne & se retirent. 286. Assiégent & prennent Fontarabie. 287. Neuf cents des leurs sont faits prisonniers près Aire. 373. Font une descente en Languedoc & sont repoussés. XX. 122.

*Espercieu* ( le Seigneur d' ) est envoyé en Espagne. Son instruction. XIX. 12. Ne reçoit pas de l'Empereur de réponse positive. 17.

*Espic* ( *d'* ), premier Maître de l'artillerie dans l'Armée d'Italie. XV. 36. Est blessé à mort devant Ravenne. 89.

*Espinay* ( *Jacques d'* ), Chambellan du Roi, est renvoyé de la Cour. XII. 57.

*Espuisac* ( le Seigneur d' ) attaque & défait les Biscayens. XIV. 39.

*Essarts* ( *Philippe des* ) attaché au Duc de Bretagne, traite de la paix avec Louis XI. XI. 210. Est récompensé par le Roi. 213. Ambassadeur du Duc de Bretagne auprès du Roi. XII. 271. Qui le fait Maître des Eaux & Forêts de Champagne & de Brie. *Ibid.*

*Essarts* ( *Pierre des* ), Prévôt de Paris, est décapité dans Paris. V. 358. Circonstances de son supplice. 519.

*Essé* ( le Capitaine d') surprend la Ville de Circa. XIX. 434. Est fait Lieutenant de la Compagnie du Duc de Montpensier & nommé Gouverneur en second de Landrecy. XXI. 27. Y est blessé pendant le Siége. 65. Le Roi le fait Gentilhomme de sa Chambre. 73.

*Est* ( *François d'* ), frère du

Duc de Ferrare, eſt fait priſonnier par les François auprès de Landrecy. XXI. 58. Marche contre les François à Vitry. 167.

*Eſtanc* (de l'). IX. 51.

*Eſtang - Saint - Germain*, Egliſe dans laquelle ſe réfugient les Dauphinois. V. 450.

*Eſtanic* (le Seigneur d') eſt fait priſonnier. XVII. 373.

*Eſtarmel* (d'), Commiſſaire des vivres de l'Armée. XXI. 25.

*Eſtauges* (le Vicomte d') arrive au Camp de Stenay. XXI. 37. Eſt nommé Lieutenant de Roi pour la Ville de Luxembourg. 94. Eſt forcé de capituler & de rendre la Ville. 154.

*Eſtay* (le Seigneur d'). XVII. 161.

*Eſtourmel* (d') ravitaille la Ville de Péronne. XX. 98.

*Eſtouteville* (le Duc d') marche contre la Tarentaiſe en Savoie. XX. 125. 143. Eſt nommé Capitaine de la Ville & Château de Saint Paul. 183.

*Eſtouteville* (Robert d'), Prévôt de Paris. XIII. 4. Eſt enfermé à la Baſtille. 9. Reſtitué dans ſon office de Prévôt. 112 & *ſuiv.* Fait une vigoureuſe réſiſtance au Siege de Beauvais. 237. Sa mort. 401.

*Eſtouteville* (Jacques d'), fils de Robert, lui ſuccéde dans la charge de Prévôt de Paris. XIII. 401.

*Eſtradiots*, troupes au ſervice des Vénitiens XII. 290. A la bataille de Fornoue. 308. Prennent les meilleurs mulets du bagage. 316.

*Eſtrée* (le Seigneur de). XVII. 112. Défait un parti de Lanſquenets. 196.

*Etrées* (d'), Capitaine de dix mille hommes que les Pariſiens entretiennent à leur ſolde pour la ſûreté de la Ville. XX. 95.

*Etampes*, Ville, eſt aſſiégée par les Troupes du Duc de Bourgogne. Elle ſe ſoumet à ſon obéiſſance. V. 350. Il s'y fait une ligue entre pluſieurs Princes contre le Roi de France. X. 353.

*Etampes* (le Comte d') eſt fait Gouverneur de Picardie. VIII. 28. Joint le Duc de Bourgogne avec deux mille combattans. 89. Le ſuit à Luxembourg. 267. Lève des Troupes en Picardie. 285. Eſt fait Chevalier. 301. Défait les Gandois. 305. Prend le village de Neve. 322. Commande l'arrière-garde 338. Va à Bruges pour traiter de la paix avec les Députés des Gandois. 365. Reçoit le Chapelet & donne

donne un grand repas. IX. 3 & 322.

*Etienne*, troisième fils du Comte Henri le Large, Comte de Sanfferre I. 44.

*Etienne* (Maître) reçoit des instructions relatives au rachat des Villes de la rivière de Somme. X. 262 & *suiv*.

*Eugene IV*, Pape, condamné par le Concile de Basle. VIII. 41.

*Eurvin*, Maire de la Ville de Boulogne, refuse d'accepter les conditions de la capitulation. XXI. 198.

*Evesque* ( *Guillaume l'* ), mort au Siége de Pontorson. VII. 269.

*Evreux* ( *Jean d'* ), son avis est cause de la défaite des Anglois. V. 6. Il est fait prisonnier. 13.

*Excestre* ( le Duc d' ) fait arrêter l'Isle Adam. V. 469. Périt à la bataille d'Azincourt. VII. 239.

## F.

*Facin-Kan*, Capitaine expérimenté au service du Duc de Milan. VI. 303. Attaque les possessions des Génois. 455.

*Failles* ( *Bouson de* ) est condamné à être jeté dans la rivière, & pourquoi. VII. 340.

*Faince* (Ville) remise au Pape. XVII. 12.

*Falaise*, assiégée. VII. 403.

*Fallerans* ( *Jacques de* ) monte le premier à l'assaut. VII. 377. Attaque les Gandois. 395.

*Fallot* ( *Jean* ), chef des Anglois, quitte le parti des Gandois pour celui du Duc de Bourgogne. VIII. 363.

*Famagouste*, Ville de Chypre, appartenant aux Génevois, assiégée par le Roi de Chypre. VI. 201.

*Faon* (la Garnison du Château de) se rend à discrétion. VI. 38.

*Faracataic*, Chevalier du Soudan, demande à Saint-Louis une récompense pour avoir tué son ennemi. II. 19.

*Fastel* ( *Jean* ), Chevalier Anglois, assiége & se rend maître de Tannie. VII. 33. Du Château de Saint-Ouan. 64. Il est fait chef des Anglois. 90. Vient à leur secours à Beaugency. 137.

*Fastoue* ( *de* ) se trouve au Siége de Pontorson. VII. 267.

*Fay* ( *Jean du* ) propose le

Tome I. G

mariage de Charles, Dauphin de France, avec Marguerite de Bourgogne. IX. 269.

*Faye* ( l'Hermite de la ) est envoyé Ambassadeur auprès du Roi de Chypre. VI. 202.

*Fayette* (*la*), Maréchal de France. VII. 10. Est fait prisonnier à la bataille de Verneuil. 32. Est nommé pour aller à Arras traiter de la paix. 307.

*Fayette* (*de la*), Lieutenant de l'Amiral de Graville, marche au secours du Duc de Gueldres. XVI. 30. Grand-Maître de l'Artillerie de l'Armée d'Italie. 119. 125. Est nommé Gouverneur de Boulogne. XVII. 154. Prend d'assaut le Château de Lormarin. XX. 66. Passe en Piémont avec soixante hommes d'armes. 230.

*Fécamp* pris par les François. VII. 312.

*Fédéric* ( Don ), oncle de Ferrand, Roi de Naples, demande à Charles VIII de conserver a son neveu le titre de Roi & le Royaume de Naples. XII. 229. Devient Roi de Naples par la mort du Roi Ferrand, son neveu. 394. Est forcé de quitter ses Etats. XV. 13. Passe en France où il est généreusement traité par Louis XII. *Ibid.* &

430. Sa mort. XV. 55.

*Fédéric* ( Don ), fils d'Alphonse, Roi de Naples, Marche contre les Florentins. XII. 45. Chef de l'Armée contre les François. 167. Est battu à Napalo. 169. Se retire à Pise. 174. Entre dans Rome avec son Armée. 203. Se retire à Naples. 204. où il est reconnu Roi sur l'abdication d'Alphonse, son père. 214. Campe à Saint-Germain. 218. Aux approches de l'Armée Françoise, lève le Camp & se retire à Capoue. 224. S'embarque pour l'Isle d'Ischia. 225. Fait un traité avantageux avec les François : conditions de ce traité. 392. Sa mort. 394.

*Fédéric*, Duc d'Urbin, Chef de l'Armée du Pape contre les Florentins. XII. 45.

*Félix* ( le Comte ), Capitaine des Lansquenets, assiége Messencourt. XVI. 296 & *suiv.* Fleuranges. 307. Fait brûler le Château de Bouillon. 311. XVII. 104. Assiége Musancour. 106.

*Felleton* ( *Guillaume* ). Jean de Montfort le charge de garder étroitement Bertrand du Guesclin. III. 420. Il s'intéresse pour Bertrand auprès de Jean de Montfort. 421. Il commande l'avant-garde & ravage la Navarre. IV.

DES MATIÈRES.

201. Sa crainte d'avoir à combattre Bertrand. 204. Ses Troupes sont défaites, & il perd lui-même la vie. 206.

Féneftranges (*Guillaume* de), Maréchal de Lorraine, assiste aux conférences entre le Duc de Bourgogne & le Comte de Click. 108 & *suiv.*

Fenin (*Pierre de*), Ecuyer & Panetier de Charles VI, Roi de France. V. 328.

Ferbourg chasse les Anglois de Bonsmoulins. VII. 181. Le Duc d'Alençon lui en confère la Capitainerie. *Ibid.*

*Ferdinand* I$^{er}$, Roi de Portugal, comment il reçoit Mathieu de Gournay, envoyé de Henri IV, Roi d'Angleterre. IV. 170. Il l'invite à un Tournoi. 173.

*Ferdinand* V, Roi d'Arragon. Sa mort. XVII. 76.

Ferrait (l'Empereur) fait Chevalier Sécédun, fils de Seic. I. 86. Il envoye une Ambassade à Saint-Louis. II. 54.

*Ferrand*, Evêque de Ceuta, délégué par le Pape pour juger du mariage de Louis XII avec Jeanne de France. XIV. 158.

*Ferrand* I$^{er}$, Roi de Naples, soutient la faction des Pazzi, contre les Médicis. XII. 41. Ses sujets se revoltent, & les trois-quarts de son Royaume se donnent au Pape Innocent VIII. 135. Etat de son Armée contre les François. 172. Fait une ligue contre les François. XIV. *Mémoires de Guillaume de Villeneuve.* 6. Fait son entrée dans Naples. 11. Assiége & prend d'assaut le Château-neuf. 51. Est défait auprès de Semenare, & y court un grand danger. 65. S'oppose à la cruauté des Napolitains contre les François. 69. Epouse Jeanne d'Arragon, sa tante. 71. Fait un traité avec M. de Montpensier, Lieutenant pour le Roi de France au Royaume de Naples. 79. Prend d'assaut la Ville de Salerne. 81.

*Ferreys de Loppéi* se joint à Joinville. I. 100. Il est blessé. 101.

Ferrier (*Barthélemi*) décapité. XVII. 168.

*Ferteil* (*Pierre*) est fait maître des Requêtes de l'Hôtel par Louis IX. XIII. 116.

*Ferté-Nabert* (le Seigneur de la). XVIII. 107.

*Fervaques* (*de*) est blessé à la bataille de Sérisolles. XXI. 132.

Fetandir (*Henri*) fait prisonnier à Pontoise. 369.

Feue (*Lievin le*) marche contre Oudenarde à la tête

G ij

de douze mille Gandois. 289.

*Feu grégeois.* I. 286 jusqu'à 292. Ses effets. 91. Il brûle les Chas-Chateilz dans le Camp des Chrétiens. 93.

*Feuillée* (*Olivier de la*) prisonnier à la bataille d'Azincourt. VII. 240.

*Feure* (le Seigneur de) prend parti pour les Gandois. IX. 271.

*Fiauget* (le Capitaine) est commis à la garde de Fontarabie. XVII. 239. Capitule & se rend. Est dégradé. 287.

*Fiennes* (*de*) se démet de la charge de Connétable de France, en faveur de Bertrand du Guesclin. IV. 368.

*Fiennes* (le Seigneur de) assiége Tournay. XVII. 116. Commandant en Flandres, est trahi par un soldat qui livre sa Troupe. 374 & suiv.

*Fils* (des adoptions d'honneur en), & de l'origine des Chevaliers. III. 220 & suiv.

*Filvastre* (le Seigneur de), Anglois, attaque le Comté de Hainaut. VII. 52.

*Flamans* (les) au service du Duc de Bourgogne, l'abandonnent. V. 346. Sont battus à Rosebech. VI. 30. Détail des trois campagnes de la guerre de Flandre. 411. Viennent au secours du Duc de Bourgogne contre le Roi de France. IX. 258. Sont défaits devant Dixmude. 308.

*Flany* (*Guillaume de*) mis à mort par son Barbier & par les conseils de sa femme. IX. 381.

*Flavy* (*Charles de*) s'empare, pour le Dauphin, de la Ville de Roye en Vermandois. V. 436.

*Flavy* (*Guillaume de*), Gouverneur de Compiegne. VII. 176. Refuse de livrer la Ville au Duc de Bourgogne qui se présentoit de la part du Roi. 193.

*Fleuranges*, Place, assiégée & prise par le Comte de Nassau. XVII. 108.

*Fleuranges Voyez* la Marck.

*Fleurimont Robertet.* XVII. 42.

*Flieveres* (*de*) est blessé au Siége du Château d'Hédin. XX. 167.

*Flisco* (*Jean-Louis de*). XII. 169.

*Floquet*, Bailli d'Evreux, meurt à la bataille de Montlhéry. XIII. 52.

*Florehanges* (Conférences à) entre le Duc de Bourgogne & le Comte de Click. VIII. 107.

*Florence*, division entre les Médicis & les Pazzis. XII. 41.

*Florent* (Sire d'Illiers), son

DES MATIÈRES.

origine. VII. 447 & suiv. Il est fait Gouverneur de Chateaudun. 452. Fait entrer du secours dans Orléans assiégé. 455. Stratagême dont il se sert pour réduire la Ville de Chartres sous l'obéissance du Roi. 459. Est fait Gouverneur & Bailli de Chartres. 463.

*Florent* (Milon), frère du sire d'Illiers, est nommé Evêque de Chartres. VII. 463.

*Florentins* (les) achettent la Seigneurie de Pise. VI. 330 & suiv. Attaquent les Pisains. 344. Se rendent maîtres de la Ville de Pise. 348. Appaisent la sédition excitée par Jacques de Pazzi contre les Médicis. XII. 42. Font punir du dernier supplice les révoltés, 43. Le Pape leur déclare la guerre, perdent quelques places. 44. Font à contre cœur la guerre à la France. 183. Offrent à Charles VIII de le recevoir dans Florence. 184. Se plaignent de la liberté qu'il accorde aux Pisains. 190. Se révoltent contre Pierre de Médicis. 192. Traitent avec Charles VIII. 196. qui refuse leurs propositions. 275. Se liguent avec le Pape. XVII. 173.

*Floron* (Pierre) témoin de l'armement du Roi de Bel-marin, contre Henri, prend la résolution d'aller en personne en avertir Bertrand. IV. 307. Il s'embarque & arrive à Montfusain. 368.

*Fluxas* (le Seigneur de), Juge du Tournoi proposé par le Chevalier Bayard. XIV. 401. Lui décerne le prix de la joûte. *Ibid.*

*Fluxas* (Madame de) renouvelle connoissance avec le Chevalier Bayard. XIV. 396.

*Foissy* (Bertrand de) secourt les François attaqués par les Impériaux. XXI. 35.

*Foix* (le Comte de) reçoit chez lui Bertrand du Guesclin. IV. 337. Lui fait des promesses, pour l'attirer dans son parti. *Ibid.* Est fait Comte de Bigorre. VII. 260. Assiége Bayonne. IX. 384. Y fait son entrée. 385. Se justifie auprès de Louis XI sur les brigues qui eurent lieu pendant la maladie de Charles VII. X. *Mémoires de Comines.* 180 & s. Lettres Patentes du Roi qui lui donne le Comté de Mauleon, de Soule, de Carcassonne. 256. Commande l'arrieregarde à la bataille de Fornoue. XII. 310.

*Foix* (Gaston de), Duc de Nemours, passe en Italie. XIV. 180. Est fait Lieutenant Général de Milan

G iij

*Ibid.* Se rend maître de la Ville de Boulogne. 181. Périt à la bataille de Ravenne. 182. Fortifie Boulogne contre les Espagnols. XVI. *Mémoires de Fleuranges.* 85. Assiége Bresse. 86. Ravenne. 89. Livre bataille aux Vénitiens. Noms des principaux Capitaines qui s'y trouvèrent. 91 *& suiv.* Périt dans le combat. 99.

*Foix* (Jean de) commande à Arles mille hommes d'Infanterie. XX. 35. Expose sa vie pour appaiser les mutins. 52.

*Fontaine* (Pierre de). I. 26. 179.

*Fontaines* (Rigaut de) est fait Chevalier. V. 478. Prisonnier. 483. Défait quelques Anglois. VII. 14. Est tué devant Cravent. 15.

*Fontaine*, Gouverneur de Robert de la Marck. Le suit à la Cour de Louis XII. XVI. 3.

*Fontarabie* (la Ville de) est assiégée & prise. XVII. 142. Attaquée par les Espagnols. 237.

*Fontrailles* (le Seigneur de) envoyé à Thérouenne. XVII. 21.

*Forest* (Guillaume de la) tué à la bataille d'Azincourt. VII. 240.

*Formelles* (le Seigneur de) quitte la charge de second Chambellan du Comte de Charolois. IX. 54.

*Fornoue* (détail de la bataille de). XII. 301 *& suiv.* XIV. 151 *& suiv.*

*Fors* (Guillaume de). Il signe la paix entre la France & l'Angleterre. I. 186. Ses armes. 187.

*Fort* (Jean), Capitaine de la Seigneurie de Venise, adresse la parole au Pape Jules en Conseil. XV. 182. Assiége la Bastide. 183.

*Forte-Epice* échappe aux poursuites du Comte de Richemont. VII. 307.

*Fossan*, Ville. Les François s'y retirent. XVII. 51. Est fortifiée par les François. XIX. 241. Est assiégée par Antoine de Leve. 243. Détails du Siége. 250. La garnison fait une capitulation honorable. 267.

*Fosseux* (Jean de) ravage la Normandie. V. 390. Il attaque le Château d'Aumale. 391. Il commande l'avant-garde des Troupes du Duc de Bourgogne. *Ibid.* Il soumet la Ville de Beauvais. Quelle fut la marche de ses Troupes. 392. Il se rend maître du fauxbourg Saint-Marceau. 395. Il vient au secours de Senlis. 403.

*Fouastre* (de). VII. 267.

*Foucaudiere* (la) chargé des deniers de l'Armée, est constitué prisonnier, &

élargi par le Chancelier Duprat. XVIII. 102.
*Foucaut* (Jean). VII. 310.
*Foucquesolles* (Jacques de), Guidon de Thibaut de Luxembourg. VIII. 397. Se trouve à la prise de Termonde. IX. 273.
*Foudouas* (de) est envoyé au secours de Thérouenne. XX. 209.
*Fougeres* (la Ville de) assiégée par le sieur de la Trémouille. XIV. 140. Se rend par composition. 142.
*Fournier* (Jacques), député du Parlement auprès du Duc de Berry. XIII. 70.
*Fradin* (Antoine), Cordelier, effet de ses sermons dans Paris. XIII. 382. Est chassé du Royaume. 385.
*Frainezelles* (Robinet de) à la bataille de Fornoue. XII. 310.
*France* (des Couronnes des Rois de). III. 130 & *suiv*. Des Comtes Palatins. 167 & *suiv*. De la prééminence des Rois. 259 & *suiv*. Troubles pendant la prison du Roi Jean. 427 & *suiv*. Etat de la France sous Charles-le-Sage. IV. 100 & *suiv*. Et depuis l'avènement de Charles VI au trône jusqu'à l'assassinat du Duc d'Orléans. V. 307. & *suiv*.
*Francfort* (Assemblée des Electeurs à) pour l'élection d'un Empereur. XVI. 246.

& *suiv*. Particularités de cette élection. 263 & *suiv*.
*Franche-Comté*, Héraut, apporte à Pontarlier les nouvelles de la paix faite à Arras entre le Roi Charles VII & Philippe Duc de Bourgogne. VIII. 11.
*Francisque* (le Comte) obtient le Duché de Milan. VIII. 213.
*Francisque* (l'Ecuyer), Comte de Pontrême. XVII. 64.
*Francisque* (Marie), lève des Troupes & prend le Duché d'Urbin. XVII 193.
*François* (les) assiégent Melun & montent à l'assaut. III. 432. Ils sont repoussés. 433. Ils reviennent à la charge & le Gouverneur capitule. 434. Ils se mettent en marche & vont au-devant des Anglois. IV. 18. Ils en viennent aux mains. Détails de ce combat. 32. Circonstances qui contribuèrent à la victoire remportée à Cocherel. 36. Ils en viennent aux mains avec les Anglois devant Cisay. V. 11. Ils les défont & restent maîtres du champ de bataille. 13. Ils passent au fil de l'épée tous les prisonniers. 14. Ils entrent dans Niort. 15. Lèvent le Siège de devant Côme. Se retirent à Bazas, où ils sont assiégés par les Anglois. VII. 11. Sont défaits par le Duc de Bour-

G iv

gogne. 13. *Item*. Devant Cravent par les Anglois. 15. Se retirent à Mousson. 16. Gagnent la bataille à Brossoniere. 19. La perdent auprès de Verneuil. 30 & *suiv*. Détail des morts & des prisonniers. 32. Sont chassés de la Ville du Mans. 67. Défaits auprès d'Avranches. 69. Repoussent les Anglois assiégeans Orléans. 79. Attaquent les Anglois & secourus par Jeanne d'Arc, remportent la Bastide, Saint-Loup. 118. Différens avantages. 119 & *suiv*. Reçoivent un renfort de Troupes. 137. Gagnent la bataille auprès de Patay. 141. Rentrent victorieux dans Orléans. 144. Sont attaqués par les Anglois devant Troyes. 152. Prennent d'assaut le boulevard de Paris. 178. Abandonnent Saint-Denis. 183. Reprennent la Ville de Laval. 185. Prennent d'assaut la Ville de Soissons. 237. Sont défaits à Azincourt. 238. Repoussés à Beuvron. 258. Se rangent en bataille devant Sillé-le-Guillaume. 291. Fortifient Beauvais. IX. 205. Sont défaits devant Dixmude. 308. Prennent la Ville de Verneuil, & emportent d'assaut le Château. 367. Après la perte du Royaume de Naples, reviennent en France, & dans quel état. XII. 394 & 494. Caractère du Peuple & du Gouvernement de ses Rois. XI. 480. Reprennent plusieurs Villes sur le Duc de Bourgogne. XIII. 246. A quelle extrémité ils se trouvent réduits par la révolte des Napolitains. XIV. 12. Sont assiégés dans le Château-neuf par Ferrand, Roi de Naples. *Ibid*. & pris d'assaut. 51. Défont les Napolitains auprès de Semenare. 64. Levent le Siége de Nantes. XIV. 139. Se rendent maîtres de la Ville de Dol & de plusieurs autres places conquises par les Bretons. *Ibid*. Défont les Vénitiens à Agnadel. 177. Sur lesquels ils reprennent plusieurs Villes. 181. Gagnent la bataille à Ravenne. 182. La perdent devant Novatre. 189. Différentes conquêtes en Italie. 201. Reviennent en France. 224. A quelle extrémité ils se trouvent réduits dans le Frioul. XV. 206. Attaquent les Espagnols devant Ravenne. 304 & *suiv*. Pillent la Ville de Ravenne. 316. Reviennent dans le Duché de Milan. 317. A Pavie, 318. où ils sont attaqués par les Vénitiens. *Ibid*. & *suiv*.

Reviennent en France. 321. Ravagent le Royaume de Navarre. 336. Ravitaillent la Ville de Thérouenne. 345. Pillent Villefranche. 373. Défont les Suisses devant Milan. 377. A quel point ils regrettent le Chevalier Bayard blessé à mort. 415. Perdent la bataille de Serizoles. XVI. *Mémoires de Fleuranges.* 15. Refusent d'assaillir Tillemond. 31. Défont les Génois. 40. Les Vénitiens à Agnadel. 44. Assiégent Concorde. 72. Emportent la place d'assaut. 74. Campent auprès de Ferrare. 75. Attaquent les Vénitiens devant Boulogne. 81. Se rendent maîtres de Bresse. 88. Assiégent Ravenne. 89. Détail de la bataille. 91. & *suiv.* La gagnent. 98. Reprennent sur les Espagnols Saint-Jean-Pied-de-Port. 113. Assiégent Novarre. 124. Lèvent le Siége. 128. Sont défaits devant Trécas. 131 & *suiv.* Reviennent en France. 137. S'opposent aux Anglois près de Boulogne. 142. Assiégés dans Thérouenne, ils capitulent. 150. Gagnent la bataille de Marignan. 203.

*François*, Duc de Bretagne, vient à Tours voir Louis XI, Roi de France. IX. 64. Reçoit Charles de France. 68. Fait alliance contre Louis XI. Marche contre la France. 71. S'approche de Paris. 81. Après la paix vient en Normandie. 89. Ordonne un service solemnel pour le repos de l'ame de Philippe Duc de Bourgogne. 119. Arrive à Etampes. X. 352. Passe la rivière de Seine sur un Pont de bateaux. 364. Revient en Bretagne. 421. Ses différens avec le Duc de Normandie. 424. Traite avec le Roi Louis XI. 425. Fait un traité d'alliance avec Charles, Comte de Charolois. 464. 487. Traité de paix avec Louis XI. Conditions de ce traité. 212. Envoie des Ambassadeurs à Poitiers. XIII. *Mémoires de Jean de Troye.* 27. Traite avec le Roi qui lui rend le Comté de Montfort. 107. Envoye des Ambassadeurs auprès du Roi. 139. & du Duc de Bourgogne. *Ibid.* Se réconcilie avec le Roi. 196. qu'il visite. 198.

*François*, fils du Comte d'Etampes, neveu du Duc d'Orléans. VIII. 255.

*François de Savoye*, Evêque de Genève, vient à Péronne. XI. 48.

*François*, Duc d'Angoulême, devient Roi de France par la mort de Louis XII, sous le nom de *Fran-*

çois I r. XIV. 199. Confirme Louis de la Trémouille dans tous ses offices. *Ibid.* Entreprend le recouvrement du Duché de Milan. 200. Sa conduite à la bataille de Marignan. 201. qu'il gagne. 204. Annonce à Louis de la Trémouille la mort de son fils Charles. 206. Vient en personne au Siége de Marseille. 226. Part pour l'Italie. 227. Assiége Pavie. 228. Etat de son Armée devant Pavie. 230. Etat des morts & des prisonniers des deux partis. 235. Epouse Claude de France, fille aînée de Louis XII. & Duchesse de Bretagne. XV. *Mémoires de Bayard.* 360. Devient Roi de France par la mort de Louis XII. 363. Fait son entrée dans Paris. 364. Se met en marche avec son Armée pour le Duché de Milan. 366 *& suiv.* Envoie des Troupes au secours de la Ville de Mezières contre l'Empereur. 391. Poursuit les Allemands & ravage le Hainaut. 402. Reçoit auprès de lui le jeune Robert de la Marck. *Mémoires de Fleuranges.* 5. Exercices de sa jeunesse. 7. Passe en Guienne contre les Espagnols, avec le titre de Chef général de l'Armée. 113. Arrive au Camp de Blangy. 149. Epouse Claude de France, fille aînée de Louis XII. 158. Tient un Pas d'Armes. 166. Devient Roi de France par la mort de Louis XII. 168. Reproche au Duc de Suffolc d'avoir épousé la Reine Marie. 170. *& suiv.* Est sacré à Reims. 174. Fait son entrée à Paris; fêtes & réjouissances à cette occasion. 175 *& suiv.* Envoie une Armée en Italie. 176. Il y passe lui-même suivi de plusieurs Seigneurs. 178. Arrive à Novarre. 189. Propositions de Paix faites par le Duc de Savoye à Galeras. *Ibid.* Demande au Capitaine Bayard de le recevoir Chevalier. 194. Son courage dans la bataille de Marignan. 199. Assiége le Château de Milan. 206. Se retire à Pavie. 207. Sa Réponse au Duc de Milan. 210. Propose la paix aux Treize Cantons Suisses. 211. Fait son entrée dans Milan. Fêtes & réjouissances. 212 *& suiv.* Son entrevue avec le Pape. 214 *& suiv.* Revient en France. 220. Sa conduite envers le Seigneur de Sedan. 236 *& suiv.* Réjouissances à l'occasion du Baptême de son fils Dauphin & du mariage du Duc d'Urbin. 242 *& suiv.* Envoye des Ambassadeurs en Allemagne pour l'élection d'un Empereur. 246 & suiv. Fait un traité d'alliance avec le Roi d'Angleterre & consent au mariage du Dauphin avec Marie, fille aînée du Roi d'Angleterre. 259 & 359. Son entrevue à Ardres avec le Roi d'Angleterre. 270 & suiv. Envoie une Armée en Guienne au secours du Roi de Navarre. 288. Rend aux Vénitiens la Ville de Véronne. 295. Sa naissance. *Mémoires de Louise de Savoye.* 410. Est envoyé pour accorder les Ducs de Bourbon & de Longueville. *Mémoires de du Bellay.* XVII. 6. Marche à Mont-Jaloux. *Ibid.* Présente la bataille aux Espagnols qui la refusent. *Ibid.* Est rappelé avec l'Armée. *Ibid.* Fait lever le camp de Blangy. 23. Son mariage avec Mademoiselle Claude de France. 28. Va à Boulogne. 37. Son avènement à la Couronne. 40 & 434. Son Sacre. 41. Son entrée à Paris. *Ibid.* Tournoi. *Ibid.* Renouvelle la paix avec l'Angleterre. 42. Confirme l'accord fait avec les Vénitiens. 43. 436. Reçoit la foi & hommage de Charles. 43. Il va à Lives. 45. Marche à la tête de l'Armée. 47. Est reçu Chevalier. 48. Il laisse la régence à sa mère. *Ibid.* Envoie un détachement surprendre Colonne. 49. S'établit à Côni. 52. Poursuit les Suisses jusqu'à Milan. 53. Prend Novarre. 53. Marche à Marignan. *Ibid.* Fait un traité avec les Suisses. Détails du traité. 53 & suiv. Remporte une victoire complette sur les Suisses. 57 & suiv. 441. Ecrit à sa mère. 441. Marche à Pavie. 62. Fait son entrée dans Milan. 64. Se retire à Vigère. 65. Il y reçoit des ambassades de tous les Princes d'Italie. *Ib.* Traité d'alliance avec le Pape. 66. Abolition de la pragmatique. *Ibid.* Repasse à Milan & revient à Lyon. 67. Cause de son retour. 68. Son traité avec Charles. 76. Va à Blois ; couches de la Reine ; Baptême. 77. Il envoie du secours en Danemarck. 78. Veut s'unir au Roi d'Angleterre. 81. Traité d'alliance. 83. Entrevue avec le Prince. Fêtes à cette occasion. 84 & suiv. Est blessé par un tison jeté par une fenêtre. 88. Il défend au François de secourir Robert de la Mark. 101. Querelle entre lui & le Pape. 103. Lève une Armée. 109. Réclame la parole du Roi d'Angleterre. 109. Va à Dijon. 110. Envoie une Ambaſſade au Pape & au Roi d'Angleterre. 113. Dépêche une Armée pour Milan. Ibid. Mande à Reims les Princes de ſon Sang. 117. Envoie du ſecours à Mouzon. 117. Va au ſecours de Mezieres. 130. Donne l'Ordre de Saint-Michel à Bayard. 137. Diſpoſe ſon Armée. 143. Fait paſſer l'Eſcaut à ſes Troupes. 146. Fait paſſer ſon Armée près Valenciennes; détails. 150. Envoie ſurprendre Hédin. 152. Se retire à Amiens. 153. Licentie ſon Armée & va à Compiégne. 154. Renvoie le Maréchal de Lautrec à Milan. 170. Fait faire de nouvelles levées en Suiſſe. Nom des envoyés. 195. Reçoit mal le Maréchal de Lautrec. 227. Envoie du ſecours à Gênes. 243. Envoie la Trimouille au ſecours du Duc de Vendôme. 240. Envoie le Maréchal de Montmorency commander à Corbie. 248. Par ſon voyage, l'entrepriſe eſt déconcertée; circonſtances & détails. 250. Cherche à réparer ſa faute. 252. Fait défendre au Comte de Vendôme de pourſuivre les ennemis. 256. Diſpoſe ſon Armée & veut aller en Italie. 256.

Fait faire des levées en Suiſſe. 260. Part pour Lyon. Eſt averti de la déſertion du Connétable de Bourbon. 263. Emmène avec lui le Comte de Vendôme. 265. Sa converſation avec le Duc de Bourbon. 266. Envoie des Troupes contre lui. 269. Pardonne à ceux qui étoient complices du Duc de Bourbon. 279. Reſte en France. Noms des Généraux qu'il retient. 280. Envoie l'Amiral Bonnivet à Milan. Ibid. Envoie raſſurer les Pariſiens. 302. Envoie du ſecours à Marſeille. 346. Fait aſſiéger Avignon. 347. Marche à Milan. Noms des Seigneurs qui l'accompagnent. 349. Envoie le Marquis de Saluces s'emparer de Milan. 352. Va aſſiéger Pavie. 354. Diſpoſitifs de l'Armée. 355. Fait battre en brêche. Ibid. Fait monter à l'aſſaut. 356. Refuſe la trêve qui lui eſt offerte. 358. Envoie des Troupes à Naples. 360. 505. Fait fortifier un Château près Pavie. 380. Fait retirer une partie des Troupes de Milan. 382. Le ſecours d'Italiens qu'il fait venir, eſt défait. 383. Le Roi s'obſtine au Siége de Pavie. 385. Le Roi engage le Combat. 390. Détails de la bataille. 392 & *suiv*. Est fait prisonnier. 395. Est mené à Pisqueton. XVIII. 91. 304. Reçoit des propositions de l'Empereur. Sa réponse. 10. Envoie le Maréchal de Montmorency vers sa mère. 12. Quitte l'Italie pour aller en Espagne. 13. Tombe dangereusement malade. 15. Reçoit une visite de l'Empereur. 16. Remet le Gouvernement du Royaume au Dauphin. *Ibid*. Conclud le traité de sa liberté ; à quelles conditions. 18. Se fiance avec la Reine Eléonore. 19. Refuse de ratifier le traité sans le consentement des Etats *Ibid*. Arrivé en France, récompense les bons serviteurs. 20. Fait un traité avec le Pape & les Peuples d'Italie. 22. Il envoie des Troupes en Italie. 23. Fait un Traité avec le Roi d'Angleterre pour délivrer le Pape. 40. Envoie en Angleterre le Maréchal de Montmorency. 41. Envoie en Espagne défier l'Empereur. 44. Fait relâcher l'Ambassadeur de l'Empereur. *Ibid*. Le mande. 45. Discours de l'Ambassadeur. *Idid*. Réponse du Roi. 46. Cartel qu'il envoie à Charles V. 50. 319. Ce qu'il ajoute à l'Ambassadeur. 56. Envoie par Mer une Armée en Sicile. L'entreprise ne réussit pas. 93. Destitue André Doria & nomme Barbezieux. 98. Envoie du secours & de l'argent à Lautrec. 99. Envoie une Armée contre le Duc de Brunswich, sous les ordres du Comte de Saint-Paul. 103. Fait faire un grand service à Lautrec. 108. Traité avec l'Empereur. 121 & *suiv*. Choisit les Ambassadeurs pour retirer ses enfans. 126. Va au-devant de ses enfans & épouse la Reine Eléonore. 129. Renonce à son accommodement avec l'Empereur. 143. Entre dans la ligue contre le Turc. 144. Reçoit une Ambassade des Princes de l'Empire pour se lier avec eux. 146. Renouvelle son traité avec le Roi d'Angleterre. 148. Envoie un Ambassadeur aux Princes de l'Empire. 149. Les conditions du traité. *Ibid*. & *suiv*. Son accord avec le Roi de Hongrie. 153. Sa réponse à l'Ambassadeur de l'Empereur. 154. Conclud avec l'Angleterre. 157. Traité. *Ibid*. Réunit la Bretagne à la France. 160. Va à Boulogne recevoir le Roi d'Angleterre. 161. La réception *Ibid*. Traité. 162. Ses plaintes sur le Pape.

165 & *suiv*. Fait accompagner le Pape dans son entrevue avec l'Empereur. Instruction donnée à ce sujet. 169 & *suiv*. Prend congé de Henri VIII. 173. Assemble les Evêques qui lui accordent des décimes. 174. 346. Propositions de mariage entre le Duc d'Orléans & la niéce du Pape. 180. Donne à ses Ambassadeurs pouvoir de conclure le mariage. 191. Discussion relative au concile. 192. Envoie à l'Empereur la déclaration de sa volonté. 205. Obtient un chapeau de Cardinal pour l'Archevêque de Toulouse. 209. Refuse Nice pour le lieu de l'entrevue. 211. Cherche à déterminer le Pape en faveur de Henri VIII. 220. Reçoit un bref du Pape. 223. Choisit Marseille pour l'entrevue. 226. Arrête les brigues faites contre lui en Suisse. 228. Tâche d'adoucir la colère du Pape contre Henri VIII. 230. Reçoit bien l'Ambassadeur des Princes de l'Empire. 232. Apprend le supplice de son Ambassadeur à Milan. 233. Ecrit sur ce au Duc, sa lettre. 243. *Ibid*. Au Pape. 245. *Ib*. A l'Empereur. Sa lettre. *Ibid*. Ecrit à tous les Potentats d'Europe. 248. Sa réponse à l'Envoyé du duc de Milan. 256. Reçoit le Pape à Marseille. 260. Son cortège. *Ibid*. Repart pour Avignon. 262. Délibère sur la requête du Duc de Wirtemberg. 263. Lettre du Duc. 265. Réponse du Roi. 267. Reçoit de nouvelles instances des Princes d'Allemagne. 269. Envoie Langey à la Diète. 273. Entre en possession du Comté de Montbelliard. 285. Crée des Légions à l'instar des Romaines. 290. Les va visiter à Rouen, à Amiens. 291. Il demande passage en Savoie pour aller à Milan; il lui est refusé. 295. Envoie du secours à Genève. 296. Fait demander de nouveau au Duc de Savoie, passage en ses terres & la succession de sa mère. XIX. 7. 444. Pour-parlers avec Charles V. 7. & *suiv*. Renvoie en Espagne un nouvel Ambassadeur. 12. Son instruction. *Ibid*. Ne reçoit pas de l'Empereur une réponse positive. 17. Est averti de la duplicité de Charles. 18. Envoie des Troupes en Savoie. 25. Malgré la cession du Duché de Milan, il poursuit ses conquêtes en Savoie. 30. Envoie une nouvelle Armée en Savoie. 32. Détails de l'Armée.

*Ibid.* Envoie un de ses Officiers dire à l'Amiral de combattre l'ennemi. 47. La réponse aux objections de l'Empereur. 56. Dépêche le Cardinal de Lorraine. 59. Reçoit les protestations de l'Empereur. 121. La réponse qu'il y fait. 122 & *suiv.* En envoie un double à Henri VIII. 138. Cause de l'Ambassade de Polisy. *Ibid.* Assemble son conseil. 145. son discours 146 & *suiv.* Reçoit une dépêche de Vely. Sa résolution. 150. Fait avertir l'Amiral de partir aux ordres du Cardinal de Lorraine. 152. Ses dispositions en Picardie & en Champagne. 153. Sur le rapport du Cardinal de Lorraine, assemble son Conseil. Son Discours. 178 & *suiv.* Se résoud à lever une grosse Armée. Ce qu'il dit à ce sujet. 187. Range le Conseil de son avis. 195. Fait différentes dépêches. 196. Composition de l'Armée. 197. Fait lever des Troupes pour défendre la Guienne. 98. Envoie un exprès en Piémont pour encourager l'Armée. 233. Apprend la trahison du Marquis de Saluces. 244. Le rappelle. 246. Cause de sa trahison. 247. Prend des précautions contre l'Empereur.

248. Reçoit la nouvelle de la défense & de la capitulation de Fossan. 270. Congédie l'Ambassadeur de l'Empereur, & rappelle le sien. 279. Prend des précautions contre Charles. 282. Fait récompenser la garnison de Fossan. 283. Dispositions pour défendre la Provence. 284. Ordonne qu'on fasse le dégât en Provence. 318. Jette du monde dans Avignon. 334. Délibère avec le Maréchal de Montmorency. 336. Ce qu'il lui dit. 339. Se fortifie dans Valence. 416. Ce qu'il dit en apprenant la mort du Dauphin. 423. Assemble son Conseil. 426. Harangue à son fils. 427. Fait différentes dépêches. 428. Levées qu'il fait faire & noms des Capitaines. 431. Etablit son camp à Valence & fait des présens à tous les Capitaines. XX. 4 & 442. Permet au Dauphin de se rendre au Camp. 59. Lui donne le titre de Général de l'Armée. Discours qu'il lui tient. 60. Tient un Conseil dans son Camp. 84. Passe dans le Camp d'Avignon. 88. Remet en possession du Marquisat de Saluces, Jean Louis. 80. Poursuit les Impériaux. 94 & 447. Après la nouvelle de la levée du Siége de Péronne,

assemble son Conseil & délibère sur ce qui lui reste à faire. 114. Visite les pays ravagés par les Impériaux, & donne par tout des ordres salutaires. 117 & suiv. Il apprend les bruits que l'Empereur fait répandre pour justifier sa retraite. 120 & suiv. Fait faire des propositions au Roi d'Angleterre. 123. Arrive à Lyon & pourvoit à ses Armées d'Italie & de France. 125. Envoie de nouvelles Troupes à Turin. 139. Assemble en Conseil tous les Princes de son sang, & tous les Seigneurs nationaux & étrangers, & leur communique le procès de celui qui avoit empoisonné le Dauphin. 141. Copie de l'Arrêt. 451 & suiv. Reçoit le Roi d'Ecosse. 144 & des nouvelles des différens états de l'Europe. 145 & suiv. Fait valoir aux Etats de l'Empire ses droits sur le Duché de Milan. 148. Fortifie plusieurs Villes de Picardie. 153. Fait faire le procès à Charles V. 154. Se met en marche avec son Armée 159. Prend Hédin & assiége le Château. 162 & suiv. Place son Camp à Pernes. 170. Divise son Armée. 182. Envoie des secours à Turin. 248. Se dispose à passer lui-même en Piémont. 257. 264. Sa marche depuis Briançon. 274. Conditions d'une trève avec les Impériaux. 277 & 468. Revient en France. 279. Vide la querelle survenue entre plusieurs Seigneurs du Berry. 281. Se rend à Nice. 284 & 473. Conclut une trève de dix ans. 285 & 475. Passe par Avignon pour revenir en France. 285. Consent à une entrevue avec l'Empereur. Ibid. & 478. Tombe malade à Compiégne. 286 & 479. Fait fortifier les Villes & Châteaux de Piémont 287. Refuse les offres des Gandois. 288. Accorde à l'Empereur le passage dans son Royaume. 289. Fait une ligue avec les Vénitiens. 290. Vient à Châtelleraut au-devant de l'Empereur. 292. Lui donne des fêtes à Fontainebleau. 293. Consent au mariage du Duc de Clèves avec la fille unique du Roi de Navarre. 297. Envoie des Ambassadeurs à Venise & Constantinople. 305. Demande raison au Pape & à l'Empereur du meurtre de ses Ambassadeurs. 321. Se prépare à la guerre; sur quels motifs il en justifie la nécessité. 328 & suiv. & en redoute les suites. 356 & suiv. Se tient à Montpellier

Montpellier pendant le Siége de Perpignan. 388. Sa conduite généreuse envers les Espagnols. 514. Part pour la Rochelle. 415. Sa réponse aux Rochelois qui lui demandent grace, 418 & *suiv.* & 516. Assemble son Conseil & délibère sur la nouvelle Campagne. XXI. 3 & *suiv.* Part pour le Cateau-Cambresis. 5. Rassemble son Armée à Catillon. Son état. 10. Vient à Guise. 27. Projette d'attaquer le Luxembourg & donne les ordres en conséquence. 31. Marche en personne à Sainte-Menehoult. 32. Se décide à garder la Ville de Luxembourg. 50. Y vient en personne. 52. Y laisse des secours & vient à Landrecy au-devant de l'Empereur pour le combattre. 54. 69. Différentes opinions de son Conseil. 70. Loge son Armée au Cateau-Cambresis. 72. Récompense les Officiers & Soldats de la garnison de Landrecy. 73. Présente la bataille à l'Empereur qui la refuse. 75. Lève le Camp. 79. Divise son Armée. 83. Se retire à la Fere-sur-Oyse. 84. Sa réponse au Duc d'Enguien, Général de l'Armée de Piémont. 203. Rassemble ses Troupes en Champagne contre l'Empereur. 152. Donne le Commandement de l'Armée au Dauphin. 156. Consent à la capitulation de Saint-Dizier. 182. Envoie des Députés pour traiter de la paix. 186. 193. Conditions du traité de paix. 194 & *suiv.* 319. Marche contre le Roi d'Angleterre. 200. Arme une Flotte & projette une descente en Angleterre. 208. Lève une forte Armée contre Boulogne. 210. Se transporte en Normandie pour présider à l'embarquement de son armée. 211. Accidens que cause l'embrâsement du Vaisseau Amiral. 213. Etat de la Flotte. 214. Se loge dans l'Abbaye de Saint-Fuscien. 249. Envoie des Ambassadeurs à l'Empereur pour traiter de nouvelles alliances. 260. Se prépare à la guerre. 262. Envoie à Ardres des Députés pour traiter de la paix avec le Roi d'Angleterre. 271. Conditions de ce traité. 272. Parcourt la Champagne & la Bourgogne. 273 & *suiv.* & 338. Tombe malade. 276. Donne des avis au Dauphin. 277. & meurt à Rambouillet. 278 & 342 & *suiv.*

*François*, Dauphin de Viennois. Sa naissance. XV. 386. Est envoyé en ôtage

*Tome I.* H

à Madrid. XVIII. 18. Est envoyé commander en Dauphiné. XIX. 195. Sa mort. 422. 470.

*François de France*, fils de Henri Dauphin. Sa naissance. XXI. 85.

*François*, Duc de Bourbon. XVII. 46. Sa mort. 57.

*François de Bourbon*, Duc d'Enguien, marche contre le Luxembourg. XX. 268. Somme les Habitans d'Arlon de se rendre. 379. Vient à Marseille attendre l'Armée de Barberousse. XXI. 13. Son entreprise contre le Château de Nice. *Ibid. & suiv.* 86 & 290. Lève le Siége du Château de Nice. 87 & 291. Vient devant Careau-Cambresis. *Ibid.* Arrive en Piémont en qualité de Lieutenant Général de l'Armée. 97. Ses conquêtes. 98. Investit Carignan. 99. Campe à Ville Destelon. 100. Transporte son Camp à Carmagnole. 102. Prévient le Roi des desseins de l'ennemi. 103. Tous les jeunes Seigneurs de la Cour se rendent dans son Camp sur l'Espérance d'une bataille. 104. Assemble en conseil tous les Capitaines. 108. Divise son Armée en trois corps. Noms des Seigneurs qui s'y trouvent ou qui y commandent. 112. *& suiv.* Commence l'attaque. 117. Assemble son Conseil. 118. Résolution du Conseil. 119. Marche à l'ennemi. 121. Disposition de son Armée. 122. Enfoncé le bataillon des Espagnols & Allemands. 131. Se trouve dans la mêlée. 133. Gagne la bataille. *Ibid. & suiv.* Vient se reposer à Carmagnole. 138. Fait proposer au Roi un nouveau plan contre le Duché de Milan. 140. Vient camper auprès de Carignan. 142. Conditions de la capitulation. 144. Secourt Pierre Strosse. 160. Assiége Albe. 162. S'en rend le maître. 164. Ses autres conquêtes. 165. Vient auprès du Roi à Saint-Germain-en-Laye. 205. Est envoyé à Guise pour empêcher le passage aux ennemis. 258. Occasion de sa mort. 273 & 337.

*François*, Comte de Vendôme. Sa mort. XVII. 77.

*François de Lorraine* fait ses premières armes. XVII. 243. Sa mort 391.

*François* (le Marquis) abuse de la confiance de son frère Jean Louis, Marquis de Saluces, & le conduit prisonnier à Valseriere. XX. 82. Est tué au Siége du Château de la Camargnole. 232 & 462.

*François de Cleves*, Duc de

Nevers, vient à Landrecy. XXI. 29. Commande les Suisses, les Grisons & les Lansquenets. 156. Se jette dans Châlons en Champagne. 158. Attaque les Impériaux devant Châlons. 188.

*Frédéric II*, Empereur, envoie des vivres à Saint-Louis dans l'Isle de Chypre. I. 236. Il choisit Saint-Louis pour l'arbitre d'un différent entre le Pape & lui. *Ibid.* Il prouve, par des lettres, le cas qu'il faisoit de Saint-Louis. 236 *jusqu'à* 243.

*Frédéric III*, Roi des Romains, visite le Duc de Bourgogne. VIII. 50 & *suiv.* Son entrée à Besançon. 55 & *suiv.* Son départ. 60. Devenu Empereur, mande les Princes & Seigneurs d'Allemagne au secours de son fils, Roi des Romains retenu prisonnier à Bruges. IX. 299. Etat des Princes d'Allemagne qui se trouverent à cette expédition. 304. Envoie des Ambassadeurs auprès de Marie de Bourgogne pour traiter du mariage de son fils. XII. *Mémoires de Comines.* 20. Son avarice. 24.

*Frédéric*, Electeur Palatin, fait un traité d'alliance avec Charles, Comte de Charolois. X. 478. Philippe Duc de Bourgogne. 487.

*Frédéric*, fils de Fernard d'Arragon, Prince de Tarente. XI. 363. Se rend maître d'une partie des Villes de l'Apouille. XIV. 13. Somme Guillaume de Villeneuve de lui rendre le Château de Troni. 16. Prend celui de Monfredonia. 17. Met à prix la tête de Guillaume de Villeneuve. 19. Somme le Gouverneur de Tarente de lui rendre la Ville. 31. Renonce à l'entreprise de Tarente & assiége Gallippe. 40. Arrive à Naples. 45. Sa conversation avec Guillaume de Villeneuve. 59 & *suiv.*

*Frédéric II*, Marquis de Mantoue, renvoie au Roi de France le Collier de l'Ordre de Saint-Michel, & accepte le Généralat des Troupes de l'Eglise. XVI. 225 & 357.

*Frégose* (*Jean*) est fait prisonnier devant Rapalo. XII. 169.

*Frégose* (*Octave*) commande pour le Roi dans Gênes, 233. XVII. Se rend prisonnier. 235.

*Frégose* (*César*) fait la guerre aux Génois. XVIII. 68. La Ville se rend à lui. 69. Apprend au Roi tout ce qui s'est passé dans son Armée d'Italie. XX. 126.

H ij

Commande deux mille hommes de l'Armée Françoife. 127. Raifons de fon différent avec Guaguin de Gonzague. 220 & *fuiv.* Prépofé à la garde de la Ville de Quieras. 243. Capitule. 254. Eft nommé Général de la Cavalerie légère. 258. Envoyé en ambaffade à Venife. 305. Eft affaffiné par les ordres du Marquis de Guaft. 307 & *fuiv.* & 494.

*Frégoufe* ( *Pierre*) de Gênes détenu prifonnier dans le Château de Gallippe. XIX. 41. Eft conduit à Naples. 46. & delà au Château de l'Ifcle. 47.

*Frerage & Parage.* II. 367.

*Frefnay* ( le Capitaine) au Siége de Luxembourg. XXI. 43.

*Fribourg* ( le Comte de), Gouverneur de Bourgogne, s'oppofe aux ravages qu'on exerce fur fes terres de Bourgogne. VIII. 27. Se démet de fon Gouvernement. 48.

*Fronfperg* (le Seigneur *Georges*) lève une Armée à fes Frais, & vient fecourir Milan. XVII. 30.

*Frontebois* ( *Robillard de*) fe joint à Bertrand pour une expédition contre les Anglois. IV. 17.

*Frumons* ( *Jean* ) eft fait prifonnier par les Turs. II. 37.

*Fuite* ( *Jean de la*) trahit les François à Meaux. VII. 350. Eft condamné à avoir la tête tranchée. *Ibid.*

*Fumée* ( *Adam* ), Médecin de Charles VII, devenu fous Louis XI premier Maître des Requêtes de l'Hôtel, & deux fois Garde des fceaux de France. XII. 55.

*Furftemberg* ( *Guillaume*, Comte de) fe trouve au Siége de Dijon par les Suiffes. XVI. 138. Arrive au Camp des François & appaife une querelle entre eux & les Lanfquenets. XIX. 49. Affiége Luxembourg & s'en rend le maître. XXI. 154. Commercy. *Ibid.* Marche contre les François à Vitry, à la tête de dix mille Lanfquenets. 167. Sa cruauté envers les François refugiés dans une églife. 170. Eft fait prifonnier & conduit à la Baftille. 189.

## G.

GABRIELLE DE BOURBON, fille de Louis de Bourbon, premier Comte de Montpenfier, époufe Louis II, Seigneur de la Trémoille. XIV. 133 & *fuiv.* 271. Accouche d'un fils que le Roi Charles VIII tient fur les Fonts de Baptême. 136. Particularités de fa vie. 169 & *fuiv.* Circonftances de fa maladie, & difcours qu'elle adreffe à fon mari. 208 & *fuiv.* Sa mort. 210.

Gabriel-Marie, bâtard du Duc de Milan. Sa mauvaife foi. VI. 392. Il travaille à enlever au Roi de France la feigneurie de Gênes. 394. Sa confpiration eft découverte, & eft condamné à avoir la tête tranchée. 398.

Gadres, Ville. II. 228.

Galeas, Vicomte du Milanois, envoyé en Ambaffade auprès de Charles VIII. 150. Vient à Lyon. 161.

Galeas, Duc de Milan, apprend avec plaifir la défaite du Duc de Bourgogne. XI. 355. Propofitions qu'il fait faire à Louis XI. 356. Fait hommage de fon Duché au Roi de France. XII. 46. Son corps repofe chez les Chartreux de Pavie. 139.

Galeas Marie Sforce, fils de François, Duc de Milan, vient en France au fecours de Louis XI. 379. Etant Duc de Milan, eft affaffiné. XIII. 347.

Galeas de Saint-Severin, engage les Pifains à fe révolter contre les Florentins. XII. 187. Chef de l'Armée du Duc de Milan. 276.

Galeas Vifcomti, fète le Roi François Ier à Milan. XVI. 213.

Galeras, Ville. Le Maréchal de Lautrec s'y retire. XVII. 57.

Galiot de Genouillac (Jacq.). IX. 117. X. 365. Bleffé à la bataille de Saint-Aubin. XIX. 143. Se diftingue à la bataille de Marignan. 203. Joûte contre Claude de Vaudrey. 364. 423. Marche au fecours du Duc de Gueldres. XVI. *Mémoires de Fleuranges.* 30.

Galles (Ivain de), Commandant de la Flotte Françoife, fait une defcente dans l'Ifle de Guernefay, & y fait un riche butin. IV. 428. Il fe réunit à la Flotte Efpagnole, & brûle la Flotte Angloife. 432. Reproches qu'il fait au Comte de Pembroc. 434. Il va avec Bertrand au fecours du Duc d'Anjou. V. 15.

*Galles* ( la Princeffe de ) vient exprès d'Angoulême à Bordeaux pour voir Bertrand. IV. 264. Elle contribue à fa rançon pour dix mille livres. *Ibid.* & 461.

*Gamache* ( le Sire de ) force les Anglois de lever le Siége de devant Saint-Martin-le-Gaillard. V. 425. Il eft fait Chevalier. 478. Prifonnier. 483. Il marche aux ennemis & leur livre bataille. 492. Défait un gros de Bourguignons. VII. 14.

*Gand* ( Etat du Pays de ). VIII. 272. Différentes courfes exécutées devant la Ville de Gand par les Troupes du Duc de Bourgogne. 358 & *fuiv.* Le peuple refufe la paix. 373.

*Gandois* ( les ) refufent au Duc de Bourgogne un droit fûr le fel. VIII. 272. Nomment des Officiers de Juftice fans la participation du Duc. 274. Envoient diverfes ambaffades au Duc. 279. Lèvent des Troupes & ravagent le pays. 282. Se rendent maîtres de plufieurs places. 285. Marchent contre Oudenarde. 289. L'affiégent. 291 & *fuiv.* Lèvent le Siége. 305. Commencent l'attaque à Ruplemonde. 338. Sont mis en déroute. 339. Obtiennent une trève. 351. Sentence portée par les Ambaffadeurs du Roi de France. 353 & *fuiv.* Attaquent la Ville d'Alloft. 356. Sont repouffés. *Ibid.* Ravagent le Haynaut. 364. Se rendent à difcrétion. 379. Courent fur le Duc de Bourgogne. 396. Perdent la bataille. 398. Reçoivent les Lettres du Duc. 401. Se mettent à fa difcrétion. 402. Lui font amende honorable. 404. Refufent de lui rendre fes enfans. IX. 268. & pourquoi. 271. Demandent grace. 291. Affiégent Dixmude. 308. Demandent la paix & l'obtiennent. 312. Réclament leurs privilèges. XI *Mémoires de Comines.* 37. Leur conduite à Gand après la mort du Duc de Bourgogne. 448. Envoient des Ambaffadeurs à Louis XI. 450. Rapportent au Confeil des trois Etats, la réponfe du Roi. 457. S'emparent du Gouvernement. 465. Renvoient les Bourguignons. 466. Forcent Maximilien à marier fa fille Marguerite au Dauphin de France. XII. 76. & à faire un traité très-avantageux pour la France. 79. Se révoltent contre les Officiers de l'Empereur, & refusent de payer les impôts. XX. 288 & 480. Demandent grace à l'Empereur. 295.

Gannay (Jean de), premier Président du Parlement de Paris, envoyé à Rome pour traiter avec le Pape. XII. 202. Entre dans Naples. 225.

Gantois, marchand de Lille, envoie au Duc de Bourgogne, en pur don, plusieurs chariots chargés de comestibles. IX. 207.

Garlas (la Ville de) est prise par les Impériaux. XVII. 313.

Garrou (le Capitaine). XVII. 165. Surprend & défait les Italiens. 167. Tué à l'assaut de Saint-Germain. XXI. 95.

Gascons (Peuple) défont les Suisses. XVII. 60.

Gaston Phébus, Comte de Foix, reçoit à Toulouse Charles VI, Roi de France. VI. 428. Il fait le Roi son héritier. Ibid.

Gaucourt (le Seigneur de) livre bataille devant Saint-Remi, à Waleran de Saint-Paul. V. 354. Il est fait prisonnier. 355. Lieutenant du Roi à Paris, envoie des secours aux Assiégés dans Beauvais. XIII. 236. Rassemble les Troupes. 241. Va au Siége de Perpignan. 257. Reçoit les Ambassadeurs du Roi d'Arragon. 269. Accompagne dans Paris le Roi de Portugal. 346. Sa mort. 423. Sa querelle avec quelques gentilshommes. XX. Mémoires de du Bellay. 281.

Gaure (Siége de). VIII. 385. Bataille de Gaure. 388 & suiv.

Gavaret (le Capitaine) attaque & défait les Impériaux au pas de Suze. XX. 263.

Gaymaches (Jean de) Héraut du Roi de France. I. 109.

Geilon (de) chargé de la garde du pays de Champagne. XIII. 138.

Gênes (la Ville de) attaquée par le Marquis de Pesquaire. XVII. 234. Est pillée & saccagée. 235. Se rend aux François. XVIII. 69. Se révolte & se met sous le pouvoir de Doria. 112.

Genève (la Ville de) est assiégée par le Duc de Savoie, & secourue par les Bernois. 296.

Genly (le Seigneur de). XVII. 45. Ce qu'il dit à M. de Chièvres. Ibid. Marche dans l'avant-garde de l'Armée en Piémont. XXI. 113. Secourt Montreuil. 153. Est tué dans

H iv

une escarmouche devant Châlons. 188.

*Génois* (les) reçoivent sur leur bort Saint-Louis & plusieurs Seigneurs de sa Cour. II. 31. Elisent un Doge. VI. 179. Troubles qui suivirent cette élection. 180. Leurs possessions au-delà de la mer. 197. Ils surprennent un espion de Facin-Kan. 397. Se révoltent contre la domination du Maréchal de Boucicaut. 456 & *suiv*. Se mettent sous la domination de Charles VIII. XII. 162. Se révoltent contre le Gouvernement François. XIV. 175. XX. 58. & élisent un Duc. *Ibid*. Se rendent à la discrétion de Louis XII. 62. Excitent une sédition. XVI. 33 & 328 & *suiv*. Refusent de se rendre au Roi. 39. Aident à prendre Alexandrie. XVII. 52. 54. Veulent se rendre au Marquis de Pesquaire. 234. Se rendent aux François. XVIII. 69. Se révoltent. 112. Prennent Savonne. 114.

*Genouillac* (*François Ricard de*), Seigneur d'Acier, Grand-Maître de l'Artillerie au Siége de Luxembourg. XXI. 45. Se trouve avec sa Compagnie dans le Corps d'Armée en Piémont. 113. Est tué à la bataille de Serisolles. 131.

*Gentilshommes* (des) de nom & d'armes. III. 130 & *suiv*.

*Geoffroy* est chargé par le Roi de faire la vie de Saint-Louis. II. 316.

*Georges* (*Saint-*) *le Sage*. VIII. 1. Sa querelle avec les Allemands. 2. Est fait prisonnier. 15.

*Georges*, Duc de Clarence. XVII. 30. Sa mort. *Ibid*.

*Gerard*, bâtard de Brimeu, défend la Ville de Rouen contre les Anglois. V. 418.

*Germain* (*Saint-*) *en Laye* se rend au Connétable. VII. 359. Est assiégé par les François. Après un premier assaut, capitule. XXI. 95.

*Giac* (la Dame de) procure la paix entre le Duc de Bourgogne & le Dauphin de France. V. 424.

*Giac* (le Seigneur de), ami particulier de Charles VII, Roi de France. VII. 47. Sa conduite aux Etats. 48. Il est enlevé & traduit en justice & condamné. 49. Crimes dont il s'étoit rendu coupable. 50 & 261 & *suiv*.

*Gibelins* (les) livrent Alexandrie. XVII. 191.

*Gibert* (*Denis*), Echevin de Paris. XIII. 123.

*Gié* (le Seigneur de). XI. 296. Maréchal de France. *Ibid*. Entre au Conseil pendant la maladie du Roi. XII. 59. Précéde le Roi dans la Ville de Naples. 225. Secourt la Ville d'Aſt. 276. Envoie à la découverte des ennemis. 289. Se retire ſur une montagne pour attendre l'arrivée du Roi. 292. Entre en négociation avec les ennemis après la bataille de Fornoue. 322. Annonce au Duc d'Orléans qu'il peut ſortir de Novarre. 361. Commande l'avant-garde à Fornoue. XIV. 151. Eſt chaſſé de la Cour. XVII. 29.

Giffart (Jean) priſonnier à la bataille d'Azincourt. VII. 240.

Giffart (Olivier) eſt fait Chevalier. VII. 339.

Gilles du Bois eſt chargé, par le Beſque de Vilaines, d'annoncer au Roi Henri la priſe de Pierre. IV. 339.

Gireme (Gaſpard de) attaché au Roi d'Yvetot, détenu priſonnier dans le Château de Gallippe. XIV. 41. Eſt conduit à Naples. 46. A Benevent. 73. 76.

Gireſme (Nicole de) au Siége d'Orléans. VII. 79. Bleſſé dans un aſſaut. 80.

Givry (le Seigneur de). XVII. 44.

Givry (de) eſt fait Cardinal. XVIII. 262.

Glacidas, Anglois, eſt commis à la garde des Tournelles d'Orléans. VII. 82. Ses bravades. 83. Périt dans ſa fuite. 125.

Glaion (de), gentilhomme de la maiſon de l'Empereur, cautionne Martin du Bellay. XX. 203.

Gluive (de), Gouverneur de Cahors, joint l'Armée Françoiſe en Piémont XXI. 115. Eſt tué à la bataille de Seriſolles. 131.

Glas (Jean Stuard, Comte du) arrive en France avec ſix mille Ecoſſois. VII. 26. Le Roi lui donne le Duché de Touraine. Ibid. Périt à la bataille de Verneuil. 32.

Glas (Jacques) obtient de combattre Jacques du Lalain. VIII. 202 & ſuiv.

Gloceſtre (le Duc de), oncle du Roi Henri, gouverne en ſon abſence les Habitans de Paris. V. 465.

Gloceſtre (le Duc de), frère d'Edouard, Roi d'Angleterre, fait périr les deux fils d'Edouard; déclare ſes filles bâtardes, & ſe fait couronner Roi. X. 373.

Godefroy. Ses remarques ſur le traité d'Arras. XII. 452.

Godefroy, Evêque d'Alby, Cardinal; quelle part il eut dans l'affaire de la Pragmatique Sanction. XIII. 459.

Godiniere (le Capitaine)

conduit à Turin deux mille hommes de pied. XX. 139.

*Gondin* (*de la Mothe*) surprend les Impériaux dans les Fauxbourg de Biache. XXI. 19. Attaque les Impériaux auprès de Vitry. 167.

*Gondrin* ( le Baron de ). XVII. 78.

*Gonnet* (*Henri*), Capitaine du Château de Bresse. XVI. 86.

*Gonsalve Fernandez de Cordoue*, Capitaine Espagnol. XV. 46.

*Gonzague* (*Soncin de*), Capitaine Vénitien, fait prisonnier le Cardinal Ascaigne. XV. 3.

*Gonzague* (*Gaguin de*) commande en Italie deux mille hommes de l'Armée Françoise. XX. 127. Se signale à l'assaut de Gênes. IX. 133. Motifs de ses différens avec Guy de Rangon. 220 & *suiv*.

*Gonzague* (*Fédéric de*). Marquis de Mantoue, entre dans la ligue du Pape. XVII. 173. Renvoie au Roi son ordre, & est fait Général de l'Eglise. *Ibid.*

*Gonzague* (Don *Ferrand de*) suit l'Empereur à l'attaque de Marseille. XX. 21. Assiége Landrecy. XXI. 53. Est attaqué avec perte devant Guise. 55 & *suiv*. Presse le Siège de Landrey. 65. Poursuit l'Armée Françoise dans sa retraite. 80. Traite de la paix avec les Députés du Roi de France. 186.

*Gosbert*, siré d'Apremont & ses frères, se croisent. I. 49. Particularités & généalogie de la maison d'Apremont. I. 217.

*Gouffier* (*Artus*), Seigneur de Boissi, Grand-Maître de France, somme les Habitans de Crémone de se rendre. XVI. 206. Se rend maître de Bresse. 208. 357. Tombe malade à Montpellier. 257. & meurt. 258. Son corps est transporté en France. *Ibid.*

*Gouffier* ( *Adrien* ) est fait Cardinal. XVI. 215.

*Gouffier* (*Guillaume*), Amiral de France, se rend maître de Fontarabie sur les Espagols. XIV. 215. Est envoyé en Italie en qualité de Lieutenant-Général. 219. Meurt à la bataille de Pavie. 237.

*Goullu*, Sergent du Roi, maltraite un Chevalier de Joinville. Quelle fut sa punition. II. 84.

*Gournay* (*Mathieu de*) se saisit des deux Juifs meurtriers de la Reine Blanche de Bourbon. IV. 157. Il leur accorde la vie, à cette condition qu'ils livreront à Henri la Ville de Séville. 158. Il est député auprès du Roi de Portugal. 168. De quelle manière il y fut traité. 171. Il eſt vaincu dans un Tournoi. 177. Il rend compte à Henri de ſon Ambaſſade. 178.

Gournay-ſur-Aronde, Ville, ſe rend au Roi Henri. V. 491.

Goutte (le Seigneur de la), Capitaine de cinq cents hommes d'armes à Arles. XX. 44.

Gouvignon (Henri de) joûte contre Jean de Chaumergis. VIII. 83.

Goux (Pierre de), Chancelier du Duc de Bourgogne. VIII. 248. Eſt fait Chevalier. 391. Par ordre du Duc, écrit aux Gandois. 400. Traite de la paix entre le Duc & le Roi de France. IX. 211.

Gouy (Daniot de) attaque les Anglois & les défait. V. 422.

Grammont (le Cardinal de) accompagne le Pape à l'entrevue : inſtruction qu'il reçoit. XVIII. 169 & ſuiv. Son diſcours. 177.

Grandmont ( le Baron de ) tué à la bataille de Ravenne. XV. 310. XVIII. 107.

Grand-Pré (le Comte de). I. 50.

Granzay (le Seigneur de). Sa mort. XVIII. 106.

Grange (Jean de la), Maître de l'Artillerie à la bataille de Fornoue. XIV. 151.

Grange ( le Capitaine la ). XVII. 119.

Granſon (Thomas de), fait à Bertrand du Gueſclin, au nom de Thomas de Cantorbie, des propoſitions d'accommodement. III. 409. Lieutenant du Connétable d'Angleterre, Commande l'Armée Angloiſe à Pontvallain. IV. 372. Il conſulte les Officiers qui ſervoient ſous ſes ordres. 373. Il fait demander à Bertrand de fixer un jour pour ſe battre en bataille rangée. 376. Il ſe rend à Bertrand. 391.

Grantſon, Seigneur de Peſmes; ſa querelle avec Jacques de Chabannes. VIII. 32.

Grantvelle (le Seigneur de). Son diſcours au Pape pour l'Empereur. XVIII. 185.

Graſſay (Gilbert de) eſt renvoyé de la Cour. XII. 57.

Graſſai (Jean de), Seigneur de Champeroulx. XIV. 26. Vient au ſecours de Tarente. 37.

Graſſé (Jacques de) pris par les Anglois & conduit devant le Roi d'Angleterre & le Duc de Bourgogne. XI. 274. Rapporte au Roi Louis les paroles de deux Seigneurs d'Angleterre. 275.

Gratien (Martin) eſt nom-

mé Maire de Bayonne.
IX. 387.
*Gravelle* (*la*) assiégée & secourue. VII. 271.
*Graville* (*Guillaume de*) est fait prisonnier. IV. 38. Il est conduit à Rouen. 40. S'oppose inutilement au passage des Anglois. V. 417. Sa conduite au Siége de Montargis. VII. 61. Sa mort. XVII. 220.
*Grégoire X*, Pape, nomme des Prélats pour informer de la vie de Saint-Louis. II. 313.
*Grignan* (*de*), Lieutenant de Roi à Marseille, propose une entreprise contre le Château de Nice. XXI. 13.
*Grimaut*. Otage en Angleterre. XVII. 83.
*Gritti* (*André*), Provéditeur de la Seigneurie de Venise, se rend maître de la Ville de Bresse. XV. 232. Est fait prisonnier. 249. Est élu Doge de Venise. XVI. 64.
*Groing* (*Guérin le*) marche au secours de Beauvais. XIII. 234. Surprend les Flamands qui portoient des secours à ceux de Douay. 380. & les défait. 381.
*Gronchès* (*le Bégue de*) apprend au Duc Philippe l'arrivée des ennemis. 477.
*Grostée* (*le Seigneur de*), Sénéchal de Lyon. VII. 10.
*Gruel* (*Raoul*) est fait Chevalier. VII. 354.

*Gruffy* (le Seigneur de) prend la Ville de Vic. XVIII. 86. Sa mort. 101.
*Gruthuse* (*Louis de la*) est fait Chevalier. VIII. 391. Reçoit le Roi d'Angleterre. IX. 243. Prend parti pour les Gandois. IX. 271. Est fait prisonnier. 282. Conduit à Gand. 285. XII. 101. Sa mort. XVIII. 107. Fait prisonnier dans les guerres de Flandres, & depuis Chambellan du Roi Louis XI, & Sénéchal d'Anjou. XII. *Mémoires de Commines*. 101. Sa mort. XVIII. *Mémoires de du Bellay* 107.
*Guarigue* (*Damien de*), Capitaine de Florenville. XVI. 297.
*Guasquet* (le Capitaine) Commande les Arquebusiers à la bataille de Serisolles. XXI. 122.
*Guast* (le Marquis de) commande l'Armée Impériale en Italie. XVIII. 24. Envoie du secours à Laude. 25. Est fait prisonnier. 91. Est remis à André Doria. 93. Lieutenant Général pour l'Empereur, secourt la Ville de Cazal & y défait les ennemis. XX. 151. Revient à Ast. 152. Assiége le Château de Camargnole. 232. & s'en rend le maître. 233. Prend plusieurs Châteaux auprès de Turin. 247. Quiers,

252. Albe. 253. Quieras. 254. Assiége Pignerol. 256. Lève le Siége. 264. Fuit devant l'Armée Françoise. 265. Refuse la bataille. 269. La trêve conclue, il vient voir le Roi. 278. Va en Ambassade à Venise. 290 & 480. Fait assassiner les Ambassadeurs du Roi de France. 307 & *suiv.* & 494. S'excuse auprès de Langey. 312 & *suiv.* Publie un manifeste pour se justifier. 322 & *suiv.* Rassemble ses Troupes contre les François en Piémont. 391. Prend Villeneuve d'Ast & autres petites places. 394. Se retire à Villedestelon. 396. Reprend le Château de Carignan. 397. Est repoussé devant Chivas. 399. Vient avec son Armée à Cazal. *Ibid.* Secourt à propos la Ville & Château de Barges. 400. Fortifie la Ville de Cony. 410. Cherche à entretenir des intelligences dans Turin. 422. Assiége Mont-Devis. XXI. 87. Arrive à Carignan. 89. Trouve la Ville déserte & s'y loge. 90. Vient à Ast. 91. Projette de secourir les assiégés dans Carignan. 101. 110 & *suiv.* Est repoussé de devant Somme-Rive. 117. Rentre à Serisolles. 118. Vient au-devant des François pour les combattre.

121. Disposition de son Armée. 123. Evite le danger. 130. On lui refuse l'entrée de la Ville d'Ast. 136 & 297. Propose une trêve au Duc d'Enguien. 166.

*Guast* ( *Christophe* ) tué à l'attaque de Cazal. XX. 151.

*Gueldres* (le Duc de). Les Gandois lui rendent la liberté, & le font chef de leur armée. XI. 466. Est défait devant Tournay. 467.

*Guerlo* (*Augustin*), sous les ordres du Pape, promet de trahir le Duc de Ferrare. XV. 195. De quelle manière il remplit sa commission. 196 & *suiv.*

*Guerres* (des) privées & du droit de guerre par coutume. III. 276.

*Guerre* ( *Raimondet de la* ) s'oppose aux ravages des Waudois, il est défait. V. 389. Il attaque les gens du Duc de Bourgogne & est repoussé. 398. Il est fait prisonnier. 406. Assassiné par la populace. 413.

*Guerres* (*Gratien des*), Capitaine du pays d'Abruzze. XII. 264. Est Gouverneur de Mouson. Marche au secours du Duc de Gueldres. XVI. 30.

*Guesclin* ( *Robert du* ), père de Bertrand. Son mariage. III. 44. Il fait publier dans les Villages circonvoisins, une amende contre les pères des enfans qui se trouveroient avec Bertrand son fils. 353. Il fait enfermer Bertrand dans une prison. 354.

Guesclin (Olivier du), frère de Bertrand, entre avec lui dans Dinon. III. 397. Il est fait prisonnier de guerre. 399. Il succède aux biens de son frère Bertrand. V. 34. Il est fait Connétable de Castille. Ibid.

Guesclin (Bertrand du). Sa naissance. III. 347. Son enfance. 348. Son portrait. 441. Sa conduite avec ses frères. 349. Prédiction d'une femme Juive à son avantage. 350. Sa reconnoissance pour cette femme Juive. 351. Sa passion pour les combats. 352. Il s'évade de la prison où son père l'avoit fait enfermer, & se réfugie chez une de ses tantes à Rennes. 354. Il remporte le prix à la lutte. 356. Il se reconcilie avec son père. 358. Il se présente à un tournoi; raillerie qu'il essuie de la part des spectateurs. 360. Il renverse d'un coup de lance, donné avec force, le cheval & le Chevalier qui joute avec lui. 361. Il refuse de se battre contre son père. 362. Il renverse un second Chevalier. Ibid.

Se fait reconnoître de son père. 363. Il prend le parti de Charles de Blois. 364. Stratagême dont il se sert pour surprendre le Château de Fougeraï. 365. Il s'en rend le maître après une belle défense. 367. Il harcelle les Anglois qui assiégent Rennes. 369. Il se glisse dans le Camp des ennemis, & met le feu à leurs tentes. 370. Il prend pour un espion le Député du Gouverneur de Rennes. 376. Il attaque les Anglois dans leur camp. 377. Il ravitaille Rennes avec les provisions des Anglois. Ib. Il fait son entrée dans Rennes. 378. Il fait payer aux Chartiers le prix de leurs denrées. 379. Il se rend à l'invitation du Duc de Lancastre. 383. Il refuse les offres brillantes du Duc. 384. Il accepte le défi que lui propose un Chevalier Anglois. 385. Ce qui précéda le Combat. 388. Il résiste aux sollicitations de sa tante. 389. Relation du combat. 390. Il rentre dans Rennes. 391. Il fait une sortie & met le feu aux machines de guerre des Anglois. 392. Il propose un expédient au Duc pour le dégager de son serment. 394. Il promet à Charles de Blois de ne combatre que pour lui. 396 & 445. Il entre dans

Dinan. Il obtient une trêve de quinze jours. 398. Il réclame son frère Olivier auprès du Duc. 402. Il accepte le défi de Thomas de Cantorbie. 404. Il propose au Duc les intentions des Habitans de Dinan. 407. Il rejette toute sorte d'accommodement. *Ibid.* Relation du combat. 411. A la tête des Troupes de Charles de Blois, il vient secourir la Citadelle de Bercherel. 419. Il accepte une suspension d'armes; à quelles conditions. 420. Il se rend garant du traité. *Ibid.* Montfort le retient prisonnier. *Ibid.* Il offre de payer sa rançon & ses offres sont rejetés. 421. Il s'échappe de sa prison. 423. Il arrive à Guingam. *Ibid.* Il y est retenu. 424. Il chasse les Anglois des environs de Guingam. 425. Il revient auprès de Charles de Blois, & épouse une riche héritière. *Ibid.* Il va faire le Siége de Melun. 429. Il donne du courage à ses Troupes. 432. Il monte à l'assaut. *Ibid.* Disgrace qui lui arrive. 434. Il revient à la charge. 435. Il est fait Gouverneur de Pontorson. 437. Il se bat en champ clos contre le Chevalier Troussel. 447. Relation de ce combat. *Ibid.* Il investit Rouleboise. IV. 2. Il se rend maître de Mante. 5. Il revient à Rouleboise, & somme le Gouverneur de se rendre. 7. Il prend possession de la Tour & y régale les principaux Officiers de son Armée. 7. Il fait raser la Tour. 8. Se présente devant Meulan. 9. Il y entre. 10. Il abandonne la Ville au pillage. 12. Il somme le Gouverneur de lui rendre la Tour. 13. Sur son refus, il commence l'attaque & fait mettre le feu à la Tour. *Ibid.* Les Assiégés se rendent à discrétion. 14. Il les envoie tous prisonniers à Paris avec leur Gouverneur. *Ibid.* Il prend congé du Dauphin, & va à Pontorson. 15. Il est nommé par le Roi Général de ses Troupes: il les assemble à Rouen. 16. Il envoie à la découverte des Anglois & des Navarrois. 17. Il passe ses Troupes en revue. 18. Il campe à Cocherel. 19. Discours qu'il tient à ses Soldats. *Ibid.* Il reproche à ses coureurs leur peu de vigilance & d'adresse. 23. Il ordonne tout pour le combat. 24. Il fait présenter la bataille au Général Anglois dans un lieu également avantageux pour les deux Armées. 26. Il tend un piége aux Anglois, en simulant une fuite. *Ibid.* Il revient sur les Anglois. 28. Il rejette les offres de leur Général. 31. Donne le signal du combat. *Ibid.* Il remporte la victoire. 39. Il envoie ses prisonniers à Rouen. 40. Il écrit au Roi le succès de son expédition. *Ibid.* Charles lui donne pour récompense le Comté de Longueville. 41. Il se prépare pour une nouvelle expédition. 42. Il part de Rouen & dirige sa marche vers Valogne. *Ibid.* Il menace le Gouverneur de le faire pendre, s'il ne lui rend le Château. 44. Malgré l'avis de son Conseil, il en continue le Siége. 45. Il rejette les propositions du Gouverneur de la place. 46. Il accepte les conditions de la capitulation, & fait son entrée dans Valogne. 48. Sa conduite pour surprendre la forteresse dans laquelle commandoit le Chevalier de Caurelay. 51. Il marche avec ses Troupes au secours de la Citadelle d'Auray. 54. Il campe à la vue des ennemis. 64. Il s'élance au milieu des combattans. 68. Il marche droit à Clisson. 69. Il est accablé par la multitude. 73. Il recommence le combat. *Ibid.* Il se rend à Chandos. 76. Il est conduit prisonnier à Niort. 78. Il est remis en liberté. 80. 447. Il offre ses services au Roi de France qui les accepte. 80. Il s'abouche avec les vagabonds qui ravagoient la France. 103. Il les engage à se joindre à lui contre Pierre-le-Cruel, pour venger la mort de la Reine Blanche. 104. Il sort de France & prend la route d'Avignon. 107. Le Pape lui envoie un Cardinal pour savoir son intention. 107. Discours du Cardinal. 109. Il refuse d'accepter la somme que ses Troupes avoient demandée. 113. Il entre sur les terres d'Arragon. 114. Il fait marcher son Armée & arrive à Maguelon. 118. Il prend la Ville d'assaut. 121. La livre au pillage. *Ibid.* Il assiége & prend d'assaut la Ville de Borgues. 123. Il assiége Bervesque. 125. Il enfonce les portes de la Ville à coups de hache. 127. Il va à Burgos. 134. Il rassure Henri consterné, par ce qu'il apprend du Prince de Galles. 198. Il envoie des espions pour savoir les mouvemens de l'Armée ennemie. 202. Il marche contre l'avant-garde. 203. La défait. 206. Il vient à Navarrete

Navarete avec ses prisonniers & son butin. 207. Sur les reproches du Comte d'Aine, il ordonne la bataille. 208. De quelle manière il reçoit le Héros qui vient lui présenter bataille. 112. Il range ses Troupes en bataille. 113. Il doute de la bravoure des Espagnols. *Ibid.* Il secourt Henri au milieu de la mêlée. 220. Il se rend au Prince de Galles. 224. Il gagne le Geolier par argent. 245. Henri est introduit dans sa prison. 246. De quelle manière il traite le Geolier qui le soupçonnoit de trahison. 247. Il refuse la liberté aux conditions que lui propose le Prince de Galles. 250. Sa générosité envers le Prince de Galles. 261. Sa confiance dans les Rois d'Espagne & de France. 262. Il part de Bordeaux. 263. De quelle manière il traite un pauvre Cavalier qui avoit servi sous ses ordres. 265. Il arrive auprès du Duc d'Anjou qui assiégeoit Tarascon. 266. Par sa présence il anime les assaillans. 269. Il somme le Gouverneur de se rendre. 270. Les menaces s'il refusent. *Ibid.* Il s'intéresse pour les Habitans de Tarascon. 271. Il plante l'étendart du Duc d'Anjou sur les murs de la Ville. 273. Il accepte les offres du Duc d'Anjou, & part pour Bordeaux. 275. Sur la route il rencontre plusieurs Cavaliers démontés, auxquels il distribue tout l'argent destiné pour sa rançon. *Ibid.* 281. Il arrive à Bordeaux sans argent. 282. Il s'excuse auprès du Prince de Galles. *Ibid.* Il paye sa rançon. *Ibid.* Il part de Bordeaux & se rend à Brest. 252. Il invite ses amis à venir l'y joindre. *Ibid.* Il arrive au Camp devant Tolede. *Ib.* Il va au-devant des Sarrasins envoyés par le Roi de Belmarin. 311. Il les défait. *Ibid.* Il marche à la rencontre de l'Armée du Roi Pierre. 317. Sa résolution à la vue de l'Armée ennemie. 320. Il commande l'aile droite de l'Armée. 321. Donne le signal du combat. Il reçoit un Courrier du Roi de France, qui le fait Connétable de son Royaume. 334. Il va dans son Duché de Molina. 350. Il s'excuse auprès du Roi de France. 351. Il continue le siège de Soria. 362. L'emporte d'assaut. 364. Le Roi de France lui fait de nouvelles instances par le Maréchal d'Endregem. 366. Il part pour la France.

I

356. Il offre sa médiation au Comte de Foix pour lui procurer la paix avec le Comte d'Armagnac. 358. Ses premiers exploits en Languedoc. *Ibid.* Il attaque les Anglois retranchés dans une Abbaye. 360. Il somme le Gouverneur de lui rendre le Fort. *Ibid.* Sur son refus il ordonne l'assaut & monte lui-même à l'escalade. 361. Il tue le Gouverneur & la Garnison se rend à discrétion. 362. Il arrive à Paris. 365. Il reçoit l'epée de Connétable dans le Conseil de Sa Majesté. 369. Il ordonne à ses Troupes de se rendre à Caen. 390. Il part avec toute son Armée & campe auprès de Vire. 372. Il reçoit le Trompette envoyé par le Général de l'Armée Angloise. 376. Sa réponse & sa générosité envers cet envoyé de Granson. 377. Il va au devant des Anglois malgré toutes les représentations qu'on lui fait. 378. Il exhorte ses Troupes au combat. 382. Il surprend les Anglois & les met en déroute. 384. Circonstances de cette bataille. 385. Il fait prisonnier Grandson, Général de l'Armée Angloise. 391. Il somme le Gouverneur de la Ville de Baux de lui rendre la place. 393. Sur son refus il ordonne l'assaut & la prend. 396. Il assemble en conseil les Seigneurs de son Armée. 397. Il invite Cressonval, Gouverneur de Saint-Maur-sur-Loire, à venir le trouver dans son Camp. 398. Conférence entre les deux Généraux. 399. Il apprend que Cressonval a mis le feu à la Ville, & qu'il en est sorti avec armes & bagage. 403. Il poursuit les Anglois. 404. Les défait. 407. Il somme le Gouverneur de Bressière de lui rendre la Ville. 408. Il ordonne à ses Troupes de monter à l'assaut. 411. Se rend maître de la Ville. 414. Il vient à Saumur. 415. Il reçoit un Courrier de Paris porteur des ordres du Roi. 418. Ses plaintes à l'occasion des ordres qu'il reçoit. *Ibid.* Il reçoit les dépêches de Henri, Roi d'Espagne, avec de magnifiques présens. 420. Il distribue ses présens aux Capitaines qui servoient sous lui. 422. Il part pour Paris. *Ibid.* Discours qu'il tient au Roi. 426. Il part pour rejoindre son Armée. 427. Il prend d'assaut Montreuil-Bonin. 431. Il met le Siège devant Gisay. *Ibid.* Il apprend les dispositions des Anglois

contre lui. *Ibid.* Un transfuge Anglois lui découvre les secrets & l'approche de l'Armé Angloise. 5. Il range ses Troupes en bataille. 8. Il se réserve le commandement du corps de bataille. *Ibid.* Il dédaigne d'attaquer les Anglois avant qu'ils soient mis en bataille. 10. Il encourage ses Troupes. 11. Il marche contre Niort; stratagême dont il se sert pour en surprendre les Habitans. 14. Il va au secours du Duc d'Anjou; ses succès. 15. Il assiége le Château de *Randan*. 16. Il somme le Gouverneur de lui en rendre les clefs. *Ib.* Sur son refus il ordonne l'assaut. 17. Il tombe malade. *Ibid.* Sa fermeté aux approches de la mort. *Ib.* Il reçoit les clefs du Château de Randan & les soumissions du Gouverneur, & meurt. 19. Cérémonies de ses funérailles à Saint-Denis, où l'Evêque d'Auxerre prononça son oraison funèbre. 27 & *suiv.* Epitaphe qu'on lit sur son tombeau. 33.

*Gui de Flandres* se croise. I. 49. Il meurt à Compiégne. *Ibid.*

*Gui*, Comte de Forest, traverse à Cheval un corps de Sarrasins. I. 89. Il est blessé. *Ibid.*

*Gui - Guivelins.* I. 306. Il résiste vaillamment aux Sarrasins. 124. Il se confesse à Joinville. II. 20.

*Gui d'Aussure.* Il porte la parole au nom du Clergé de France, en présence de Saint-Louis. 27. Le Pape Clément IV fait son éloge. 186.

*Guy*, Patriarche de Jérusalem. I. 259. Conseil qu'il donne au Roi. 71.

*Guiche (de la)* marche contre ... de Luxembourg, ... tête de la compagnie du Connétable Anne de Montmorenci. XX. 369. Secourt Montreuil. XXI. 153.

*Guiffrey (Pierre)* marche au secours du Chevalier Bayard XV. 50.

*Guiffrey (Guy)* envoyé à Turin en qualité de Lieutenant Général pour le Roi de France. XX. 133.

*Guillaume*, Evêque de Paris. Sa conduite envers un maître en Théologie qui avoit des doutes sur le Sacrement de l'Eucharistie. I. 19.

*Guillaume*, Comte de Flandre, de la maison de Daupierre, se croise. I. 49. Met en fuite les Sarrasins. 127.

*Guillaume de - Ville - Hardouin*, Prince d'Achaie & de la Morée, Sénéchal de Romanie. I. 247.

I ij

*Guillaume de Pontoise*, Abbé de Clugny. Observations. II. 253. Il fait présent au Roi de deux beaux chevaux. 135.

*Guillaume* (le Duc) *de Hollande*, marche au secours de Jean de Baviere, son frere, Evêque de Liége, assiégé dans Utrecht. V. 337. Sa mort. 387.

*Guillaume de Poitiers*, Seigneur de Clérieux, envoyé Ambassadeur en Castille. XII. 414 *& suiv*.

*Guillemete*, de la Rochelle, sur les instances de Charles V. Roi de France, vient à la Cour. V. 213.

*Guimene* (*Robert de*). Le Roi le retient à son service. II. 88.

*Guimene* (*Henri de*). Le Roi le retient à son service. II. 88.

*Guimene* (*Arnould de*). II. 219. Saint-Louis le retient à son service. 881.

*Guingan*, Ville, (les Bourgeois de) engagent Bertrand à les défendre contre les incursions des Anglois. III. 423.

*Guise de Lorraine* (le Comte de) XVII. 20. 48. Court risque de la vie. 59. Prend Bapaume. 242. Se retire à Encre. 244. Défait un parti d'Anglois. 246. Défait les Anglois retirés à Pas. 249. Met en déroute les Impériaux. 286. Est mandé à Lyon par la Régente. XVIII. 3. Défait une troupe de paysans Allemands. 8. En est blâmé. *Ibid*.

*Guise* (le Duc de) secourt Peronne assiégée par les Impériaux. XX. 110. Est nommé Lieutenant Général pour le Roi en Bourgogne & Champagne. 258. Accompagne le Duc d'Orléans dans une expédition contre le pays de Luxembourg. 368. 374 *& suiv*. Devient chef de l'Armée par la retraite du Duc d'Orléans. 381. Reprend Mont-Médy. 382.

*Guise* (la Ville de) se rend au Comte de Nassau. XIX. 419.

*Guitery* (le Seigneur de), Commandant du Château de Montreau, refuse de se rendre. V. 457.

*Guitry* (le Sire de) au Siége d'Orléans. VII. 79. Blessé dans un assaut. 80.

*Gurce* (l'Evêque de) Ambassadeur de l'Empereur Maximilien auprès de Louis XII. XVI. 50.

*Guy*, Lieutenant du Duc de Bourgogne, dans le pays de Liége. IX. 210.

*Guyon* (*Pierre*) est fait Chevalier. VII. 293.

## H.

Haberge (Jean), Evêque d'Evreux, assiste pour Louis XI à l'Assemblée tenue à Bouvines. XI. 218. Suit jusqu'à Calais Edouard, Roi d'Angleterre. XIII. 302.

Hacquembac (Pierre de), maître de l'Artillerie du Duc Philippe, au Siége de Dinand. IX. 100.

Haizecourt (de), malgré le Danger, va solliciter du secours pour Péronne auprès des Ducs de Vendôme & de Guise. XX. 110.

Hallancourt. XVII. 50.

Hamault (le Soudan de). I. 60. 245. Il fait empoisonner le Soudan de Babylonne. 61.

Han (la Garnison de la Ville de) tenant pour le Duc d'Orléans, abandonne la place. V. 345. Elle est mise au pillage par les Troupes du Duc de Bourgogne. 346. Est prise d'Assaut. VII. 298.

Hangest (François de), Seigneur de Genlis, abandonne le parti du Connétable de Saint-Paul. XI. 267. 324.

Haplincourt (le Seigneur de). XVII. 112.

Haraucourt (Guillaume de), Evêque de Verdun, est arrêté prisonnier. XI. 114. & enfermé durant l'espace de quatorze ans dans une cage de fer. XII. 101.

Haraucourt (de) est blessé au Siége du Château de Hédin. XX. 166.

Harchies (Jacques de) est fait Banneret. VIII. 337.

Harcourt (Jacques de). Sa conduite envers le Comte de Harcourt, son parent. V. 417. Il est défait par les Anglois. 421. Il prend le parti du Dauphin contre le Roi Henri. 466. Assiégé dans le Crotoy par les Anglois. Capitule. VII. 71. Ses prétentions sur la Place de Partenay. Ibid.

Harcourt (Christophe de) est choisi pour aller à Arras traiter de la paix. VII. 307.

Harcourt (Louis de), Patriarche de Jérusalem, Evêque de Bayeux, obtient des lettres de grace de Louis XI. XI. 508.

Hardy (Jean) se charge, avec son maître, pour le Duc de Bourgogne, d'empoisonner le Roi Louis XI. XIII. 262. Pour exécuter son projet, il s'adresse au Cuisinier du Roi. 263. Est

I iij

arrêté prisonnier, & conduit devant le Roi. *Ibid.* Ensuite à Paris. 264. Sentence du Parlement qui le condamne à être écartelé. 268.

*Harfleur*, Ville, assiégée par les Anglois. VII. 237. Secourue. 238. Prise par les François. 312.

*Hargerie* ( *de la* ), Commissaire des Vivres de l'Armée. XXI. 25.

*Harlay* ( *Jean de* ), Chevalier du Guet de nuit, porte les Ordres du Roi à ses Lieutenans dans Paris. XIII. 40. 276.

*Harsy* ( *Gailehaut de* ). Sa mort. V. 483.

*Hasle* ( *François* ), Avocat en Parlement, député de la Ville de Paris auprès du Duc de Berry. XIII. 70. Est chassé de Paris. 76. 345.

*Havenquerque* ( *Louis* ) se joint à Bertrand pour une expédition contre les Anglois. IV. 17.

*Haulequâ* ( les Chevaliers de la ) mettent à mort le Soudan de Babylone. II. 19.

*Haye* ( *Jean de la* ) se rend avec ses Troupes auprès du Comte d'Aumale contre les Anglois. VII. 17. Remporte un avantage auprès d'Ardevon. 23. Se trouve à la prise de Dieppe. 312.

*Haynaut* ( le bâtard de ) blessé devant Crépy. V. 441.

*Hebert*, Général des Finances du Royaume de France. XIII. 123. Rend au Roi le Château du Pont-aux-Arches. 124. Envoyé en Ambassade auprès des Liégeois. 139.

*Hedecq* ( le Baron de ) se joint à l'Armée Françoise dans le pays de Luxembourg. XX. 375.

*Hedin* ( la Ville de ) assaillie & prise. XVII. 152. Incendie. 153.

*Hedouville* ( *Louis de* ) soutient un pas d'armes contre Claude de Vaudrey. XIV. 365 & 423.

*Heilly* ( Seigneur de ). XVII. 10. 112. Blessé devant Hédin. XX. 162. Est nommé chef de la Ville de Maubeuge. XXI. 17.

*Helly* ( le Seigneur de ), Capitaine de Cavalerie dans l'Armée du Duc de Bourgogne contre les Liégeois. V. 339.

*Henri* ( le Comte ), surnommé le Large, épouse Marie, sœur du Roi de France & de Richard, Roi d'Angleterre. I. 35. Ses enfans. *Ibid.* Eloge de ce Prince. 205. Il fonde l'Eglise de Saint Etienne de Troyes. 42 & 206. Il donne un vieux Chevalier à Arthault de Nogent. 43.

*Henri*, fils du Comte le Large, se croise, va à la Terre-Sainte, assiège & prend la Ville d'Acre. I. 35. Il épouse la Reine de Jérusalem. *Ibid.* Ses enfans. *Ibid.*

Henri de Champagne (le Comte) épouse la Reine de Jérusalem. I. 36. Ses enfans. *Ibid.*

Henri, Prieur de l'Hôpital de Ronnay, complimente Saint-Louis. I. 3.

Henri II, Comte de Tristemarre, frère naturel de Pierre-le-Cruel, gagne par sa douceur la confiance des Espagnols. IV. 84. Reproches qu'il fait à Pierre. 86. Il tue devant lui un Juif nommé Jacob. 88. Quitte l'Espagne. 89. Trouve un asyle chez le Roi d'Arragon. 97. Il est forcé de quitter ses Etats. 100. Il va joindre Bertrand & lui demande de le secourir. 115. Il est trahi par un espion. *Ibid.* Il somme le Gouverneur de Maguelon de lui ouvrir les portes de la Ville. 119. Il somme le Gouverneur de Borgues de se rendre. 122. Sa clémence envers les Chrétiens après la prise de la Ville de Borgues. 124. En récompense de ses services, il donne à Bertrand le Comté de Molina. *Ibid.* La Ville de Bervesque se met sous son obéissance. 128. Il apprend, par un espion, que Pierre est parti de Burgos pour Tolède. 133. Il reçoit, par deux Cordeliers, les soumissions de tous les Habitans de Burgos. 139. Il fait son entrée dans la Ville. 141. Il témoigne publiquement que c'est à Bertrand qu'il doit sa prospérité. 142. Il mande à Burgos son épouse. *Ibid.* Conduite de cette Princesse en approchant de la Ville. 143. Il est couronné dans Burgos. 145. Il engage Bertrand & sa *Compagnie Blanche*, à rester auprès de lui. 147. Les Habitans de Tolède lui prêtent serment de fidélité. 152. Il rejette les propositions de Pierre. 154. Il tient conseil avec les principaux Officiers de son Armée. 167. Il apprend que Pierre demande du secours au Prince de Galles. 179. Consternation de Henri après la lecture des lettres du Prince de Galles. 197. Il assemble ses Troupes. 200. Il anime au combat vingt mille Arbalétriers Génois. 214. Il donne le signal, & entre lui-même le sabre à la main au milieu des Escadrons des ennemis. 215. Il se fait un passage au travers des Anglois. 221.

Il donne avis à la Princesse sa femme de la perte de la bataille. 222. Il va trouver le Roi d'Arragon déguisé en Pélerin. 237. Il se fait connoître au Roi. 240. Il arrive à Bordeaux. 241. S'informe de Bertrand. 242. Se découvre à un Chevalier qui lui procure les moyens d'entretenir Bertrand dans sa prison. 243. Il part de Bordeaux. 248. Arrive à Beziers. *Ibid.* Se présente au Duc d'Anjou. *Ibid.* Le Pape le reçoit honorablement. 250. Il se rend maître de Salamanque. 252. Il somme le Gouverneur de Tolède de lui rendre la place. 253. Sur son refus, il l'assiége dans les formes. 254. Il reproche aux Bourgeois de Tolède de l'avoir abandonné. 285. Il fait recommencer l'assaut. 286. Un Bourgeois de Tolède lui révèle des secrets importans. 287. Il invite Bertrand à venir le joindre avec toutes ses Troupes. *Ibid.* Il va au-devant de l'Armée de Pierre. 289. Il le poursuit. 292. Il continue le Siége de Tolède. 302. Il tient conseil avec les Officiers de son Armée. 311. Il apprend, par ses espions, que les vingt mille Sarrasins ont débarqué à trois lieues de Tolède. 312. Il exhorte ses Troupes au combat. 319. Il commande le corps de bataille. 321. Il reconnoit Pierre dans la mêlée & le renverse 327. Il ordonne à ses Troupes de le suivre à Montiel où Pierre s'étoit enfermé. 330. Il fait faire des propositions d'accommodement au Roi Pierre. 333. Il apprend que Pierre est prisonnier. 339. Il se jette sur lui. 340. Il ordonne qu'on lui tranche la tête. 342. Il fait porter à Séville la tête de Pierre. 342. Continue le Siége de Tolède. Il fait avertir le Gouverneur de la mort de Pierre, & le somme de lui rendre la place. 346. Il envoie l'Archevêque à Tolède. 348. Il y fait son entrée. 349. Sa reconnoissance pour Bertrand. *Ibid.* Il consent au départ de Bertrand. 350. Il lui envoie de riches présens. 410. Il fait équiper une Flotte & l'envoie au secours de la France. 427.

*Henri de Castille.* Détail de son entrevue avec Louis XI à Fontarabie. XI. 62 & *suiv.*

*Henri de Bar,* Cousin-Germain de Charles VI. Va au secours du Roi de Hongrie. VI. 88.

*Henri,* Comte de Vistem-

DES MATIÈRES. 137

berg, est fait prisonnier. IX. 232.

Henri V, Roi d'Angleterre, Assiége Harfleur. V. 378. Ses différentes conquêtes. 379 & suiv. Il dispose son Armée en bataille. 381. Il repasse la mer. 385. Son entrevue à Calais avec le Duc de Bourgogne. 386. Il entreprend de nouvelles conquêtes sur la France. 416. 418. Il se rend maître de la Ville de Rouen. 419. Il soumet presque tout le Duché de Normandie. 422. Conférence avec le Roi Charles. 423. Il fait la paix avec le Duc de Bourgogne. 433. Il Arrive à Troyes pour son mariage. 451. Il épouse Catherine, fille du Roi Charles. Ibid. Il assiége Sens. 453. Il y fait son entrée. 454. Il assiége Montreau. Ibid. Melun. 458. Il vient à Paris. 464. 548. Il cite le Dauphin à la Table de Marbre, & reçoit des Seigneurs François le serment de fidélité. 464. Il part pour Calais. 465. Il arrive en Angleterre. 466. Il revient en France. 469. Il apprend à Croissi la prise de la Ville de Saint-Riquier. 471. Il demande du secours à la Ville d'Amiens. Ibid. Il assiége la Ville de Meaux. 485. Il revient à Paris. 496. Il tombe malade. 500. Sa mort. 501. Son corps est transporté en Angleterre. 502. Est blessé à la bataille d'Azincourt. VII. 239. Revient à Londres après avoir gagné la bataille. 241. Renvoie le Comte de Richemont en Normandie. 243.

Henri VI de Lancastre, Roi d'Angleterre. XIII. Mémoires de Jean de Troye. Est trahi par les Barons de son Royaume, & arrêté prisonnier par le Comte de Warvic. 6. Délivré par le Duc de Sommerset, son cousin. 12. X. 374. XIII. 211.

Henri VIII, Roi d'Angleterre, déclare la guerre aux François. XIV. 214. Débarque à Calais. XV. 340. Passe devant l'Armée Françoise sans être attaqué. 342. Arrive au Siége de Thérouenne. 343. A quelles conditions il rend la liberté au Chevalier Bayard. 352. Assiége Tournay. 354. & s'en rend le maître. 355. Repasse en Angleterre. Ibid. Fait son entrée dans Thérouenne & Tournay. 151. Envoie des Ambassadeurs en France pour proposer le mariage de sa fille aînée avec le Dauphin. XVI. 259. Son entrevue avec le Roi de France. 270 & suiv.

Avec l'Empereur. 280.
Fait une descente en France. XVII. 7. Prend Tournai & se retire en Angleterre. 27. Est Parrain du second fils du Roi. 79. Envoie une Ambassade en France. 81. A une entrevue avec François. Fêtes à cette occasion. 84. Fait un traité avec l'Empereur. 88. Envoie un Gentilhomme au Roi. 99. Propositions qu'il fait faire à l'Empereur & au Roi. 149. Défie le Roi. 201. Prend les intérêts de la France. XVIII. 6. 303. Fait un traité avec le Roi pour délivrer le Pape. 40. Envoie à cet effet le Cardinal d'York. Ibid. Envoie un Héros défier l'Empereur. 44. Voulant répudier sa femme, accorde au Roi plus qu'il ne demande. 126. 331. Veut faire une ligue contre l'Empereur avec le Roi de France. 149. A une entrevue à Boulogne avec le Roi. 161. Son traité. 162. Ses plaintes sur le Pape. 163. & suiv. Prend congé du Roi de France. 173. Fait déclarer son mariage nul par l'église Anglicanne, & épouse Anne de Boulen. 215. Envoie le Duc de Northfolk pour assister à l'entrevue du Pape. 229. Le rappelle. 230. Renvoie l'Evêque de Wincester. 231. Rallentit sa colère contre le Pape. 286. Irrité des foudres de l'Eglise, il se soustrait à la domination du Pape. 289. 409. Reçoit une lettre de l'Empereur. Son contenu. 138. Fait un traité d'alliance avec l'Empereur contre la France. XXI. 149. Descend à Calais. 152. Se rend maître de Boulogne. 198. & suiv. Revient à Calais. 201. Arrive à Portsmouth. 221. Propose au Roi de traiter de la paix. 271. Conditions du traité. 272. Sa mort. 275 & 340 & suiv.

Henri, second fils du Roi François I$^{er}$. Sa naissance. XVII. 79.

Henri, Duc d'Orléans, est envoyé en ôtage à Madrid. XVIII. 18.

Henri II, Roi de Navarre, veut reconquérir son Royaume. XVII. 88. Est fait prisonnier à Pavie. 396. S'échappe de prison. XVIII. 17. Commande pour le Roi en Guyenne. 198. Lieutenant pour le Roi François I$^{er}$ en Guyenne & Languedoc. XX. 258.

Henri de France, Dauphin, depuis Roi sous le nom de Henri II, Duc de Bretagne, sollicite vivement la permission de se rendre au Camp. XX. 57. Tient un conseil dans son Camp d'Avignon. 86. Prend la route de Thérouenne. 205. Arrive à Amiens. 209. Envoie des Députés à Bommy pour traiter de la paix avec les Impériaux. 218 & 462. Passe en Italie. 259. Reprend sur l'ennemi plusieurs places. 265 & *suiv*. Etat de son Armée. 270. Ses conquêtes. 272. Vient à Bayonne au-devant de l'Empereur. 289. Est nommé chef d'une expédition contre le Roussillon. 369. Rassemble ses Troupes à Avignon. 385. Etat de son Armée & sa marche. *Ibid. & suiv*. Assiége Perpignan. 387. Lève le Siége. 389. Se rend maître du Château d'Emery. XXI. 15. De la Ville de Maubeuge. 17. Attaque la Ville de Bains. 21. Abandonne Maubeuge après l'avoir brûlée. 23. Présente la bataille à l'Empereur qui la refuse. 81. Est nommé Général de l'Armée. 156. Campe à Jallon. 158. Reçoit du Roi ses instructions. 182. Envoie des Troupes à Paris. 191. Attaque inutilement la Basse-Boulogne. 203. Licentie les Suisses & les Grisons. 205. Vient à Saint-Germain-en-Laye auprès du Roi. *Ibid*.

*Henri* ( Frère ), Religieux du Temple, assassine le Receveur des finances dudit Ordre. XIII. 145. Est arrêté prisonnier. *Ibid*. & condamné par les Religieux de l'Ordre. 146.

*Herbelot* ( *Laurent* ), Conseiller du Roi. XIII. 328. Reçoit chez lui Alphonse V, Roi de Portugal. 345.

*Herbert* ( *Jean* ), Evêque de Coutances, accusé devant le Parlement, comparoît, est constitué prisonnier dans les prisons de la Conciergerie. XIII. 409.

*Herbouville* ( *Janot de* ), Seigneur de Bemon, Commandant au Château de Crémone. XVII. 3. 189.

*Hercule I$^{er}$*, Duc de Ferrare, beau-père du Duc de Milan, s'unit à la France contre lui & pourquoi. XII. 398.

*Hercule*, fils du Duc de Ferard, épouse Madame Renée, fille de Louis XII. XVIII. 74.

*Hérin* ( *Antoine de* ). VIII. 66. Poursuit les Gandois. 306. Sa mort. 323.

*Hermaphrodite* (Hist. d'un) dans l'Abbaye d'Issoire en Auvergne. XIII. 393.

*Hervé du Pont*, Prieur des Chartreux de Nantes. VII. 349.

*Hesselin* ( *Denis* ), Pannetier du Roi & Elu de Paris, donne à souper au Roi Louis XI. XIII. 152. Fortifie la Ville de Paris. 235.

## TABLE GÉNÉRALE

Rassemble les Troupes. 241.

Hesselin (Jacques), Contrôleur du Grenier-à-Sel de Paris, est chargé par le Roi d'aller à Auxerre sommer les Habitans de se soumettre à son obéissance. XIII. 217.

Hevart (le Capitaine) commande les Arquebusiers à la bataille de Serisolles. XXI. 122.

Heugueville (le Seigneur de) va au secours du Roi de Hongrie. VI. 88.

Hire, Châteaufort, pris par le Seigneur de Maucour & Lionel de Bournonville V. 443.

Hire (la) Gouverneur du Château de Coucy. V. 443. Attaque les Anglois devant Montargis. VII. 58 & suiv. Secourt Orléans assiégé. 82. Poursuit les Anglois. 129. Se rend maître des Fauxbourgs d'Amiens 309. Fortifie Gerberoy. 313.

Hodehal (Guillaume), Anglois, se défend vaillamment contre les François. VII. 54.

Hollegrave (David) vient avec cinq cens hommes d'armes secourir Granson, Général de l'Armée Angloise. IV. 386. Il se rend prisonnier. 389.

Hongrie (le grand Comte de) reste seul avec les François, après la fuite des Hongrois devant Bajazet. VI. 105.

Hongrie, Bajazet, déclare la guerre au Roi de Hongrie. VI. 86.

Hontilon (le Comte de) viole le traité fait entre Jean de Luxembourg & la Garnison de la Ville de Roye. V. 438. Il est fait prisonnier. 468.

Hontinton (le Comte de) assiste aux Conférences tenues à Arras. VII. 308.

Hôpital (Adrien de l') commande l'avant-garde de l'Armée. XIV. 143.

Horgne (Gaultier de la) porte la bannière du Comte d'Aspremont. I. 127.

Hornes (Philippe de) lève des Troupes contre les Gandois. VIII. 286. Est fait Chevalier 301. Commande les Troupes du Duc de Bourgogne contre les Liégeois. IX. 86. Les défait. Ibid.

Horne (le Comte de) suit l'Empereur à l'attaque de Marseille. XX. 21. Il y périt. 29.

Houssaye (Alain de la) reçoit dans sa tente le Roi Pierre, fait prisonnier par le Besque de Vilaines. IV. 339.

Houssaye (Eustache de la), avec un détachement de deux cens lances, attaque les Anglois. IV. 37. Il se trouve à l'attaque de Valogne. 42. Il s'élance au milieu des combattans. 68. Secourt Bertrand. 73.

Hue (Jean), Docteur en Théologie, conduit au supplice Jean Hardy. XIII. 269.

Huët (Gautier), il conduit à Jean de Montfort les secours que lui envoie le Roi d'Angleterre. III. 418. Il se joint à Bertrand contre le Roi d'Espagne. IV. 108. Son courage dans la bataille de Navarette. 220.

Hugonet (Guillaume), Chancelier du Duc de Bourgogne, casse le privilége de la loi des Gandois. XI. 39. Après la mort du Duc, vient en Ambassade auprès de Louis XI. 440. Est arrêté prisonnier par les Gandois. 459. & condamné à mort. 462. Demande inutilement des secours de Troupes, & d'argent aux différentes Villes de la Bourgogne. XIII. *Mémoires de Jean de Troye.* 332.

Hugues X, Comte de la Marche & d'Angoulême. Saint-Louis le reçoit Chevalier. I. 44. Il arme secrettement contre Saint-Louis. 46. Il fait alliance avec le Roi d'Angleterre contre Saint-Louis. 46. Il est défait & se rend prisonnier. 48. Il demande la paix. *Ibid.* Conditions de la paix 210. Il se croise. 49.

Hugues, Comte de Saint-Paul. Il se croise. I. 49.

Hugues le Brun, fils de Hugues, Comte de la Marche. Il se croise. I. 49.

Huges, Duc de Bourgogne, quatrième du nom, il se croise. I. 49. Sa conduite dans la Terre-Sainte. II. 104. Observations. 129.

Hugues, Cordelier; sa réputation. II. 137. Il prêche devant le Roi. 138.

Hugues de Châlon, fils de Guillaume, Prince d'Orange. Est fait prisonnier. XII. 33.

Hugueville (le Seigneur de), son fils aîné, ôtage en Angleterre. XVII. 83.

Humbercour (le Seigneur de), Maréchal du Duc Philippe, entre en campagne. V. 436. Le Roi Henri lui ôte la charge de Bailli d'Amiens. 464. Il est blessé. 484.

Humieres (de) est nommé Bannier à la prise de Luxembourg. VIII. 130. XVI. 3. & 154. Commande en Dauphiné sous le Dauphin. XIX. 195. Précautions qu'il prend. 198. Passe en Piémont. XX. 219. Arrive à Pignerol. 234. Eprouve le mécontentement des Lansquenets. *Ibid.* Marche vers Ast. 235. Albe, dont

142 TABLE GÉNÉRALE

il se rend maître. 238. Montcallier. 243. Se retire dans le Marquisat de Saluces. 245. Est forcé par les Lansquenets de revenir à Pignerol. 246.

*Humfray de Bohun.* Il signe la paix entre la France & l'Angleterre. I. 186.

*Hunaudaye* (*de la*), attaqué par les Impériaux, les repousse. XXI. 35. joint l'Armée Françoise en Piémont. 114. Accompagne l'Empereur jusqu'à Bruxelles. 196.

*Hunundaye* (le Seigneur de) mort au Siége de Pontorson. VII. 269.

*Huvart*, Maître d'Hôtel du Roi Charles VIII, périt en se défendant contre les Napolitains. XIV. 13.

## I.

*Ierminghen*, Anglois. Sa mort. XVIII. 65.

*Imbercourt* (le Seigneur d') porte au Duc Philippe la nouvelle de la prise de Dinand. IX. 101. Est enlevé de Tongres par les Liégeois. 210. Se trouve au Siége de Liége. 214. Est fait Chevalier de la Toison d'Or. 230. Est mis à mort par les Gandois. 247. Sage conseil qu'il donne au Duc de Bourgogne. XI. *Mémoires de Comines.* 15 & 16. Se présente aux portes de Liége pour le Duc de Bourgogne, dont on lui refuse l'entrée. 26. Stratagême qui lui réussit auprès des Liégeois. *Ibid. & suiv.* Est fait prisonnier par les Liégeois. 57. Assiste pour le Duc à l'Assemblée tenue à Bouvines. 218. Après la mort du Duc vient en Ambassade auprès de Louis XI. 440. Est arrêté prisonnier par les Gandois. 459. & condamné à mort. 462. Défait un corps de Troupe auprès de Villefranche en Piémont. XIV. 200. Est tué à la bataille de Marignan. 203. XVII. *Mémoires de du Bellay.* 9. 20. 46. Surprend Colonne. 50. Sa mort. 57.

*Impériaux* (les) s'approchent de Mouzon. XVII. 118. Veulent le surprendre. 120. Le prennent. 122. Vont à Mézières. 123. Siége & circonstances du Siége. 124. & *suiv.* Levent le Siége. 155. Se retirent à Valenciennes. 147. Marchent à Parme. 176. Entrent dans les Fauxbourgs. 178. Se retirent. *Ibid.* Vont camper à Oftienne. 180. Paffent la rivière d'Adde. 183. Veulent détourner les Suiffes de notre alliance. 186. Nous furprennent & s'emparent de Lande. 224. Affiégent Crémone. 230. Font une defcente en Champagne. 294. Sont mis en déroute. 296. S'emparent de Garlas pour nous couper les vivres. 313. Se logent à Gambolat. *Ibid.* Affiégent Satiranne. 315. Nous raviffent Vercel. 316. Prennent la Ville de Biagras. 318. Prennent le Château de Caftel-Saint-Ange. 382. Veulent faire payer au Pape chèrement fa liberté. XVIII. 76. Veulent s'oppofer à Lautrec. 78. Une troupe des leurs eft défaite. 82. Sont repouffés dans une fortie à Naples. 87. Veulent furprendre un Fort & font défaits. 89. Sont battus fur Mer auprès de Naples. 91. Pourfuivent l'Armée Françoife. 109. L'attaquent à l'improvifte. 118. Ont beaucoup des leurs tuées au Siége de Foffan. 243. Attaquent à l'improvifte l'Armée qui fe retire de Foffan. 277. Reçoivent un échec auprès de Marfeille. XX. 26 & *fuiv.* Projettent d'affiéger Thérouenne. 156. Affiégent Saint-Paul. 190. & s'en rendent les maîtres. 199 & *fuiv.* Reprennent fur les François toutes les Villes du Duché de Luxembourg. 382. Entrent dans Turin ; par quel ftratagême. 433 & *fuiv.* Abandonnent la Ville de Landrecy & la brûlent. XXI. 9. Fortifient Bains. 21. Reçoivent un échec. 34 & *fuiv.* Se retirent au Quefnoy-le-Comte. 37. Sont furpris auprès de Sainte-Marie. 39. Rendent la Ville de Luxembourg. 47. Sont défaits à Serifolles. 121 & *fuiv.*

*Ingelbert.* Détail de la joûte publiée par le Maréchal de Boucicaut dans tous les pays Chrétiens. VI. 60 & *fuiv.*

*Innocent VIII*, Pape, lève une Armée contre Ferrand, Roi de Naples. XII. 135.

*Innocens* (les Charniers des) conftruits aux dépens du Maréchal de Boucicaut. VI. 401.

*Inquifition.* Hiftoire des Procès, des accufés & condamnés à Arras. IX. 451 & *fuiv.*

*Ifabeau de Baviere*, Reine de France. Son entrée dans Paris. VI. 425. Son couronnement. *Ibid.* Sa mort.

VII. 313. Cérémonies de sa sépulture. 421.
Isabeau de Portugal, Duchesse de Bourgogne, reconcilie Jacques de Chabannes avec Grantson. VIII. 38. Fait son entrée à Besançon en présence du Roi des Romains. 59. Sa mort. IX. 114. Son corps est transporté dans l'Eglise des Chartreux de Dijon. Ibid.
Isabelle, fille de Saint-Louis. Thibaud, Roi de Navarre, la demande en mariage. II. 139.
Isabelle, fille de Charles VI, Roi de France. V. 160.
Isabelle de Bourbon, épouse Charles, Comte de Charolois. IX. 39. Sa mort. 84.
Isabelle de Castille, après avoir aidé à conquérir sur les Mores le Royaume de Grenade, meurt. XV. 55.
Isle (le Comte de l') prête ferment de fidélité à Charles V, Roi de France. V. 136.
Isle-Adam (le Seigneur de l') entre dans Paris. V. 405. Il va trouver le Roi. Ibid. Il porte la Bannière du Roi & marche contre le Dauphin. 408. Le Duc de Bourgogne le fait Maréchal de France. 412. Il prend les Fauxbourgs de Roye. 437. Il assiége Toncy. 449. Il lève le Siége. 450. Il assiége les Dauphinois dans une Eglise. Ibid. Il revient à Troyes. 451. Son entrevue avec le Roi Henri à Melun. 462. Il est arrêté prisonnier. Ibid. & 469.
Italiens (les) viennent au service du Duc de Bourgogne. IX. 317. Entreprennent la conquête d'une Isle. Ibid.
Itius (du Port) ou Iccius. III. 267 & suiv.

## J.

JACOB, Juif. Pierre le Cruel le consulte. IV. 131.
Jacob (le Capitaine) marche au secours de Boulogne assiégée par les Espagnols & les Vénitiens. XVI. 85. est tué à la bataille de Ravenne. 95.
Jaconel fait le serment d'emmener Bertrand du Guesclin mort ou vif dans le Camp des Anglois. V. 3. Il propose un expédient pour intimider les François. Ibid. Il marche contre Bertrand. 4. Il est blessé par Bertrand lui-même. 13.

*Jacques*

DES MATIÈRES.

Jacques (le Grand-Maître de Saint-) arrive au secours de Pierre avec quinze cens hommes. IV. 295. Il attaque un détachement de l'Armée de Henri. 296. Il périt dans le combat. 297.

Jacques de Portugal vient à la Cour du Duc de Bourgogne. VIII. 233. Va à Rome où il prend l'habit ecclésiastique & est nommé Archevêque de Lisbonne. 239.

Jacques de Bourbon, Comte de la Marche, épouse Jeanne, Reine de Naples & de Sicile. VIII. 4. Est enfermé par ordre de la Reine. 5. S'évade. 6. Renonce à la Couronne & prend l'habit de Saint-François. 8. Son arrivée à Pontarlier. 9.

Jacques de Bourbon, fils de Louis, bâtard de Bourbon, Capitaine de l'Armée contre les Vénitiens. XV. 67.

Jacques de Savoye, Comte de Romont, vient à Péronne. XI. 48.

Jacques IV, Roi d'Ecosse, perd la bataille contre les Anglois & meurt dans le combat. XVI. 152 & 350. XVII. 27.

Jacques V, Roi d'Ecosse, vient au secours du Roi de France. XX. 143. Lui demande une de ses filles en mariage. 144. Sa mort.

*Tome I.*

XXI. 207. Troubles qui survinrent dans le Royaume. 324 & suiv.

Jacqueville (Élien de). Mauvais traitemens qu'il éprouve de la part de Hector de Saveuse. V. 398. Sa mort. 399.

Jaille (Guichard de la) au Siége de Rivedroit. VI. 149.

Jallonges (le sieur de), Maréchal de France, assiége Castillon en Périgord. IX. 404.

Jamets, Capitaine Ecossois, est blessé. XVII. 17. Sauve le Comte de Guise. 59. Est fait prisonnier. 108.

Jamets, Ville, est assiégée par le Comte de Nassau. XVII. 107.

Japhe (le Comte de). I. 252. Description de sa Galère. 67. Il débarque & résiste à l'effort des Sarrasins. 68. Il conseille à Saint-Louis de rester à Acre. II. 46. Il fortifie son Château. 86. Il fait une sortie contre le Roi. 87.

Japhe (le Château) est désigné pour le lieu de la conférence entre les Sarrasins & le Roi de France. II. 85. Saint-Louis le fait fortifier à grands frais. 105.

Jargeau, Ville, assiégée par les François. VII. 134. & prise d'assaut. 136.

K

Jarnac, l'aîné. Sa mort. XVIII. 107.

Jarnac (de) joint l'Armée Françoise en Piémont, XXI. 114.

Jarretiere, Héraut d'Edouard, Roi d'Angleterre, auprès de Louis XI, Roi de France. XI. 264. Suggere au Roi Louis les moyens d'obtenir une trève. 265.

Jaucourt (Philibert de) attaque les Gandois. VIII. 397.

Jean, Comte de Dreux, premier du nom, fils de Robert III, Comte de Dreux. Il est fait Chevalier. I. 44.

Jean, Comte de Châlons. II. 230.

Jean Tristan, fils de Saint-Louis. Sa naissance. II. 40.

Jean, Comte de Soissons, se joint à Joinville pour la garde d'un pont. I. 108.

Jean d'Evreux se joint à Bertrand contre le Roi d'Espagne. IV. 108.

Jean, Roi de France, est détenu dans les prisons d'Angleterre. III. 427. Il recouvre sa liberté & meurt. IV. 15.

Jean, Duc de Berry, frère de Charles V, Roi de France; ses qualités. V. 145. Il se rend au Conseil pour délibérer sur l'assassinat du Duc d'Orléans, & refuse d'y admettre le Duc de Bourgogne. 332. Il prend le parti de Charles, Duc d'Orléans, pour venger la mort de son père. 342. Il fait sa paix avec le Duc de Bourgogne. 353.

Jean, fils de Charles VI, Roi de France. V. 160.

Jean, Duc de Bourgogne, fait assassiner le Duc d'Orléans. V. 331 & 511. Il se déclare l'auteur de cet assassinat. 334. Sort de Paris & va en Flandre. Ibid. Il marche au secours de l'Evêque de Liége assiégé dans Utrecht. 337. Il livre bataille aux Liégeois & la gagne. 340. Noms des Seigneurs qui le suivirent dans son expédition contre les Liégeois. 511. Il se retire dans ses terres de Flandre & d'Artois. 344. Il assemble son Armée & vient assiéger la Ville de Han. 345. La livre au pillage. 346. Prend Néelle. Ibid. S'arrête à Montdidier. Ibid. & arrive à Paris. 347. Il fait la paix. 353. Il se prépare à la guerre contre le Roi & le Dauphin de France. 358. Il se loge avec ses Troupes dans Saint-Denis. 359. Il revient dans le pays d'Artois. 361. Il demande la paix. 370. Il assemble des Troupes & revient à Paris. 387. Il place son Camp devant

DES MATIÈRES.

Paris, à Montrouge. 390. Il affiége le Château de Beaumont. 392. Il reçoit les foumiſſions des Habitans de Pontoiſe. 393. Il lève le Siége de devant Paris. 396. Il reçoit la Reine de France & la conduit à Chartres. 397. Il fait de nouvelles tentatives pour entrer dans Paris. 400. Il diſperſe ſes Troupes. 401. Conduit la Reine à Troyes. 402. Il fait ſon entrée dans Paris. 411. Il fait des nouveaux réglemens. 412. Il appaiſe les révoltés. 414. Il fait la paix avec le Dauphin. 424. Conſpiration contre ſa perſonne. 427 & ſuiv. Il eſt mis à mort. 430. Circonſtances de l'aſſaſſinat. 536 & ſuiv. Son corps eſt tranſporté à Dijon. 456. Marche à la tête d'une nombreuſe Armée au ſecours de la Hongrie. VI. *Mémoires de Boucicaut.* 91. Son courage à la bataille de Nicopoli. 104. 107. Il eſt fait priſonnier & conduit devant Bajazet. 113. Il obtient la vie pour le Maréchal de Boucicaut. 116. Eſt conduit dans les priſons de Burſes. 121. Accepte les conditions que propoſe Bajazet pour lui rendre la liberté. 126. Part pour la France. 128.

*Jean*, Comte d'Angoulême, fils de Louis, Duc d'Orléans. V. 336.

*Jean*, ſecond du nom, Duc de Bourbon, engage le Duc de Bourgogne à lever une Armée contre Louis XI. *Mémoires de Comines.* X. 303. Vient à Péronne avec le Roi. XI. 47. Prévient le Duc de Bourgogne d'une nouvelle guerre dans ſes Etats par les François. 121. Fait venir à la Cour de Charles VIII le Duc de Lorraine. XII. 134. Se déclare contre Louis XI & lui fait la guerre. XIII. *Mémoires de Jean de Troye.* 28. Se rend maître de la Ville de Rouen. 98. Son entrevue avec le Roi. 110. Se rend maître d'Evreux pour le Roi. 119. De Louviers. 122. Du Pontaux-Arches. 123. De Rouen. 125. Eſt fait Gouverneur du Languedoc. 131. Reſte dans le Duché de Milan en qualité de Lieutenant Général. XV. 383. XVI. 220. Se fortifie dans le Château de Milan. 222 & ſuiv. Revient en France. 224.

*Jean*, bâtard d'Orléans, Comte de Dunois. X. 322. Porte la parole dans l'Aſſemblée tenue à Saint-Maur. 376. Envoyé en Ambaſſade auprès de Louis XI par les Princes ligués. XIII. 80. Eſt remis en poſſeſſion de

K ij

tous ſes biens. 100. Nommé Préſident d'un grand Conſeil pour opérer différentes réformes dans l'Etat. 133.

Jean de Baviere, Evêque & Prince de Liége, eſt chaſſé de la Ville. V. 337. Il ſe réfugie à Utrecht, où il eſt aſſiégé. Ib. Il demande du ſecours au Duc de Bourgogne & au Duc Guillaume de Hollande, ſon frère. Ibid. Il rentre dans ſes Etats & reçoit les ſoumiſſions de ſes peuples. 340.

Jean de Hollande, frère de Richard, Roi d'Angleterre, ſe rend à Ingelbert pour la joûte. VI. 66. Il eſt bleſſé par le Maréchal de Boucicaut. 69.

Jean (le Duc), frère du Comte de Richemont, eſt fait priſonnier. VII. 242. Recouvre ſa liberté. 243. Vient viſiter ſon frère à Pontorſon. Ibid. Le Roi de France à Saumur. 255. Retourne en Bretagne 257. Mande le Connétable auprès de lui. 333. 342.

Jean, dit le Grand, Roi de Portugal. VIII. 234.

Jean de Portugal eſt fait Chevalier. VIII. 336.

Jean, bâtard de Renty, met en fuite les Gandois. VIII. 313.

Jean de Calabre, épouſe Marie de Bourbon. VIII. 144. Réjouïſſances à l'occaſion de ce mariage. 145. Marche à la tête des Bourguignons contre la France. 78. Après la paix vient à Villiers-le-Bel. 89.

Jean, Duc de Calabre, fils de René, Roi de Sicile, ſe joint au Comte de Charolois contre Louis XI. X. Mémoires de Comines 364. Son habileté dans les expéditions militaires. 399 & ſuiv. Reçoit en don la ville d'Eſpinal en Lorraine. 419. Sa mort. XI. 420.

Jean, Duc de Calabre, fils du Roi de Naples, marche contre les Florentins. XII. 45. Ambaſſadeur des Princes ligués auprès de Louis XI. XIII. 80. Demande au Duc de Bourgogne ſa fille en mariage. 228. Meurt de la peſte à Nancy. 257.

Jean, bâtard de Saint-Paul, annonce un Pas d'Armes. VIII. 215. Combat un Chevalier Allemand. 216 & ſuiv. Bertrand de Béarn. 228 & ſuiv. Commande l'Armée du Comte de Charolois contre la France. IX. 70.

Jean, Comte de Wirtemberg, viſite le Duc de Bourgogne. VIII. 142.

Jean, héritier de Cleves. VIII. 47. Epouſe Iſabelle de Bourgogne. 408. Se croiſe. IX. 20.

Jean de Cleves, fils du Duc,

soutient la guerre contre l'Archevêque de Cologne. VIII. 210. Revient de Jérusalem. 263. Arrive en Bourgogne. 264. Est fait Chevalier de la Toison d'Or. *Ibid.*

*Jean*, Seigneur de Melun, est nommé Capitaine de Termonde. IX. 275.

*Jean*, Infant de Castille, épouse Marguerite de Boulogne. IX. 264.

*Jean* (Messire) *Boursier*, Général de France, est nommé Maire de Bayonne. IX. 387.

*Jean II*, Roi d'Arragon, ratifie un traité entre le Roi Louis XI. S'oblige à une somme de deux cent mille écus, & engage, au profit du Roi, les Comtés de Roussillon & de Sardaigne. X. 246 *& suiv.* XII. 85. XIII. 448.

*Jean*, Duc d'Alençon, Pair de France, condamné pour crime de lèze-Majesté, obtient sa grace. X. 343. Promet de tenir les conditions prescrites. 244. Est mis en liberté & rétabli dans tous ses biens par Louis XI. XIII. 448. 158. Son ingratitude. 159. Est fait prisonnier. 251. & conduit au Château du Louvre. 256. Sa Sentence de mort prononcée par le Chancelier. 275. Est transféré dans un Hôtel bourgeois de Paris. 326.

*Jean de Foix*, Vicomte de Narbonne. XI. 319. Discours qu'il tient à un Anglois. 320.

*Jean*, Comte de Nevers, renonce à toutes ses prétentions sur les Duchés de Lothiers, Brabant, &c. &c. XI. 507. Est fait prisonnier dans la Ville de Peronne. XIII. 105.

*Jean de Châlon*, II<sup>e</sup> du nom, Prince d'Orange, chef de l'Armé de Louis XI. XII. 2. Engage les Habitans de Dijon à se soumettre au Roi. 3. Prend le parti de l'Archiduc Maximilien, & reprend plusieurs Villes en Bourgogne. 30 *& suiv.* Quitte le Duc de Bourgogne pour se joindre à Louis XI. XIII. 210.

*Jean Branchier*, Roi d'Yvetot. XIV. 26. Vient au secours de Tarente. 37.

*Jean Galeas*, Duc de Milan, entretient des intelligences avec le Prince de Salerne réfugié en France. XII. 139. Epouse la fille du Duc de Calabre. 143. Est comme enfermé dans le Château de Pavie par les ordres de son Oncle Lodovic. 177. Sa mort. 178.

*Jean de Lorraine*, fait armer les Habitans de la Ville de Rouen pour la défense du Comte de Charolois. XIII. 318.

K iij

*Jean de Zapolski*, Roi de Hongrie, envoie un Ambassadeur en France. XVIII. 153.

*Jean d'Orléans*, Archevêque de Toulouse, est fait Cardinal. XVIII. 209.

*Jean*, Cardinal de Lorraine, député pour traiter de la paix avec les envoyés de l'Empereur à Leucate. XX. 279 & 469 & *suiv.*

*Jean-Louis*, Marquis de Saluces, obtient sa liberté, & est remis en possession du Marquisat. XX. 80.

*Jean-Marie*, Duc de Milan, déclare la guerre au Maréchal de Boucicaut. VI. 302. Il demande la paix. 304. Se soumet au Roi de France. 451. Prête serment de fidélité. 453.

*Jeanne de Bourbon*, Reine de France, épouse de Charles V. V. 114. Sa Cour. *Ibid.* Sa mort. 264.

*Jeanne*, fille de Charles VI, Roi de France. V. 160.

*Jeanne de France*, Duchesse de Bretagne. Sa mort. VII. 289.

*Jeanne de Guevrick*, Duchesse héritière de Luxembourg, chassée de ses Etats, demande du secours au Duc de Bourgogne. VIII. 68.

*Jeanne*, deuxième du nom, héritière du Royaume de Naples & de Sicile, épouse Jacques de Bourbon, Comte de la Marche. VIII. 4. Fait enfermer son mari. 5.

*Jeanne de Lusignan*, épouse de Louis, Duc de Savoye. VIII. 38.

*Jeanne de Vendôme*, fille de Pierre de Vendôme, deuxième de nom, est condamnée à faire amende honorable à Jacques Cœur. IX. 407. 522.

*Jeanne de France*, fille de Louis XI. Sa naissance. XIII. 25.

*Jeanne d'Arragon*, veuve du Roi Ferrand, accorde la vie à plusieurs prisonniers François condamnés par le Peuple. XIV. 70.

*Jeoffroi (Jean)*, Evêque d'Alby, après avoir tenu le Siége de Lectoure, y fait son entrée pour le Roi. XIII. 253. Assiége Perpignan. 255.

*Jeune (Guillaume le)*, Seigneur de Contay, ami particulier de Charles, Comte de Charolois. X. *Mémoires de Comines.* 307. Commande son Armée. 308. Propose au Comte de Charolois de marcher à l'ennemi. 333. 348. Sage conseil qu'il lui donne. 409. Sa mort. XI. 21.

*Jeune (Jacques le)*, dit Malherbe. XVII. 15.

*Joannes* s'introduit dans la ville de Luxembourg. VIII. 122. Monte le premier à l'escalade. 124.

DES MATIERES. 151

Jocerand de Brançon. I. 307.
Il livre bataille aux Sarrasins. 128. Sa mort. 129.
Joinville (Simon, Seigneur de), père de Jean, Sire de Joinville, vient au secours de Thibault, Comte de Champagne. I. 39.
Joinville (Jean, Sire de), Grand Sénéchal de Champagne. I. 3 & 157. Il parle au Roi Thibault de la part de Saint-Louis. 12. Il reproche à Sorbon le luxe de ses habits. 13 & 14. Il se prépare au voyage de la Terre-Sainte. 49 & 222, 223, 224. Vend une partie de ses biens. 50 & 225, 226. Il quitte le Château de Joinville & fait route vers Marseille. 52. 53. Il s'embarque. 54. Il arrive en Chypre. 55. Il y manque d'argent. 58. Il arrive à Damiette & débarque. 66. Il se défend vaillamment. 90. Il poursuit les Turcs. 98. Il est renversé & laissé pour mort. 100. Va à Massoure au secours du Comte d'Artois. 104. Il se poste à la garde d'un pont pour empêcher les Sarrasins d'attaquer les Chrétiens de deux côtés. 106. Il est blessé. 110. Il joint le Roi. 111. Il court aux armes. 117. Il tombe malade. 141. Il s'embarque pour revenir à Damiette. 144.

Un coup de vent le porte vers les Turcs. 148. Il consulte ses Chevaliers. 151. Se jette à l'eau & se rend. 152. Un Sarrasin lui sauve la vie, en le disant cousin du Roi. 153. Sa guérison. 154. Il paroît devant l'Amiral du Soudan. Ibid. Il se reconnoît parent de Ferry, Empereur d'Allemagne. 155. Il reproche aux Sarrasins leur cruauté. II. 6. L'Amiral des Sarrasins le conduit vers Saint-Louis. Ib. Sa présence fait le plus grand plaisir aux Barons & autres Prisonniers. 7. Il demande au Commandeur du Temple trente mille livres. 33. Il va dans le vaisseau des Templiers enlever de force l'argent qu'ils refusent au Roi. 34. Il raconte à Saint-Louis de quelle manière il fut pris sur l'eau par les Turcs. 42. Il arrive à Acre. 185. Il tombe malade. 186. Le Roi lui fait donner quatre cens livres. 188. Il se plaint au Maître du Temple de ce que le Commandeur refuse de lui rendre l'argent qu'il lui avoit confié. Ibid. Il conseille au Roi de rester à Acre. 47. Il se justifie auprès du Roi. 53. Il fait habiller, à ses frais, quarante Chevaliers. 66. Il part d'Acre

K iv

& vient à Cesaire. 81. Nouvelles conventions qu'il fait avec le Roi. 81. Danger qu'il court à l'attaque de Belinas. 112. Il revient à Sajette. 115. Il va en pélerinage à Notre-Dame de Tortose. 116. Il est chargé par le Roi, de conduire à Suz la Reine & les enfans. 121. Il quitte le Roi & arrive à Joinville. 129. Il revient trouver le Roi à Soissons. Ibid. Pour obéir aux ordres du Roi, il vient à Paris. 157. Relation d'un Songe. Ibid. Il refuse de le croiser. 158. Il se rend à Saint-Denis auprès des Prélats chargés d'informer de la vie de Saint-Louis. 167. Il fait élever un Autel en l'honneur de Saint-Louis, dans la Chapelle de Joinville. 169.

*Jonné (Robert le)*, Avocat d'Amiens, engage les Habitans de Beauvais à se soumettre au Duc de Bourgogne. V. 392. Le Roi Henri le fait Bailli d'Amiens. 464. Il fête le Roi à Amiens. 46 fait justicier les Prisonniers faits au Château de Quesnoy. 491. Sa conduite dans la fonte des Monnoies. 505.

*Josset (Jean)*, Echevin d'Arras, comme Vaudois. IX. 446.

*Jouachim (Jean)* est envoyé en ambassade au Roi d'Angleterre. XVIII. 6.

*Jouel (Jean)* s'empare de plusieurs Places situées sur la rivière de Seine. XII. 427. Il exige des droits exorbitans & ruine le commerce de Paris & Rouen. 428. Il est blessé mortellement à la bataille de Cocherel. IV. 36.

*Jouvelin (Pierre)*, Correcteur des Comptes. XIII. 328.

*Jouvenel*, Archevêque de Reims, sacre Louis XI. XIII. 19.

*Judas*, Juif. Pierre-le-Cruel le consulte. IV. 131.

*Jules II*, Pape, viole le traité de Cambray, fait alliance avec les Vénitiens. XIV. 178. & plusieurs autres Puissances, contre les François. 183. Met une Armée sur pied pour la conquête du Duché de Ferrare. XV. 171. Danger qu'il court en allant au Camp de la Mirandole. 177. Presse en personne le Siége de la Ville. 179. 445. Y fait son entrée. 181. Ordonne le Siége de la Bastide. 182. Pour venir à ses desseins sur le Duché de Ferrare, il emploie la trahison. 195. Sa mort. 339. Assiége en personne la Mirandole. XVI. 71 & 341. & s'en rend le maître. 72. Fait une ligue

DES MATIÈRES. 155

avec les Suisses contre le Roi. XVIII. 15.
Julian (Don), Lorrain, Duc de Saint-Angelo. XII. 264.
Julian (Saint-), Capitaine, est tué à Pavie. XVII. 356.
Julien (de Saint-), Ecuyer, chargé par le Roi de veiller de près Jean-Louis, Marquis de Saluces. XX. 81. Tient pour le Roi la Ville d'Urezeul. 83. Colonel des Suisses en Pié-

mont, est soupçonné de les exciter à la révolte. XX. 396.
Jumont (le Seigneur de) est chargé de conduire l'Armée qui va au secours de l'Evêque de Liége, assiégé dans Utrecht. V. 338.
Justice. De la forme que les Rois de France observoient pour rendre la Justice en personne. II. 349.
Juvenal des Ursins (Louis) marche au secours des François. VII.

## K.

KENT (le Comte de). Sa mort. V. 468.
Knole (Robert). III. 368. Il fait à Bertrand du Guesclin, au nom de Thomas de Cantorbie, des propositions d'accommodement. 409. Il conduit à Jean de Montfort un secours du Roi d'Angleterre. 418. Il fait le serment de ne pas lever le Siége d'Auray. IV. 60. Il fait garder à vue

le Comte d'Auxerre. 78. Il marche à la tête de vingt mille hommes contre Paris. 558. Il ravage le Faubourg S. Marceau. 353.
Kyriel (Guillaume), Capitaine Anglois, remporte un avantage sur les François. VII. 15.
Kyriel (Thomas), Lieutenant du Roi d'Angleterre, est fait prisonnier. VII. 398.

## L.

LABARRE. XVII. 154.
Lac (Lancelot du), Gouverneur d'Orléans, marche

au secours du Duc de Gueldres. XVI. 30.
Ladislas, usurpateur du

Royaume de Naples, assiége l'Isle de Capri. VI. 135.

Ladissas I. V. Roi de Hongrie, envoie une célèbre Ambassade à Charles, Roi de France. IX. 47.

Ladriesches (Jean de), Trésorier de France, envoyé auprès du Duc de Bourgogne. XIII. 136. Rassemble les Troupes de Paris. 241. Refuse de recevoir les lettres du fils du Connétable de Saint-Paul. 309.

Laistre (Eustache de) Chancelier de France. V. 412. Sa mort. 414.

Lalain (Jacquet de) remporte le prix de la joute. VIII. 47. Vient au secours des Bourguignons devant Villy. 117. Son portrait. 146. Fait d'armes à pied & à cheval contre Jean de Boniface. 191 & suiv. Voyage en Écosse. 191. Accepte un combat à outrance contre Jacques du Glas. 203. Discours qu'il tient à ses compagnons. 203. Revient en France. 208. Se dispose à combatre un Écuyer Anglois. 220. Est blessé dans le combat. 224. Annonce un nouveau pas d'armes à Châlons-sur-Saône. 242. Préparatifs. 244 & suiv. Combat contre Pierre de Chandios. 247 & suiv.

Jean Picutois. 256. Donne un grand repas. 259. Cérémonie de la clôture du pas d'armes. 261. Va à Rome. 263. Revient en Bourgogne. 264. Est fait Chevalier de la Toison d'Or. Ibid. Envoyé en ambassade auprès du Roi d'Arragon. 265. Du Roi de France. Ibid. Court la lance contre le Comte de Charolois. 275. Exhorte les Troupes au combat contre les Gandois. 302. Danger qu'il court pendant la bataille. 303. Poursuit les fuyards. 306. Preuves de son courage. 314. Est blessé. 341. Sa mort. 382. Son corps est porté en Hainaut. 382.

Lalain (Josse de) entre en armes dans le Duché de Luxembourg. VIII. 95. Poursuit les Allemands. IX. 246. Souverain de Flandres, attaque les Suisses au service du Duc de Lorraine. XIII. 365.

Lalain (Simon de) entre en armes dans le Duché de Luxembourg. VIII. 95. Suit Jacques de Lalain en Écosse. 191. Combat un Écuyer Écossois. 203 & suiv. Lève des Troupes contre les Gandois. 286. Va à Oudenarde qu'il fortifie. 289 & suiv. Est commandé pour aller reconnoître les Gandois. 389.

Commande la Cavalerie. 391. Marche contre les Turcs en qualité de Lieutenant-Général d'Antoine, bâtard de Bourgogne. 95. Va en Angleterre à la suite du bâtard de Bourgogne. 104.

Lalain (Philippe de). X. Mémoires de Comines. 308. Particularités remarquables. 340. Périt à la journée de Montlhéry. 346.

Laleu (le Seigneur de). XVII. 112.

Lalier (Michel de) dispose les Parisiens à ouvrir les portes au Connétable de France. VII. 424.

Lalieres (le Seigneur de). XVII. 111.

Lampieuse (l'Isle de). II. 248. Description d'un hermitage. 131.

Lancastre (le Duc de) assiége Rennes. III. 368. Il presse le Siége. 371. Stratagême dont il se sert pour surprendre les Assiégés. 372. Il est trompé par un Bourgeois de la Ville de Rennes. 373. Son désespoir en apprenant que Bertrand est entré dans Rennes & qu'il l'a ravitaillée. 375. Il envoie le Comte de Pembroc inviter Bertrand à venir le voir. 380. Il lui fait présent du plus beau cheval de son écurie. 385. Il poursuit le Siége de Rennes. 392. Il plante l'étendart d'Angleterre sur les murs de Rennes. 375. Les Assiégés arrachent l'étendart & huent le Duc. 376. Il lève le Siége. Ibid. Il assiége Dinan. 397. Il accorde aux Assiégés une tréve de quinze jours. 398. Il commande à Thomas de Cantorbie de rendre à Bertrand, son frere Olivier. 404. Il le rend à Dinan pour être témoin du combat entre Bertrand du Guesclin & Thomas de Cantorbie. 408. Eloges qu'il donne à Bertrand sur sa bravoure. 414. Il lève le Siége de devant Dinan. 415. Il s'embarque à Brest. Ibid. Sa Flotte est dispersée par une tempête. 406. Il tombe malade. Ibid. Se joint au Prince de Galles pour secourir Pierre, contre Henri IV. 196. Le Prince de Galles, son frere, lui donne le commandement de l'avant-garde. 205. Noms des Seigneurs qui étoient à sa suite. Ib. Le Prince de Galles lui laisse le commandement de son Armée en Guyenne. 418.

Lanckals (Pierre), Trésorier de l'Archiduc, est mis à mort par les Habitans de Bruges. IX. 297.

Land (Thomas de la) fait

armes contre Philippe Bourbon. IX. 111.
Lande (la), Capitaine de mille hommes de pied à Liliers. XVII. 178. XX. 172. Force le poste de S. Venant. 173. Est nommé Capitaine de Mohmedy. Investit Avênes XXI. 5. Est nommé Gouverneur de Landrecy. 12. Passe au Camp du Roi qui le fait son Maître d'Hôtel ordinaire. 74. Est tué au Siége de Saint-Dizier. 173.
Landesberg (Ludovic de) excite les Lansquenets à la révolte. XX. 235 & 236. Est arrêté prisonnier à Lyon & condamné à avoir la tête tranchée. 246.
Landicourt (Hugues de). Sa mort. Il y est enterré dans la Chapelle de Joinville. Ibid. Anecdote. 241.
Landrecy (la Ville de) est prise. XVII. 445. XXI. 8. Les Impériaux l'abandonnent & la brûlent. François I la fait rétablir. 17. Vive escarmouche entre les François & les Impériaux. 20. Est assiégée par les Impériaux.
Langres. Les Barons de France, chassés de Ligny, se retirent à Langres. XI. 41.
Lannoy (Hue de) est fait Capitaine de la garnison à Saint-Denis. V. 360. Sa conduite envers un Huissier d'armes du Duc Philippe. V. 463. Il marche contre les Dauphinois & leur livre bataille. 493. Il reçoit les dernières volontés du Roi Henri. 500.
Lannoy (Lamon de) est envoyé Capitaine de la garnison à Soissons. V. 360. Il est fait prisonnier. 364.
Lannoy (le Bègue de) est fait Chevalier devant Pierrepond, par Hue de Lannoy. V. 494.
Lannoy (Don Charles de), Vice-Roi de Naples, amène des Troupes à Milan. XVII. 307. Se met à la tête de l'Armée. 310. Veut surprendre notre Guet. 311. Va loger à Marian. 319. Poursuit Bonnivet. 319. Fait faire une escarmouche contre le Camp. 341. Se retire à Pavie. 351. Demande au Duc de Bourbon de se joindre à lui. 351. Va à Milan. 352. Est obligé de se sauver. 353. Fait proposer une trève qui est refusée. 358. Se jette en campagne. 361. Fait le Roi prisonnier à Pavie. 394. L'emmène. XVIII. 12. Ses Soldats se mutinent contre lui. 13. Est envoyé en France par Charles V. 24. Fait une trève avec le Pape. 33.
Lannois (le Vidame de) marche contre le Comte de Périgord. VI. 231.

DES MATIERES.

Lanſac (Mondoc de), Anglois. VII. 332.
Laon, ſecourue & fortifiée. VII. 296. Rendue à Jean de Luxembourg. 299.
Lartigue, Vice-Amiral; ſon retard. XVII. 238.
Laſco (Hieronime) eſt envoyé en France par le Roi de Hongrie. XVIII. 153.
Laſſigny (le Seigneur de). XVII. 119. Repouſſe les Impériaux. 121. Capitule. 123. Paſſe en Piémont avec mille hommes de pied. XX. 231. Arrive à Turin. 244. Joint l'Armée Françoiſe en Piémont. XXI. 114. Eſt démonté à la bataille de Seriſolles. 131.
Lau (le Seigneur du), favori de Louis XI. IX. 62.
Laude (la Ville de). Lautrec y envoie des Troupes. XVII. 223.
Launay (le Seigneur de). XVII. 220.
Launoy (Guillaume de) propoſe, dans le Conſeil de Guerre, la Ville de Mante. IV. 1. Stratagême dont il ſe ſert pour ſurprendre la Ville. 3. Il entre dans la Ville. 5. S'élance au milieu des Combattans. 68.
Launoy (le Seigneur de), Gouverneur de Hollande, conduit des Troupes contre les Gandois. VIII. 341. Fait armes contre Saint-Simon. IX. 128. Fait quel-

ques conquêtes. 206. Eſt prépoſé à la garde de Zuphten. IX. 191.
Laurens-Cibo (le Seigneur) eſt envoyé par le Pape pour viſiter le Duc d'Orléans. XVIII. 232.
Lautrech (le Sieur de), frère du Comte de Foix, entre dans Bayonne. IX. 385. Traite de la paix avec les Suiſſes. XIV. 201. Eſt laiſſé pour mort devant Ravenne. XV. 312. Marche au ſecours de Boulogne aſſiégée par les Eſpagnols & les Vénitiens. XVI. 85. Eſt bleſſé & laiſſé pour mort. 99. Ambaſſadeur pour le Roi à Galeras, pour traiter de la paix. 189. Aſſiége le Château de Milan. 206. Reſte à Milan avec la qualité de Lieutenant-Général. 224. Aſſiége Véronne. 293. Eſt Gouverneur de Guyenne. XVII. 42. 47. 54. Se retire à Galeras. 57. Va à Breſſe, ſe retire à Crémone. 70. Lieutenant-Général en Italie. 72. Aſſiége Breſſe, la prend. Ib. Marche à Véronne qu'il prend par famine. 73. Fait marcher vers le Duché d'Urbin. Ibid. Commande en Italie. 114. Fait condamner Moron. 170. Envoie ſon frère contre l'Empereur. 174. Vient au ſecours de Parme. 179. Va

à Bourdelene. *Ibid.* Poursuit les ennemis ; revient à Rébec. 183. Se retire à Milan. 184. L'abandonne & laisse garnison au Château. 185. Il va à Lee. 187. Entre dans Crémone. 190. Demande du secours au Roi. *Ibid.* Ses précautions. 191. Se retire chez les Vénitiens. 192. Il va à Crémone. 193. Assemble des Troupes. 202. Rejoint le Maréchal de Chabannes. 204. Marche à Milan. 205. Se retire à Cassan. *Ibid.* Envoie arrêter les ennemis. 206. Fait marcher au-devant de son frère. 207. Circonstances de cette affaire. 209. Fait assiéger Pavie. 213. Noms des Capitaines. *Ibid.* Se retire à Marignan. 215. Envoie reconnoître le Camp ennemi. 216. Livre le combat ; détails. 217 & *suiv.* Envoie des Troupes pour garder Laude. 223. Revient en France. 227. Est mal reçu à la Cour. *Ibid.* Sa justification. 228. Met des vivres dans Fontarabie & se retire à Bayonne. 285. Est mandé à Lyon par la Régente. XVIII. 3. Est nommé Général de l'Armée d'Italie, & prend congé du Roi. 40. Dénombrement de son Armée & des Seigneurs qui la composoient. 64. Défait deux

mille Lansquenets. 69. S'empare de Gênes & du Château. 69. Prend la Ville d'Alexandrie 85 & la remet au Duc de Sforce. 70. Ses prises ; assiége Pavie. 71. La prend & la remet au Duc de Milan. 72. Condescend à la prière du Pape. 74. Fait hiverner son Armée à Boulogne. 75. Quitte Boulogne & parcourt diverses Provinces d'Italie. 76. Marche au-devant de l'Armée Impériale. 78. Raisons qui l'ont empêché de donner bataille. 82. Refuse de poursuivre le Prince d'Orange. 83. Fait faire le Siége de Melphe & la prend. 84. Fait assiéger Venouze & la prend. 85. Campe devant Naples. 86. Fait construire deux Forts. 87. Envoie avertir le Roi du complot de Doria. 96. Sa maladie. 101. Fait lever de nouvelles Troupes. 102. La mortalité se met dans son Camp. Sa mort. 107. 325.

Laval (le Seigneur de) offre ses services à Charles de Blois, contre Jean de Montfort, qui assiége Bercherel. III. 419.

Laval (Jeanne de), veuve de Bertrand du Guesclin. Preuves de son amour & de sa tendresse. V. 33. Elle fait Chevalier son frère André de Laval, en lui ceignant l'Epée dont Bertrand s'étoit servi. *Ibid.*

Laval (*Gui de*) accompagne André de Laval contre les Anglois. VII. 18. Copie de sa Lettre à ses Parens, au sujet de la Pucelle. 215 & *suiv.*

Laval (*André de*) se joint au Comte d'Aumale contre les Anglois. VII. 18. Est fait Chevalier. 21. Prisonnier par les Anglois. 70.

Laval (Madame *de*) envoie l'aîné de ses fils au Comte d'Aumale contre les Anglois. VII. 18.

Laval (*Anne de*) épouse François de la Tremoille. XIV. 213.

Laval (le Comte *de*) accompagne l'Empereur jusqu'à Bruxelles. XXI. 196.

Lavedan (le Vicomte de). XVII. 111. 154. Reste à Brai. 155.

Lectoure (Prise de la Ville de). XI. 541.

Leon X (le Pape) envoie du secours aux Suisses XVII. 49. Il envoie vers le Roi. 65. Traité de paix. Contre son traité, il réfugie les Bannis. 103. Reçoit bien les Députés du Roi. *Ibid.* Investit l'Empereur du Royaume de Naples. 104. Se lie avec l'Empereur. 156. Excommunie le Seigneur de l'Escut. 163. Fait marcher son Armée à Par-me. 176. Sa mort. 192. 473.

Lenox (le Comte de) est envoyé au secours de la Reine d'Ecosse, après la mort du Roi Jacques. XXI. 207. Trahit les intérêts de son Roi. *Ibid.*

L'Escut (Monseigneur de), par un traité entre Louis XI & le Duc de Bretagne, reste en possession de la Ville de Caën & plusieurs autres Places. X. 426.

Lescot (*Jean de*) cède aux Anglois la Ville & Château de Sully. VII. 76.

Lesignen, près Poitiers. Le Comte de la Marche s'y rend avec ses Troupes pour attaquer Saint-Louis. I. 46.

Lespare (de). IX. 380. Traite secrètement avec les Anglois contre le Roi de France. 400. Est banni de Bordeaux. 407. Fait prisonnier & conduit dans le Château de Brindes. XIV. 24. Est conduit à Naples. 46. & enfermé dans le Château. 62. Obtient sa liberté par un échange. 63.

Lespinace, Chef des Archers qui entrent dans Bayonne au nom du Roi de France. IX. 385.

Lesture (*Raimond de*), Prieur de Toulouse, Ambassadeur du Roi de Chypre à Gênes. VI. 351.

**Liege** (Province de) assiégé dans Pavie. XVII. 129. Charles renonce à cette valence. XVIII. 28. Commande l'armée Impériale en Italie. XVIII. 14. Envoie au secours de Lande. 24. Essaie en vain de le sauver. 26. Défait le secours amené au Duc de Norce. 70. Reprend plusieurs places de l'Omellois. 75. Est repoussé. Mir. Vient camper près notre Armée. 176. Rentre à Milan avec les prisonniers. 191. Commande en Savoye. XIX. 47. Reçoit bien le Cardinal de Lorraine. 106. Fait marcher son avant-garde à Fossan. 240. Mache lui-même en personne. 243. Détails du Siége. 250. Manque d'être pris. 254. Accorde aux Assiégés une capitulation honorable. 267. Périt au Camp devant Marseille. XX. 90. & 444 & suiv.

**Liege** (la Ville de) se soumet au Duc de Bourgogne. XI. 278 & suiv. qu'on fait raser les tours & les murailles. 35. Elle est prise & pillée. 99. & suiv.

**Liegeois** (les) se révoltent contre leur Evêque Jean de Baviere, & mettent en sa place le fils du Comte de Pernvez. V. 4. 77. Ils sont défaits au près de Tongre. 339. Circonstances de la bataille. 340. Ils rendent à Louis l'obéissance de Jean de Baviere. Déclarent la guerre au Duc de Bourgogne. IX. 85. Sont défaits à Montenacq. 86. Font mourir Jean le Charpentier. 99. Brûlent le Comté de Namur. Ibid. Sont assiégés & défaits à Dinand. 100. Se révoltent contre Charles, Duc de Bourgogne; prennent la Ville de Saintron. 120. Acceptent la bataille & sont défaits. 122. Demandent grace au Duc. 124. Enlevent de Tongres leur Evêque. 210. Sont défaits, la Ville de Liége prise d'assaut & pillée. 214. Défont les Bourguignons à Franchemont. 238. Arrivent trop tard pour secourir les Habitans de Dinand. XI. *Mémoires de Comines.* 5. Obtiennent la paix. 8. La Rompent. 11. Attaquent les Bourguignons à Bruestein. 18. Sont défaits. 19 & suiv. Rendent la Ville de Liége. 25. Se révoltent de nouveau contre le Duc; prennent la Ville de Tongres, leur Evêque, & le Seigneur d'Imbercourt. 56. Leur cruauté envers plusieurs Chanoines, amis de l'Evêque. 57. Sont défaits. 81. Font une sortie vigoureuse contre le Duc & le Roi

Roi Louis XI. 91 & *suiv.* Leur Ville eſt priſe & pillée. 99. & *suiv.* Recommencent la guerre contre le Duc de Bourgogne. XIII. *Mémoires de Jean de Troye.* 153. auquel ils ſe rendent. 163. Excitent de nouveaux troubles. 181 & *suiv.* Trahiſſent leur Evêque & le livrent à ſon ennemi. 428 & *suiv.*

*Liénard*, Chevalier de Rhodes, ſe joint à Don Frédéric d'Arragon, contre la Ville de Tarente. XIV. 40. Sa mort. XVI. 76.

*Lievre* ( *le* ) choiſi par les Bourgeois de Rouen pour leur Capitaine, inveſtit Rouleboiſe. IV. 1.

*Ligny* ( *Louis de* ) marche avec Charles VIII à la conquête du Royaume de Naples. XIV. 146. Prend d'aſſaut le Port d'Oſtie. 147.

*Ligni* (la Ville de) en Barrois, aſſiégée par les Impériaux. XXI. 155. Eſt priſe. 157.

*Lignieres* (le Seigneur de). Sa querelle avec le Seigneur de Culant. VII. 48.

*Lignon* (*de*) reſte à Boulogne avec cinq cens hommes de pied. XXI. 153.

*Ligues* (le Seigneur de) campe au bord de l'Eſcaut. XVII. 115. Prend l'Abbaye de Saint-Amand. *Ibid.* Aſſiége Mortaigne. 116.

*Tome I.*

Aventure ſingulière. 369. Attaque les François & eſt repouſſé. XXI. 34 & *suiv.*

*Ling* ( *Antoine de* ) commande à Pavie. XVII. 359.

*Linieres* (*Fleurie de*), épouſe de Jean le Maingre, dit Boucicaut, Maréchal de France; ſes qualités. VI. 10.

*Linieres* (*Jean de*) marche au ſecours du Roi de Hongrie. VI. 89.

*Linieres* (*Godemart de*) marche au ſecours du Roi de Hongrie. VI. 89.

*Liſtenay* ( le Seigneur de ). XVII. 111. 154.

*Livet* ( Soldat de Guiſe ) fait un marché avec les ennemis. XVII. 249.

*Livres* (*Henri de*), Prévôt des Marchands lors de l'entrée de Louis XI dans Paris. XIII. 19.

*Lodron* ( *Ludovic* ), Commandant à Alexandrie, capitule & rend la Ville. XVIII. 70.

*Loete* ( *Philippe* ) eſt livré aux Gandois. IX. 298.

*Loges* ( le Seigneur des ). XVII. 115.

*Loheacq* (le ſieur de), Maréchal de France, entre dans Bayonne. IX. 386. Aſſiége Caſtillon en Périgort. 404. X. 323. 368. Défend la Ville de Beauvais. IX. 106. Envoyé à Paris par le Roi, pour in-

L

former contre les Parisiens. XIII. *Mémoires de Jean de Troye*. 8. Est fait Maréchal de France. 118. Lieutenant-Général de Paris & l'Isle de France. 138. Renvoyé par le Roi. 157.

*Lolive* (*Jean de*), Docteur en Théologie & Chancelier de l'Eglise de Paris, envoyé en Ambassade auprès de Charles VII, pour justifier les Parisiens. XIII. 9. Prêche à la suite d'une Procession générale ordonnée pour la prospérité du Roi & de la Reine. 34. Député de l'Eglise de Paris auprès du Duc de Berry. 70.

*Lomaigne* (*de*). VII. 371.

*Lombards* (les) défont les François, devant la Busiere. VII. 25.

*Long-Champ* (*Jean de*) court sur les Gandois. VIII. 339.

*Longnes*, Ville, est assiégée. 106. XVII. Est prise. *Ibid*.

*Longue-Joye* (*Jean*), attaché au Grand-Conseil de Louis XI, part pour Orléans avec le Roi. XIII. 116.

*Longueval* (*Artus*), Chevalier, prend possession pour le Roi, de la Ville de S. Quentin. XIII. 215. Envoyé au Roi dans le Camp d'Avignon, pour lui apprendre l'Etat de Péronne.

XX. 93. Investit Avênes. XXI. 5. Vient à Stenay. 31. Est nommé Gouverneur de Luxembourg. 47. Est envoyé en Champagne pour pourvoir à la sûreté de différentes places. 269.

*Longueval* (*Nicolas de Bossu*, Seigneur de). Sa supercherie. XVII. 249.

*Longueville* (*Louis*, Duc de) Envoyé Lieutenant-Général pour le Roi en Italie. XV. 216. Vient au secours du Château de Bresse. 234 *& suiv*. Ordonne l'assaut & reprend la Ville. 239. Donne des ordres pour la sûreté des Habitans. 254. Va à la rencontre de l'Armée Espagnole. 257. Assemble en conseil tous les Capitaines de l'Armée. 269 *& suiv*. Assiège Ravenne. 271. Fait les dispositions pour la bataille. 284. Y est tué. 312. Est enterré à Milan. 317. Est nommé chef de l'Armée en Guyenne. XVI. *Mémoires de Fleuranges*. 113. Est fait prisonnier à la journée des Eperons. 146. Par son intrigue il fait réussir le mariage de Louis XII, Roi de France, avec Marie, sœur du Roi d'Angleterre. 156. XVII. 20. Fait prisonnier. 23. Propose le mariage de Marie d'Angleterre avec Louis

XII. 27. Sa mort. XIX. 242.
Longueville (François, Duc de). XVII. 5.
Longueville (Claude, Duc de), mène une Armée en Italie. XVII. 236. Est envoyé à Liesse pour secourir au besoin la Picardie ou la Champagne. XX. 382.
Lore (Ambroise de) projette de recouvrer Fresnay. VII. 13. Se rend auprès du Comte d'Aumale contre les Anglois. 19. Rend la Ville de Sainte-Suzanne aux Anglois. 35. Force les Anglois à Capituler & à rendre Romefort en Anjou. 53. Assiége & se rend maître de Malicorne. 55. Est chargé de conduire Jeanne d'Arc devant Orléans. 103. Poursuit les Anglois. 129. Reçoit, au nom du Roi, le serment des Habitans de Lagny. 182. Défend la Ville contre les Anglois 184. Se trouve au Siége de Meaux. 345.
Lore (Robert de) tué à la journée de Cravent. VII. 15.
Loreille (Thomas de) envoyé en Ambassade auprès du Duc de Bretagne. IX. 112.
Lorgeri (Simon de) est fait Chevalier. VII. 339.
Lorges (le Seigneur de). XVII. 47. III. 154. Fait

prisonnier à Pavie. 196. XVII. 199. Emporte d'assaut le Château de Contes. 244. Sa mort. XVIII. 106. Marche au secours de Paris avec huit mille hommes de pied. XXI. 191. Passe en Ecosse avec une Armée au secours de la Reine. 208.
Lorget (Alexandre) prend le parti du Duc de Berry & se rend à Saint-Denis. XIII. 93.
Lornan (Antoine de). VIII. 217.
Lornay (de), Grand Ecuyer de la Reine. XIV. 151.
Lorraine (le Cardinal de). XVII. 192. Est envoyé vers l'Empereur. XIX. 59. Arrive au Camp de l'Amiral Brion. 100. Négocie avec Antoine de Leve. 106. Va à Sienne auprès de l'Empereur. 111. Son discours. Ibid. Avertit le Roi de ce qui se passe. 116. Ses discussions avec l'Empereur. 117. Part pour Rome. 118. Y arrive. 157. Son discours au Pape. 158 & suiv. Revient trouver l'Empereur. Son discours. 173 & suiv. Revient en France rendre compte des dispositions de l'Empereur. 177. Apprend au Roi la mort du Dauphin. 423.
Lorrains (les) viennent plaider devant le Roi de France II. 145.

L ij

Lorteil. XVII. 47.

Louette (*Thomas*), Religieux du Temple & Receveur des Finances dudit Ordre, est assassiné par un de ses Confrères. XIII. 145.

Louis VIII tombe malade à Montpensier. Il demande aux Barons le serment de fidélité pour son fils aîné. I. 226.

Louis IX (*Saint-*). Discours qu'il tient à son fils aîné. I. 5. Ses vertus. 6. Il donne des conseils à Joinville. 7. Il va à Corbeil. 13. Il fait des excuses à Joinville en présence du Roi Thibault & de Philippe son père. 14 & 15. Il essuie une tempête. 15. Il donne des audiences au pied d'un chêne dans le bois de Vincennes. 25. Et dans son jardin de Paris. 26. Il se rend au Palais pour y entendre les plaintes du Clergé de France. *Ibid.* Il refuse au Clergé de France sa demande contre les excommuniés. 28. Il fait la paix avec le Roi d'Angleterre, contre l'avis de son Conseil. *Ib.* Raisons qu'il en donne. 29. Il confirme Regnault de Troye dans la possession du Comté de Dammartin. 30. Jour de sa naissance. *Ibid.* & 193. Son couronnement. 31. Il fait grace au Comte de Bretagne. 34. Il écrit à Thibault, Comte de Champagne, sur son mariage avec la fille du Comte Pierre de Bretagne. 38. Il va au secours du Comte Thibault. 39. Il présente la bataille au parti du Comte Pierre. 40. Il rejette les propositions des Barons. *Ibid.* Il les chasse d'Ylles & s'y loge lui-même. 41. Il accepte la paix & en dresse les articles. *Ibid.* Copie du traité de paix. 201. Il tient sa Cour à Saumur. 44. Magnificence de Saint-Louis. 45. Il conduit à Poitiers le Comte de Poitiers. *Ib.* Il y est attaqué par le Comte de la Marche. 46. Il revient à Paris. *Ibid.* Il va présenter la bataille aux Anglois; il les défait auprès de Taillebourg. *Ibid.* Il revient à Paris & y tombe dangereusement malade. 48. Il se croise. 149 & 216. Ayant son départ pour la Terre-Sainte, il assemble les Barons de France. 51. Ils lui promettent d'obéir à ses enfans pendant son absence *Ibid.* Il part & s'embarque à Marseille. 232. Il arrive en Chypre. 55. L'Empereur Frédéric lui envoie des secours. 235. Saint-Louis écrit au Pape pour demander l'absolution de l'Empereur. *Ibid.* Il reçoit les Ambassadeurs du grand Roi de Tartarie. 59. Il lui envoie en Ambassade deux frères mineurs, avec de riches présens. *Ibid.* Il part de Chypre & fait voile pour l'Egypte. 62. Il arrive à Lymesson. *Ibid.* Un coup de vent disperse la flotte. 63. Il se rembarque & arrive à Damiette. 64. Il débarque. 68. La fuite des Sarrasins le laisse maître de Damiette. 69. Il fait chanter le *Te Deum.* 70. Il assemble les Barons & les Prélats. 71. Il part de Damiette. 85. Les Sarrasins s'opposent au passage du Fleuve de Rexi. *Ibid.* Il ordonne un nouveau chaz-chateilz. 94. Il passe le fleuve à Gué. 96. Il assemble les Gens de son Conseil. 103. Il se place à main droite du fleuve. 104. Il va à Massoure au secours du Comte d'Artois. *Ibid.* Il est en danger d'être pris par les Turcs. 105. Il rassemble ses Troupes & livre bataille aux Turcs. *Ibid.* Son courage. 106. Il se délivre seul des mains de six Turcs. 107. Il revient à son pavillon. 111. Il est averti par ses espions des desseins des Turcs. 121. Il range son Armée en bataille. 122. Va au secours du Comte d'Anjou. 124. Il assemble les Barons. Discours qu'il leur tient. 130. Conditions d'un traité de paix avec le Soudan de Babylone. 142. Il ordonne le retour à Damiette. 144. Il est atteint de la maladie qui ravageoit son Armée. 145. Il est pris par les Turcs. *Ibid.* Il envoie quatre Chevaliers au Soudan pour traiter de sa rançon. II. 10. Il refuse d'accepter les conditions. *Ibid.* Il consent à rendre Damiette & à payer cinq cent mille livres. 13. Il convient, avec le Soudan, du jour où il lui rendra Damiette. 15. Après la mort du Soudan, il renouvelle le traité avec ses Amiraux. 21. Il accepte les nouvelles conditions & reçoit le serment des Turcs. 22. Il refuse de faire serment dans la forme que les Sarrasins lui prescrivent. 23. Sa fermeté. *Ibid.* Les Sarrasins le mettent à terre. 31. Il monte une Galère génoise. *Ibid.* Il ordonne le paiement de la moitié du prix convenu. 32. Il refuse de partir sans le Comte de Poitiers. *Idid.* Il ordonne de payer exactement aux Sarrasins le prix convenu. 35. Il refuse les présens des Enfans du Soudan. 38.

L iij

Ses motifs. *Ibid.* La Reine, son épouse, lui donne un fils. 40. Il raconte à Joinville comment il fut pris par les Turcs. 42. Sa conduite envers le Comte d'Anjou & Gaultier de Nemours, qui jouoient aux dez. 43. Il arrive à Acre. 185. Il est reçu avec joie. *Ibid.* Il fait appeler ses frères, & leur donne des nouvelles de France. 44. Il demande s'il doit rester à Acre, ou revenir en France. *Ibid.* Discours du Roi à son Conseil. 50. Il demande pourquoi on n'a pas encore levé des Troupes. 52. Il reçoit les Ambassadeurs du Soudan de Damas. 55. Il envoie sa réponse par Saint-Yves. 56. Discours des Députés du Prince des Beduins au Roi. 57. Sa réponse. 59. Il se plaint de la mauvaise foi des Sarrasins. 64. Aux Funérailles de Gauthier de Brienne, il offre, avec un cierge, un besant des deniers de Madame de Secte. 65. Il retient à son service quarante Chevaliers que lui présente Joinville. 66. A quelles conditions il auroit accepté une trêve avec les Sarrasins. 67. Il part d'Acre & vient à Cesare. *Ibid.* Il fait réparer les murs de la Ville. *Ibid.* Il envoie au Grand Roi de Tartarie, des Ambassadeurs & de magnifiques présens. 68. Il vient à Japhe, lieu indiqué pour faire alliance avec les Sarrasins, contre le Soudan de Damas. 85. Il demande du secours au Soudan de la Chamelle. 91. Il se retire dans le Château de Sajecte. 101. Il apprend la mort de la Reine, sa mère. 118. Il ordonne des processions. 119. Il part de Sajecte & va à Sur & de-là à Acre, où il ordonne les préparatifs de son départ. 222. Il part & arrive en Chypre. *Ibid.* Il court un grand danger. 124. Il refuse de changer de Vaisseau. 126. Il essuie une tempête. 127. Discours édifians qu'il tient à Joinville. 130. Il part de Chypre & arrive à l'Isle de Lampieuse. 132. Il descend au Port d'Yeres avec la Reine & ses enfans. 135. Il séjourne au Château d'Yeres. *Ibid.* Il va à Aix & visite la Sainte-Beaume. 139. Il mande au Parlement de Paris le Roi de Navarre & la fille de Champagne, pour discuter leurs droits. *Ibid.* Il consent au mariage d'Isabelle, sa fille, avec le Roi de Navarre. 140. Il fait la paix avec le Roi d'Angleterre, contre l'avis de son

Confeil. 142. Il accorde les différends du Comte de Châlons & du Comte de Bourgogne. 143. Par ſes ſoins, le Comte de Bar & celui de Luxembourg, font la paix. *Ibid.* Son horreur pour le blaſphême. 145. Son Ordonnance contre les Blaſphêmateurs. 260. Il inſtruit ſes enfans. 147. Sa libéralité envers les pauvres & les malades. 148. Il fonde pluſieurs Egliſes. *Ibid.* Ordonnance pour l'Adminiſtration de la Juſtice. 149. Il détruit la Vénalité de la Prévôté de Paris. 154. Son amour pour les pauvres. 155. Ordonnance en leur faveur. 274. Ordonnance pour la dépenſe de ſa maiſon. 276. Il aſſemble les Barons de ſon Royaume. 157. Il ſe croiſe. 158. Il tombe malade à Tunes. 159. Inſtructions qu'il donne à ſes enfans. 160. Il reçoit les Sacremens de l'Egliſe. 165. Sa mort. 166. Son Corps fut apporté en France & inhumé à Saint-Denis. 167. Il eſt mis au nombre des Confeſſeurs *Ib.* Son Corps eſt tranſporté en la Sainte-Chapelle de Paris. *Obſerv.* 313. Circonſtance de cette Cérémonie. 315.

*Louis*, fils aîné de S.-Louis. Sa naiſſance. Sa mort. I. 158.

*Louis*, Duc d'Anjou, traite Henri de Caſtille en Souverain; il lui fait des préſens magnifiques. IV. 249. Il parle au Pape en faveur de Henri. 250. Il aſſiége Taraſcon. 266. Il fait part à Bertrand des motifs de la guerre qu'il a déclarée à la Reine de Naples. 267. Il ſe charge de la rançon de Bertrand. *Ibid.* Il laiſſe Bertrand arbitre des articles de la capitulation qu'offrent les Habitans de Taraſcon. 272. Il fait ſon entrée dans la Ville. 273. La Ville d'Arles ſe ſoumet à ſon obéiſſance. *Ibid.* Il fait à Bertrand les offres les plus généreuſes. 274. Il donne des éloges à ſa bravoure. 358.

*Louis*, Duc d'Anjou & de Touraine, frère de Charles V, Roi de France. V. 288. Détail de ſes conquêtes. 143. Après la priſe de Paris, ſe retire dans la Baſtille. 406. Il attaque les Troupes du Duc de Bourgogne, & eſt repouſſé. 408. Il rend la Baſtille au Duc de Bourgogne & ſe retire à Melun. 409. Il fait la paix. 424. Il conſent à faire aſſaſſiner le Duc de Bourgogne. 427. Il met en déroute les Troupes du Duc. 431. Ses excuſes ſur le meurtre du Duc. 435. Il livre bataille aux Anglois

& les défait. 467. Il range son Armée en bataille auprès de Blanque - Laque. 478.

Louis, Duc d'Orléans, fils de Charles V, Roi de France. V. 160. Son Portrait. 162. Il se réconcilie avec Jean, Duc de Bourgogne, son Cousin-Germain. 331. Sa mort. 331 & 511. Circonstances de sa mort. 332. Ses enfans. 336.

Louis, Duc de Bourbon, fils du Duc Pierre, oncle du Roi Charles V, Roi de France. V. 151. Ses qualités. Ibid. Ses conquêtes. 152. Il se rend au Conseil pour délibérer sur l'assassinat du Duc d'Orléans. 333. Il prend parti contre le Duc de Bourgogne. 358. Il est fait prisonnier à la bataille d'Azincourt. 383.

Louis de France, Dauphin, Fils de Charles VI. V. 169. S'indigne contre le Duc de Bourgogne. 356. Prend parti contre lui. 358. Se dispose avec le Roi pour assiéger Compiegne. 361 & 522. Fait serment de garder le Traité de paix. 372. Sa mort. 385.

Louis, dit le Mâle, Comte de Flandre, est chassé de ses Etats. VI. 29. Il demande du secours au Roi de France. Ibid.

Louis de France, Dauphin, fils de Charles VII, depuis Roi sous le nom de Louis XI. Lève des Troupes. VII. 25. VIII. 147. Prend Montbelliard. 148. Revient en France par la Lorraine. Ibid. Se retire en Dauphiné où il lève des Troupes. 280. Epouse la fille du Duc de Savoie. Ibid. Va à Bruxelles. IX. 47. Se fixe à Genespe. 50. Son caractère. 51. Apprend la maladie & la mort de Charles VII, son père. 59. Prend le nom de Louis XI. Est sacré à Reims. IX. 61. 526. & revient à Paris. Ib. Va à Tours. 63. Congédie le Comte de Charolois. Ibid. Supprime la pension qu'il lui faisoit. 64. Envoie une Ambassade auprès du Duc de Bourgogne. 67. Marche contre les Bourguignons. 71. Abandonne Montlhéry & vient à Corbeil. 74. A Paris. 77. où il se fortifie. 82. Vient voir le Comte de Charolois dans son Camp. 87. Fait la paix avec le Comte. 88. A quelles conditions. 89. Marie sa fille à Beaujeu, frère du Duc de Bourbon. 93. Propose une trève au Duc de Bourgogne. 129. Promet de l'argent au Roi d'Angleterre, pour l'obliger à revenir dans ses Etats. 130. Se rend à Péronne pour traiter de la paix avec le Duc de Bourgogne. 210. Jure de la garder. 212. Marche contre Liége. 213.

Revient en France. 215. Fait enlever Madame de Savoye, ſa ſœur, des mains du Duc de Bourgogne. 243. Demande en mariage, pour le Dauphin, Madame Marie de Bourgogne. 250. Rompt la trêve & attaque les Bourguignons. 252. Se rend maître d'Arras. 254. Accorde une trêve pour les moiſſonneurs, qu'il rompt inhumainement. 255. Prend la Ville de Condé. 257. Propoſe une trêve. 260. Soumet le Comté de Bourgogne. 261. Se prépare à attaquer l'Archiduc. 262. Propoſe une trêve plus longue. 262. Refuſe une entrevue avec l'Archiduc. 263. Sa mort. 269. Nom des Chevaliers qu'il fit lors de ſon Sacre. 527. Copie d'une lettre dans laquelle pluſieurs Seigneurs de la Cour l'avertiſſent de la maladie de Charles VII, ſon père. X. *Mémoires de Comines*. 178 *& ſuiv.* Pardonne à tous les Officiers du Duc de Bourgogne. 243. Ecrit au Pape Pie II. 245. Fait un traité avec Marguerite d'Anjou, Reine d'Angleterre. 248. Fait alliance avec le Roi d'Arragon. *Ibid.* Donne des Lettres-Patentes pour la réforme de Clugny. *Ibid.* Donne le Duché de Luxembourg & le Comté de Chiny à Philippe, Duc de Bourgogne. 249. Juge les différens entre les Rois d'Arragon & de Caſtille. *Ibid.* Envoie des ſecours au Roi d'Arragon. 250. Pardonne aux Habitans de Perpignan 257 *& ſuiv.* De Collioure. 261. Ses plaintes contre Charles, Comte de Nevers. 273. Fait une trêve avec Edouard IV, Roi d'Angleterre. *Ibid.* Permet à la Reine, ſon épouſe, d'aller vers le Duc de Bourgogne. Circonſtances de ce voyage. 276 *& ſuiv.* Envoie une Ambaſſade auprès du Duc de Bourgogne. 292. Réclame Olivier de la Marche pour le punir. 295. Marche contre l'Armée du Comte de Charolois. Attaque les poſſeſſions de Jean, Duc de Bourbon. 317. Se retire dans Paris. 320. S'y fortifie. 378. Attaque les Princes à Conflans. 384. Refuſe de Combattre. 390. Tableau de ſes vices & de ſes vertus. 392 *& ſuiv.* Vient à Conflans, ſuivi de pluſieurs Seigneurs, pour traiter de la paix avec le Comte de Charolois. 404. Déſavoue le Chancelier Morvillier, pour les propos qu'il avoit tenus au Comte. 405. Seconde entrevue avec le Comte de

Charolois. 413. Le traité conclu, il revient à Paris. 418 & *suiv.* Reprend le Duché de Normandie. 425. Fait un traité avec le Duc de Bretagne. *Ibid.* Avec George, Roi de Bohême, & la Seigneurie de Venise, contre le Turc. 459. Pardonne à tous les Princes & Seigneurs ligués contre lui. 460. Fait un accord particulier avec les Ducs de Bourbon, de Nemours, le Comte d'Armagnac & le Seigneur d'Albret. 478. Confirme, par des Lettres-Patentes, le traité de Conflans. 491. Entre en Bretagne & y fait différentes conquêtes. XI. 42. Fait un traité avec les Ducs de Normandie & de Bretagne. 43. Dédommage le Duc de Bourgogne des dépenses pour les préparatifs de la guerre. 44. Fait proposer une entrevue avec le Duc de Bourgogne. 45. Vient à Péronne sur la sauve-garde du Duc. 46. Y est retenu prisonnier. 59. Relation de son entrevue avec Henri, Roi de Castille à Fontarabie. 62 & *suiv.* Pour recouvrer sa liberté, renonce à l'alliance des Liégeois, & marche contr'eux avec le Duc de Bourgogne. 70 & *suiv.* Copie de la Lettre qu'il écrit au sire de la Rochefoucaud. 78. Propose quelques nouvelles conditions au traité de Péronne. 106. Quitte le Duc de Bourgogne. 107. Souffle l'esprit de révolte dans les Villes sur la riviere de Somme. 116. Tient les Etats à Tours. 119. Fait ajourner le Duc de Bourgogne devant le Parlement de Paris. 120. Se tient à Beauvais avec une Armée. 134. Consent à une trève. 135. Propose la paix, refuse de jurer d'en tenir les conditions. 190 & *suiv.* Fait la guerre au Duc de Bretagne. 210. Propose la paix & en accepte les conditions. 212 & *suiv.* Son entrevue avec le Connétable de Saint-Paul. 221. Promet à l'Empereur d'envoyer un secours de Troupes à la Ville de Nuz assiégée. 240. Suscite des ennemis au Duc de Bourgogne. *Ibid.* & *suiv.* Ses conquêtes en Bourgogne. 248 & *suiv.* S'excuse auprès de l'Empereur d'avoir manqué à sa parole. 251. Singulière réponse qu'il en reçoit. 252 & *suiv.* Répond au défi du Roi d'Angleterre. 264. Presse le Connétable de Saint-Paul de venir auprès de lui. 267. Envoie un Héraut auprès du Roi d'Angleterre. 278. & des Ambassadeurs pour traiter de la paix. 289. En accepte les conditions. 284. Entend les Envoyés du Connétable. 285. Sa générosité envers les serviteurs du Roi d'Angleterre. 288. & ses Troupes à Amiens. 291 & *suiv*. Son entrevue avec le Roi d'Angleterre à Picquigny. 302 & *suiv*. Revient à Amiens. 308. Ecrit au Connétable de Saint-Paul. 315. Vient à Vervins en Haynaut. 318. Reçoit les Ambassadeurs du Duc de Bourgogne. 319 & *suiv*. Fait un traité avec le Duc, contre le Comte de Saint-Paul. 323 & *suiv*. Se rend maître de Saint-Quentin. 327. Apprend à Lyon la défaite du Duc de Bourgogne par les Suisses. 352. Sa réponse à l'Ambassadeur du Duc. 355. & à celui du Duc de Milan. 356. avec lequel il renouvelle une ancienne alliance. 357. Mande auprès de lui le Roi de Sicile. 358. Se réconcilie avec sa sœur, Duchesse de Savoye. 360. Comment il traitoit les Ambassadeurs Suisses. 362. Vient à Tours. 373. Fait restituer à la Duchesse de Savoye, tout ce qui lui avoit été pris. 374. Apprend la défaite & la mort du Duc de Bourgogne. 409. Se rend maître d'Abbeville. 415. Des Châteaux de Ham, Bohain, Saint-Quentin, &c. 423 & *suiv*. Reçoit les Ambassadeurs de Mademoiselle de Bourgogne. 440. Sa réponse. 442. Entre dans Arras. 443. Assiège Heldin. 444. Boulogne, qui se rendent. *Idid*. Sa réponse aux Députés de Gand. 451 & *s*. Se fait déclarer, par le Pape, Chanoine de Cléry. 530. Ordonne qu'on fasse le procès aux accusés de la mort du Duc de Guyenne. 359. Soumet à son obéissance la Picardie. XII. 1. Est fidelle à ses promesses concernant le Roi d'Angleterre & ses Serviteurs, & pourquoi. 5 & *suiv*. Offres qu'il fait au Roi d'Angleterre. 15. Rend à Maximilien les Villes de Quesnoy, de Bouchain. 29. Fait de nouveaux Réglemens pour l'administration de la justice dans tout son Royaume. 51 & 461. Fait faire des propositions de paix à Maximilien. 51. Est attaqué d'apoplexie. 54. Recouvre la parole. 56. Circonstances de sa maladie. *Ibid*. & *suiv*. Visite son camp de Normandie. 61. Envoie Comines en Savoye, avec une Armée. *Ibid*. Des Ambassadeurs à Gand pour traiter du Mariage de Marguerite de Bourgogne, avec le

Dauphin. 63. Revient à Tours. 64. Tourmenté par ses soupçons, il fait fortifier le Plessis-du-Parc. 66. Envoie en Calabre chercher l'Hermite Robert. 69. Place & déplace les Officiers de sa Cour. 72. Fait un traité avantageux avec Maximilien d'Autriche. 79. Etat de l'Europe pendant sa maladie. 85 & *suiv*. Refuse de voir les Ambassadeurs de Bajazet. 11. 87. Appelle auprès de lui le Dauphin, son fils, & lui donne ses derniers avis. 90. Le qualifie de Roi & lui envoie les Sceaux par son Chancelier. 92. Donne des ordres pour le bien de son Royaume. 97. Ordonne les cérémonies de ses funérailles & meurt. 106. Justification de quelques particularités de sa vie. 464 & *suiv*. Ses lettes en faveur de la République de Florence. 444. Sa déclaration en faveur du Cardinal de Saint-Pierre-aux-Liens. 445. Par des Lettres-Patentes, il justifie Jean de Daillon, pour avoir arrêté René d'Alençon. 448. Particularités du traité d'Arras. 450. Ses plaintes contre le Duc de Lorraine. 455. Relation & actes de la négociation faite par ses Ambassadeurs, pour traiter entre le Pape Sixte, le Roi de Naples, &c. &c. 456 & *suiv*. Devient Roi de France par la mort de Charles VII, son père. XIII. *Mémoires de Jean de Troye*. 13. Crée plusieurs Officiers dans sa Chambre des Comptes à Paris. *Ibid*. Est sacré à Reims. 18. Fait son entrée dans Paris. 19 & *suiv*. Destitue plusieurs des grands Officiers de la Couronne. 24. Accorde au Duc de Bretagne, pour se l'attacher, le Gouvernement de plusieurs places. 448. Traite avec Jean, Roi d'Arragon. 449. Fait son entrée dans Rouen. 451. Sa Réponse au Seigneur de Chimay envoyé du Duc de Bourgogne. 455. Cède au Duc de Bourgogne ses droits sur le Duché de Luxembourg. 457. Ses plaintes sur le Comte & la Comtesse de Nevers. 461. Envoie prisonnier à Loches, Philippe de Savoye. 463. Fait divers voyages en Picardie & en Normandie. 26. Remet à François Sforce, Duc de Milan, le Château de Gennes & la Ville de Savonne. 465. Mande à Rouen les Députés de Tournay. *Ibid*. Envoie le Seigneur de Launoy en Angleterre, pour faire al-

DES MATIÈRES.

liance avec Edouard. 466.
Sa réponse aux Ambassadeurs de la Ville de Paris.
26. Du Duc de Brétagne.
27. Marche avec une Armée contre ses ennemis.
31. Fait quelques conquêtes. *Ibid. & suiv.* Assiége Riom en Auvergne.
38. Traite avec les Seigneurs qui défendent la Ville. 40. Ecrit aux Parisiens & les exhorte à lui être fidelles. 47. Attaque les Bourguignons, & les défait. 48. Arrive à Paris.
52. Y forme un Conseil auquel sont admis les Conseillers au Parlement, les Bourgeois & les Membres de l'Université. 54. Diminue les impôts. 59. Pourvoit à la sûreté de la Ville. 62. Nomme des Ambassadeurs pour traiter avec les Princes ligués. 79. Fait une trève. 80. Confère hors Paris avec le Comte de Saint-Paul. 83. Lève le Siége du Port-à-l'Anglois. 85. Cède le Duché de Normandie à Charles de France. 98. Et à chacun des Princes ligués, une partie de ses Etats. *Ibid. & suiv.* Se trouve à la revue des Bourguignons. 108. Son entrevue avec le Duc de Bourbon. 110. & les Princes ligués. 111. Soupe à l'Hôtel-de-Ville de Paris; promesses qu'il fait aux Habitans. 113. Discours qu'il tient aux Présidens du Parlement. 115. Part pour Orléans. 116. La Normandie. 118. Fait son entrée dans la Ville de Louviers. 122. Assiége la Ville du Pont-des-Arches. *Ibid.* Envoie des Ambassadeurs au Roi d'Angleterre. 127. Etablit une Commission pour opérer différentes réformes. 133. Déclare la guerre au Duc de Bourgogne. 138. Son entrevue à Rouen avec le Comte de Warvic. 141 *& suiv.* Fait de nouvelles Ordonnances militaires. 142. Assemble un grand Conseil à Chartres pour juger des prisonniers d'Etat. 143. Arrive à Paris. 146. Va à Saint-Denis. 152. Envoie des secours aux Liégeois. 154. Mande ses Troupes auprès d'Alençon. 164. Envoie des Ambassadeurs auprès du Duc de Bretagne. 167. Tient les Etats du Royaume à Tours. 168. Son entrevue à Péronne avec le Duc de Bourgogne. 180. Marche avec le Duc de Bourgogne contre les Liégeois. 181. Vient à Compiégne. 185. Présente au Parlement le traité de paix avec le Duc de Bourgogne. *Ibid.* Donne des Troupes au Duc de Ca-

labre, pour l'aider à recouvrer son Royaume d'Arragon. 189. Traite honorablement les Ambassadeurs du Duc de Bourgogne. *Ibid.* Le Roi & la Reine de Sicile. 196. Ordonne les préparatifs pour la conquête du Comté d'Armagnac. 197. Fait un traité de Paix avec le Roi d'Espagne. 198. Reçoit le Duc de Guienne. *Ibid.* Vient en Poitou recueillir la succession du Vicomte de Villars. 203. Fait un traité d'ailliance avec Henri, Roi d'Angleterre. 211. Fait annoncer dans Paris la prise de Saint-Quentin. 215. & celle de plusieurs autres Places. 218. Prospérité de ses Armes. 219. Différentes Ambassades auprès du Duc de Bourgogne. 225. Sur la nouvelle de la mort du Duc de Guienne, il entre en arme dans ses Etats. 230. Fait une trève avec les Ducs de Bretagne & de Bourgogne. 248. Fait un voyage à Bayonne & à Bordeaux. 254. Attaque le Roi d'Arragon devant Perpignan. 255. Assemble un Grand Conseil à Senlis. 258. Nouvelle Ordonnance militaire. 265. Monétaire. 266. Comment il reçoit les Ambassadeurs du Roi d'Arragon. 270.

Du Duc de Bretagne. 271. Les Hérauts du Roi d'Angleterre, qu'il renvoie avec des présens. 278. Fait alliance avec l'Empereur. 287. Envoie ses Troupes au Tronquoy. 289. Qu'il prend d'assaut. 290. Va en Normandie. 291. Découvre la trahison du Connétable de Saint-Paul. 292 *& suiv.* Reçoit l'hommage de la Principauté d'Orange. 296. Va à Picquigny au-devant des Anglois. 299. Circonstances de son entrevue avec le Roi Edouard. *Ibid.* Fait une trève avec lui. 301. Se rend maître de S. Quentin. 303. Fait publier une trève marchande avec le Duc de Bourgogne. 305. Destitue les Officiers de la Monnoie, en place de nouveaux. 324. Ordonne une Assemblée d'Evêques à Lyon. 327. Stipule avec le Roi de Sicile, pour la réunion du Comté de Provence à la Couronne de France. 334. Reçoit honorablement le Roi de Portugal. 342. Sa modération envers Jean Bon, accusé d'avoir voulu empoisonner le Dauphin. 347. Ses Conquêtes dans le Duché de Bourgogne. 358 *& suiv.* Bombarde Arras. 363. Vient à Péronne. 364. Ordonne à son

Parlement de se transporter à Noyon, pour finir le procès du Duc de Nemours. 365. Prend la Ville de Condé. 381. Conférences pour la paix avec le Duc Maximilien. 387. Ordonne une Assemblée de Prélats & de Membres des Universités de Paris & de Montpellier, au sujet de la Pragmatique sanction. 390. Se venge de la cruauté de Maximilien. 406. avec lequel il fait une trève de sept mois. 409. Prolonge la trève avec le Roi d'Angleterre. 415. Ordonne un Camp auprès du Pont-de-l'Arche. 416. Tombe malade à Tours. 419. Va en pélerinage à Saint-Claude. 420. Reçoit honorablement les Ambassadeurs de Maximilien. 426. Donne des avis au Dauphin, son fils. 430. Fait la paix avec les Flamans. 432. 434. Ordonne des Processions à Saint-Denis. 437. 439. Se fait apporter la Sainte-Ampoule & autres Reliques. 441. Sa mort. 443. Son Corps repose dans l'Église Notre-Dame de Cléry. 444.

Louis, Duc d'Orléans, depuis Roi sous le nom de *Louis XII.* Accord de son mariage avec Jeanne de France. X. *Mémoires de Comines.* 273. Envoie à Gênes. XII. 161. Défait les Napolitains devant Rapalo. 168. Opine pour le voyage du Roi à Naples. 175. Prend la Ville de Novarre sur le Duc de Milan. 275. Suites de cette entreprise. 276 & *suiv.* 492. Est assiégé dans Novarre, & demande des secours. 338. Extrémité à laquelle il se trouve réduit. 344 & *suiv.* Pendant les Conférences du traité de paix, il obtient de sortir de Novarre. 360. Conclusion & condition du traité de paix. 366 & *suiv.* Refuse une nouvelle entreprise contre le Duché de Milan. 400. Devient Roi de France par la mort de Charles VIII, sous le titre de Louis XII. 440. Généalogie des Rois de France jusqu'à cette époque. *Ibid. & suiv.* Pairs de France qui se trouvèrent à son Sacre. *Ibid.* Soit mécontent de n'avoir pas été nommé Régent du Royaume après la mort de Louis XI, il se retire auprès du Duc de Bretagne, & fait alliance avec les Anglois contre les François. XIV. *Mémoires de Louis de la Trémouille.* 137 & *suiv.* 278 & *suiv.* Lève une Armée pour s'opposer au Siége de Fougères. 141.

Est fait prisonnier & conduit à Saint-Aubain. 144. Au Château de Lusignan. *Ibid.* Le Roi lui rend la liberté & l'envoie à la conquête du Royaume de Naples. 146. Devient Roi de France par la mort de Charles VIII. 154. Fait déclarer nul son mariage avec Jeanne de France. 157. Ses conquêtes en Italie. 160. Avec quel plaisir il apprend que Louis Sforce est arrêté prisonnier. 163. Recouvre Gênes. 175. Marche contre les Vénitiens. 177. Suites de la victoire qu'il remporte à Agnadel. 178. Le Pape Jules lui suscite une nouvelle guerre contre les Vénitiens. 179. Envoie de nouvelles Troupes pour reconquérir le Duché de Milan. 184. Les Anglois, les Espagnols, &c., lui déclarent la guerre. 185. Sa mort. 198. Envoie une Armée en Italie. XV. *Mémoires du Chev. Bayard.* 12. Rappelle son Armée d'Italie. 53. Déclare la guerre aux Vénitiens. 67. Ses conquêtes. 73. Envoie des secours à l'Empereur contre les Vénitiens. 80. 204. Vient à Blois. 358. Epouse Marie d'Angleterre, sœur du Roi. 361. Sa mort. 362. Sa naissance. *Mémoires de Louise de Savoye.* XVI. 409. Reçoit à sa Cour Robert de la Marck. XVI. *Mémoires de Fleuranges.* 4. Sa Vénerie. 16. Sa Fauconnerie. 18. Etat de ses Gardes-du-Corps. 20. De l'artillerie. 24. Assemble à Tours les Etats du Royaume au sujet du mariage de la Princesse Claude sa fille. 28 & 325 & *suiv.* Envoie des secours au Duc de Gueldres contre les Bourguignons. 29. Passe en Italie. 33. Noms des Princes & Seigneurs qui le suivirent dans cette expédition. 34 & *suiv.* Fait sommer les Habitans de Gênes de se rendre. 39. Son entrevue avec le Roi d'Arragon. 41 & 335. Son entrée dans la Ville de Gênes. *Ibid.* & 332. & *suiv.* Assiége & prend le Château de Pesquière. 46. & *suiv.* & plusieurs autres Places. 49. Rend à l'Empereur tout ce qu'il avoit conquis de ses Etats. 51. Arrive à Milan où il fait son entrée. 53. Revient en France. 55. Envoie des secours à l'Empereur. 55 & *suiv.* Envoie une nouvelle Armée en Italie. 118. En Picardie contre les Anglois. 137. Vient à Blois. 154. Devenu veuf, il épouse la sœur du Roi d'Angleterre. 156, 159. Fêtes & Réjouissances à l'occasion de ce mariage. *Ibid. & suiv.* Sa Mort. 168. Il emporte les regrets du Peuple. 169 & 351 & *suiv*. Il livre bataille aux Vénitiens, & se rend maître de toutes leurs places. XVII. 11 & 12. Envoie du secours à Thérouenne. Détails du convoi. 19 & 20. Se fait porter à Amiens. 23. Envoie le Duc d'Angoulême au Camp de Blangy. *Ibid.* Il refuse de ratifier le traité de Dijon. 26. Son mariage avec Marie d'Angleterre. 29. Il refuse de rendre le Duc de Suffolk à Henri VII. 36. Détails du mariage. *Ibid.* Il envoie une Armée à Milan. 38. Sa mort. 39. Son éloge & récapitulation de sa vie. 40. 432.

*Louis de Chalon*, Prince d'Orange. VIII. 51.

*Louis*, Duc de Savoye, vient à Châlons-sur-Saône, visiter le Duc de Bourgogne. VIII. 38. Fait valoir ses prétentions sur le Duché de Milan. 213.

*Louis*, Duc de Baviere, propose, de la part de l'Empereur, le mariage de Marie de Bourgogne avec Maximilien d'Autriche. IX. 249.

*Louis*, Duc de Baviere, fait un traité d'alliance avec Charles, Comte de Charolois. X. 477. Avec Philippe, Duc de Bourgogne. 486.

*Louis*, bâtard de Bourbon. XI. 149. Protége les Anglois contre les Bourguignons. *Ibid.* Se rend à Péronne, où il reçoit prisonnier le Connétable de Saint-Paul, qu'il conduit à Paris. 334. Part pour conquérir la Bourgogne. 413. Prend le parti du Duc de Berry contre Louis XI, & est fait Capitaine de la Ville de Bourges. XIII. 31. Envoyé en Ambassade auprès du Roi d'Angleterre. 127. Nommé Amiral de France. 131. & chef de l'Armée en Normandie. 177. Partage le Comté d'Armagnac avec Antoine de Chabanes. 198. Défait les Bourguignons devant Arras. 295. Remet au Capitaine de la Bastille, le Connétable de Saint-Paul. 307. Est nommé Lieutenant du Roi en Picardie. 373.

*Louis de Bourbon*, Evêque de Liége, est mis à mort par Guillaume de la Marche. XIII. 428 & *suiv.*

*Louis*, Cardinal de Bourbon. XVII. 115. Va à Rome. 192.

*Louis*, Comte de Nevers, quitte Péronne & vient à Compiégne. XIII. 32 Est fait prisonnier à Pavie. XVII. 396.

Louis de Lorraine, Comte de Vaudemont, se joint à l'Armée Françoise en Italie. XV. 404. 411.

Louis Sforce, surnommé le More, usurpe l'Etat de Milan sur son neveu. XII. 469. XIV. 159.

Louise de Savoie, Duchesse d'Angoulême, &c. Sa naissance. XVI. 410. Son journal. Ibid. & suiv. Mère du Roi, déclarée Régente du Royaume. XVII. 48. 265. Convoque les Princes. XVIII. 3. Elle envoie chercher le Duc d'Albanie. 5. Envoie un Ambassadeur au Roi d'Angleterre. 6. Conclud un traité de paix entre la France & l'Empire. Détails du traité. 121 & suiv. Sa mort. 143. 337.

Louppe (le Seigneur de). Sa mort. XVIII. 107.

Louvain (Pierre de), Chevalier au service de Charles VII, épouse la veuve de Guillaume de Flany. IX. 382. Quelle fut sa conduite. Ibid.

Louvain (le Chevalier de), Commandant au Château de Milan. XVII. 3.

Louviers (Charles de), Echanson du Roi, se présente à la joûte & en remporte le prix. XIII. 173.

Louviers (Nicolas de) envoyé en ambassade auprès de Charles VII, pour justifier les Parisiens. XIII. 9. Est créé Conseiller de la Chambre des Comptes à Paris par Louis XI. 15.

Louviers (Guyot de), Maître de l'Artillerie à la bataille de Fornoue. XIV. 151.

Lucas (le Capitaine). XVII. 174. Sa mort 178.

Lucé (le Seigneur de). XVII. 123. Sa mort. 183.

Lude (de), Général de l'Infanterie à Dijon. XVI. 138. Sa bravoure. XVII. 239.

Ludovic, Oncle de Jean Galeas, Duc de Milan, est exilé de la Cour & rappelé par Bonne de Savoye, sa mère. XII. 140. Est créé tuteur du jeune Duc. 142. Se saisit du Château de la Roque. 144. Fait alliance avec les Vénitiens. 147. Sollicite le Roi de France à la conquête du Royaume de Naples. 148. Envoie une ambassade solemnelle à Charles VIII. 150. Discours qu'il tient à Charles VIII, pour l'engager à venir en personne à Naples. 174. Apprend la mort de son neveu, Duc de Milan. 178. Usurpe le titre & l'autorité de Duc de Milan. 179. Demande à Charles VIII quelques places qu'il lui refuse. 186. Vient en force attaquer la Ville d'Ast. 276. Présente la bataille au Duc d'Orléans devant Vigefve. 284. Affifte aux Conférences pour la paix. 358. En accepte & jure les conditions. 366. Refufe de venir joindre le Roi de France à Trin. 370. & d'exécuter le traité de paix. 374 & *suiv.* S'entretient avec le Chevalier Bayard, fait prifonnier dans Milan. XIV. *Mémoires du Chevalier Bayard.* 409 & *suiv.* Joint fon Armée à Novarre. XV. 2. Eft fait prifonnier. *Ibid.* & conduit au Château de Loches. 3. Duc de Milan. XIV. 159. Se rend maître de la Ville de Milan. 160. Se retire à Novarre. 161. d'où il s'évade fous l'habit de Cordelier. 162. Il eft arrêté. 163. & enfermé dans le Château de Loches. 166.

*Luilier* (*Jean*), Clerc de Paris, envoyé auprès de Charles VII, pour juftifier les Parifiens. XIII. 9. Député de l'Univerfité auprès du Duc de Berry. 70. Eft chaffé de Paris. 76.

*Luilier* (*Arnaud*), Changeur de Paris, Député de la Ville auprès du Duc de Berry. XIII. 70. Eft chaffé de Paris. 76. Chargé par le Roi de le fuivre à Orléans. 116. Eft fait tréforier de Carcaffonne. *Ibid.*

*Luilier* (*Euftache*), Avocat en Parlement, Député de l'Eglife de Paris auprès du Duc de Berry. XIII. 70. Eft chaffé de Paris. 76.

*Lupe* (*Pierron de*) défend la ville de Meaux affiégée par le Roi Henri. V. 486. Il eft fait prifonnier. 489.

*Lufarche* (*de*), tué au Siége du Château d'Hédin. XX. 165.

*Luxembourg* (*Jean de*), Capitaine de la garnifon d'Arras. V. 365. Il vient au fecours de Senlis. 403. Il commande les Troupes de Philippe, Duc de Bourgogne, contre le Dauphin, 435. Il fait fon entrée dans le Château de la Hire. 443. Il attaque Alibaudiere. 445. Accident qui lui arrive, *Ibid.* Il eft bleffé. 447. Tranfporté à Troyes. 448. Il va à Beaurevoir. 465. Il fe rend maître du Pont de Remy. 472. Il eft fait prifonnier, & repris par les fiens. 479. Il affiége & prend le Château de Quennoy. 491. Il affiége les foreterreffes d'Araines. 492. Fait lever le Siége d'Arras. VII. 237. Attaque le bâtard d'Orléans. 299. Refufe d'accepter les conditions de la paix d'Arras, & pourquoi. VIII. 24. Tient une Joûte. 250. Seigneur de Haultbourdin, ami particulier de Charles, Comte de

M ij

Charolois. X. 307. Commande son Armée. 308. Se rend maître de Péronne. XIII. 105.

Luxembourg (Jacques de), assiége & prend Gauray. VII. 391. Attaque les Gandois. VIII. 339. Commande une aîle de l'Armée à la bataille de Gaure. 390. Est fait Chevalier. 391. Met en déroute les Gandois. 394.

Luxembourg (Antoine de), Comte de Roucy. XI. 88. fils du Connétable de Saint-Paul, est conduit devant le Roi qui lui fait plusieurs reproches. XIII. 310. & le met à rançon. 311.

Luxembourg (Louis de), Cousin-Germain du Roi Charles VIII. XII. 202. Nommé Capitaine de Sienne. 270. Comte de Ligny, admet dans sa Compagnie le jeune Bayard. XIV. 367. Visite plusieurs places du Duché de Milan. XV. 5. De quelle manière il reçoit les Habitans de Vaugaire. 7. Epouse la Princesse Eléonore de Baux. 11. Chef & Colonel de deux mille hommes à Arles. XX. 43.

Luxembourg (Philippe de), créé Cardinal. XII. 222. Est nommé Evêque du Mans & délégué par le Pape pour juger du mariage de Louis XII, avec Jeanne de France. XIV. 158.

Luxembourg (Prise de la Ville de) par escalade. VIII. 122 & suiv. Se rend à l'obéissance du Roi de France. XX. 380. Relation du Siége par le Duc d'Orléans. XXI. 43 & suiv. Se rend. 47. Est reprise par les Impériaux. 154.

Luzarches (de) joint l'Armée Françoise en Piémont. XXI. 114.

Lyon (Gaston du). IX. 51.

Lys (Philippe), Capitaine Anglois, mort au Siége de Melun. V. 459.

## M.

Machefer (Michel), porte au Connétable de Richemont, les Ordres du Roi. VII. 387.

Madre, Capitaine du Pont Saint-Maixance, livre la Place au Comte de Charolois, dont il reçoit de l'argent. XIII. 37.

Madrid (la Ville de). François I<sup>er</sup> y est détenu prisonnier. XVIII. 15.

*Maes* (*Jacques du*), Grand Ecuyer du Duc Charles de Bourgogne. X. 334.

*Magdeleine de France*, fille de François I$^{er}$, épouse le Roi d'Ecosse. XX. 148.

*Magdelon*, Capitaine d'une Galère dans l'entreprise contre le Château de Nice. XXI. 13. Y est blessé mortellement. 14.

*Maggi* (*Cezar*), Gouverneur de Vulpian, entretient des intelligences dans Turin, afin de surpendre la Ville. XX. 238. Assiégé & est défait devant Chivas. 399. Corrompt deux Soldats de la Garnison de Turin. 428. Mauvais succès de son entreprise sur Turin. 433 & *suiv.*

*Maguelone*, Ville frontière d'Espagne ; le Gouverneur refuse d'ouvrir les portes à Henri. IV. 119. Elle est prise d'assaut. 121.

*Mahé-Marillon*, se rend maître de la Ville de Saint-Denis. VII. 310.

*Mahié* (*Saint-*) en Bretagne. Combat naval. XVII. 19.

*Mahuot*, combat à outrance Jacotin Plouvier, selon la Loi de Valenciennes. IX. 40. Singularités de ce combat. *Ibid. & suiv.* Est vaincu. 45.

*Mailleraye* (le Seigneur de la). XVII. 365. Est fait prisonnier à Pavie. 396.

*Mailly* (*Robinet de*), Pan-netier de France. V. 412. Sa mort. 442.

*Mailly* (*Ferry de*) est fait prisonnier. V. 390. Il recouvre sa liberté. *Ibid.*

*Mailly* (*Hutin de*). XVII. 154. Périt à la bataille de Pavie. 356.

*Mailly* (Madame de). XVII. 44.

*Mailly* (*Antoine de*), tué devant Hedin. XX. 161.

*Maine* (*M. du*) est fait Chevalier par le Connétable de Richemont. VII. 292.

*Maine* (*la Roche du*) marche contre le Pays de Luxembourg. XX. 369.

*Maingre* (*Jean le*), dit Boucicaud. Sa naissance. VI. 10. Ses qualités. *Ibid.* Occupations de son enfance. 13. Le Roi Charles V l'appelle à sa Cour & le fait élever avec le Dauphin. 15. Ses premières armes. 16. Le Roi l'envoye dans l'Armée du Duc de Bourbon, contre les Anglois. 19. Comment il exerçoit son corps à la fatigue. 21. Il se trouve au Siége de Monguison. 23. Sa passion pour Antoinette de Turenne. 25. Il est fait Chevalier par le Duc de Bourbon. 30. Se bat en combat singulier contre un Flamand. 31. Son voyage en Prusse. 33. Sa conduite au Siége de Mauleon. 37. Le Duc de Bourbon le fait son Lieutenant. 40. Il prend le Château des Granges. 41. Assiége Corbie. *Ibid.* Se bat avec un Chevalier Anglois. 43. Son retour à Paris. 45. Il défie, en combat singulier Pierre de Courtenay. 47. Autre combat contre Thomas de Clifort, où il a l'avantage. 48. Sa conduite dans l'attaque de la Ville Bras-Saint-Paul. 53 *& suiv.* Il arrive à Venise & s'embarque pour Constantinople. 56. Accueil que lui font Amurat & Sigismond, Roi de Hongrie. 57. Il revient à Venise, & fait route vers Jérusalem. *Ib.* Il sollicite la liberté du Comte d'Eu auprès du Soudan de Babylonne. 58. Il revient en France. 59. Le Roi l'attache à sa Cour. 61. Il propose une Joûte de trente jours. 62. Elle eut lieu à Ingelbert. 63. Il fait un troisiéme voyage en Prusse. 70. Il offre de venger la mort de Guillaume de Duglas. 73. Se joint aux Prussiens contre les Sarrasins. 74. Il revient en France, & est fait Maréchal. 75. Marche contre le Duc de Bretagne. 81. Emporte d'assaut le Château du Roc-du-Sac. 82. Il marche en Guienne contre les Anglois. 83. Il obtient du Duc de Lancastre la restitution des Places prises contre la foi des traités. 84. Il travaille à détruire le Schisme qui désoloit alors l'Eglise. 434. Histoire de ce Schisme. 435 *& suiv.* Il va au secours du Roi de Hongrie, contre Bajazet. 88. Il défend le Pont de Raco contre les Sarrasins. 93. Il commence l'assaut. 95. Son courage à la bataille des François, contre Bajazet. 104. 107. 110. Il est fait prisonnier. 112. Sur le point d'être mis à mort, Bajazet lui laisse la vie à la considération du Comte de Nevers. 116. Il est conduit dans les prisons de Burse. *Ibid.* Paye sa rançon à Bajazet. 123. Sa conduite envers le Comte de Nevers encore prisonnier. *Ibid.* Il détermine Bajazet à mettre en rançon le Comte & les autres Seigneurs François. 125. Il arrive en France. 129. Marche contre le Comte de Périgort. 130. Il assiége Montignac. 132. Part pour Constantinople. 134. Avantage qu'il remporte sur les Sarrasins. 139. Fait raser le Château de Rive-Droit. 150. Part pour la France. 156. Accueil qu'il y reçoit. 159. Il établit l'Ordre de la Dame Blanche à l'écu Vert; ses motifs. 165 *&*

*suiv*. Statuts de l'Ordre. 169 & *suiv*. Il est nommé Gouverneur & Lieutenant pour le Roi à Gênes. 182. Fait son entrée dans Gênes. 185. Discours qu'il adresse aux Génevois. 187. Il condamne les Rébelles à différens supplices. 190. Fait plusieurs réglemens utiles. 192. Ordonne des Fortifications. 194. Secourt en personne la Ville de Famagouste. 203. Son entrevue avec l'Empereur de Constantinople. 211. Il arrive à Rhodes. 214. Se dispose à attaquer Candalora. 218 & *suiv*. S'en rend le maître. 226. Il accepte la paix avec le Roi de Chypre. 227. Son entrevue avec ce Roi. 228. Il s'embarque. 229. & fait route vers Tripoli. 231. Il ordonne le débarquement. 233. Livre bataille & la gagne. 236 & *suiv*. Chevaliers & Ecuyers qui le secondèrent dans cette expédition. 238. Il pille & brûle la Ville de Botun. 243. La Ville de Barut. 245. Il attaque Fayette. 247. La Liche. 251. Rétablit la paix à Famagouste. 253. Revient à Gênes. 254. Sa conduite généreuse envers un messager des Vénitiens. 259. Il remporte un avantage sur les Vénitiens dans un combat naval. 264 & *suiv*. S'empare de deux Vaisseaux vénitiens. 271. Leur écrit & justifie sa conduite. Copie de ses lettres. 280 & *suiv*. Ses exploits dans le Milanois. 303. Son discours aux Génois sur le Schisme qui désoloit l'Eglise. 306 & *suiv*. Il travaille à rétablir la paix entre les Pisans & leur Seigneur. 321. Donne ses instructions par écrit, pour une expédition contre Alexandrie. 353 & *suiv*. S'oppose aux entreprises de Lancelot contre Rome. 382. Liste des Chevaliers qu'il employa dans cette affaire. *Ibid*. & 383. Il attaque, avec grand avantage, quatre Galères turques. 389. Conspiration contre sa personne. 396. Il reçoit, au nom du Roi de France, le serment de fidélité du Duc de Milan. 453. Après la révolte des Génois, revient en France, s'arrête en Savoye, où il fait plusieurs conquêtes. 458. Son amour pour la continence. 492. Sa conduite envers des serviteurs qui l'avoient volé. 404. Ordre de sa journée. 405.

*Maingre* (Geoffroy le), frère du Maréchal de Boucicaut. VI. 13.

*Maire* (Jacques le), Capitaine de Saint-Cloud, reste en

ôtage auprès des Bourguignons. XIII. 45.

Malateſte (Baglion) eſt envoyé à Crémone. XVIII. 28.

Malbert (le Seigneur de). XVII. 20.

Maldeghen (Lionel de). V. 360.

Maldonado donné en ôtage. XVII. 72.

Malemains (Jeanne de), mère de Bertrand du Gueſclin. Son ſonge au commencement de ſon mariage. III. 438. Son antipathie pour Bertrand. 348.

Maleſtroit (Geoffroy de) tué à la bataille d'Azincourt. VII. 240.

Maleſtroit (Jean de), Evêque de Nantes, Chancelier de Bretagne, eſt fait priſonnier par le Duc d'Alençon. VII. 287. Attaque & prend Beauvais en Brie. 334. Eſt fait Chevalier. 339.

Malet (Louis), Seigneur de Graville, Chambellan du Roi, appelle à la Cour de Charles VIII le Duc de Lorraine. XII. 134.

Malicorne (de) attaché au Duc de Guienne, apprend au Roi la mort du Duc arrivée à Bordeaux. XIII. 229.

Mallet (Gilles), Valet-de-Chambre de Charles V, Roi de France. Ses qualités. V. 113. Avec quelle force d'ame il ſupporte la mort de l'un de ſes enfans. Ibid.

Mallet (Baudechon) décapité à Lille, & pourquoi. IX. 423.

Malo (Saint-), Ville, ſe ſoumet au Duc de Bretagne. VII. 235.

Malo (le Capitaine Saint-) eſt tué. XVIII. 8.

Malvoiſin (Guyon de) fait une belle défenſe à Maſſoure. I. 113. Il ſe défent vaillamment contre les Sarraſins. 126. Il parle au Roi au nom de ſes frères, & lui conſeille de revenir en France. II. 45.

Manaſſés, Juif. Pierre-le-Cruel le conſulte. Avis qu'il lui donne. IV. 131.

Manciel (Germain), Lieutenant-Général du Bailli de Rouen. XIII. 450.

Manes (Théodore) eſt chargé de ravitailler Thérouenne. XX. 157. Secourt les François attaqués par les Impériaux. XXI. 36.

Manniel (Gauvain), Lieutenant-Général du Bailli de Rouen, eſt condamné à être décapité. XIII. 126.

Mans (la Ville du) ſe rend aux Anglois. VII. 34.

Mansfeld (le Comte de) ſe joint à l'Armée Françoiſe devant Danvilliers. XX. 375. Eſt prépoſé à la garde de la Ville de Luxembourg. 581.

Mansfon (*Jean-Paul*), Capitaine Vénitien, dresse des embuches au Chevalier Bayard, qui le défait. XV. 128 & *suiv.* 137 & *suiv.* Est fait prisonnier. XVI. 74.

Mante, Ville. Les François s'en rendent les maîtres. IV. 5. Les Habitans se rendent à discrétion. *Ibid.* Ils prêtent serment de fidélité au Duc de Normandie, pour le Roi Jean, son père. 7.

Mantoue (le Marquis de) attaque les François à Fornoue. XII. 304. 308. Entre en négociation avec les François. 323. Question qu'il fait à Philippe de Comines. 325. Se met en ôtage pour le Duc d'Orléans assiégé à Novarre. 360. Arrive à Naples, à Capoue, où il conduit les Troupes à ses ordres. XIV. 75. Est défait à la bataille de Fornoue. 153.

Maramo (*Fabrice*) est laissé pour défendre Laude. XVIII. 26.

Marcel (l'Huissier) crie aux Chevaliers Chrétiens de se rendre de la part du Roi. I. 147.

Marche (le Comte de la) se joint à Bertrand du Guesclin, contre le Roi d'Espagne. IV. 108. Il fait célébrer plusieurs messes pour le repos de l'âme de la Reine Blanche de Bourbon. 145. Va au secours du Roi de Hongrie. VI. 88. Son courage à la bataille de Nicopoli. 107. Se rend maître de Bourges. VII. 275. Son entrevue avec le Roi. *Ibid.*

Marche (*Philippe de la*), père d'Olivier, marche contre les Allemands. VIII. 3.

Marche (*Olivier de*), son enfance. VIII. 3. Est reçu Page de Philippe, Duc de Bourgogne. 31. Est fait Ecuyer Pannetier du Duc. 210. Ecuyer Tranchant du Comte de Charolois. 214. Voyage en Dauphiné & en Savoye. 280. Est fait premier Pannetier du Comte. IX. 53. Chevalier. 71. Fait un voyage en Bretagne. 92. 112. Apprend la mort de Philippe, Duc de Bourgogne. 118. Est fait Capitaine des Archers du Duc de Bourgogne. 130. & préposé à la garde d'Abbeville. 131. Ecrit à Gilles du Mas, Maître d'Hôtel du Duc de Bretagne, le détail des Fêtes à l'occasion du mariage du Duc de Bourgogne. 133 & *suiv.* Est chargé de ravitailler la Ville de Lintz. 219. Reçoit ordre du Duc de Bourgogne d'arrêter à Genève Madame de Savoye & ses enfans. 241.

De quelle manière il exécute cet ordre. 242. Il est fait prisonnier. 246. Achette sa liberté. 247. Est envoyé auprès de Louis XI, pour demander une entrevue avec l'Archiduc Maximilien. 253. auprès de Charles VIII, Roi de France. 270. Est chargé de conduire à Termonde, Philippe, fils de l'Archiduc. 291. De concerter avec les Liégeois. 292. Est nommé Maître d'Hôtel de Philippe. 293.

*Marche* (*Evrard de la*). IX. 219.

*Marche* (*Guillaume de la*) conspire contre Louis de Bourbon, Evêque de Liége. XIII. 427.

*Marck* (*Guillaume de la*) s'attache au parti de l'Evêque de Liége. XI. 455. & le quitte. *Ibid.* Le défait en bataille rangée, & le tue de sa main. 456.

*Marck* (*Evrard de la*), Evêque de Liége, passe en Italie avec le Roi Louis XII. XVI. 37. Passe au service de l'Empereur. 236. qui le fait nommer Cardinal. 237.

*Marck* (*Robert de la*), troisième de nom, Seigneur de Sedan, perd plusieurs places de la Principauté. XV. 388. Est fait prisonnier à la bataille de Pavie, & enfermé dans le Château de l'Ecluse. XVI. 1 & 320. *Mémoires de Fleuranges.* Remarques sur sa famille. 2. Va à la Cour de France. 3. Sa présentation au Roi Louis XII. 4. qui le fixe auprès de François, Duc d'Angoulême. 5. Exercices de sa jeunesse. 6 & *suiv.* Epouse Guillemette de Sarbruche. 60. Passe en Italie suivi de plusieurs Gentilshommes. 61. Arrive à Vérone. 63. Vient à Parme. 66. Défait un Corps de Vénitiens devant Boulogne. 81. Revient à Vérone. 84. Prend à sa solde un Corps de Lansquenets. 106. Mécontentement qu'ils lui procurent. 109. Les conduit en France. 112. Est nommé Chef des Lansquenets dans une nouvelle expédition contre le Duché de Milan. 118. Se rend maître d'Alexandrie. 121. Assiége Novarre. 126. Reçoit à la bataille de Trécas, soixante-quatorze blessures. 136. Vient à Dijon contre les Anglois. 137. Après la journée des Eperons, il donne dans le Conseil un avis qui fut suivi. 148. La Reine le mande souvent auprès d'elle. 154. Tient un pas d'arme. 166. Poursuit les Suisses jusqu'à Thurin & les fait prisonniers. 185 & *suiv.* Avertit le

## DES MATIÈRES. 187

Roi de la nécessité de combattre. 192. Danger qu'il court pendant la bataille de Marignan. 202. Est reçu Chevalier par le Roi lui-même. 203. Revient en France. 217. Menace les Habitans de Metz; à quelle occasion. 218. Est envoyé Ambassadeur en Allemagne pour l'Election d'un Empereur. 246 & *suiv*. Circonstances de son Voyage. 248 & *suiv*. Accompagne le Roi à Ardres pour son entrevue avec le Roi d'Angleterre. 272. Reproche au Roi son imprudence. 275. Assiége Vireton. 286. Défait la garnison d'Yvoy. 290. Fortifie la maison de Jamets. 293. Ses différens avec le Maréchal de Chatillon. 298 & 361 & *suiv*. Est assiégé dans Jamets. 301. Ravitaille Mouson & Sedan. 304. Son entrevue avec François de Sickingen. 314. Il refuse d'être compris dans la trève entre l'Empereur & Robert de la Marche, son père. 315. Marche au secours du Duc de Gueldres, avec le titre de Lieutenant Général pour le Roi. XVI. *Mémoires de Bayard*. 29. Assiége Tillemont. 30. & s'en rend le maître *Ibid*. Passe au service de l'Empereur. 240. Revient au service de la France. 283. A quelles conditions. 284. Assiége la Ville de Vireton. 286. Consent à une entrevue avec François de Sickingen. 313. Accepte une trève. 315. Commande six mille Lansquenets. XVI. *Mémoires de du Bellay*. 4. Invente un Camp de charpente. *Ibid*. Est blessé. 17. Sauve ses fils. 18. 94. Se met entre les mains du Roi. 97. Assiége Vireton. 99. Défie l'Empereur en pleine diete. 98. Retire son Armée. 101. Se fortifie dans Jamets. 107. Fait une trève avec l'Empereur. 108. Est fait prisonnier. 396. Maréchal de France. XVIII. 20. Marche au secours de Péronne. XX. 2. Envoie au Roi des nouvelles de l'Etat de la Ville. 93. Refuse de rendre la Ville au Comte de Nassau. 104. 112. Sa mort. 148.

*March* (le Sieur *de Jamets*), frère de Robert de la Marck, est assiégé dans Fleuranges, & trahi par les Lansquenets. XVI. 306 & *suiv*. Est fait prisonnier & envoyé à Thionville. 308. Brûle & détruit la Ville de Danvillier. XX. 376.

*Marcoucy* se rend au Duc de Bourgogne. V. 396.

*Mare* (*Barnabé de la*). XIV. 14.

Mareschal (le Comte) joûte avec le Maréchal de Boucicaut à Ingelbert. VI. 69.

Mareuil (le Baron de), Gouverneur de Melun pour les Anglois, se prépare à se défendre. III. 429. Il se signale dans la défense du Château de Melun. 431. Il compose & rend à Charles, Dauphin de France, la Ville & le Château de Melun. 436. Il meurt à la bataille de Cocherel. IV. 35.

Mareuil (Gilles de) se distingue à la prise de Saint-Denis. VII. 311.

Marguerite de Provence, Epouse de Saint-Louis, Roi de France, apprend la mort de la Reine Blanche, mère de Saint-Louis. II. 240.

Marguerite de Bourgogne, veuve du Dauphin Louis, épouse Artus, Comte de Richemont. VII. 248. Refuse au Roi de rester à Chinon. 275.

Marguerite d'Autriche, fille de l'Archiduc Maximilien, Duc de Bourgogne. Sa naissance. IX. 264. Fiancée à Charles, Dauphin de France qui refuse de l'épouser. 264 & suiv. Revient en Bourgogne. 267. 269. XII. Mémoires de Comines. 63. Vient à Hesdin, où elle est reçue par les Envoyés de Louis XI, & conduite à Amboise où étoit le Dauphin. 80. Fait son entrée dans Paris en qualité de Dauphine de France. XIII. 439 & suiv. Tante de l'Empereur, négocie la paix avec Louise de Savoie. Détails du traité. XVIII. 121 & suiv.

Marguerite d'Anjou, épouse de Henri VI, Roi d'Angleterre, est reçue honorablement dans la Ville de Rouen. XIII. 450.

Marguerite d'Yorck, sœur d'Edouard, Roi d'Angleterre, épouse Charles, Duc de Bourgogne. IX. 133 & suiv. Entretient des intelligences avec les Ambassadeurs de l'Empereur, pour le mariage de sa fille avec Maximilien. XII. Mémoires de Comines. 21.

Marguerite de Valois (Madame) va joindre à Madrid le Roi, son frère. XVIII. 15. Retourne en France. 16. Manque d'être arrêtée. 17.

Marie de Bourgogne, épouse le Seigneur de Charny. VIII. 209.

Marie de Bourgogne, fille & héritière du Duc Charles, déclare ne vouloir pour époux que Maximilien d'Autriche. IX. 251. Accouche d'un fils appelé Philippe. 259. D'une fille appelée Marguerite. 264

& 339. D'un fils appelé François. 268. Mauvais traitemens qu'elle éprouve des Gandois. XI. 457 & *suiv*. Demande des secours au Roi d'Angleterre. X. *Mémoires de Comines*. 11. Refuse en mariage plusieurs Princes. 17 & *suiv*. Epouse Maximilien d'Autriche. 24. Sa mort. 29. 62 & 462.

*Marie d'Anjou*, Reine Douairière de France. Sa mort. XIII. 462.

*Marie d'Angleterre*, sœur du Roi Henri VII, épouse Louis XII, Roi de France. XV. 361. Devenue veuve, elle épouse le Duc de Suffolc. 364. Epouse Louis XII, Roi de France. *Mémoires de Fleuranges*. XVI. 159 & *f*. Son entrée dans Paris. 164. Après la mort de Louis XII, épouse secrètement le Duc de Suffolc. 171. Repasse en Angleterre. 174. Son mariage avec Louis XII. XVII. *Mémoires de du Bellay*. 29. Sa réception. Son couronnement. 37. Retourne en Angleterre. 42.

*Marie* (le Capitaine *Sainte-*) tué à l'assaut de Saint-Germain. XXI. 95.

*Marieu* (le Seigneur de), Capitaine de cinq cents hommes d'Armes à Arles. XX. 44.

*Marignan* (Détail de la bataille de). XV. 201 & 295. XVI. 194 & *suiv*.

*Marin* (*Hieronime*), Ingénieur, préside aux fortifications du Château d'Emery. XXI. 16.

*Mariniers*. Aventure de deux Mariniers. I. 251.

*Marivaux* (*de*) est envoyé à Saint-Paul. XX. 186.

*Marle* (le Comte de) mort à la bataille d'Azincourt. V. 383. Assiége Saintron. IX. *Mémoires d'Olivier de la Marche*. 123. Sa mort. 237.

*Marle* (le Comte de), fils aîné du Duc de Vendôme. XX. 153.

*Marly* (*Mathieu de*) de la famille de Montmorenci. I. 75. 267.

*Marsay* (le Capitaine) descend sur les terres d'Angleterre & est blessé dans un combat. XXI. 223.

*Marseille* (la Ville de) assiégée par le Duc de Bourbon. XVII. 346. Sa défense. 347. Est choisie pour l'entrevue entre le Pape & le Roi de France. XVIII. 226. Le Pape y arrive. 257.

*Martel* (*Charles*) force les Impériaux à Saint-Venant. XX. 173.

*Martin IV*, Pape, nomme trois Cardinaux pour examiner l'enquête au sujet des miracles de S. Louis. II. 312.

*Martin* ( le Capitaine ) est commis à la garde d'un Fort. XVIII. 87. Sa mort. 89.

*Marville* ( *de* ) défait les Impériaux près de Bra. XX. 411. de Biache. XXI. 18. Attaque les Impériaux auprès de Vitry. 168.

*Mas* ( *Jacques du* ) périt au Siége de Morat. IX. 237.

*Mascaron* ( le Seigneur de ). XVII. 185.

*Mascon* ( le Comte de ). I. 128. 308.

*Mascon* ( l'Evêque de ), Ambassadeur du Roi près le Pape, obtient une audience. XIX. 50. Obtient audience de l'Empereur. 63. Accompagne l'Empereur au Consistoire. 65. Répond à une partie du discours de l'Empereur. 83. Discute en particulier avec lui. 86. Cache au Roi les propositions de Charles V. 99.

*Masson* ( *Robert* ), dans le Conseil, réclame l'avis de Jeanne d'Arc. VII. 155.

*Massoure*, Ville. Trois cents Chevaliers y périssent en poursuivant les Sarrasins. I. 97.

*Matenay* ( *Pietre* ), Capitaine du Château d'Oudenarde. IX. 277. Est fait prisonnier. 278.

*Mathago*, Chef des Anglois. VII. 377. Défait les Fran-çois devant Château-Gontier. 378.

*Mathieu*, bâtard de Bourbon, à la bataille de Fornoue. XII. 309. Est fait prisonnier. 313.

*Matignon* ( *de la Roche* ), Chef des Allemands de l'Armée Françoise en Italie. XX. 230.

*Mauconseil* ( le Château de ), lieu de rendez-vous pour les Troupes de Charles, Duc de Normandie, fils du Roi Jean. III. 428.

*Mauger* ( *Perrette* ), condamnée au dernier supplice pour crime de vols. XIII. 4.

*Maugeron* ( *Piraut de* ). XVII. 47. Lieutenant du Roi en Dauphiné. XX. 259. Surprend les Impériaux dans les Fauxbourgs de Biache. XXI. 18.

*Maugiron* ( le Capitaine ) tué à la bataille de Ravenne. XV. 310.

*Maugiron* ( le Légat de ). XVII. 60. 441.

*Mauleon* ( *Jean de* ), Cordelier. XII. 412.

*Mauleon* ( le Château de ) pris d'assaut. VI. 37.

*Mauleon* ( le Seigneur de ). XVII. 64.

*Maulevrier* ( le Comte de ), fils de Pierre de Brezé, Sénéchal de Normandie, tue Pierre de la Vergne pour l'avoir surpris couché avec sa femme. XIII.

335. Tue aussi sa femme Charlotte. 336.

*Mannoury* ( le Seigneur de ). Sa mort. XVIII. 107.

*Maubeuge* ( la Ville de ) se soumet à l'obéissance du Roi. XXI. 17.

*Mauny* ( *Olivier de* ) offre ses services à Charles de Blois, contre Jean de Montfort, qui assiége Bercherel. III. 419. Il se trouve à l'attaque de Valogne. IV. 42. Bertrand le charge d'attaquer Carentan. 49. Sa bravoure effraie le Comte de Montfort. 69. Il se joint à Bertrand contre le Roi d'Espagne. 108. Il met en fuite les Provençaux qui venoient au secours de Tarascon. 271. Attaque les Anglois & est fait prisonnier. XII. 43.

*Maur* ( *Saint-* ) auprès de Paris, où se tient une Assemblée des Princes ligués contre Louis XI, & des Députés de la Ville de Paris. X. 375 & *suiv.* Accord de paix entre les Princes ligués & Louis XI. 493.

*Maurice* ( le Château de S.- ) se rend par composition. XIII. 35.

*Maurice*, Duc de Saxe, emmène des secours à l'Empereur à Quesnoy-le-Comte. XXI. 58. Marche contre les François à Vitry. 167.

*Mauroy de Saint - Léger*, commande l'aîle de l'Armée de Henri. V. 479.

*Mauru* ( le Doyen de ). I. 55.

*Mauvinet*, frère de mère, du Maréchal de Boucicaut. VI. 13. 41.

*Maximilien d' Autriche*, premier du nom, épouse Madame Marie de Bourgogne. IX. 252. Lève des Troupes pour s'opposer aux François. 254. Se déclare le protecteur de l'Ordre de la Toison d'Or. 255 & *suiv.* Reprend sur le Roi de France tout ce qu'il avoit conquis dans ses Etats. 258. Consent à une trève. 260. Se prépare à la guerre. 262. Refuse de prolonger la trève. *Ibid.* Se met en bataille. 263. Fait conduire ses enfans à Gand. 268. Prend Termonde. 272 & *suiv.* Revient à Bruxelles. 276. Engage le Peuple à lui prêter secours. *Ibid.* Prend le Château d'Oudenarde. 278. Poursuit les Flamands. 279. Se rend à Bruges pour y traiter de la paix. 282. Fait son entrée dans Bruges. 283. Gand. 286 & *suiv.* Licentie son Armée. 291. Est élu Roi des Romains. 292. Fait son entrée à Louvain. 293. Met son fils en possession de tous ses Etats. 294. Est retenu prisonnier dans Bruges. 299. Recouvre sa liberté & à quelles conditions. 300. Soumet le Royaume de Hongrie. 318. Le Comté de Bourgogne. *Ibid.* Joûte contre Claude de Vaudrey; visite ses Etats. *Ibid.* Attaque les Suisses à Ferrare & les défait. 320. Arrive à Gand où il épouse Marie de Bourgogne, héritière du Duché. XII. *Mém. de Comines.* 24. Assiége Thérouenne. 47. Conditions d'un traité de paix proposé par Louis XI. 51. Tient une Assemblée des trois Etats à Lille, pour traiter du mariage de Marguerite, sa fille, avec le Dauphin de France. 76. Fait un traité avec la France. 79. Charles VIII lui renvoie sa fille, refusant de la garder pour sa femme. 154. Accepte la paix; à quelles conditions. 155. Se ligue avec les Vénitiens contre Charles VIII. 255. Envoie Pierre-Puissant en Angleterre. 447. Instructions qu'il donne à ses Ambassadeurs auprès des Princes de l'Empire assemblés à Metz. *Ib.* Particularités du traité d'Arras. 450. Viole le traité de Cambrai. XIV. *Mémoires de Louis de la Trémouille* 178. Demande du secours au Roi de France contre les Vénitiens, & l'obtient. 79. Assiége Padoue. 84 & *suiv.* Lève le Siége. 124 & *suiv.* Se déclare contre les François. 318. Arrive au Camp devant Thérouenne. 342. Discours qu'il tient au Capitaine Bayard, fait prisonnier. 350. Assiége Tournay. 354. Revient en Allemagne. 355. Sa mort. 387. Demande une entrevue au Roi Louis XII. XVI *Mémoires de Fleuranges.* 50. Par sa négligence, il perd les Villes que Louis XII lui avoit rendues. 52. Assiége Padoue. 56 & *suiv.* La révolte des Allemands le force à lever le Siége. 58. Assiste en personne au Siége de Thérouenne. 143. Après la reddition de la Ville, il la fait démolir. 151. Entre en Armes dans le Duché de Milan. 220 & *suiv.* Revient en Allemagne. 224. Sa mort. 246. Jour de sa naissance. *Mémoires de Louise de Savoye.* 409. Se joint à Henri, Roi d'Angleterre. XVII. *Mémoires de du Bellay.* 7. Secourt la Bresse. 69. Sa mort. 79 & 458.

*Mayenne* (le Marquis de) arrive au Camp de Stenay. XXI. 37.

*Meaux* (la Ville de) assiégée par le Roi Henri. V. 486. Circonstances de ce Siége. *Ibid.* Elle se rend au Roi Henri.

## DES MATIÈRES.

Henri. 488. Assiégée & prise d'assaut. VII. 345.

Meaux (le Vicomte de) marche contre le Comte de Périgord. VI. 136.

Medequin (Jean-Jacques de) prend, par surprise, un Château. XVII. 385. Amenant du secours au Duc de Sforce, est défait. XVIII. 70. Se sauve à Muz. *Ibid.*

Médicis (Pierre de) excite contre lui l'envie de plusieurs Seigneurs d'Italie. XII. 182. Consent à ce que les Florentins députent vers le Roi de France. 184. Accorde tout ce que demande Charles VIII. 185. Le reçoit chez lui. 186. Est très-mal reçu à Florence. 191. d'où il s'évade. 192. Tous ses biens sont pillés. 196.

Médicis (Laurent de), Gouverneur de la République de Florence, est blessé par les Partisans des Pazzis. XII. 41. Épouse Madeleine de la Tour d'Auvergne & de Boulogne. XV. 387.

Médicis (Julien de), frère de Laurent, est mis à mort dans l'Église de Florence par la faction des Pazzis. XII. 41.

Médicis (Julien de), Duc de Modene, frère de Leon X. Sa mort. XV. 384.

Médicis (le Cardinal de) est fait prisonnier dans le Camp des Espagnols. XV. 316. Recouvre sa liberté. 318. Est élu Pape, prend le nom de Leon X, & fait publier la Croisade en France. 386. Tient sur les Fonts de Baptême, François, Dauphin de Viennois. 386. Son entrevue avec le Roi de France à Boulogne. XVI. 214 & *suiv.* Emmène les Suisses. XVII. 181. Entre dans Milan. 186. Licentie son Armée. 191. Sa réponse aux propositions de l'Empereur. XX. 12. Ordonne un service solemnel pour le Dauphin de France. 145.

Médicis (Jean de) se joint au Roi de France. XVII. 206. Est envoyé à Laude. 223. Se sauve à Crémone. 225. Menace de déserter. 230. Fait passer au fil de l'Epée deux cents Suisses. 314. Empêche que les Suisses ne joignent notre Armée. 318. Passe au service de France. 382. Défait un Corps d'Espagnols; est blessé; ses Soldats se débandent. 285 & *suiv.* Sa mort. XVIII. 31.

Médicis (Laurent de) commande l'Armée du Pape. XVII. 55. Tient sur les Fonts de Baptême le fils aîné du Roi. 77. Épouse une Cousine du Roi. *Ibid.*

Melle (Fouquaut de). I. 97.

*Tome I.* N

*Melphe* ( le Prince de ) prend le parti du Roi, qui lui rend la liberté. XVIII. 103. Assiége Gayette. *Ib.*

*Melphe* ( la Ville de ) est assiégée & prise d'assaut par les François. XVIII. 85.

*Melun* ( *Charles de* ), Seigneur de Nantouillet. X. *Mémoires de Comines.* 314. Particularités remarquables. *Ibid.* Résiste aux Bourguignons dans différentes attaques auprès de Paris. 369. Lieutenant du Roi. XIII. 29. Donne à souper à Louis XI dans son Hôtel à Paris. 52. Est continué Lieutenant-Général de Paris. 9. Quitte cette Charge dont il est amplement dédommagé par le Roi. 65. Différentes conquêtes. 119. Est privé de l'Office de Grand-Maître d'Hôtel du Roi. 125. Est condamné à perdre la tête pour avoir favorisé l'évasion d'un prisonnier d'Etat. 176. 177.

*Melun* ( Relation du Siége de ). V. 459 *& suiv.*

*Même* ( Seigneur de *Sainte-*) meurt prisonnier. XVIII. 21.

*Menehault* ( *Saint-* ), le Roi en fait fortifier le Château. XXI. 266.

*Menoncourt* ( *Regnalt de* ) se joint à Joinville. I. 100. Il est blessé. 101.

*Menou* ( *Richard de* ); il signe la paix entre la France & l'Angleterre. I. 186.

*Menou* ( *Pierre de* ) est fait prisonnier à Soissons. V. 364.

*Meraphin* ( le Seigneur de ). Sa mort. XVII. 393.

*Mercadieu* ( *Saulton de* ) blessé devant Montargis. VII. 62.

*Meriadec*, se distingue à la prise de Saint-Denis. VII. 311.

*Meriadet* ( *Hervé de* ) suit Jacques de Lalain en Ecosse. VIII. 201. Combat un Chevalier Ecossois. 203 *& suiv.*

*Merindol*, gros bourg de Provence, est détruit par un Arrêt du Parlement d'Aix, pour cause de Religion. XXI. 328 *& suiv.*

*Merlan*, Ville rendue au Roi Henri. V. 390.

*Merlin.* Il prédit la chûte du Royaume d'Espagne. IV. 86. Prophétise la chûte des fils d'Edouard. IV. XVII. 30.

*Merveilles* ( l'Ecuyer ), Ambassadeur de France à Milan, est décapité. XVIII. 233. Son Histoire. *Ibid. & suiv.*

*Merville* ( le Seigneur de ) est forcé de rendre la Ville de ce nom aux Bretons & Bourguignons qui le font mourir. XIII. 176.

*Mesme* ( *de Sainte-* ), Gentilhomme de la Chambre

du Roi, envoyé auprès du Pape par François Premier. XVI. 240.

Mesnil (Martelet du) est fait prisonnier & puni du dernier supplice. V. 390.

Metz (la Ville de) est rançonnée. VII. 305.

Metz (Jean de) conduit au Roi Jeanne d'Arc. VII. 94.

Meun, assiégé & pris d'assaut par les Franç is. VII. 138.

Mezieres (de), neveu de Louis de la Trémouille, se trouve au Siége de Dijon. XVI. 138. XVII. 25.

Mezieres (Ville). Les Impériaux y marchent. XVII. 123. Siége & circonstances du Siége. 124 & suiv.

Michel, fils naturel de Bertrand du Guesclin. V. 34.

Michel (Mont Saint-). Défaite des Anglois auprès de ce Fort. VII. 264.

Michel (le Capitaine), Lieutenant du Duc de Gueldres dans le Milannois. XV. 376.

Michelet, Capitaine d'une Galère dans l'Entreprise contre le Château de Nice. XXI. 13.

Michelle, fille de Charles VI, Roi de France. V. 160. Epouse de Philippe, Duc de Bourgogne. 432. Sa mort. 496.

Milan (la Ville de). La Foudre y tombe & tue beaucoup de monde. XVII. 164. 470. Lautrec s'y retire. 183. Est prise par les Impériaux. 185. Se rend aux François. 353.

Milan (le Duché) est assailli par le Pape & l'Empereur. XVII. 13. Est remis à Maximilien Sforce. 14. Le Château est assiégé. Circonstances du Siége. 62 & suiv. Il se rend. 63. M. de Lautrec s'y retire. 70.

Milanois (les) envoyent au Duc d'Orléans & lui offrent de le recevoir dans le Duché. XII. 285.

Millaut (le Seigneur de) arrive au Camp devant Padoue avec douze cents hommes d'armes. XV. 86.

Milleraye (de la), Vice-Amiral de France. XXI. 216.

Milli (Robert de) marche au secours du Roi de Hongrie. VI. 89.

Millon (Bertrand) est fait Chevalier. VII. 354.

Milton (Robert), Gouverneur de Cisay, est fait prisonnier dans une sortie qu'il fait contre les Troupes de Jean de Beaumont. V. 10.

Ming (Jacques), Député de l'Université de Paris auprès du Duc de Berry. XIII. 70.

Mingoval (le Seigneur de), Capitaine de la Ville de Condé pour le Duc de Bourgogne, la rend au

N ij

Roi de France. IX. 257.
Miolans ( le Seigneur de )
tué. XVII. 220.
Miramont (le Seigneur de )
assiége Villy. VIII. 98.
Mirandole ( Louis de la ).
XV. 89.
Mirandole ( la Comtesse de
la ) refuse au Pape Jules
de lui livrer la Ville. XV.
171. Forcée de se rendre,
elle passe dans le Camp
des François. XVI. 72 &
341.
Miraumont ( Pierre de ) attaque les Gandois. VIII.
325.
Moireau ( Pierre ). VIII.
369. Attaque les Bourguignons. 371. avec perte.
372.
Molac ( le Seigneur de ) tué
au Siége de Beuvron. VII.
258.
Molart ( le Seigneur de ) passe
en Italie avec un Corps
de Troupes. XV. 149.
Donne l'assaut à Lignago.
150. Périt à la bataille de
Ravenne. 302. 315.
Mole ( le Capitaine la ). XX.
428. Est tué à la bataille
de Serisolles XXI. 139.
Molembais ( le Seigneur de )
fait armes contre le Seigneur de Saint-Simon. IX.
128.
Momby ( de ). VIII. 52.
Moncallier, Village. XVII.
52.
Monclou ( le Capitaine ).
XVII. 119.

Monneins (de), Gouverneur
de Turin en l'absence de
Martin du Bellay. XX.
427. Fait les fonctions de
Major Général à la bataille
de Serisolles. 126. Est blessé d'un coup de fléche.
XXI. 223.
Monnet ( Paul ), Capitaine
de la Ville & Château de
Berges, capitule. XX.
402.
Monsallais, enseigne du Baron de Crussol, est tué à
la bataille de Serisolles.
XXI. 131.
Montagu ( Jean de ), Grand
Maître d'Hôtel du Roi,
est condamné à avoir la
tête tranchée. V. 344.
Circonstances de son supplice. 513.
Montagu ( Jacques de ) joûte
contre Jacques de Challant. VIII. 85.
Montagu ( Claude de ), Seigneur de Coulches, s'oppose aux progrès de l'Armée de Louis XI. X.
317.
Montaigne ( le Viel de la )
Prince des Beduins. Il envoie des Députés à Saint-Louis. II. 57. Nouvelle
Députation. Discours des
Députés. 60. Présens qu'ils
apportent. Ibid.
Montaigny ( le Seigneur de )
envoyé auprès de Louis
XI, par la Duchesse de
Savoye. XI. 359.
Montargis, Ville, assiégée

par les Anglois. Détail de ce Siége. VII. 56 & *suiv.* Assiégée pour la seconde fois. 269.

Montauban ( Bertrand de ) tué à la bataille d'Azincourt. VII. 240.

Montauban (le Seigneur de), Membre du Conseil de Louis, Dauphin de France. IX. 51.

Montauban ( *Jean* Sire de ). X. Particularités remarquables. 326.

Montauban ( de ), Amiral, abandonne le Roi à Montlhéry. XIII. 52. Sa mort. 131.

Montbeliard ( Eudes de ) de la famille de Joinville. I. 67. II. 91.

Montbelliard ( le Comté de ) est remis pour de l'argent au Roi. XVIII. 284. Est restitué au Duc de Wittemberg. 285.

Montbrun ( le Capitaine ). XVII. 199.

Montcade ( *Hugues de*) veut surprendre Varas; mais il est repoussé & fait prisonnier. XVII. 364 & *suiv.* Vice - Roi de Naples. XVIII. 91. Sa mort. 92.

Montchenu ( *Marin de* ) marche au secours de la Mirandole contre le Pape. XV. 173.

Mont-Devis, assiégé par le Marquis de Guast. Se rend. XXI. 88.

Montdidier ( la Ville de ) capitule & se rend. XVII. 301.

Montdragon (le Seigneur de). Sa mort. XVIII. 107.

Montejan (le Seigneur de). XVII. 316. Est fait prisonnier. 317. Est fait prisonnier à Pavie. 396. Demande à faire un coup de main. XIX. 381. Est fait prisonnier. Détail de son aventure. 393 & *suiv.* Passe en Italie à la tête de dix mille hommes. XX. 258. Est nommé Gouverneur & Lieutenant Général du Roi en Piémont. 278. & Maréchal de France. 281. Sa mort. 286. Juge de Turin, trahit la Ville. XX. 424. L'avoue 426. Est condamné à avoir la tête tranchée. 427.

Montesclaire ( le Gouverneur de ) ouvre les portes de sa Ville à Henri, vainqueur de Pierre. IV. 293.

Montespedon ( *Jean de* ), Chambellan du Roi Louis XI, & Bailli de Rouen, reçoit des présens de la Ville. XIII. 451. Périt dans la bataille auprès de Thérouenne. 406.

Montfaucon (Barthélemi de). II. 7.

Montfaucon ( Gabriel de ), Capitaine de Manfredonia. XII. 164. Rend au Prince de Tarente le Château de Monfredonia, & à quelles conditions. XIV. 17.

*Montferrant* (*Jean de*) va en Angleterre à la suite du bâtard de Bourgogne. IX. 104.

*Montferrat* (Marquis de). XVII. 15. Vient saluer le Roi. 65.

*Montfort* (*Philippe de*) va proposer une trève aux Sarrasins. I. 147. Il avertit le Roi qu'on a trompé les Turcs de dix mille liv. II. 34. Il ramène le Comte de Poitiers. 35.

*Montfort* (*Simon* Comte de) est averti par les Albigeois d'un miracle arrivé pendant la messe. I. 21. Sa réponse. 22.

*Montfort* (*Jean de*) dispute à Charles de Blois la souveraineté de Bretagne. III. 364. Il accepte la médiation de quelques Evêques, pour un accommodement. 416. Il fait de nouveaux préparatifs pour la guerre. 417. Il assiége Bécherel. 418. Il accepte les conditions d'un traité de paix. 420. Contre la foi du traité, il retient Bertrand prisonnier. *Ibid.* Il assiége Auray. IV. 53. Il fait porter à Charles des propositions d'accommodement. 56. Il fait donner des vivres aux Assiégés. 63. Il ouvre le combat. 67. Il poursuit Charles de Blois. 74. La victoire se déclare pour lui. 76. Il fait chercher le corps de Charles. 77. Il donne des larmes à sa mort. *Ibid.* Il fait son entrée dans Auray. 78. Il envoie des Ambassadeurs à Charles, Roi de France, & se déclare son hommelige & son vassal. 79. Il traite avec la Duchesse de Bretagne, par ce traité il délivre les prisonniers faits dans la dernière bataille. 80. Porte l'étendart de Corneille, bâtard de Bourgogne. VIII. 92. Est fait Chevalier. IX. 71. Prisonnier. 246. 283.

*Montfort* ( le Comte de ) épouse Yoland, fille du Roi de Sicile. VII. 287.

*Montfort* (le Comte de), fils aîné de la Maison de Laval, tué à la bataille de la Biquoque. XVII. 220.

*Montfusain*, Ville. Une Dame de Montfusain apprend, par deux Pélerins, les préparatifs du Roi de Belmarin contre Henri. IV. 308. Elle se déguise en Pélerine & va prévenir Henri de ce qu'elle vient d'apprendre. 310.

*Mont-Gomery* (*Thomas de*) envoyé auprès de Louis XI par le Roi d'Angleterre. XI. 322.

*Montguyon* ( le Sieur de ) est fait Chevalier. IX. 386.

*Montjaloux*, Ville. Les Espagnols y refusent la ba-

DES MATIÈRES.

taille qui leur est présentée. XVII. 6.

Montjardin (le Gouverneur de) refuse l'entrée de la Ville à Pierre-le-Cruel. IV. 294.

Montigny (Jean de) Député de l'Université auprès du Duc de Berry. XIII. 70.

Montivilliers, pris par les François. VII. 312.

Montleart (Thiebaud de), Maître des Arbalêtriers. I. 75. 268.

Montlhéry (la Garnison du Château de) se rend au Duc de Bourgogne. V. 396.

Montlhéry (Détail de la bataille de) entre les François & les Bourguignons. X. 321 & suiv. 480 & s. XIII. 50 & suiv.

Montluc (le Capitaine) commande les Arquebusiers à la bataille de Serisolles. XXI. 122.

Montmartin (Jacques de). IX. 76. Capitaine des Archers du Duc de Bourgogne. 130.

Montmor (le Seigneur de), Grand Ecuyer de Bretagne, Gouverneur & Capitaine de Mouson, y est assiégé par les Allemands. XV. 389. Capitule. 390. Marche contre les Espagnols dans le Royaume de Navarre. XVI. 112. XVII. 118. Réponse qu'il reçoit du Comte de Nassau. 120. Capitule. 122.

Montmoreau, Capitaine de l'Infanterie à Mezières. XV. 391. XVII. 111.

Montmorency (Jean de) est fait Chevalier. IX. 386.

Montmorency (Anne de) suit Bayard à la défense de Mezières. XV. 391. XVII. 42 & 435. Défait les Impériaux. 71. Est envoyé en ôtage en Angleterre. 83. Porte du secours à Mouson. 118. Se jette dans Mézières. 123. Est envoyé au-devant des ennemis. 206. Assiége Novarre. 210. Détail du Siége & prise de la Ville. 211. Va à Venise. 226. Est fait Maréchal de France. 237. Va au secours de l'Armée de Flandres. 248 & 482. Commande l'avant-garde. 257. Fait des levées en Suisse. 259. Joint l'Armée à Turin. 260. Commande l'avant-garde. 281. Tombe dangereusement malade. 319. Poursuit les ennemis jusqu'à Toulon. 348. Est fait prisonnier. 394. Va de la part du Roi à Lyon. XVIII. 12. Retourne joindre le Roi avec six Galères. 13. Lui propose de lui envoyer sa sœur. 14. Est fait Grand-Maître. 20. Gouverne en chef le Languedoc. 21. Est envoyé en Angleterre en Ambassade. 41. Noms des Seigneurs qui l'accompa-

N iv

gnent. *Ibid.* Sa réception en Angleterre. 42 *& suiv.* Est envoyé en Espagne pour l'échange des Enfans de France, 127. Détails de l'échange. 128. Reçoit l'Ordre de la Jarretière, 161. Choisit Marseille pour l'entrevue du Pape & du Roi. 226. Est chargé de le recevoir. 258. Commande en Provence. 285. Délibère avec le Roi sur le parti à prendre. 336. Arrive à Avignon, assemble les Officiers pour délibérer. 341. Se fortifie pour attendre l'ennemi. 371. Parcourt les Places de Provence, 372. Fait abandonner Aix, 377. Fait fortifier Arles, 392. Incertain de ce qu'il doit faire, va à Avignon, & assemble un Conseil de Guerre. 408. Après une courte harangue, il choisit le lieu de son Camp. 411. Ordre qu'il y établit. 413 *& suiv.* Lieutenant - Général au Camp de Valence, y met le bon ordre & y entretient la paix. XX. 5. Fait fortifier la Ville d'Arles. 31 *& suiv.* Reçoit dans le Camp le Dauphin. 61. Grand-Maître de France & Lieutenant-Général de l'Armée, se rend maître d'Auschi-le-Château. XX. 161. De Liliers. 170. Force le poste de Saint-Venant. 172. Fortifie Thérouenne. 208. Rassemble les Troupes à Abbeville, 210. Traite de la paix avec les Impériaux à Bommy. 218. Part de Lyon avec le Dauphin & arrive à Briançon. 259. Va reconnoître le Pas de Suze. 260. & le force. 263 & 465. Ses conquêtes. 272. Vient à Leucate traiter de la paix avec les Députés de l'Empereur. 279 & 469 *& suiv.* Est fait Connétable. 280.

*Montoison* (le Seigneur de). XV. 184. Sa mort. 193. Remarques sur sa famille. 445.

*Montpensier* (*Gilbert de*) de la maison de Bourbon, Vice-Roi de Naples, XII. 263. Met ordre à la sûreté de la Ville & part. 340. Sa mort. 393.

*Montpesat* (le Seigneur de) est fait prisonnier à Pavie. XVII. 396. Va en Angleterre en qualité d'Ambassadeur. XVIII. 174. Est mandé par le Marquis de Saluce. XIX. 225. Ses discussions avec le Marquis. 238. Va à Côny sommer le Marquis d'envoyer des vivres à Fossan, 241. Lieutenant de Roi en Languedoc, marche contre le Roussillon. XX. 369. 386 & 512. Tombe dans la disgrace du Roi. 389 & 513.

*Montreal*, Abbaye de l'Ordre de Saint-Benoît près de Salerne, dans le Royaume de Naples, où les entrailles de Saint-Louis furent apportées. II. 331. Inscription *Ibid.*

*Montreau*, Ville, assiégée & prise d'assaut. V. 455. Assiégée, VII. 337. & prise d'assaut. 338.

*Montreuil-Bauny* est pris d'assaut par Bertrand du Guesclin. V. 1.

*Montreuil* (Siége de) par les Anglois. Etat des Troupes qui étoient alors dans la Ville. XXI. 153.

*Morbecke* (Denis de) défend Nieuport contre les François & les Gandois. IX. 307. Fait lever le Siége de Dixmude. 308.

*Moreuil* (le Château de) pris & brûlé. V. 473.

*Moreuil* (le Seigneur de) marche contre les Anglois. Il est fait prisonnier. V. 420.

*Moreul* (le bâtard de) est fait Gouverneur de Thérouenne. XVII. 78. 154.

*Moriac* (le Seigneur de). Sa mort. XVIII. 107.

*Morin* (Pierre), Trésorier du Duc de Berry, le suit dans sa révolte; tous ses biens sont confisqués, XIII. 30.

*Moris* (Etienne de Saint-). VIII. 3. Monte à l'assaut. 378.

*Moris* (Pierre de Saint-). VIII. 3.

*Moron* (Hieronime) se lie avec le Pape. XVII. 157. Son supplice. 169.

*Morquerque* (Daniel de), Souverain de Flandres, défend Nieuport contre les François & les Gandois. IX. 307.

*Mortaigne*, Ville, assiégée, se rend. XVII. 116.

*Mortaing* (les Habitans de) se défendent vaillamment & se rendent aux François. VII. 389.

*Mortemar*. Le cadet est en ôtage en Angleterre. XVII. 85.

*Mortemer*, Ville, se rend au Roi Henri. V. 491.

*Morvillier*, Chancelier de France, envoié en ambassade auprès du Duc de Bourgogne. X. 293. Porte la parole, *Ibid & suiv.* Procès-verbal de cette ambassade. 442. Porte la parole dans le Grand Conseil tenu en la Chambre des Comptes. XIII. 86. Est destitué de son office de Chancelier de France. 116.

*Mory* (Laurent de) convaincu d'avoir trahi sa Patrie, est condamné à mort. XIII. 53.

*Mote* (Robert de la), prisonnier d'Etat, accusé & justifié. XIII. 143.

*Motte* (Alain de la) tué au

Siége de Beuvron, VII. 258.

Motte (*Guillaume de la*) tué au Siége de Beuvron, VII. 258.

Motte au Grouin (le Seigneur de la) est envoyé au Pape. XVII. 162.

Mouffy (*Regnaud de*), Vice-Amiral de Louis de la Trémouille, chargé de reconnoître le camp des Suisses auprès de Dijon. XIV. 193.

Mouy (*Nicolas*, Seigneur de). XVII. 20.

Mouy (*Jean de*), Seigneur de la Milleraye. XVII. 22. Sa mort. 61. Envoyé en ôtage en Angleterre. 83. 111.

Mouy-Saint-Phale (*de*) vient à Landrecy. XXI. 29.

Mouzon, Ville. On y jette du secours. XVII. 118. Se rend au Comte de Nassau. 123. Est reprise par le Comte de Saint-Paul. 137.

Moyencourt (*de*), Lieutenant du Maréchal de la Marck à Péronne. XX. 98. Repousse les assaillans. 113. Est préposé à la Garde de la Ville & Château de Saint-Paul. XX. 183. Reprend sur les ennemis le butin & les prisonniers qu'ils avoient faits. 187. Est tué pendant l'assaut. 201.

Musancourt, Place, est assiégée par le Comte Felix & prise. XVII. 106.

Myolans (*de*), Chambellan du Roi Charles VIII. XII. 185.

---

## N.

Nancy. Traité d'alliance entre Jean, Duc de Calabre & de Lorraine, Charles Comte de Charolois, & François Duc de Bretagne. X. 455 & *suiv.*

Nangiac (*Parchion de*) marche contre le Comte de Périgord. VI. 131.

Nantuel (*Philippe de*), Chevalier du Roi. I. 75.

Naples, Ville de la Samarie,

Saint-Louis propose à ses Barons d'en faire la conquête. II. 107.

Naples, Ville. Charles VIII y fait son entrée. XII. 225. Suites de cette conquête. 226. Lautrec vient camper aux portes de cette Ville. XVIII. 86.

Napolitains (les) se révoltent contre leur Roi Ferrand. XII. 134. Appellent

René Duc de Lorraine, & le désignent pour leur Roi. 135. Sont défaits devant Rapalo par l'Armée de Louis, Duc d'Orléans. 169. Couronnent Charles VIII, Roi de Naples. XIV. *Mémoires de Guillaume de Villeneuve.* 5 & 90. Se révoltent contre les François & reconnoissent Ferrand pour leur Roi. 11. Sont défaits auprès de Semenare. 64. 66. Refusent de rendre au Général de l'Armée Françoise, le Château de Carignan. XX. 136.

Narbonne (le Vicomte de) assiége Corne. VII. 11.

Nassau (le Comte de) lève des Troupes contre les Gandois. VIII. 286. Est fait Chevalier de la Toison d'Or. XI. 230. Réclame, auprès du Roi de France, Marguerite de Bourgogne. 267. Vient à Bruges pour y traiter de la paix. 282. Fait prisonnier le Seigneur de la Gruthuse. *Ibid.* & autres. 283 & *suiv.* Entre dans la Ville de Gand. 286. Est livré entre les mains des Gandois. 298. Prend possession du Château de l'Ecluse. 309. Capitaine de l'Armée de l'Empereur, assiége Mezières. X V. 393. Somme le Chevalier Bayard de lui livrer la Ville. *Ibid.* Occasion de sa dispute avec François de Sickingen. 398. Marche contre le Seigneur de Sedan. X V I. 287. Prend d'assaut le Château de Loigne. 289. Vient au Siége de Messencourt. 299. & s'en rend le maître. 300. Assiége Jamets. 391. Se rend maître de Fleuranges par la trahison des Lansquenets. 308. De Bouillon. 311. Etablit son Camp à Donzy. 314. Son ambassade. XVII. 43. Son mariage. 44. Commande l'Armée Impériale. 104. Assiége Longnes. 106. Le prend. *Ibid.* Marche à Musancourt & le prend. *Ibid.* Assiége Jamets. 107. Campe à Donzy. 120. Présente la bataille & prend Mouzon. 122. Assiége Mezières ; circonstances du Siége. 124 & *suiv.* Lève le Siége. 135. Fait une descente en Picardie & ravage la frontière. XIX. 417. S'empare de la Ville & du Château de Guise. 418. Ravage la Ville de Guise & les lieux circonvoisins. XX. 1. Circonstances du Siége de Péronne. 97 & *suiv.* Fait sonner la retraite. 104. Somme les Habitans de se rendre. *Ibid.* Lève le Siége & se retire à Arras. 114.

Navarre (le Prince de),

frère du Roi Henri, Roi de Navarre, est envoyé au secours de Lautrec. XVIII. 100. Sa mort. 107.

Navarre (le Royaume de) est conquis par Henri II. XVII. 90.

Navarette, Ville. Relation de la bataille remportée par le Prince de Galles contre Henri, en faveur de Pierre-le-Cruel. IV. 215 & suiv.

Neelle (Simon de). I. 178.

Nemours (Philippe de) s'embarque avec Saint-Louis sur une galère Génoise pour revenir en France. II. 31. Sa réponse au Roi sur les nouvelles Troupes. 52.

Nemours (Gautier de). Il joue avec le Comte d'Artois. II. 43. Saint-Louis jette l'argent & les dez dans la Mer. Ibid.

Neufchâtel (Thibaut de) est fait Chevalier. VIII. 391. Maréchal de Bourgogne, chef des Bourguignons dans la guerre du Comte de Charolois contre Louis XI. X. 367. Prend Roye & Mondidier. XIII. 33.

Neufchâtel (Jean de), Seigneur de Montagu, s'oppose aux progrès de l'Armée de Louis XI. X. 318. 367.

Neufville (le Moine de). VIII. 66. Assiége Villy. 98.

Nevers (le Duc de), frère d'Antoine, Duc de Brabant, mort à la bataille d'Azincourt. V. 383. VII. 240.

Neully (Guillaume de) marche au secours de l'Espagne. VI. 51.

Nice (la Ville de) se soûmet à l'obéissance du Roi. XXI. 86.

Nicolas, Général de l'Ordre des Mathurins, s'embarque avec Saint-Louis sur une frégate Génoise. II. 31. Sa mort. 117.

Nicolas V, Pape, fait avertir le Duc de Bourgogne de la prise de Constantinople. VIII. 408. & lui demande des secours. 409.

Nicolas de Calabre, fils du Duc Jean, demande en mariage Marie de Bourgogne, fille du Duc Charles. IX. 208. Sa mort. 233. Vient auprès du Duc de Bourgogne demander sa fille en mariage. X. Mémoires de Comines. 191.

Nicopoli, Ville de la Romanie, assiégée par le Roi de Hongrie. VI. 98.

Nil. Description de ce fleuve. I. 82.

Nillac (Philebert de), Grand-Maître de Rhodès, reçoit le Maréchal de Boucicaut. VI. 214. Va en Chypre traiter de la paix en faveur des Génois. 216.

Niselle (le Seigneur) se rend au Comte de Nassau & est pendu. XVII. 106.

Nocet (Francisque de), Comte de Pontrême, est envoyé à l'Amiral Brion. XIX. 195.

Noëlles (le Seigneur de). Sa mort. VIII. 14.

Nogent (Arthaud de). Aventure singulière. I. 43.

Noielle (Baudard de) est fait Chevalier devant Toucy par l'Isle Adam. V. 449. VIII. 338.

Norbery (Henri de) est fait prisonnier. VII. 398.

Northfolk (le Duc de) descend à Calais. XVII. 297. Est envoyé par Henri VIII pour assister à l'entrevue du Pape & de François I<sup>er</sup>. XVIII. 229. Est rappelé. 231. XXI. 20. Assiége Montreuil. 152.

Nouailles (le Sieur de) entre dans Bayonne. IX. 385.

Noue (Paul de), Teinturier, Elu Duc de Gênes par les Habitans de la Ville. XV. 58. Est condamné à perdre la tête. 62.

Noue (le Seigneur de la) vient à Thérouenne. XX. 157.

Nouille (Pierre de) se joint à Joinville pour la garde d'un Pont. I. 108. Il est blessé. Ibid.

Novarre, Ville, prise par le Duc d'Orléans. XII. 275. Extrémité à laquelle les Novarrains sont réduits. 344. Les Troupes Françoises évacuent la Place. 362. Traité de paix conclu entre le Roi & le Duc d'Orléans, d'un côté, & le Duc de Milan & les Vénitiens. 366 & suiv. Assiégée par les François. XVI. 124 & suiv. Les François y sont défaits. XVII. 10. Siége & circonstances du Siége. 14 & 15. Est prise par le Roi. 53. Est prise par Montmorency. 211.

Novate (More de) est chargé de ravitailler Thérouenne. XX. 157.

Novis (Paul de), Teinturier, excite les Génois à se révolter contre les François. XIV. 175. Est condamné à perdre la tête. Ibid.

Noyon (la Ville de) envoie des secours d'hommes & d'argent à Charles, Régent du Royaume de France. III. 428. Est choisie pour les conférences entre Charles & François I<sup>er</sup>. XVII. 75.

Nugolare (Annibal de) est cause de la perte de notre Armée. XVIII. 118.

Nuz (Siége de la Ville de). IX. 217. Elle est prise & pillée. 222. Le Duc de Bourgogne l'assiége. 233 & s. Elle est secourue par l'Empereur & les Princes d'Allemagne. 239 & suiv.

## O.

O ( le Seigneur D' ). Sa mort. XVIII. 109.

O ( d' ) est fait prisonnier auprès de Thérouenne. XX. 215.

Odon, Evêque de Tusculé, Légat du Saint-Siége, chante le *Te Deum.* I. 70. Il ordonne des Processions. 79. Il annonce à Joinville que le Roi est décidé à retourner en France. II. 120. Son regret à cette occasion. *Ibid.*

Odon Rigaud, Archevêque de Rouen, est commis par le Pape pour informer de la Vie de Saint-Louis. II. 313.

Ognas, laissé chef dans la Ville de Naples par Gilbert de Montpensier. XII. 341.

Olivier (le Président), Commissaire des Vivres de l'Armée. XXI. 25. Devenu Chancelier de France, est envoyé en Ambassade auprès de l'Empereur. 260.

Omer ( *Saint-* ). Ville. Le Roi d'Angleterre s'y retire, & l'Empereur vient l'y joindre. XVII. 8.

Onatilleu. XVII. 47.

Onuphrius, Légat du Saint-Siége à Liége, favorise les Liégeois dans leur révolte; est fait prisonnier. XI. 81.

Ony ( *Jean de* ). Ses qualités. VI. 138. Se jette à la Mer pour courir sus aux Sarrasins. 147. Le Maréchal de Boucicaut l'envoie en ambassade auprès du Roi de Chypre. 352.

Orange ( le Prince *d'* ) offre son service au Roi, & mécontent, se met au service d'Espagne. XVII. 77.

Orbrie, Port de Mer. Ce qui arriva à Pierre-le-Cruel lorsqu'il s'y présenta pour s'embarquer. IV. 362.

Orfévre ( *Pierre l'* ) créé Conseiller de la Chambre des Comptes à Paris. XIII. 15. Capitaine de la Porte Saint-Denis de Paris. 42. Du Pont Saint-Maixant. 56. Donne à souper au Roi. 109.

Orgemont ( *Charles d'* ) donne à souper au Roi Louis XI. XIII. 26. Est fait Trésorier de France. 116.

Orléans ( *Jean d'* ) tombe dans la Mer & se noye. I. 96.

Orléans ( le bâtard *d'* ) fait une sortie sur les Anglois qui assiégent la Ville. VII. 78. Se joint au Comte de Clermont pour attaquer les Anglois. 87. Est blessé à la bataille de Rouvrai. 90. Reçoit à Orléans Jeanne d'Arc. 109. Menace les Anglois de faire mourir leur Héraut. 112.

Orléans (Relation du Siége d') par le Comte de Salisbery. VII. 78 & suiv. 277 & suiv.

Orset (le Marquis d'). XVII. 38.

Orson (Jacques d'), maître de l'Artillerie du Duc de Bourgogne, blessé à l'attaque de Beauvais. XI. 208.

Orval (d') marche avec sa Compagnie au secours du Duc de Gueldres. XVI. 30. Envoyé en Allemagne pour l'Election d'un Empereur. 246. Circonstances de son voyage. 248 & suiv. Revient en France. 266. XVII. 47.

Osmy (Jean) traite avec Jean Constain pour du poison. IX. 484. Revele ses projets. 485. Est condamné à mourir. 488.

Ossemont, Ville renduë au Roi Henri. V. 490.

Ossemont (le Seigneur d') se rend maître de S. Riquier. V. 471. Il fait un traité avec le Duc Philippe. 484. Il est fait prisonnier. 490.

Ossun (d') est chargé de ravitailler Thérouenne. XX. 157. Revient sur ses pas & charge l'ennemi. 215.

Attaque Quieras & le prend d'assaut. 392. Est battu & fait prisonnier. XXI. 90. Joint l'Armée Françoise en Piémont avec ses Troupes. 114. Attaque les Impériaux. 116. Les poursuit. 133. Prend possession de la Ville de Carignan. 145.

Ost (Jean), Anglois, engage les Gandois à livrer bataille au Duc de Bourgogne. VIII. 387. Commande la Cavalerie. Ibid. Livre les Gandois au Duc de Bourgogne. 392.

Ouaste, bailli de Rouen, refuse le serment de fidélité au Duc de Berry. X. 412.

Oureby (le Sire de) se trouve au Siége de Pontorson. VII. 267.

Ourselay (Geoffroy), avec un secours de huit cens hommes, est chargé d'envelopper Bertrand du Guesclin. IV. 385. Il est fait prisonnier par Olivier de Clisson, & ses Troupes sont mises en déroute. 388.

Ouschart (Jean) à la tête d'une Compagnie d'Ecossois. VII. 263. Assiége Pontorson. 267.

Outreau (le Fort d'). Les François y sont ravagés par la peste. XXI 266.

Outricourt (Etienne d'), Commandeur du Temple,

refuse au Roi de l'argent; ses raisons. II. 33. Il refuse de rendre à Joinville l'argent qu'il lui avoit confié. 188.

Oyn (le Baron d'), Lieutenant du Comté de Mont-Ravel, se trouve dans Corps de l'Armée en Piémont. XXI. 114. Est tué à la bataille de Serisolles. 131.

## P.

Padilla (Marie de), Maîtresse de Pierre-le-Cruel, Roi d'Espagne. IV. 83.

Padoue (le Seigneur de) fait hommage au Roi de France de sa Seigneurie. VI. 301.

Padoue (la Ville de) est surprise par les Vénitiens. XV. 76 & suiv. Est assiégée par l'Empereur & les François. 84. Se rend. XVII. 12. Elle est remise à l'Empereur. Ibid. Est reprise par les Vénitiens. Ibid.

Pailliard (Christophe), Conseiller en la Chambre des Comptes, rend compte au Roi de sa négociation avec le Duc de Calabre. XIII. 62. Est chargé par le Roi d'aller à Auxerre sommer la Ville de se soumettre à son obéissance. 217.

Pain & Chair (Jean), Docteur en Théologie, prêche en l'Eglise Sainte-Catherine-du-Val-des-Ecoliers à Paris, à la suite d'une procession solemnelle. XIII. 41.

Palliere (Girault de la), Commandant à Yvri, capitule avec le Duc de Betfort. VII. 26. Abandonne Thiery en Beausse. 73.

Paleologue (Blanche), fille de Guillaume VII, Marquis de Montferrat, veuve de Charles, Duc de Savoie, reçoit honorablement le Chevalier Bayard. XIV. 395.

Paleologue (Guillaume), Marquis de Montferrat, épouse Anne d'Alençon. XVI. 10 320.

Palleteric (Renée de la), Capitaine du Château de Saint-Paul. XX. 183. Est fait prisonnier. 202. & mis à mort. Ibid.

Pallezol, Ville du Piémont, se soumet à l'obéissance du Roi. XXI. 98.

Paluis (du), Capitaine de cinq cens hommes d'armes à Arles. XX. 44.

Palvoisin (Jean Ludovic). XVII. 383. Sa troupe est défaite & il est fait prisonnier. 387.

*Palvoisin*

*Palvoisin* (*Christophe*). XVII. 158.

*Palvoisin* (*Mainfroy*) veut surprendre Come. XVII. 165. Est fait prisonnier. 167. Est décapité. 168.

*Parc* (*Maurice du*), commande l'aîle gauche devant Cisay. V. 8.

*Pardaillan* (*Blaise de*) de la Mothe Gondrin, secourt Turin. XX. 251.

*Parenti* (*Anguerand de*), Député de l'Université auprès du Duc de Berry. XIII. 70.

*Paris* (le Capitaine). XVII. 175.

*Paris* (la Ville de) fait des présens considérables à l'Empereur des Romains & à son fils. V. 237. Assiégée & prise par le Duc de Bourgogne. V. 405. Révolte & ses suites. 413. 533. Mortalité. 536. Se remet sous l'obéissance du Roi Charles. VII. 322.

*Parisiens* (les) envoyent des Ambassadeurs auprès de Charles VII pour se justifier. XIII. 9. Cérémonies pour l'entrée de Louis XI dans Paris. 19 & *suiv*. Lui envoyent une Ambassade à Poitiers. 26. Font murer plusieurs Portes de la Ville. 34. Différentes Ordonnances pour la sûreté de la Ville. 36. Repoussent les Bourguignons. 43. En-

voyent des Députés au Duc de Berry. 70. Leur querelle avec les Gens de Guerre. 93. Réjouissances à l'occasion de l'arrivée de la Reine. 147 & *suiv*. Par ordre du Roi sortent de Paris en armes. 150 & *suiv*. Prennent la route du Mans. 164. Envoyent des secours aux Assiégés dans Beauvais. 234.

*Parme* (la Ville de) est assiégée. Détails du Siége. XVII. 176. Les Habitans se donnent au Pape. 179.

*Pas* (*Pedro de*) donne l'alarme dans le Camp des François. XV. 46.

*Pasay* (*Gaucher de*) marche au secours de l'Espagne. VI. 51.

*Paul Ursin*, Gouverneur de Rome, livre la Ville à Lancelot, Roi de Naples. VI. 381.

*Paul* (le Comte Walcran de Saint-). V. 333. Il est fait Connétable de France. 348. Il soumet au Roi le Comté d'Alençon. 354. Ses différentes conquêtes. 375 & *suiv*. Sa mort. 376. VIII. 146. Marche au secours du Duc de Cleves. 211. Lève des Troupes contre les Gandois. 285. Commande l'avant-garde. 308. Est nommé Ambassadeur du Roi de France. 344. Se croise. IX. 20. Donne une Fête à Cambray. 33. Suit le Comte de Charolois contre la France. 70. X. *Mémoires de Comines.* 306. Campe à Montlhéry. 321. Marche à la tête de l'avant-garde contre Paris. 367. Prête serment en qualité de Connétable de France. 420. Marche contre les Liégeois. XI. 4. 11. S'attache au Roi de France. *Ibid.* Vient à Péronne avec le Roi. 47. Propose au Roi de recommencer la guerre contre le Duc de Bourgogne. 118. Prend Saint-Quentin. 123. Amiens. 124. Conseil qu'il donne au Duc de Bourgogne. 127. Devient l'ennemi capital du Duc. 135. Défend Beauvais. 206. Excite contre lui la haine du Roi. 214 & *suiv.* Celle du Seigneur d'Ymbercourt. 217. Est déclaré ennemi de Louis X & du Duc de Bourgogne dans une Assemblée tenue à Bouvines par les Ambassadeurs des deux Princes. 219. Son entrevue avec le Roi. 220. Justification de sa conduite avec le Roi. 221 & *suiv.* Différens accidens qui lui arrivent. 254. Réclame ses parens auprès du Duc de Bourgogne. 257. A quelles conditions il consent de se rendre auprès de Louis XI. Se justifie auprès du Duc de Bourgogne d'avoir manqué à sa parole. 270. Contre sa promesse, fait tirer contre les Anglois auprès de S. Quentin. 273. Nouvelles menées auprès du Roi Louis. 284. Promesses qu'il fait au Roi d'Angleterre. 293. Envoie le sieur Rapine auprès de Louis XI. 313. Demande un sauf conduit au Duc de Bourgogne pour aller jusqu'à lui. 325. Ses incertitudes. 325. Va en Haynaut. 326. où il est arrêté par les ordres du Duc de Bourgogne. 327. & livré au Roi de France. 334. Instruction de son procès. 335 & 547. Attaque le Pont de Saint-Cloud & s'en rend le maître. XIII. *Mémoires de Jean de Troye.* 44. Rallie les Bourguignons. 50. Ambassadeur des Princes ligués auprès de Louis XI. 80. Après la paix vient à Paris, & est fait Connétable de France. 100. Le Roi lui confie la garde du Pays de Normandie. 138. Obtient une trève entre Louis XI & Charles, Duc de Bourgogne. 161. Le Roi lui donne le Comté d'Eu. 224. Lui rend Meaux & autres Places. 266. Son entrevue avec le Roi. 272. L'induit en erreur par de faux avis. 291 & *suiv.* Paſſe au ſervice du Duc de Bourgogne. 303. qui le remet entre les mains du Roi. 306. & enfermé à la Baſtille. 307. Inſtruction de ſon procès. 308 & *ſuiv.* Eſt condamné à être décapité. 315. Son Corps eſt porté aux Cordeliers. 319. Son Epitaphe. 323. Va à Boulogne. XVII. *Mémoires de du Bellay.* 37. Accompagne le Roi. 47. Défait des Impériaux. 71. Eſt fait Général de l'Armée. 110. Reprend Mouzon. 137. Prend & raſe le Château de Bapaume. 144. Paſſe l'Eſcaut. 146. Prend Hedin. 152. Prend & raſe Bapaume. 242. Retire l'Armée à Encre. 244. Se retire à Corbie. 247. Défait des Anglois à Pas. 249. Remplace Bayard. 342. Fait la retraite en bon ordre. *Ibid.* Eſt fait priſonnier, & ſa bleſſure. 393. Eſt fait Gouverneur du Dauphiné. XVIII. 21. Eſt envoyé contre le Duc de Brunſwich à la tête d'une Armée. 104. Se joint au Duc d'Urbin ; aſſiége Pavie. 105. Eſt repouſſé à Gênes & ſe retire à Alexandrie. 114. Fait des priſes en Italie. 116. Retire l'Armée à Biagras. 117. Eſt ſurpris par l'ennemi. 118.

Eſt fait priſonnier. 121. Marche en Savoie & prend toutes les Places. XIX. 25.

*Paul* (*Jacques de Saint-*) eſt fait priſonnier devant Arras par les Troupes du Roi. XI. 251. Ses répouſes à Louis XI qui lui rend la liberté. 257.

*Paul* (*Charles de Saint-*), Capitaine du Château de l'Ecluſe. XVI. 1.

*Paul* (Priſe de la Ville & Château de *Saint-*) par les Impériaux. XX. 195 & *ſuiv.*

*Paul III,* Pape, propoſe à l'Empereur & au Roi de France de ſe rendre à Nice pour y traiter d'une paix générale. XX. 284.

*Paulin* ( le Capitaine ) eſt envoyé en Ambaſſade auprès du grand Turc. XX. 319 & 499 & *ſuiv.* Le Roi lui commande de paſſer le détroit de Gibraltar avec vingt-cinq Galères. 209.

*Paume* ( du Jeu de ) à cheval. III. 108.

*Pavie.* Relation du Siége & de la bataille de Pavie. XIV. 228 & *ſuiv.* Etat des morts & des priſonniers des deux partis. 235 & *ſuiv.* Bataille entre les François & les Vénitiens. XV. 318 & *ſuiv.* La Ville eſt priſe par les Suiſſes & les Vénitiens. XVI. 104.

O ij

Relation d'un nouveau Siége. XVII. 214. Les François y sont repoussés. 354 & *suiv.* Détails du Siége. 357. La garnison menace de se rendre faute d'argent 362. Stratagême employé pour lui en faire passer. *Ibid.* Bataille; détails de la bataille. 392 & *suiv.* Est assiégée & prise par Lautrec. XVIII. 72.

*Payart* (*Matys*) amène les Gandois à remettre leur Ville sous la domination de l'Archiduc Maximilien. IX. 284. Mis à mort par les Habitans de Bruges. 297.

*Pazzi* (*Jacques de*) excite une sédition à Florence. XII. 42. Est condamné à être pendu. 43.

*Pellerin* (*Sibvert*) poursuit les Gandois. VIII. 306. Sa mort. 323.

*Pelonge* (*Bertrand de*) conduit au Roi Jeanne d'Arc. VII. 94.

*Pembroc* (le Comte de). III. 368. Il va à Rennes inviter Bertrand, de la part du Duc de Lancastre, à venir le voir. 381. 409. Il commande une flotte angloise. IV. 430. Il se rend prisonnier à Ivain de Galles. 433.

*Penensac.* VII. 312.

*Penhoet* (le Chevalier de). III. Observations. 443. Charles de Blois le fait Gouverneur de Rennes. 371. Il y est assiégé & rend les efforts des Anglois inutiles. *Ibid.* Il assemble les Officiers de la garnison & les plus notables Bourgeois de la Ville. 373. Il fait avertir Charles de Blois de l'extrémité où il se trouve. 374. Relation de la conduite du Député. *Ibid. & suiv.* Il entre dans Dinan avec Bertrand. 397.

*Penthyevres* (le Comte de) assiége Chalais dans le Bordelois. IX. 403.

*Pépolo* (le Comte *Hugues de*). XVII. 181. Est mis en déroute par les ennemis. 183. Commandant à Satirane, est fait prisonnier. 316. Sa mort. XVIII. 167.

*Percheval le Grand*, Gouverneur de la Ville de Roye, avertit Jean de Luxembourg de la prise de la Ville par les gens du Dauphin. V. 436.

*Perci* (*Thomas de*) joûte à Ingelbert avec le Maréchal de Boucicaut. VI. 69. Est accusé d'avoir désobéi aux chefs de l'Armée. XII. 391.

*Perdriac* (le Comte de). VII. 10. Se trouve au Siége de Baugency. 139.

*Péronne* (circonstances du Siége de) par le Comte de Nassau. XX. 99 & *suiv.*

*Péronnet* (Maître *Nicolas*), Seigneur de Granville,

Ambassadeur de Charles V en France, est emprisonné. XVIII. 44. Son discours au Roi. 45. Réponse du Roi. 46.

Peronit, Gouverneur d'Artus, Comte de Richemont. VII. 230.

Perriere (la), machine de guerre des Turcs. I. 90.

Perrin, ami intime du Roi de Chypre. VI. 366.

Perron. Il est pris par les Sarrazins. I. 87.

Peruvez (le Comte de) soutient les Liégeois contre Jean de Bavière, leur Evêque. V. 337. Il range son Armée en bataille & la perd. 339. Il est fait prisonnier. 340. On lui tranche la tête. Ibid.

Pesaro (Constantin de). XII. 45.

Pescaire (le Marquis de) garde le Château de Naples. XII. 229. Se sauve avec quelques Allemands. Ibid. Est repoussé par les François devant Pavie. XIV. 331. Sa conduite généreuse envers le Chevalier Bayard, blessé à mort. XV. 413. Est fait prisonnier à la bataille de Ravenne. XVI. 97. Donne un assaut à Milan. XVII. 184. Y entre. 186. Manque à la Capitulation. 188. Attaque Gênes. 234. S'enferme dans Monticel. 260. Se jette en Campagne. 361. Prend Cassan. 362. Encourage les Espagnols, & va secourir Pavie. 380. Sa mort. XVIII. 24. 313.

Pescheray (de), Gouverneur de Moncallier, joint l'Armée Françoise en Piémont avec quatre mille Suisses. XXI. 115.

Petillane (le Comte de), chef de l'Armée du Roi de Naples. XII. 167. Charles VIII l'emmène prisonnier en France. 265. Prend la fuite. 317. Perd son fils. XVII. 60.

Petit (Etienne) nommé par Louis XI pour lever une taxe sur le Languedoc, & subvenir aux frais de son sacre & autres besoins. X. 242.

Petit-Lainet (le) XVII. 47.

Petit-Mesnil entre au ministère. VII. 378.

Petre (le Capitaine Saint-) est blessé à Fossan. XIX. 254.

Philibert de Savoye, fils aîné d'Amédée VIII, Duc de Savoie, est sauvé des mains du Duc de Bourgogne, & conduit à Chambery. XI. 370.

Philibert de Châlons, Prince d'Orange, cache aux Soldats la mort du Duc. XVIII. 37. Assiége le Château Saint-Ange. Est blessé. 39. Veut s'opposer à l'Armée Françoise. 77. Est maltraité. 82. Dé-

campe sans bruit. 83.
Marche à Florence. 132.
Y est tué. *Ibid.* 335.

*Philippe II*, Roi de France, après la prise de la Cité d'Acre, s'en revient en France. I. 35.

*Philippe*, fils aîné de Saint-Louis, se croise. II. 158.

*Philippe de Valois* prend le parti de Charles de Blois, au sujet de la souveraineté de Bretagne. III. 364.

*Philippe*, Comte de Saint-Paul, fils du Duc Antoine de Brabant, & neveu du Duc Jean, Lieutenant du Roi & Gouverneur de Paris. V. 434.

*Philippe*, Comte de Vertus, fils de Louis, Duc d'Orléans. V. 336.

*Philippe*, Duc de Bourgogne, frère de Charles V, Roi de France, surnommé *le Hardi*. V. 145. Il épouse Marguerite, héritière du Comte de Flandres. 146. Sa sollicitude pour le bien du Royaume. 148. Sa mort. 149.

*Philippe*, bâtard du Duc de Brabant, est fait Chevalier. VIII. 336. Va en Angleterre à la suite du bâtard de Bourgogne. IX. 104.

*Philippe*, Comte de Pavie, frère du Duc de Milan, fait la guerre aux Génois. VI. 303.

*Philippe de Bar*, Cousin-Germain de Charles VI. Va au secours du Roi de Hongrie. VI. 88.

*Philippe d'Artois*, Comte d'Eu, prisonnier dans la Terre-Sainte. VI. 58. Il est visité par le Maréchal de Boucicaut. *Ibid*. Il recouvre sa liberté & revient en France. 59. Il est fait Connétable. 83. Il marche contre les Anglois en Guyenne. *Ibid*. Va au secours du Roi de Hongrie contre Bajazet. 87. Est fait prisonnier. 113. Il meurt dans la prison. 126.

*Philippe-le-Bon*, raisons qui le déterminent à accepter la paix d'Arras. VIII. 22. Vient à Nevers, & y est visité par les Princes & les grands Seigneurs du Royaume. 29. A Châlons-sur-Saône où il reçoit le Duc de Bourbon. 33. Louis, Duc de Savoie. 38. Soutient le parti du Pape Eugene. 44. Va au-devant de Frédéric, Roi des Romains. 52. Reçoit un Ambassadeur de l'Empereur de Constantinople. 67. Le congédie en promettant du secours. 90. Déclare la guerre aux Luxembourgeois. *Ibid*. Part de Dijon en équipage de guerre. 93 & *suiv*. Entame à Florehenges des conférences avec le Comte de Click. 107. Discours qu'il y tient. 109 & *suiv*. Il fait son entrée dans la Ville de Luxembourg. 128. Livre la Ville au pillage. 130. Part pour le Brabant & la Flandre. 139. Arrive à Bruxelles. 140. Tient son Parlement. 171. Y fait différens Réglemens. 172. Vient à Anvers. 173. Mande à Gand les Princes & Chevaliers pour la solemnité de la Toison d'Or. 174. Envoie du secours au Duc de Cleves. 210. Reçoit honorablement Jacques de Portugal. 234. Fait la fête de la Toison d'Or à Mons en Hainaut. 264. Entre en possession du Duché de Luxembourg. 266. Demande aux Gandois un droit sur le sel. 272. Ordonne à son fils de courir une lance contre Jacques de Lalain. 275. Dissimule son mécontentement contre les Gandois. 279. Appaise les différens survenus à la Cour de Savoye. 282. Sa réponse aux Ambassadeurs de Gand. 284. Rassemble ses Troupes. 285. Range son Armée en bataille. 352. Reçoit les Ambassadeurs du Roi de France. 344. Accorde une trêve; à quelles conditions. 350. Sépare son Armée. 352. Assiége Courtray. 385. Gaure. 387. Commande le corps d'Armée. 390. Court à l'ennemi. 395. Se défend vaillamment. 396. Gagne la Bataille. 398. Discours du Duc après la bataille. Confirme le traité fait à Lille. 402. Reçoit l'amende honorable des Gandois, suivi de tous les Princes & Seigneurs. 404. Sépare son Armée. 405. Revient à Lille. 406. Description de la fête qu'il donne à Lille. IX. 2. Reçoit le Chapelet. Détail de cette cérémonie. 4. Décorations de la salle où se donna le festin. 10 & *suiv*. Fait le vœu de se croiser pour combattre le Turc. 19. Part pour Ratisbonne. 36. Assiste aux nôces de Vergy. 38. Part pour la Hollande. 46. Reçoit honorablement à Bruxelles Louis, Dauphin de France. 48. Fournit en partie à ses dépenses. 50. Raisons de son mécontentement contre son fils le Comte de Charolois. 54. 490 & *suiv*. Pardonne à son fils. 57. 496 & *suiv*. Tombe malade. 59. Apprend la mort de Charles VII, Roi de France. 60. Sa conduite envers le Dauphin. *Ibid*. L'accompagne à Reims pour son Sacre. 61. Revient en Bourgogne. 63. Reçoit l'ambassade du Roi & rejette ses propositions. 67. Confent à l'alliance de fon fils contre le Roi de France. 70. Envoie des fecours au Pape contre les Sarrafins. 94. Tombe malade. 97. Envoie des Troupes contre les Liégeois. 99. Meurt. 112 & 499. Son corps eft tranfporté à Bruges, à Dijon, pour être inhumé dans l'Eglife des Chartreux. Cérémonies de cette tranflation. 114 & *fuiv.* Duc de Bourgogne, fait hommage-lige au Roi Louis XI du Duché de Bourgogne, des Comtés de Flandres, d'Artois, &c. X. *Mémoires de Comines.* 239. Promet à Louis XI de lui livrer les Villes de la Rivière de Somme. 272. Copie de fa lettre à Louis XI, fur l'arrivée de la Reine à Hefdin. 273 & *f.* Reçoit les Ambaffadeurs de Louis. 294. Les congédie. 300. Fait un traité d'alliance avec Louis, Duc de Bavière. 486. Frédéric, électeur Palatin. 487. Robert, Archevêque de Cologne. *Ibid.* Donne à Charles, fon fils, le commandement de l'Armée contre les Liégeois. XI. 4. Sa mort. 8. Extrait de fon Teftament. 509.

Philippe de Cleves favorife les Gandois. IX. 289. Refte à Bruges comme garant du traité fait entre les Habitans & le Roi des Romains. 300. Déclare la guerre au Roi des Romains. 302 & *fuiv.* Eft menacé par fon père d'être deshérité s'il ne ceffe la guerre. 305. Traite de la paix avec le Duc de Saxe. 309. Fait affaffiner Baffenghien. 312.

Philippe de Savoye, Seigneur de Breffe, vient à Péronne. XI. 48. Se diftingue dans un tournoi. 63.

Philippe de Bourgogne, fils d'Antoine, bâtard de Bourgogne. XII. 78. Capitaine de la Ville d'Aire. *Ibid.*

Philippe de Heffe, fes différens avec François de Sickingen. XVI. 235.

Philippe, fils de Maximilien, d'Autriche, Duc de Bourgogne. Sa naiffance. IX. 259. Eft conduit à Termonde. Devient Roi d'Efpagne, eft reçu honorablement par Henri VIII. XVII. 36. Il lui prête de l'argent. *Ibid.*

Philippe, Comte du Rhin, fe joint à l'Armée Françoife devant Danvillier. XX. 375.

Philippe (le Capitaine) eft envoyé contre les Impériaux. XVII. 121.

Pic (*Albert*), Comte de Carpi. XV. 218. Fait venir un Aftrologue qui prédit à plusieurs Capitaines François ce qui devoit leur arriver. *Ibid.*

Pic (*Jean-François*) de la Mirandole. XV. 218.

Picard (*Martin*), Conseiller en la Chambre des Comptes, privé de son Office pour avoir refusé de l'argent à Louis XI. XIII. 56.

Piccavet, Capitaine de la Ville de Bruges, est fait prisonnier. IX. 283. & décapité. *Ibid.*

Picquet, Commissaire des Guerres, est envoyé à Saint-Paul. XX. 186.

Piefou (le Capitaine). XVII. 78. 119.

Piennes (le Seigneur de), Chambellan du Roi, reçoit des bienfaits de Louis XI. XII. 101. Porte à Pierre de Médicis les propositions de Charles VIII. XII. 185. Envoyé par le Roi après la bataille de Fornoue, pour négocier avec les ennemis. 323. Est fait Gouverneur de Picardie & Lieutenant-Général de l'Armée françoise contre les Anglois. XV. 340. XVI. 142. XVII. 20. Sa mort. 81.

Pientois (*Jean*) combat contre Jacques de Lalain. VIII. 257.

Pierre de Dreux, Comte de Bretagne, fait la guerre à Saint-Louis. I. 34. Il est vaincu par le Comte de Champagne. *Ibid.* Saint-Louis le reçoit Chevalier. I. 44.

Pierre de Bretagne revient de Massoure grièvement blessé. I. 107. Il est choisi par le Conseil du Roi, pour traiter de la rançon avec le Soudan. II. 8. Il rejette les propositions du Soudan. 9. Il s'embarque pour revenir en France, & meurt. 32.

Pierre, Comte d'Alençon, fils de Saint-Louis. II. 306. Son testament. 307.

Pierre, dit *le Cruel*, Roi d'Espagne, déclare la guerre à Henri, son frère naturel, Comte de Tristemarre. IV. 82. Motifs de cette guerre. 83. Il donne sa confiance aux Juifs. 84. Il s'irrite des remontrances de son frère Henri. 87. Il veut l'assassiner. 88. Il en est empêché par un Chevalier qu'il fit pendre. 89. Il éloigne sa femme de la Cour. 90. Ordonne sa mort. 92. Il écrit au Roi d'Arragon de chasser Henri de ses Etats. 98. Au nom de Bertrand, il déchire ses habits. 116. Sa frayeur. *Ibid.* Il part d'Arragon, & arrive à Maguelon. 117. Ne se croyant pas en sûreté, il vient à Burgos. *Ibid.* Il fait fortifier la Ville. 118. Deux

Bourgeois lui racontent les circonstances du Siége & de la prise de Bervesque. 128. Il les fait pendre. 129. Il raconte ses peines au Comte de Castre, son ami. 130. Il consulte des Juifs, & suit leur conseil. 131. Il part de Burgos & arrive à Tolède. 133. Il apprend par un espion la défection de Burgos. 146. Il déclare, dans son Conseil, qu'il est décidé à sortir de la Ville. 148. Il part & emporte avec lui ses meubles les plus précieux, & surtout une table d'or. 149. Il arrive à Cardonne & se cache dans une forêt. 150. Il envoie des Ambassadeurs à Henri. 153. Il bannit de sa Cour les deux Juifs meurtriers de la Reine Blanche sa femme. 156. Il est averti par sa Maîtresse de la conspiration tramée contre lui par les deux Juifs. 160. Il part de Séville. 161. Fait pendre plusieurs Juifs. 162. Circonstances de sa fuite. *Ibid. & suiv.* Il demande du secours au Roi de Portugal. 165. Il part pour Bordeaux. 167. Arrive à Angoulême. 189. Il fait au Prince de Galles le récit de ses infortunes. 190. Il lui fait présent d'une table précieuse. 192. Il attaque un Corps d'Espagnols qu'il met en déroute. 219. Il propose au Prince de Galles de ne faire aucun quartier 224. Il fait chercher Henri pour assouvir sur lui sa vengeance. 226. Il s'efforce de détruire les préjugés qu'avoit déjà conçu contre lui le Prince de Galles. 229. Il fait serment d'oublier la défection des Habitans de Burgos. 230. Il propose au Prince de Galles de se retirer avec ses Troupes. 231. Il manque à la parole qu'il avoit donnée au Prince de Galles. 234. Il se présente devant Tolède. 235. Il se retire à Séville. Conditions honteuses sous lesquelles on lui promit du secours. 284. Il s'élance au milieu des ennemis. 290. Il se cache dans un bois. 291. De quelle manière il fut traité par le Gouverneur de Montjardin. 294. Il reçoit un secours de Troupes de la part du Comte de Castres & du Grand-Maître de Saint-Jacques. 295. Il livre bataille & la perd. 298. Situation de Pierre. 299. Il se présente sur le Port d'Orbrie pour s'embarquer. 300. Il est reconnu par un Juif, qui, après l'avoir menacé de le faire jeter dans la Mer, l'achete comme esclave.

302. Il recouvre sa liberté. 304. Il raconte ses malheurs au Roi de Belmarin. Ibid. Il abjure le Christianisme. 306. Il revient à Séville, où il lève de nouvelles Troupes. 314. Son inquiétude au moment du combat. 322. Il reconnoît Henri dans la mêlée; reproches qu'il lui fait. 326. Il tue le cheval de Henri. 327. Il prend la fuite & s'enferme dans le Château de Montiel. 329. Ses réflexions à la vue de l'Armée de Henri. 331. Il tente de s'évader. 336. Il est fait prisonnier. 338. Un Espagnol lui tranche la tête par les ordres de Henri. 342.

Pierre de Bourbon, deuxième de nom, Comte de Beaujeu. X. *Mémoires de Comines.* 318.

Pierre de Bourbon, Seigneur de Carency, est fait prisonnier devant Arras. XI. 251.

Pierre (le Seigneur de *Saint-*) se rend à Péronne, & ramène prisonnier à Paris le Connétable de Saint Paul. XI. 334.

Pierre (*Albert de la*), pour ne pas manquer à la parole donnée, retire ses Troupes de Milan. XVI. 192. Conduit à Milan, au secours des François, quatre mille Suisses. 223. Amène un secours au Duc de Bourbon. XVII. 71.

Pierre de Navarre. XVII. 46. 60. Court risque de la vie. 63. Porte du secours aux François à Gênes. 234. Est fait prisonnier. 235. Envoyé par Lautrec, reprend plusieurs Places. XVIII. 75. Est envoyé faire le Siége de Melphe & la prend. 85. Fait construire un Fort devant Naples. 87. Sa mort. 109. 326.

Pierrefons, Ville rendue au Roi Henri. V. 490.

Pierreforade (*Arnaulton de*) joûte contre Pierre de Pocquieres. XIV. 382.

Pierrepont, Ville. Les deux Armées se séparent sans en venir aux mains. V. 494.

Pierrevive (*de*), Commissaire des vivres de l'Armée. XXI. 25.

Pignerole (Village). XVII. 52.

Piguelin (le Comte de) se joint à l'Armée françoise devant Danviliers. XX. 375. Est préposé à la garde de la Ville de Luxembourg. 381.

Piquart (*Guillaume*) refuse le serment de fidélité au Duc de Berry. X. 412.

Piquigny. Les Troupes du Duc Philippe s'y retirent. V. 481.

Pirault de Maugeron. XVII.

111. Sa mort. *Ibid.*

*Pisains* (les) se révoltent contre leur Seigneur. VI. 320. Offrent au Maréchal de Boucicaut, la souveraineté de Pise. 322. Trahison indigne. 326 & s. Ils sont vendus aux Florentins. 340. Se donnent au Duc de Bourgogne. 345. Demandent à Charles VIII d'être délivrés du joug des Florentins. XII. 188. 273. Ils l'obtiennent. 189. Leur reconnoissance envers le Roi. *Ibid.* Reprennent la citadelle de Pise. 386.

*Pisan* (*Thomas de*) est appelé à la Cour de Charles V en qualité d'Astronome. V. 91. De quelle manière il éleva sa fille Christine. *Ibid.* Révolution dans sa fortune, occasionnée par la mort de Charles, Roi de France. 92. Sa mort. *Ibid.*

*Pisan* (*Christine de*). Son éducation. V. 91. Son mariage. *Ibid.* Ses disgraces après la mort de son mari. 93. Elle se livre à la composition. 94. Considération que lui acquirent ses premiers ouvrages. 95. Par ordre du Duc de Bourgogne, elle compose la vie de Charles V, Roi de France. 100.

*Piton* (le Capitaine) est cause de la ruine de notre Armée. XVIII. 118.

*Plaisance* (la Ville de) est menacée & reçoit du secours. XVIII. 32.

*Plessis* (le Seigneur du). Sa mort. XVII. 9.

*Plouquet* (le Chevalier) se laisse tomber dans la Mer & se noye. I. 66.

*Plouvier* (*Jacotin*) combat à outrance Mahuot, selon la Loi de Valenciennes. IX. 40. Singularités de cette Loi. *Ib. & suiv.* Sort victorieux du combat. 45.

*Pocquières* (*Pierre de*), ami & compagnon d'armes du Chevalier Bayard. XIV. 349. Son voyage à Esnay, & ses conversations avec Bayard. 354 *& suiv.* Arrive à Aire auprès de Bayard. 377. Joûte contre David de Fougas. 379.

*Poignan* (le Château de) est pris par Bonnivet. XVII. 138.

*Pois* (*Jenet de*), Amiral de France. V. 412.

*Pol* (*Louis de Saint-*) est nommé Connétable de France. IX. 85. Quitte le parti du Comte de Charolois. *Ibid.* Accompagne Charles, Comte de Charolois, dans une expédition contre les Liégeois. 99. Encourt la disgrace du Roi de France & du Duc de Bourgogne. 228. Il est décapité en place de Greve. *Ibid.*

DES MATIÈRES.

*Pole* (*Geoffroy*). XVII. 31.
*Pole* (*Regnault*) fuit à Rome & est fait Cardinal. XVII. 31.
*Polem* (*Martin de*) est livré aux Gandois. IX. 298.
*Polhem* (*Wolfart de*), Procureur du Roi des Romains pour épouser la Duchesse héritière de Bretagne. IX. 265. Est livré aux Gandois. 298.
*Polignac* (*de Beaumont de*), beau-frère de Philippe de Comines, envoyé à Gênes pour exciter les Génois à la révolte. XII. 279.
*Poliscrate* (le Comte de) est fait prisonnier à Ville-Franche. XV. 373.
*Polify* (le Seigneur de) est envoyé en Angleterre. XIX. 138. Cause de son ambassade. *Ibid.*
*Pommeraye* (le Seigneur de) envoyé en Espagne. XVIII. 143. Ambassadeur en Angleterre, rapporte à François Ier le subside. 159. Est envoyé ambassadeur du Roi de France auprès du Roi d'Angleterre. XX. 123.
*Pommereul* (le Seigneur de) est tué. XVII. 309.
*Pompéraut* (le Seigneur de), à cause du service rendu au Roi, commande une Compagnie. XVIII. 21. Sa mort. 110.
*Poncher* (Messire *Etienne*). XVII. 42.

*Poole* (*la*), Chevalier anglois, attaque le Château de Segré en Anjou. VII. 16. Est fait prisonnier. 21.
*Pont* (*Thibaut du*) se signale dans la bataille de Cocherel. IV. 32. Il fait prisonnier le Captal de Buc. 38. Est Capitaine de Cavalerie dans l'Armée du Duc de Bourgogne contre les Liégeois. V. 339.
*Pontarlier* (les Habitans de) vont en procession au-devant de Jacques de Bourbon. VIII. 8.
*Pontbriant* (de), Commissaire d'Artillerie, tué au Siége du Château d'Hesdin. *Ibid.* XX. 165.
*Pont-Dali* (*Pierre du*), neveu de Bayard, lui succéde dans sa charge auprès des Gendarmes. XV. 68. Délivre le Chevalier Bayard des mains des Vénitiens. 131. Lui donne un avis bien salutaire dans Pavie. 319.
*Pont-Dormy* (le Seigneur de) vient à Parme. XVII. 163. S'y retranche. *Ibid.* Est envoyé pour arrêter les Suisses. 181. Est envoyé pour reconnoître le Camp ennemi. 216. Offre qu'il fait au Maréchal de Lautrec. 226. Entre dans Crémone. 229. Défait un parti d'Anglois. 246. Est battu par les Anglois. 299.

Se charge de jeter du secours dans Montdidier. 300. Il est battu dans sa retraite. 301. Fait une action d'éclat. 368. Mène à Thérouenne neuf cens prisonniers. 373. Sa mort. 378.

Ponth (*Pierre*), neveu du Chevalier Bayard, Lieutenant du Duc de Lorraine, défend Thérouenne contre les Anglois. XIV. 221.

Ponthieu (le Sénéchal de) surprend les Anglois à Crotoy. VII. 331.

Pontmolain (*Pierre de*). II. 54.

Pontoise, Ville, prise par les Anglois. V. 424. Relation du Siége. VII. 361 & suiv.

Pontorson (Siége de). Circonstances particulières. VII. 267.

Pontreme (Prise de la Ville de) par l'Armée de Charles VIII. 281. Dispute entre les Suisses & les Allemands qui cause la ruine de la Ville. 282.

Pontreme (*Francisque de*) secourt Pignerol. XX. 244. En est nommé Gouverneur. 279.

Pontremy (*de*), Grand-Maître de l'Artillerie à la bataille de Ravenne. XVI. 97. 145.

Pontvallain. Relation de la bataille que Bertrand du Guesclin gagna sur les Anglois auprès de Pontvallain. IV. 384 & suiv.

Popaincourt (*Guillaume de*) Ambassadeur du Roi de France auprès du Duc de Bourgogne. VIII. 344. & des Gandois. 345.

Popincourt (*Jean de*), Capitaine de la Porte Saint-Denis de Paris. XIII. 42. Envoyé en ambassade auprès du Roi d'Angleterre. 127.

Porc (*Pierre le*), Chevalier François, dresse des embûches aux Anglois. VII. 33. Défend le Château de Mayenne-la-Juhais. 36. & capitule. *Ibid.*

Portien (le Seigneur de). XVII. 116.

Portugal, troubles dans le Royaume. VIII. 235.

Pot (*Philippe*). VIII. 66. Est fait Chevalier. 336. Porte les ordres du Duc de Bourgogne à son fils Charles. 38.

Pot (*René*), Sénéchal de Beaucaire. Sa mort. XV. 52.

Poton de Sainte-Traille se rend maître de S. Riquier. V. 471. Il est fait prisonnier. 483. Il rend le Château de Dourier. 485. Il marche aux ennemis & leur livre bataille. 492. Se trouve au Siége d'Orléans. VII. 79. Blessé dans un assaut. 80. Se signale au Siége de Gerberoy. 314.

*Poucques* (le Château de) assiégé. Toute la garnison est pendue. VIII. 384.

*Poulle* (*Guillaume de la*) est fait prisonnier à Jargeau, & conduit à Orléans. VII. 131.

*Povencé* (Siége de). VII. 287.

*Poyet* (*Guillaume*) se défend de harranguer le Pape. XVIII. 259. Est envoyé à Bommy pour traiter de la paix. XX. 218 & 461. Fait transporter des vivres à Turin. 273.

*Pranzy* (le Seigneur de) capitule & se rend. XVII. 116.

*Precigny* (*de*), Ambassadeur pour le Roi auprès des princes ligués. XIII. 79.

*Prégent* (le Capitaine) commande quatre Galères. XVII. 18. Combat l'Amiral Anglois. *Ibid.*

*Pressy* (le Sieur de), Grand Sénéchal de Rome. XIV. 49. Défait les Napolitains. 66.

*Prestre-Jean* (*le*). II. 207. De quelle manière il recevoit les tributs de ses Sujets. 70. Ses Sujets se révoltent & se soumettent à l'obéissance d'un nouveau Roi. 74.

*Preteval* (le Seigneur de). XVII. 112.

*Prevost* (*Jean le*), Notaire, rend compte de sa commission à l'Hôtel-de-Ville de Paris. XIII. 29. Est chargé par le Roi de porter au Duc de Bourgogne la nouvelle d'une trêve. 162.

*Prez* (*Antoine des*) envoyé en ôtage en Angleterre. XVII. 83.

*Prie* (le Seigneur de), Commandant dans la Tour de Bourges, meurt d'un coup de traict. VII. 276.

*Primauget* (Capitaine). XVII. 19.

*Prudence*, Capitaine de la Ville de Monopoli pour Charles VIII. XIV. 15.

*Puissant* (*Pierre*) envoyé de Maximilien, Duc d'Autriche en Angleterre. XII. 447.

*Puy* (*Pierre*) privé de son office de Maître des Requêtes. XIII. 116.

*Puylaurens* (*Guillaume de*), Seigneur de Rocheguy. Saint-Louis fait raser son Château, & pourquoi. I. 53.

## Q.

*Qué* (*Thomas*) accepte le combat contre Jacques de Lalain. VIII. 208.

*Quentin* (*Saint-*) se met sous l'obéissance du Roi de France. IX. 127.

*Querdes* (le Seigneur), Chef de l'Armée du Roi en Picardie, assiége la Ville d'Aire. XIII. 426. qui se rend à composition. 427. Reçoit pour le Roi les Ambassadeurs de Gand. 432.

*Quesnoy* (prise du Château de) par Jean de Luxembourg. V. 491.

*Quesnoy*, Héraut, porte au Comte de Click les propositions du Duc de Bourgogne. VIII. 120.

*Queux* (*Jean de*). Sa mort. V. 481.

*Quieras* (la Ville de) prise d'assaut. XX. 392.

*Quieret* (*Gauvain*) suit à Gand le Roi d'Armes. VIII. 400.

*Quieret* (*Gautier*). VIII. 124. Est blessé à la prise de Luxembourg. 126.

*Quin* (le Comte de) demande en mariage, pour le Roi d'Angleterre, Catherine, fille du Roi Charles. V. 441.

*Quingay* (*Simon de*), Page du Duc de Bourgogne, chargé des conditions d'une trève. IX. 129.

*Quiste* (*Robert de*) mort au Siége de Pontorson. VII. 269.

## R.

*Rabodenges* (*Claude de*), Capitaine du Château de Lone, le rend à Ferrand, Roi de Naples. XIV. 68. Part pour la Provence. 71. XX. 33.

*Rabot* (*Jean de*), Conseiller du Roi, détenu prisonnier dans le Châteauneuf de Naples, est conduit à Benevent. XIV. 73. Ce qu'il eut à souffrir durant sa captivité. 96. 76.

*Raco*, Ville, est assiégée, & se rend au Roi de Hongrie. VI. 93 & *suiv.*

*Raffin* (*François*), Sénéchal d'Agénois, envoyé à Arles pour

pour connoître du différent entre les Italiens & les Champenois. XX. 42.

Raguenel (Tiphaine de). Observations. 450. Elle prédit le succès de Bertrand du Guesclin, contre Thomas de Cantorbie. III. 405. Elle épouse Bertrand. 425.

Raguier (Jean), Trésorier des guerres au Duché de Normandie, se présente à la joûte publiée par le Sénéchal de Normandie. XIII. 172.

Raguier (Louis), Evêque de Troye, envoyé en ambassade auprès des Liégeois. XIII. 139.

Raimond de Cardonne (Don), Général de l'Armée Espagnole. XVII. 55.

Raimonet (le Capitaine) est commis à la garde d'un Fort. XVIII. 87. Est blessé. 90.

Raineval (Rouleguin de) est fait Chevalier pour avoir monté le premier à l'échelle au Siége de la ville de Baux. IV. 395.

Raissé (le Seigneur de), Capitaine de Cavalerie dans l'Armée du Duc de Bourgogne contre les Liégeois. V. 339.

Ramburre (le Sire de) se joint à Bertrand du Guesclin pour une expédition contre les Anglois. IV. 17. Prend le parti du Dauphin
*Tome I.*

contre le Roi d'Angleterre. V. 467.

Rameston (Thomas de) ravage la Bretagne & la Normandie. VII. 50.

Randan (le Gouverneur du Château de) refuse à Bertrand du Guesclin de lui remettre les clefs de la Place. V. 16. Il remet à Bertrand les clefs du Château. 19.

Rangon (le Comte Guy de), Gouverneur de Rége XVII. 160. Capitaine général de l'Armée françoise en Italie. XX. 126. Fait marcher son Armée contre la Ville de Gênes. 127. Ordonne l'assaut. 132. Lève le Camp & arrive à Carignan. 134 & suiv. Somme les Napolitains de lui rendre le Château de Carignan. 136 & suiv. Sa querelle avec Guaguin de Gonzague. 220 & suiv. Le Roi lui ôte le commandement de l'Armée. 230.

Rangon (le Comte Claude de) est fait prisonnier. XVIII. 121.

Raolin (Antoine). VIII. 66. Est fait Chambellan du Comte de Charolois. IX. 53.

Raolin (Jean) remporte le prix de la joûte. IX. 230.

Raoul (Jean), prisonnier d'Etat, accusé & justifié. XIII. 143.

Raoulin (Nicolas), Chan-
P

ecliér du Duc de Bourgogne. VIII. 88.

*Rapine*, attaché au Connétable de Saint-Paul, envoyé auprès de Louis XI. XI. 312.

*Raſſenghien* (le Seigneur de) prend parti pour les Gandois. IX. 272. Sa mort. 312.

*Rat* (le Capitaine) attaque les Impériaux au Pas de Suze. XX. 262.

*Ravaſtain* (de), neveu du Duc Philippe-le-Bon, épouſe Iſabelle de Coimbres. VIII. 270. Suit le Comte de Charolois contre la France. IX. 70. Demande en mariage, pour ſon fils, Madame Marie de Bourgogne. 251. Reçoit Chevalier de la Toiſon d'Or, l'Archiduc Maximilien. 257. Tient ſur les Fonts de Baptême, Philippe de Bourgogne, fils de Maximilien. 259. Prend parti pour les Gandois. 271. Conduit à Termonde Philippe, fils de l'Archiduc. 291. Ordonne à ſon fils Philippe de Cleves de ceſſer la guerre contre l'Archiduc, & le menace de le deshériter. 307.

*Ravaſtain* (*Philippe*), Gouverneur de Gênes. XIV. 160.

*Ravennes* (circonſtances du Siége de). XV. 274 *& ſuiv.* Bataille entre les François & les Eſpagnols. 302 *& ſuiv.* Etat des morts & des priſonniers des deux partis. 314 *& ſuiv.* Etat de l'Armée Françoiſe & Eſpagnole devant Ravenne. XVI. *Mémoires de Fleuranges.* 91 *& ſuiv.* Eſt priſe d'aſſaut & miſe à ſac. 100. Remiſe au Pape. XVII. 12. Bataille qui s'y donne. 13.

*Rayer* (*François*), Bailli de Lyon, Ambaſſadeur de Louis XI auprès des Liégeois. XI. 17.

*Raymonet* (le Capitaine) découvre le piége des ennemis dans Turin. XX. 433. Eſt bleſſé, mais tue ſon ennemi. 434.

*Rays* (le Seigneur de) attaque les Anglois & les force à capituler. VII. 53. Défait les Anglois auprès de Lude. 65. Eſt chargé d'accompagner Jeanne d'Arc à Orléans. 103.

*Rebours* (*Jacques*), Procureur de Paris, envoyé auprès de Charles VII, pour juſtifier les Pariſiens. XIII. 9.

*Rebremettes* (*Jean de*) fait armes avec un noble Chevalier. IX. 45.

*Rebreuves* (*Blanche de*). Sa beauté la fait déſirer à la Cour de France. IX. 409. Elle devient maîtreſſe du Roi. 410.

*Rège* (la Ville de). XVII. 160.

*Regnault de Troye*. Il présente à Saint-Louis ses titres pour le Comté de Dammartin. I. 129.

*Regnaud* (*Pierre*), frère de la Hire, se rend maître de Mairevent. VII. 288.

*Regnaut de Saint-Jean*. VII. 310.

*Regnier* (Duc), fils du Comte de Vaudemont, héritier de Jean de Calabre, Duc de Lorraine. IX. 233. Est chassé de ses Etats. *Ib.* Assiége Nanci. 239. S'en rend le maître. 244. Obtient un secours des Suisses, attaque les Bourguignons & les défait. 245.

*Reilhac* (lettre de M.) sur le traité de Péronne & le départ pour Liége. XI. 522.

*Reims* (l'Archevêque de) emmène d'Ecosse un renfort considérable de Troupes. VII. 26.

*Rekrod* (le Colonel) se joint à l'Armée Françoise devant Danviliers. XX. 275. Passe en France avec son Régiment de Lansquenets. 412. Fait des recrues en Allemagne pour le service de la France. XXI. 211.

*Remond*, premier Président de Rouen, est envoyé par le Roi auprès de Henri, Roi d'Angleterre. XXI. 186. Traite de la paix. 271.

*Remy* (*de Saint-*), Commissaire d'Artillerie à Arles. XX. 33. Par son conseil, on lève le Siége d'Avenes. XX. 7.

*Renault* (*Guillaume*) fait prisonnier le Comte de Suffort. VII. 136.

*René*, Roi de Sicile; copie de la lettre qu'il écrit à son fils allié avec les Princes dans la guerre du bien public. X. 458. Projette de faire le Duc de Bourgogne son héritier. XI. 357. Vient à Lyon trouver Louis XI. 358. Renonce au parti du Duc de Bourgogne. 359. Sa mort. 420.

*René II*, Duc de Lorraine, fait la guerre au Duc de Bourgogne. XI. 244. 365. Se joint aux Suisses devant la Ville de Morat. 366. Assiége Nancy. 378. Fortifie ses Troupes. 392. Livre bataille. 399. & la gagne. 402. Réclame auprès de Charles VIII le Duché de Bar & le Comté de Provence. XII. 131. Quitte la Cour de Charles VIII fort mécontent de ses Conseillers. 134. Est invité par les Napolitains à se faire Roi de Naples. 135. Il en manque l'occasion & revient dans ses Etats. 136. Se joint aux Suisses contre le Duc de Bourgogne. XIII. *Mémoires de Jean de Troye.* 337.

Qu'il défait devant Morat. 337. Assiége Nancy. 339. qui se rend. 341. Attaque les Bourguignons assiégeant Nanci. 350. Met son Armée en bataille. 351 & *suiv.* Se rend maître de presque tout le Duché de Bourgogne. 358.

*Renée de France*, fille de Louis XII & d'Anne de Bretagne. XV. 360. Est accordée à l'Archiduc, Comte de Flandre. 364. XVII. 27. Pourparlers de son mariage. 43. Epouse le fils du Duc de Ferrare. XVIII. 74.

*René* (le Capitaine) conduit à Turin deux mille hommes de pied. XX. 139.

*Rennes* (l'Evêque de). II. 227. Absout Gauthier de Brienne de l'excommunication portée contre lui par le Patriarche. 93.

*Rennes* (la Ville de) est assiégée par le Duc de Lancastre. III. 368.

*Renty* (le Seigneur de). XVII. 112.

*Reole* (*la*) témoin de l'armement du Roi de Belmarin contre Henri, prend la résolution d'aller en personne en avertir Bertrand du Guesclin. IV. 307. Il s'embarque & arrive à Montfusain. 308.

*Ressil*, Ville auprès de laquelle le chef des Sarrasins range son Armée en bataille. I. 122.

*Retane* (le bâtard de), Lieutenant du Château d'Oudenarde pour les Gandois. IX. 277. Promet à l'Archiduc de se rendre maître du Château. *Ibid.* En est fait Capitaine. 278.

*Reux* (le Comte de), Grand-Maître de la Maison de l'Empereur, ordonne l'assaut de Péronne. XX. 103. La retraite. 104. Lève le Siége & se retire vers Cambray. 115. Favorise le ravitaillement de Thérouenne. 159. Assiége la Ville de Saint-Paul. 189. Court le danger d'être fait prisonnier. 385. Attaque les François devant Landrecy. XXI. 28. Est fait Gouverneur de Flandre & d'Artois. 63. Assiége Montreuil. 152.

*Riberac* (le Seigneur de) est tué. XVII. 214.

*Ricarville* (le Capitaine) enlève un canon aux ennemis dans leur Camp. XXI. 64.

*Richart I*$^{er}$, Roi d'Angleterre, assiége & prend la Ville d'Acre dans la Terre-Sainte. I. 34. Il demande pour l'épouse de son fils Henri, la Reine de Jérusalem. I. 35.

*Richard III*, frère d'Edouard, Roi d'Angleterre,

se fait déclarer Roi. XII. 82. Par quelles vojes il arrive au Trône. *Ibid.* Est tué dans une bataille. 84. XVII. *Mémoires de du Bellay.* 30. Est fait tuteur de ses neveux. 31. Les fait mourir. *Ibid.* Se fait couronner Roi d'Angleterre. 32. Il est tué par le Comte de Richemond. 34.

*Richebourg.* XVII. 47. Sa mort. 164.

*Richemont (de),* Capitaine de l'Armée contre les Vénitiens. XV. 67.

*Richemont (Henri, Comte de)* se sauve, est fait prisonnier par le Duc de Bretagne; est remis en liberté. XVII. 32. Obtient du secours & fait une descente en Angleterre. 33. Marche à Londres; défait l'Armée de Richard, & est couronné Roi. Epouse une fille d'Edouard IV., & fait épouser l'autre au Comte de Dewonshir. 34. Vient assiéger Boulogne. 36.

*Richer (Jean),* Secrétaire du Comte de Saint-Paul, envoyé auprès de Louis XI. XI. 284 & *suiv.*

*Ric (Oudet de).* IX. 68.

*Rieux (Pierre de),* Maréchal de France. 310. S'enferme à Saint-Denis pour s'opposer aux Anglois. *Ibid.* Conduit une entreprise contre Dieppe. 312.

*Rieux (Jean de).* livre aux Bretons la Ville d'Ancenis. XIV. 139. Se rend maître de Château-Briant, de Vannes. *Ibid.*

*Rimini* (Ville), est remise au Pape. XVII. 12.

*Rincon (Antoine de)* est envoyé en ambassade auprès du Grand Turc. XX. 305. Est assassiné par les ordres du Marquis de Guast. 307 & *suiv.* & 494.

*Rinsovin (René de la Chapelle)* secourt Landrecy. XXI. 53.

*Ripelay (Jean)* tué dans la défense de Pontoise. VII. 369.

*Riquier (Saint-),* Ville prise par les Troupes du Dauphin. V. 471. Elle est assiégée par Henri. 473.

*Ris (le Seigneur de)* est fait prisonnier. XVIII. 91.

*Rivedroit (le Château de)* assiégé & pris sur les Sarrasins. VI. 146.

*Riveroles,* Maître d'Hôtel de la Duchesse de Savoye, envoyé auprès de Louis XI pour solliciter sa liberté. XI. 371.

*Riviere (Bureau de la),* Grand Chambellan du Roi de France, va au-devant de Bertrand du Guesclin. IV. 365.

*Riviere (Jacques de la)* est pris par les Bouchers de Paris aux ordres du Duc

P iij

de Bourgogne. V. 356. Il meurt dans la prison. 357.

Riviere (Raffe de la) opine pour la défense de la Ville de Liége. XI. 24. Abandonne la Ville. 30.

Riviere (Poncet de la), Capitaine des Archers de Louis XI à la bataille de Montlhéry. X. 334. Attaque les Bourguignons à Conflans. 398. Vient à Péronne. XI. 49. XIII. 75. Est fait Bailli de Montférrand. 118. Entreprend le voyage de la Terre-Sainte. Ibid.

Rixou (le Baron de), Capitaine de cinq cens hommes d'armes à Arles. XX. 44.

Robert, Comte d'Artois, frère de Saint-Louis. Il se croise. I. 49. Il est chargé de garder les Beffrois. 88. Il poursuit les Sarrasins. 97. Sa mort. 98.

Robert, Archevêque de Cologne, fait un traité d'alliance avec Philippe, Duc de Bourgogne. X. 487.

Robert (frère) Hermite dans la Calabre, est mandé auprès de Louis XI. XII. 69. Particularités de son voyage. 70.

Robertet, Secrétaire du Roi Charles VIII, témoin de la négociation de Comines avec les Vénitiens, après la bataille de Fornoue. XII. 324. Trésorier de France ; crédit qu'il eut dans le Royaume. XVI. 157.

Robertsart (Louis de) envoyé du Roi d'Angleterre auprès de Dame Catherine. V. 445.

Roche (Jean de la) ravage le Poitou. VII. 277. prend, par trahison, la Ville de Saint-Maixant. 357.

Rochebaron (Jean de) attaché au parti du Duc de Bourgogne. VII. 9. Se retire à Bousos. 10. Donne dans l'embuscade de Jaquemin. VIII. 117. Est fait prisonnier. 118.

Rochebaron (le Capitaine), entre dans Landrecy avec cinq cens hommes d'armes. XXI. 73.

Rochechouart (Emery de) marche contre les Anglois à la tête d'un détachement de trente Gentilshommes. VI. 39.

Rochechouart (de) joint l'Armée Françoise en Piémont. XXI. 114. Est blessé à la bataille de Serisolles. 131.

Rochefoucaud (le Sire de la), Copie de la Lettre que lui écrit Louis XI. XI. 78.

Rochefort (Guillaume de), Chancelier de France. X. 318.

Rochefort, frère du Comte de Saint-Paul. XII. 101.

Rochefort (de), neveu du Maréchal de Gié ; laissé en

### DES MATIÈRES.

otage dans Novarre. XII. 361.

*Rochefort* (*de*), Bailli de Dijon, se trouve au Siège de la Ville par les Suisses. XVI. 138. Joint l'Armée Françoise en Piémont. XXI. 114.

*Roche-Guyon* (le Sire de la) est fait prisonnier. XIX. 404.

*Roche du Maine* (le Seigneur de la). XVII. 22. Est fait prisonnier à Pavie. Se distingue au Siége de Fossan. XIX. 256. Est donné pour otage. 269. Est bien accueilli par l'Empereur. 271. Ce qu'il lui dit. 272.

*Roche-Hesmon* (*la*). XVII. 22.

*Roche-Sendry* (*la*). XVII. 22.

*Roche-sur-Yon*, Ville, est assiégée par les Seigneurs de Clisson, de Laval & de Rohan. V. 1.

*Roches* (*André des*) défend la Ville de Rouen contre les Anglois. V. 418.

*Rochelle* (*la*). Dispositions du Roi d'Angleterre contre les Habitans. IV. 433. Ils se soumettent à la France. 434.

*Rochelois* (les) se révoltent contre les Officiers de la Gabelle du Roi. XX. 414 & 415. Demandent & obtiennent leur grace. 415 & *suiv*.

*Rochepofay* (le Seigneur de la) est blessé. XVII. 214.

*Rochepot* (le Seigneur de) est fait prisonnier. XVII. 396. Lieutenant du Roi dans Ardre. XXI. 153.

*Rochouart* (le bâtard de) conduit des secours aux Assiégés dans Beauvais. XIII. 236.

*Rocourt* (*de*) pris & blessé devant Péronne. XX. 101.

*Rocque-Eperviere* (Passage). XVII. 49.

*Rodolphe* (le Seigneur), oncle du Marquis de Mantoue, attaque les François à Fornoue. XII. 304. Sa mort. 312.

*Rœux* (le Comte de). XVII. 76. Est envoyé par l'Empereur au Roi. XVIII. 10. Lieutenant Général pour l'Empereur à Véronne. XVI. 64. Est fait prisonnier. *Ibid*.

*Rœux* (Madame de) prise dans Hédin. XVII. 152.

*Roger de Pierre-Frite*. VII. 341.

*Rohan* (le Vicomte de) offre ses services à Charles de Blois, contre Jean de Montfort, qui assiége la Citadelle de Bercherel. III. 419. Il se rend prisonnier. IV. 76. Il est remis en liberté. 80. Il fournit à Bertrand de l'argent pour sa rançon. 281.

*Rohan* (*Edouard de*) Est fait prisonnier à la bataille d'Azincourt. VII. 240.

P iv

*Rohault* ( *Joachim de* ) eſt fait Connétable de la Ville de Bordeaux. IX. 380. Maréchal de France. X. *Mémoires de Comines* 311. Particularités remarquables. *Ibid.* Défend le paſſage de la rivière de Seine aux Bourguignons. 362. Réſiſte aux Bourguignons dans différentes attaques. 369. Ecrit au Comte de Dammartin ſur la levée du Siége de Beauvais. XI. 538. Quitte Péronne & vient à Compiégne. *Mémoires de Jean de Troye.* XIII. 32. Se renferme dans Paris avec ſes Troupes pour garder la Ville. 38. Marche au ſecours de Beauvais. 234.

*Roland* ſe diſtingue à la priſe de Saint-Denis. VII. 311.

*Rollin* ( *Guillaume* ). VIII. 47.

*Romain* ( *Jean de Saint-* ), Procureur Général du Parlement de Paris, s'oppoſe à l'exécution des Lettres du Pape, portant ſuppreſſion de la Pragmatique ſanction. XIII. 155.

*Romains* ( l'Empereur des ) arrive à Paris. V. 234. Fêtes que lui donna le Roi Charles V. 235 *& ſuiv.* Il fait au Roi de France les offres les plus gracieuſes. 253. Il va en pélerinage à Saint-Maur. 256. Il reçoit les préſens de Charles V. 258. Circonſtances de ſon départ. 260. Sa généroſité envers le Dauphin de France. 262.

*Rome* ( la Ville de ) aſſiégée par le Duc de Bourbon. XVIII. 35. Saccagée & pillée. 37.

*Romeſton* ( *Thomas* ), Général Anglois, eſt fait priſonnier à la bataille de Patay. VII. 143.

*Romillé* ( *Jean de* ), Vice-Chancelier de Bretagne. X. *Mémoires de Comines.* 312. Particularités remarquables. 313.

*Romont* ( *Amé de* ) attaque les Suiſſes. IX. 234. Prend le parti des Gandois. 271. Eſt nommé Capitaine de Gand. 276. Raſſemble des Troupes contre l'Archiduc. 278.

*Roncerolles* eſt tué. XVII. 309.

*Ront* ( le Seigneur de ) aſſiége Etampes, il eſt fait priſonnier & remis en liberté. V. 350.

*Roquebanque* ( le Château de ) attaqué par le Maréchal de Lautrec. XVII. 179.

*Roquendolf* ( *Guillaume*, Comte de ). XVII. 69. Amène du ſecours à Vérone. 72. Attaque les François devant Landrecy, eſt repouſſé. XXI. 30.

*Ros* ( le Seigneur de ) demande en mariage au Roi

Charles, sa fille Catherine, pour le Roi d'Angleterre. V. 441. Sa mort. 468. Se trouve au Siége de Pontorson. VII. 267.

Rosenuinen (Jean de) fait prisonnier le Lieutenant du Roi d'Angleterre. VII. 320.

Rosimbos (Jean de) ramasse la Bannière du Duc Philippe. V. 480. Est fait Chevalier. VIII. 338. Preuves de son courage. IX. 235.

Rostrenen (Capitaine de Pontorson) attaque les Anglois auprès d'Avranches, est fait prisonnier. 265. Sa mort. 359.

Rotelan (le Seigneur de) est fait Capitaine de Pontorson. VII. 69. Pris par les Anglois auprès d'Avranches. Ibid.

Rotelin (le Marquis de). VIII. 52. S'oppose aux progrès de l'Armée de Louis XI. X. 317. 367.

Rouen (les Milices de), après la conquête de Rouleboise, Mante & Meulan, reviennent dans leur pays chargées des dépouilles des ennemis. IV. 14. La belle Jeunesse de Rouen se joint à Bertrand pour une expédition contre les Anglois. 18. Assiégée par Henri, Roi d'Angleterre. V. 418. Conditions de la capitulation. 419. Offre des présens au Roi Louis XI qui y fait son entrée. XIII. 451. Demandent la paix. IX. 367. Se soumettent au Roi de France. 371 & 510.

Rouge (le), Duc d'Allemagne, arrive à Troye avec le Roi Henri. V. 451.

Rouleboise (le Fort de) est pris par les Anglois. III. 428.

Roumenil (le Seigneur de). XVII. 112.

Roussi (de), chef des Bourguignons contre les Liégeois. IX. 121.

Roussi (le Comte de), fils du Connétable de Saint-Paul, Gouverneur de Bourgogne, est fait prisonnier. XI. 254. Ravage le pays de la domination du Roi Louis. XIII. 247. Sa mort. 294.

Roussillon (Gerard de) reçoit une hache d'or, prix de la joûte. VIII. 260. Est vaincu à la joûte par Adolf de Cleves. IX. 8. Va en Angleterre à la suite du bâtard de Bourgogne. 104.

Rouvere (Jean de la), Cardinal du titre de Saint-Pierre *ad vincula*, fait son entrée dans Paris en qualité de Légat. XIII. 410 & *suiv*.

Rouvray (Regnaud de) traite avec le Comte de Charolois en faveur des Liégois. IX. 102. Capitaine de

Saintron. 120. Capitule. 124.

Rouvrai, bataille entre les François & les Anglois auprès de Rouvrai. VII. 87.

Roux (Robert le) est chargé de conduire l'Armée qui va au secours de l'Evêque de Liége assiégé dans Utrecht. V. 338.

Roux (Jean le) tué à la bataille de Brossiniere. VII. 21.

Roy (Olivier le) envoyé en ambassade auprès du Roi d'Angleterre. XIII. 127.

Roye (le Seigneur de). Sa mort. XVII. 59.

Roye, Ville en Vermandois, prise par les Troupes du Dauphin. V. 436. Et reprise par Jean de Luxembourg. 437. Traité de la capitulation violé. 438.

Roye (Regnault de). VI. 40. Il arrive à Venise & part pour Constantinople. 56. Accueil que lui firent Amurat & Sigismond, Roi de Hongrie. 57. Il part pour la Prusse. Ibid. Se trouve à la joûte d'Ingelbert. 62.

Rubempré (Antoine de) est fait Chevalier devant Pierrepont. V. 494. Marche au secours de Luxembourg. VIII. 374.

Rubempré (Jean de). VIII 308. Obtient les bonnes graces du Duc de Bourgogne pour tous ses parens. IX. 229. Est fait Chevalier de la Toison d'Or. 230. Gouverneur de la Lorraine. 234. Est forcé par les Anglois de rendre la Ville de Nancy. 244. XI. 378. La rend au Duc de Lorraine. 381. Sa mort. Ibid. Porte la Cornette du Duc d'Anguien dans son Armée de Piémont. XXI. 114.

Rubempré (le bâtard de). Particularités de sa vie. X. Mémoires de Comines. 294. Est fait prisonnier, & pourquoi. 295. Particularités remarquables à son sujet. 452 & suiv. Est arrêté prisonnier par ordre du Comte de Charolois. XIII. 464.

Rue (Jacques de) projette d'empoisonner Charles V, Roi de France. V. 265. Son emprisonnement, sa confession, son supplice. 266.

Rusque (Antoine). XVII. 166.

Rusticis (Nicolas de) passe en Piémont avec quatre mille Lansquenets. XX. 231. Est préposé à la garde de Carmagnolle. 279.

## S.

SACQUESPÉE (Antoine), Bourgeois & Echevin de la Ville d'Arras, arrêté comme Vaudois. IX. 445.

Sajette, Ville. Les Sarrasins y entrent & la pillent. II. 101. Ils en partent après y avoir tué deux mille personnes. Ibid. Saint-Louis la fait réparer. 102. Attaquée par le Maréchal de Boucicaut. VI. 147.

Saintes. Après la bataille de Taillebourg, les Anglois se retirent à Saintes. I. 47.

Saintraille. Voyez Poton.

Saiffante (l'Evêque de) est envoyé en France par le Pape. XVIII. 224. Choisit Marseille pour le lieu de l'entrevûe. 226.

Saiffeval (de) entre dans Péronne avec mille hommes d'armes. XX. 99.

Salah, Soudan de Damas, envoie des Ambassadeurs au Roi de France pour se plaindre de la mort du Soudan de Babylone, son cousin. II. 55.

Salamanque (la Ville de) se rend à Henri. IV. 152.

Sale (du mot de), des Loix & des terres saliques. III. 183 & suiv.

Salebruche (Comte de). Il se croise. I. 49. Il part pour la Terre-Sainte, & s'embarque à Marseille. 51.

Saleh Nagem-Addin, Soudan de Babylone, marche contre les Chrétiens avec l'Empereur de Perse. II. 91.

Salenoue (le Seigneur de) attaché au parti du Duc de Bourgogne. VII. 9. Se retire à Bousos. 10.

Salins (Jean de) épouse la batarde du Duc de Baviere. VIII. 46.

Salisbery (le Comte de) assiége Cravent. VII. 14. Assiége & se rend maître de la Ville du Mans. 33. De la Ville de Sainte-Suzanne. 35. De Mayenne-la-Juhais. 36. De la Ferté-Bernard. 39. Recommence la guerre en France & s'empare de Nogent-le-Roi, &c. 73 & suiv. Assiége Orléans. 77 & suiv. Est blessé & envoyé à Meun, où il meurt de sa blessure. 83.

Sallazard (Jean de), Espagnol, défend le passage de la riviere de Seine aux Bourguignons. X. 362. Se trouve à la défense de de Beauvais. XI. 206. Est fait Capitaine dans l'Armée du Roi Louis XI, fait une sortie avec sa Compagnie. XIII. 104. Marche au secours des Liégois. 154. Entre dans le Camp du Duc de Bourgogne, & y fait un carnage horrible. 239.

Salle (la) est préposé à la garde de la Ville & Château de Saint-Paul. XX. 183. Pris & blessé pendant l'assaut. 200.

Salomon (le Juif) reconnoît Pierre-le-Cruel sur le Port d'Orbie, & après l'avoir injurié, l'achete comme esclave. IV. 302.

Salsbery (l'Evêque de) traite du mariage du Duc de Bourgogne avec Marguerite d'Yorck. IX. 132.

Saluces (le Marquis de) prétend au Gouvernement du Marquisat de Montferrat. XII. 348. Envoie deux mille hommes à Varat. XVII. 364. Poursuit les ennemis jusqu'à Gênes. 366. Est envoyé en Franche-Comté. XVIII. 6. Conduit des Troupes en Italie. 23. Arrive au Camp de la ligue. 28. Jette du secours dans plaisance. 32. Prévient l'Armée du Duc de Bourbon. 35. Commande l'Armée à la place du Maréchal de Lautrec. 108. Lève le Siége de Naples. Ibid. Est blessé. 109. Capitule avec le Prince d'Orange. Ibid. Sa mort. Ibid. Répete des Places en Piémont, & les obtient. 154. XIX. Ses ménées. Ibid. Est fait Lieutenant-Général à Turin. 224. Ses délibérations. 225 & suiv. Se plaint au Roi de ses Officiers. 230. Ne prend point de résolution. Ibid. Est soupçonné de trahison. 231. Il amuse toujours les Chefs de l'Armée. 233. Ce qu'il résout. 236. Met des Troupes à Fossan, & se retire à Cony. 239. Se renferme à Ravel. 241. La cause de sa trahison. 247.

Salvaing (Aymon de) joûte contre le Chevalier Bayard. XIV. 378. Remarques sur la famille de Salvaing. 424.

Salviati (François), Archevêque de Pise, condamné à être pendu à Florence. XII. 43.

Samois (Frère Jean de) de l'Ordre des Frères mineurs, fait l'Oraison funèbre de Saint-Louis. II. 316.

Sampy (le Seigneur de) se trouve à la joûte d'Ingelbert. VI. 62.

Sancerre (le Maréchal de) va avec Bertrand du Guesclin au secours du Duc d'Anjou, frère du Roi Charles V. 15 Il somme le Gouverneur de Randon de rendre la Place à Bertrand. 18.

DES MATIÈRES. 237

*Sancy* (le Seigneur de) se retranche dans Jamets. XVIII. 107.

*Sancy* (Place) assiégée & prise par le Comte de Nassau. XVII. 108.

*Sanguin* (*Jean*). XIII. 173.

*Sanguin* (*Antoine*) surnommé le Cardinal de Meudon, est garant du traité de paix entre l'Empereur & le Roi. XXI. 196.

*Sansac* (le sieur de) arrive au camp du Marquis de Saluce. XIX. 235. Est envoyé au Roi porter des nouvelles de Fossan. 270. Revient au camp. 275. Entre dans Thérouenne avec deux cens chevaux. XX. 156. Est fait prisonnier. 215. Est préposé à la garde du Château d'Emery. XXI. 15. De celui du Mont-Saint-Jean. 52. Protège le ravitaillement de Landrecy. 77 & *suiv*. Est battu par les Impériaux auprès de Vitry. 170.

*Sanson*, Capitaine du Château d'Hédin. XX. 162.

*Sarbruche*, (*Guillemete de*) épouse Robert de la Marck. XVI. 60.

*Sarcy* (*Guillaume de*), Bailli de Châlon. VIII. 247.

*Sargines* (*Geoffroi de*), Chevalier du Roi. I. 75. Titre remarquable. 263. Il traite avec le Soudan de Babylone, au nom du Roi de France, pour un traité de paix. 143. De quelle manière il défend son Roi. 146. Il rend Damiette au nom du Roi. II. 27. Il monte une Galère génoise. 31. Il se trouve à l'attaque de Belinas. 110.

*Sarragosse* (la Ville de) envoie à Henri dix mille hommes de troupes pour soutenir la guerre contre Pierre. IV. 200.

*Sarrasins* (les) mis en fuite. I. 66. Font avertir le Soudan de l'arrivée du Roi de France. 69. Ils abandonnent Damiette. *Ibid*. Mettent le feu à la soulde. 70. Attaquent les Chrétiens. 74. Cherchent à surprendre le Roi. 81. Sont défaits. 82. Ruinent les ouvrages des Chrétiens pour le passage du fleuve de Rexi. 86. Jettent du feu grégeois sur les Chrétiens. 90. Fuyent devant Saint-Louis qui passe le Rexi à gué. 97. Autre fuite des Sarrasins devant le Comte d'Anjou. 102. Travaillent à enlever les tentes. 112. A reprendre leur poste & les machines qu'ils avoient perdues. 117. Sont repoussés. 118. Ils élisent un nouveau chef. 120. Discours qu'il tient à ses Troupes. *Ibid*. Elles investissent le Camp des Chrétiens. 122. Ils attaquent le Comte d'Anjou,

123. Mettent le feu aux machines que gardoit Guillaume de Sonnac. 125. Tuent les malades Chrétiens qu'on alloit transporter à Damiette. 144. Pillent les Vaisseaux. 149. Ont des égards pour Joinville. 152. Massacrent une partie de leurs prisonniers. II. 5. Tranchent la tête aux Chrétiens fidèles à leur religion. 8. Menacent le Roi de le mettre en Bernicles; description de ce supplice. 11. Conjuration contre le Soudan. 16. Après la mort du Soudan, les Sarrasins se jettent dans les Galères des Chrétiens, & les menacent de la mort. 19. Nouvelles conditions au traité de la rançon de Saint-Louis & de son Armée. 21. III. 203 & suiv. Ils jurent de l'observer. Leur serment. II. 22. Ils proposent à Saint-Louis une formule de serment. 23. Leur cruauté envers le Patriarche de Jérusalem, pour engager Saint-Louis à faire le serment proposé. 24. Ils arborent le pavillon du Soudan sur les murs de Damiette. 27. Violent le traité. *Ibid.* Proposent de tuer le Roi. 28. Leur raison. 29. Donnent à manger aux Chrétiens. 30. Rendent le Comte de Poitiers. 35. Sur les plaintes du Roi, ils renvoyent tous les prisonniers. 65. Acceptent toutes les conditions que propose Saint-Louis pour la trève. 85. Manquent au rendez-vous. 86. Demandent qu'on leur fixe un nouveau jour pour la conférence. 88. Font la paix avec le Soudan de Damas. 97. Se battent contre les Compagnies des Arbalêtriers. 98. Belle défense des Sarrasins devant Belinas. 111.

*Sarzay (de).* Sa querelle avec quelques Gentilshommes. XX. 281. Se bat en champ clos. 282.

*Sasa (Philippe de),* compagnon d'Olivier de la Marche dans la charge de Pannetier du Comte de Charolois. IX. 53.

*Saulieu (Charles de Saint-).* Sa mort. V. 483.

*Saumur.* Saint-Louis y tient sa Cour. I. 44. Bertrand, avant de partir pour Paris, y laissa une bonne garnison & les plus fameux Capitaines de son Armée. IV. 423.

*Saussy (de),* fils de Robert de la Marche, remporte un avantage sur un Corps de troupes Allemandes. XVI. 291.

*Saux (Migler de)* fortifie la Ville de Beauvais en Brie. VII. 334. Capitule & a la tête tranchée. *Ibid.* & 430.

*Sauzerre* (le Comte de). XVII. 46. Sa mort.

*Saveuse* (*Hector de*) est fait Capitaine de la garnison de Saint-Denis. V. 360. Il est fait prisonnier. 374. Il maltraite Jacqueville. 399. Il est blessé. 401. Il tente inutilement de reprendre Compiégne. 416. Il prend le parti de Philippe, Duc de Bourgogne. 436.

*Saveuse* (*Philippe de*) est fait Capitaine de la garnison de Saint-Denis. V. 360. Il procure la liberté à son frère Hector. 374. Il est repoussé de devant le Château de Bresse. 402. Il va à la découverte des ennemis. 476. Il est fait Chevalier. 478. Entre dans la Ville de Luxembourg. VIII. 124. Est blessé. 132. Accompagne le Duc de Bourgogne. 267. Attaque les Gandois & les défait. 298. Se rend maître de Péronne. XIII. 105.

*Saveuse* (*Robert de*) prend le parti du Dauphin contre le Roi d'Angleterre. V. 467.

*Saveuses* (*Jeuret de*) est fait Chevalier, entre dans Bayonne. IX. 386.

*Savoie* (le bâtard de). XVII. 47. Négocie un traité entre le Roi & les Suisses. 54. 54. 69. Est fait prisonnier. 393. Sa mort. *Ibid.*

*Savonarole* (*Jérôme*), frère Prêcheur, détail de ses Prédications. XII. 270 & *suiv.* & 495. 433 & *suiv.* Sa querelle avec un Cordelier. 436. Est condamné à être brûlé à Florence. 437. Sa réponse au Pape Alexandre VI. 487.

*Saxe* (le Duc de), Maréchal de l'Empire. IX. 226.

*Saxe* (*Paul*), Capitaine dans l'Armée de l'Empereur Charles, va reconnoître la Ville d'Arles. XX. 23. 30 & *suiv.*

*Scalenghe* (le Capitaine) amenant du secours à Savillan, est mis en déroute. XIX. 438.

*Scales* (le Sire de), après la défaite des Anglois à Jargeau, se retire à Baugency. VII. 137. Est fait prisonnier à la bataille de Patay. 143. Se trouve au Siége de Pontorson. 267.

*Scalingue*, Gouverneur d'Ast, abandonne Montcaillier. 137.

*Scebrecy*, dans le conseil des Amiraux, s'oppose à ce qu'ils fassent mourir Saint-Louis & tous ses Chevaliers. 28.

*Scecedun*, après la mort du Soudan, est fait Chevetain des Sarrasins. I. 86. Il envoie des Troupes pour attaquer les Chrétiens. 87. Son courage. *Ibid.* Description de sa Bannière. 88. Il place ses Troupes entre le fleuve de Damiette & celui de Rexi. 89. Sa mort. 119.

*Scot* (*Robert*) se joint à Bertrand contre le Roi d'Espagne. IV. 108.

*Secte* (Madame de). Observations. II. 202. Elle ordonne les funérailles de Gaultier de Brienne, son Cousin-Germain. 65.

*Sellier* (*Jean le*), Archidiacre de Brie, Député du Parlement auprès du Duc de Berry. XIII. 70.

*Selva* (*George de*), Evêque de Lavaur, Ambassadeur de France auprès de l'Empereur, le presse d'accomplir la promesse faite au Roi de France. XX. 296.

*Selva* (*Jean de*), premier Président du Sénat de Milan, & Vice-Chancelier. XVII. 67. Député à Calais. 117. Est envoyé au Roi à Madrid. XVIII. 14. 309.

*Semblançay* (le Seigneur de) sa querelle avec la Régente; son procès. XVII. 229. 481.

*Sempy* (le Sire de) se joint à Bertrand pour une expédition contre les Anglois. IV. 17.

*Senamy* (*Marc*), élu de Paris, se présente à la joûte publiée par le Sénéchal de Normandie. XIII. 173. Reçoit le Roi à Ablon-sur-Seine. 378.

*Senarpont* (*Jean de*) perd la vie dans la bataille de Cocherel. IV. 34.

*Senerpont* (*de*) ravitaille le Fort d'Outreau. XXI. 268.

*Seningaon* (*Elenars de*) arrive à Cesaire. II. 77. Circonstances de son voyage. *Ibid.* Il offre ses services au Roi de France. *Ibid.* Sa manière de chasser aux Lions. 78.

*Senlis.* Charles VII, Roi de France, s'y arrête avec ses Troupes qu'il met en bataille. VII. 173. Différentes escarmouches. 176.

*Sens* (la Ville de) capitule & se rend au Roi Charles. V. 453.

*Sercus* (le Sire de) entre dans Péronne avec mille hommes dont il étoit le Capitaine Général. XX. 2. 99. Est nommé Capitaine du Château d'Hédin. 168.

*Serisolles* (bataille de) entre les François & les Impériaux. XXI. 120 & *suiv.* 297 & *suiv.* Etat des morts & des prisonniers des deux partis. 138 & *suiv.* & 301.

*Serre* (le Marquis de) est fait prisonnier. V. 483.

*Sersandus* (*Daniel*) élu par les Gandois chef de son Conseil. VIII. 273.

*Servillon*

Servillon (Don Joan de).
XVII. 72.
Sesse (le Comte Maxime-Antoine de), Lieutenant de Martin du Bellay, reprend le Château de Carignan. XX. 398. Défait les Impériaux près de Bra. 411.
Sever (Saint-) assiégé. VII. 371. & pris d'assaut. 372.
Severac (le Sieur de), Maréchal de France, marche contre les Anglois devant la Ville de Cravent, est tué dans la bataille. VII. 15. Sa querelle avec le Comte d'Armagnac. VII. 43. Défie le Comte d'Arpajon. 44. Sa réconciliation. 46.
Severe (le Seigneur de Sainte-) secourt Oléans assiégé. VII. 82.
Severin (Robert de Saint-) rappelé à la Cour du Duc de Milan. XII. 140. Passe au service des Vénitiens. 142.
Severin (le Seigneur Jules de) est fait prisonnier. XVII. 185. Sa mort. 393.
Severin (Galeas de). Sa mort. XVII. 393.
Severin (prise de la Ville de Saint-) par le Roi Ferrand. XIV. 81.
Seveftre (Jean) est fait Chevalier. VII. 293.
Seville (la Ville de) se rend à discrétion à Henri. IV. 164. Elle envoie à Henri vingt mille hommes de Troupes pour soutenir la guerre contre Pierre-le-Cruel. 200. Elle ouvre ses Portes à Pierre, vainqueur de Henri. 235.
Seymour (Edouard-), Duc de Sommerset, reste en France pour garder les conquêtes de Henri VIII, Roi d'Angleterre. XXI. 201.
Sforce (Ludovic). Sa mort au Château de Loches. XVII. 13.
Sforce (Maximilien) est mis en possession du Duché de Milan. XVII. 14. Est blessé par un traître. 281. Défait un parti de François. 387. Manque de vivres dans le Château de Milan. XVIII. 23. Est forcé de le remettre au Duc de Bourbon. 27. Rejoint l'Armée de la ligue. 28. Rejoint l'Armée Françoise. 116. se retire à Pavie. 117. Sa mort. 130.
Sforce (Francisque) se lie avec le Pape. XVII. 156. 469. Rentre en grace avec l'Empereur. XVIII. 131. Fait décapiter l'Ambassadeur de France. Détails de l'affaire. 233 & suiv. Epouse la niéce de Charles V. 249. Envoie au Roi s'excuser de la mort de Merveilles. 250. Sa mort. 300.
Sickingen (François de),

Capitaine de l'Armée de l'Empereur, affiége Méziéres. XV. 393. Somme le Chevalier Bayard de lui livrer la Ville. Ibid. Conçoit des foupçons contre le Comte de Naffau. 398. Ravage la Picardie. 401. Fait alliance avec Robert de la Marck. XVI. 227 & 359. & déclare la guerre au Duc de Lorraine. 228 & fuiv. Paffe au fervice de la France. 232. Attaque la Ville de Metz. 234. Ravage le pays du Landgrave de Heffe. 235. Se déclare pour l'Empereur. 240. Attaque les François devant Sedan. 312. Demande une entrevue avec le Seigneur de Sedan. 313. Conclud une trêve entre l'Empereur & le fieur de Sedan. 315.

*Sigifmond*, Roi de Hongrie, reçoit le Comte de Nevers qui vient à fon fecours. VI. 91. Il attaque la Ville de Raco. 93. Affiége Nicopoli. 98.

*Sigifmond d'Autriche* fait alliance avec les Suiffes contre le Duc de Bourgogne. XI. 347.

*Sillé-le-Guillaume*, affiégé par les Anglois, capitule. VII. 290.

*Silly* (*George de*), Gouverneur de Tarente pour Charles VIII. XIV. 29 & 30. Refufe au Prince de Tarente de lui rendre la Ville. 31. Repouffe les Vénitiens. 36.

*Silly* (*Jacques de*). Son entreprife au Siége de Pavie. XVII. 358.

*Silly* (*François de*). XVII. 8. 21.

*Simay* (le Seigneur de). XVII. 94.

*Simon* (*Gilles de Saint-*) eft fait Chevalier. VII. 293. Prifonnier. 314. Marche au fecours d'Harfleur à la tête des Troupes du Connétable. 359.

*Simon* (*Antoine de Saint-*). VIII. 47.

*Simon* (*Saint-*) enlève un Canon aux ennemis dans leur Camp. XXI. 64.

*Sifuentes* (le Comte de), Ambaffadeur ordinaire de l'Empereur Charles auprès du Saint-Père. XX. 11.

*Sixte IV*, fouverain Pontif, envoie à Louis XI plufieurs Reliques. XII. 86.

*Soiffons*, Ville; le Roi Charles l'affiége. V. 363. Divifion entre les Habitans & la Garnifon. Ibid. Elle eft prife d'affaut. 364. Affiégée par les Troupes de Charles VII, Roi de France. VII. 236. Eft prife d'affaut. 237.

*Soiffons* (le Vicomte de) marche au fecours de la Ville de Lintz. IX. 219.

*Soliers* (*Charles de*). XVII.

49. Envoyé en ôtage en Angleterre. 83.

Soliman II, Empereur des Turcs, prend l'isle de Rhode. XVII. 202. Déclare la guerre à Charles V. XVIII. 208. Il est battu. 297.

Sombresset, Lieutenant du Roi d'Angleterre. VII. 350. Sa mort. IX. 127.

Somme (le Duc de) rassemble de nouvelles Troupes. XXI. 159.

Sommerset (le Comte de) tenant le parti des Bourguignons, va trouver le Roi Louis XI à la Bastille. XIII. 79.

Sommerset (le Duc de) rend le Palais de Rouen au Roi de France; à quelles conditions. IX. 372. Cousin de Henri VI, Roi d'Angleterre, défait, en bataille rangée, les ennemis du Roi, & lui procure la liberté. XIII. *Mémoires de Jean de Troye.* 12.

Songne (Guillaume de Saint-) est fait Chevalier. VIII. 336. Est préposé à la garde de Luxembourg. 374.

Sonnac (Guillaume de), maître du Temple. Il met en fuite un gros de Sarrasins. I. 113. Sa mort. 126.

Sorbier (Louis), Lieutenant de Pontoise pour Joachim Rouault, Maréchal de France, livre la Ville aux Bourguignons. XIII. 87. Recouvre sa liberté. 105.

Sorbon (Robert de) mange avec Saint-Louis. 11. Reproches que le Roi lui fait. *Ibid.* Il reproche à Joinville le luxe de ses habits. 13. Copie de son testament. 265.

Sorel (Agnès), Maîtresse de Charles VII, Roi de France. V. 324. François I$^{er}$ lui donne des éloges. 326.

Soret (Eftor du) donne dans l'embuscade de Jaquemin. VIII. 117. Est fait prisonnier. 118.

Soria (la Forteresse de) est assiégée. IV. 352. & prise d'assaut. 354.

Soto (le Capitaine) est décapité. XVII. 168.

Sotomajore (Alonse de), Gentilhomme Espagnol, vaincu par le Chevalier Bayard, se rend à sa discrétion. XV. 17 & *suiv.* S'échappe. 21. & est repris. 23. Paye sa rançon. 24. Se plaint injustement du Chevalier Bayard. 26 & *suiv.* Accepte le combat & est vaincu. 30 & *suiv.* & meurt dans le combat. 34.

Soubs-Plenville (Guillaume de) attaché au Duc de Bretagne, son Ambassadeur pour la paix avec Louis XI. XI. 210. Est récompensé par le Roi. 212.

Souleuvre (le Damoiseau de)

Q ij

prend le parti du Duc de Bourgogne. VIII. 137.

*Squanville* (*Pierre de*) s'empare de plusieurs Places situées sur la rivière de Seine. III. 427. Il exige des droits exorbitans, & ruine le commerce de Paris & de Rouen. 428. Il se rend prisonnier de guerre. IV. 38.

*Stain* (*George de*), Lieutenant de l'Armée de l'Empereur dans le Frioul. XV. 204.

*Stenay* (*de*) assiége & se rend maître de Trélon. XXI. 24. Est envoyé à Landrecy. 84.

*Sternay* (le Seigneur de), Général de Normandie, pour échapper à la fureur du Roi, se déguise en Cordelier. XIII. 119. Est condamné à être noyé. 122.

*Stonhameton* (*Thomas*) tué à la journée de Cravent. VII. 15.

*Stroffy* (*Pierre*) commande en Italie mille hommes de l'Armée Françoise. XX. 127. Se joint à l'Armée Françoise au Siége de Luxembourg. XXI. 45. Descend sur les terres d'Angleterre & ravage le pays. 222.

*Suffolck* (le Duc de) assiége Montargis, Cravent. VII. 14. 56. Lève le Siége. 60. Est chargé de la garde du Comte de Richemont. 243. Assiste aux conférences tenues à Arras. 308. Vient à Tours auprès du Roi Charles. 379. Lieutenant pour le Roi d'Angleterre au Siége de Thérouenne. XV. 341. Epouse Marie d'Angleterre, veuve de Louis XII, Roi de France. 364. Emmène de Lorraine au Roi un Corps de Lansquenets. XVI. 112. Marche contre les Espagnols dans le Royaume de Navarre. *Ibid.* & 114. Tient un pas d'armes. 166. Reste en France en qualité d'Ambassadeur ordinaire. 167. Epouse secrètement la Reine Marie. 171. XVII. 29. Son frère meurt dans la Tour de Londres. 35. Son autre frère est remis à Henri VII par Philippe Roi d'Espagne., & il périt par l'ordre de Henri VIII. XVII. 36. Le Duc de Suffolck est obligé de quitter la France. 37. Commande l'Armée d'Angleterre. 239. Sa mort. 392.

*Suffort* (le Comte de), Général des Anglois, se rend prisonnier. VII. 136.

*Suisses* (les) défont l'Armée du Duc de Bourgogne devant Vaumarcou. IX. 235. à Morat. 237. Rompent la trève accordée par le Roi des Romains. IX. 319. Sont défaits à Ferrare. 320. Font la guerre en Bourgogne avec succès. XI. 247. Font des offres au Duc de Bourgogne qui les refuse. 344. Font plusieurs pertes. 347 & suiv. Attaquent les Bourguignons & les défont. 350. Quel usage ils firent du riche butin qu'ils avoient pris dans le Camp du Duc. 361. Viennent au secours de la Ville de Morat assiégée par le Duc de Bourgogne. 365. Gagnent la bataille. 367. Acceptent le traité proposé par Charles d'Amboise. Conditions de ce traité. XII. 39. Se réunissent à la France pour la conquête du Royaume de Naples. 168. Se révoltent contre Charles VIII. 369. Circonstances de leur retour du Royaume de Naples. 393. Dans le Conseil de France, on délibère de supprimer leurs pensions pour avoir fourni des Troupes à Maximilien d'Autriche. 446. Défont le Duc de Bourgogne. XIII. 328. 352. & suiv. Les François devant Novarre. XIV. 189. Assiégent Dijon. 192. Projettent de ravager la France. 194. Prennent la route de Milan. 200. Attaquent les François à Marignan. 202. Et sont défaits. 204. Se retirent dans Milan.

XV. 375. Sont défaits. Attaquent les François devant Pavie. 104. Les défont à Trécas. 131 & suiv. Assiégent Dijon. 138. Par un accord fait avec le sieur de la Tremouille & pour de l'argent, lèvent le Siége. 140. Assiégent Dragony. 181. Sont chassés de Ville-Franche par les François. 183. Cruautés qu'ils exercent dans la Ville de Chivas. 187. Se retirent dans Novarre. 188. Sont défaits à Marignan. 202. Les Treize-Cantons font la paix avec le Roi de France. 211. Viennent au secours des François à Milan. 223. Envoyent demander du secours aux Lignes grises. XVII. 14. 422. Ils se jettent dans Novarre. 14. Y sont assiégés. Ibid. Y font entrer du secours. 16. Taillent en pièces les Lansquenets. 17. Ils assiégent Dijon; détails du Siége. 24 & 25. Abandonnent Cony. 51. Font un traité avec le Roi. Détails du traité. 53 & suiv. Manquent au traité. 56. Marchent contre le Roi. 57. Livrent bataille & sont défaits. Détails du Combat. 57 & suiv. Font un traité à Milan. 64. Abandonnent l'Armée faute de paye. 181. Forcent le passage d'Iste; se joingnent à

Q iij

Prosper-Colonne. 182. Refusent de suivre le Comte de Saint-Pol. 198. Exigent qu'on attaque l'ennemi. 216. Lâchent pieds. 221. Se retirent. 223. Deux cens dès leurs sont massacrés par Jean de Médicis. Leur vengeance. 314. Le secours qu'ils envoient est repoussé. 318. Abandonnent notre Camp. 340. Quittent l'Armée devant Pavie. 385. Au service de la France, arrivent au Camp devant Péronne. XX. 4. Se mutinent & viennent à Pignerol. 396. Mauvais traitemens qu'ils éprouvent des Espagnols à Mont-Devis. XXI. 88. Se vengent à la bataille de Serisolles. 135.

*Sully* ( *Georges de* ), Capitaine de Tarente, y meurt de la peste. XII. 264.

*Sultan*. Du nom & de la dignité de Sultan ou Soudan. III. 180 & *suiv*.

*Superfax* ( le Baron de ) traite pour les Suisses avec le Duc de Nemours. XV. 217.

*Surienne* ( *François de* ), chef des Anglois, se rend maître du Château de Fougeres. VII. 387.

*Syon* ( le Cardinal de ) exhorte les Suisses à manquer à la parole qu'ils avoient donnée aux François. XIV. 201. Effets de ses discours. XV. 376. S'oppose à la paix entre les Suisses & le Roi de France. XVI. 190. Marche en personne contre les François. 191. XVII. 51. Fait rompre aux Suisses leur traité. 56. Fuit en Allemagne. 62.

## T.

*Tabary*, Capitaine de Brigands, est défait avec sa Troupe. V. 404. Sa mort au Siége de Toucy. 450.

*Taillebourg* (Château de). Bataille entre les Anglois & les François. I. 47.

*Taillebourg* (le Comte de) marche avec Charles VIII à la conquête du Royaume de Naples. XIV. 146.

*Tais* ( *de* ) commande en Italie deux cens chevaux de l'Armée Françoise. XX. 127. Tué à l'attaque de Cazal. 150. Se rend maître de Saint-Damien. XXI. 143. Montcallier. *Ibid*. & plusieurs autres Places. *Ib*.

Descend sur les terres d'Angleterre, & repousse les Anglois. 222. 231. 269.

*Talbot*, Général des Anglois, surprend les François dans la Ville du Mans. VII. 67. Assiége & se rend maître de Pontorson. 69. Prend par escalade la Ville de Laval. 70. Se retire à Baugency. 137. Est fait prisonnier à la bataille de Patay. 143. Se trouve au Siége de Pontorson. 267. Prend sur les François Bordeaux & les Pays voisins. IX. 401. Secourt la Ville de Castillon assiégée par les François. 405. Livre bataille & la perd. 514. Presse le Siége de Thérouenne. XV. 341. Est attaqué par les François auprès de Boulogne. XVI. 142.

*Talemond* (le Prince de). XVII. 46. Sa mort. 59.

*Tamerlan*, Prince de Tartarie; ses exploits militaires. VI. 163. Il attaque & défait Bajazet. 164. Sa mort. 165.

*Tancarville* (le Comte de) s'excuse d'obéir aux ordres de Charles V, Roi de France, qui l'appelle auprès de lui. V. 217.

*Tanneguy du Chastel*, par ordre du Dauphin, va trouver le Duc de Bourgogne. V. 428. Il l'assassine. 540.

*Tannie* (le Château de) se rend aux Anglois. VII. 33.

*Tarascon* (la Ville de) est assiégée par le Duc d'Anjou. IV. 266. Elle fait une vigoureuse défense. 269. Est avertie par un Espion de l'arrivée de Bertrand dans le Camp du Duc d'Anjou. IV. 267. Elle capitule. 271.

*Tardieu* (*Jean de*) propose au jeune Bayard de publier un tournoi. XIV. 373. Sa querelle avec le Chevalier Bayard. 42 & *suiv*.

*Tarente*, attaquée par Don Frédéric d'Arragon & défendue par Georges de Silly, Gouverneur de la Ville pour Charles VIII. XIV. 39 & *suiv*. est secourue. 37.

*Tartarins* ( les ) racontent aux Ambassadeurs du Roi de France la forme de leur Gouvernement. II. 69. Ils se soulèvent contre leur Souverain. 70. Ils élisent un Roi. 72. Discours qu'il leur tient. 73. Tous ceux qui tenoient le parti du Prêtre Jean, se soumettent à son obéissance. 74. Aventure singulière. *Ibid*. Avec trois cens hommes ils défont l'Empereur de Perse qui en avoit trois cens mille. 90.

*Tavannes* ( le Capitaine ). XVII. 17. 112.

*Tavernier* (le Capitaine) est

Q iv

préposé à la garde de la Ville d'Arlon. XXI. 42. Pille la Ville & l'abandonne. 60.

*Teligny* (de), Sénéchal de Rouergue, assiégé par les Anglois dans Thérouenne. XV. 341. Chef général de la Ville pendant le Siége. XVI. 145. Est blessé & fait prisonnier. 33. XVII. 9. 46. 115. Défait un corps de Bourguignons. 117. Reste à Montreuil. 155. Va à Milan où il se fait aimer. 159. Défait un gros de Bourguignons. 200. Sa mort. *Ibid.* Guidon de la Compagnie du Comte de Sancerre, fait une sortie contre les Impériaux & fait plusieurs prisonniers. XXI. 166.

*Templiers* (les) poursuivent les Sarrasins. I. 97. Ils perdent deux cent quarante hommes d'armes. 98. Ils sont défaits. 125. Ils insultent quelques Chevaliers de Joinville. Quelle fut leur punition. II. 83. Ils attaquent la Ville de Belinas. 110.

*Tende* (le Comte de) poursuit les Impériaux. XX. 92.

*Tenferne* (le Seigneur de) garde le Château de Milan. XVIII. 27.

*Termes* ( *Olivier de* ). II. 233. Il secourt Joinville à Belinas. 114. Il arrive à l'Isle de Chypre & y reste. 127.

*Termes* (de) est chargé de ravitailler Thérouenne. XX. 157. Reproche au Marquis de Guast la mort des Ambassadeurs du Roi de France. 312. 318. Se trouve au Siége de Perpignan. 387. Est envoyé à la découverte de l'ennemi. 112. Est fait prisonnier. 129.

*Ternant* ( le Seigneur de ). VIII. 50. Est nommé Butinier à Luxembourg. 130. Fait armes à pied & à cheval contre Galiot de Baltasin. 150 & *suiv.* Fait arrêter comme prisonnier un riche Anglois. 240. Est enfermé dans le Château de Courtray. 241. Marche à la tête d'un Corps de troupes contre les Gandois. 287.

*Terrail* (Bayard, Seigneur de), sur le point de mourir, appelle auprès de lui ses enfans. Discours qu'il leur tient. XIV. 323. Assemble ses Amis & les consulte au sujet de son fils Pierre. 327.

*Tertre* ( *Pierre du* ) projette d'empoisonner Charles V, Roi de France. V. 265. Sa confession; son supplice. 266.

*Tessacq* (le S<sup>r</sup> de), frère du Sieur de Nouailles, est fait Chevalier. IX. 384.

## DES MATIÈRES.

*Testeclere* (*Jacques*), Huissier du Trésor Royal. XIII. 30.

*Thérouenne*, Ville, est assiégée. XVII. 8. On y envoi du secours. 21. Echec des François. 22. 23. La Ville capitule & se rend aux Anglois qui la brûlent. 24. Le Roi la fait rebâtir. 77. Noms des Seigneurs qui se joignent à Antoine de Vendôme pour la ravitailler. XX. 436.

*Thesin* (*Antoine*) procure le Rappel de Ludovic Galeas, depuis Duc de Milan. XII. 140. Est renvoyé de la Cour. 142.

*Thibault*, Comte de Champagne, vient au secours de Saint-Louis. Il défait le Comte de Bretagne. I. 34. Il fait la paix avec le Comte Pierre de Bretagne, & promet d'épouser sa fille. 37. Il renonce à son mariage; raisons de ce refus. 38. Il vend au Roi de France plusieurs Fiefs. 41. Copie de l'acte de la vente. 202.

*Thibault*, second fils du Comte Henri le Large, Comte de Blois. I. 44.

*Thibault IV*, Roi de Navarre, demande en mariage Isabelle, fille de Saint-Louis. II. 139.

*Thibaut*, ses conquêtes. VIII. 24. Il plaide en présence du Duc de Bourgogne en faveur des Grantson. 34

& 36. Est fait Gouverneur de Bourgogne. Joûte avec Diégo de Valiere. 81.

*Thionville* (les Habitans de) demandent une trève; ils l'obtiennent; à quelles conditions. VIII. 406.

*Tholoigny* (*Hugues de*) au Siége de Rive-Droit. VI. 149.

*Thomas*, Duc de Clarence, frère de Henri, Roi d'Angleterre, arrive à Troyes. V. 451. Il va faire la guerre en Normandie. 465. Sa mort. 468.

*Thomas*, Ecuyer Anglois, vient combattre Jacques de Lalain. VIII. 219 & s.

*Thomelin Folisset* se défend avec un bâton, de ceux qui veulent le faire prisonnier. IV. 391. Il renverse plusieurs Chevaliers François. *Ibid.* Il se rend prisonnier à Clisson. 392.

*Thorines* (*de*), Lieutenant de la Compagnie du Comte de Tende, se trouve à l'avant-garde de l'Armée en Piémont. XXI. 113.

*Tian* (le bâtard de) est assiégé dans Senlis. V. 403. Il défend la Ville de Rouen contre les Anglois. 418.

*Tibaville* (le Seigneur de) va en Angleterre à la suite du bâtard de Bourgogne. IX. 104.

*Tignonville* (*Guillaume de*) marche contre le Comte de Périgord. VI. 139.

*Tiguerette.* Son action de bravoure sauve l'Armée. XVII. 259.

*Tillay* (*Jamet du*) entre au Ministère VII. 378.

*Tillemont* assiégée & prise d'assaut. XVI. 31.

*Tilliers* (*Louis de*), Notaire & Secrétaire du Roi, Trésorier de Carcassonne. Sa mort. XIII. 35.

*Tinteville* (le Chevalier de) est fait prisonnier. IX. 283.

*Tinteville* (*Gaucher de*) chargé par le Roi de faire en Italie une levée de Troupes. XX. 126.

*Tircelin* (*Jean*), Seigneur de la Brosse, envoyé auprès de l'Empereur pour porter les excuses de Louis XI, & entretenir la division entre le Duc de Bourgogne. XI. 261.

*Toison d'Or* (Solemnité de la) à Gand. VIII. 176. Noms des Princes & Seigneurs qui s'y trouvèrent. 177. Cérémonies de l'offrande. 185.

*Toléde* (la Ville de) est assiégée par Henri. IV. 154. Précautions du Gouverneur pendant le Siége. 283. Il est averti qu'il lui arrive du secours. 304. Il refuse de croire à la mort de Pierre. 346. Son opiniâtreté. 347. Il rend les clefs à Henri. 349. Les habitans chargent l'Evêque de porter à Henri les clefs de la Ville. IV. 151. Ils ouvrent les Portes de leur Ville à Pierre, vainqueur de Henri. 235. Ils refusent de se rendre à Henri. 252. Extrémité à laquelle ils sont réduits pendant le Siége. 154. Ils demandent du secours à Pierre-le-Cruel. Ibid.

*Tomelin* (*Olivier de*) mort au Siége de Pontorson. VII. 269.

*Tongre*, Ville auprès de laquelle se donna la bataille entre les Liégeois & les Troupes du Duc de Bourgogne & du Duc Guillaume de Hollande. V. 338.

*Tonnerre* (le Comté de). Sa mort. XVII. 396. Est envoyé par le Roi pour visiter la Duchesse d'Urbin. XVIII. 232.

*Tonnoire* (le Capitaine) somme le Capitaine de Saint-Paul à rendre la Ville aux Impériaux. XX. 196. Fait prisonnier le Général Villebon. 202.

*Torcy* (*de*) marche au secours de Beauvais. XIII. 234.

*Torsay* (*Jean de*) va en ambassade auprès de l'Empereur de Constantinople. VI. 138. Assiége Cône. VII. 11.

*Tortose* (Notre-Dame de). Observations. II. 238.

Miracles qui s'y font. 116.
Toucy (Relation du Siége de). V. 449.
Toulongeon (Tristan, Seigneur de) défend la Ville de Rouen contre les Anglois. V. 418. Demande le combat pour Pierre de Chandios. VIII. 246. Conduit des Troupes dans le Duché de Luxembourg. VIII. 267. Est fait Chevalier. 391.
Toulongeon (Claude de) conduit des Troupes dans le Duché de Luxembourg. VIII. 267. Va en Angleterre à la suite du bâtard de Bourgogne. IX. 104.
Toulonion, Maréchal de Bourgogne, pris à la bataille de Cravent & échangé. VII. 26.
Tour (Henri de la). Ses conquêtes. VIII. 25. Entre en armes dans le Duché de Luxembourg. 95.
Tour (Magdeleine de la), fille de Jean de la Tour, Comte d'Auvergne & de Boulogne, épouse Laurent de Medicis. XV. 387. Elle met au monde Catherine de Medicis, dans la suite Reine de France. Ibid.
Tour-Landry (de la). Sa querelle avec quelques Gentilshommes. XX. 281.
Tournay (la Ville de) envoie des secours d'hommes & d'argent à Charles, Régent du Royaume de France. III. 428. Se met sous l'obéissance du Roi de France. VII. 70. Est restituée au Roi. XVII. 82. Est assiégée par le Seigneur de Fiennes. 116. Capitule & se rend. 155.
Tournay (M. de) fait un discours sur l'Ordre de la Toison d'Or. IX. 257.
Tournehan (Ville). XVII. 8.
Tourniel (le Comte Philippe) va à Novarre. XVII. 203.
Tournois (de l'origine & l'usage des). II. 432.
Tournon (le Seigneur de) est fait prisonnier. XVII. 91. Sa mort. XVIII. 107.
Tournon (le Cardinal de), Lieutenant du Roi à Lyon, reçoit ordre de secourir au besoin le Lieutenant Général de Turin. XX. 152.
Tours (Etats du Royaume tenus à) pour pacifier la guerre du bien public. XIII. 168 & suiv. Assemblée des Notables contre le Duc de Bretagne. 466.
Touteville (François de) tué par les Anglois dans une escarmouche. XXI. 251.
Traiette (le Duc de) est envoyé en France par Charles. V. XVIII. 22.
Traves (le Seigneur de) poursuit les Liégeois qui le repoussent avec perte. IX. 238.
Trécas (Relation de la ba-

taille de) entre les Suisses & les François. XVI. 130 & *suiv.*

*Treille* (Robert de la) se joint à Bertrand pour une expédition contre les Anglois. IV. 17.

*Treisignies* (le Seigneur de) prend parti pour les Gandois. IX. 271.

*Tremouille* (Jean de la), Cardinal, frère de Louis, meurt à Milan. XIV. 176.

*Tremouille* (Charles de la), fils aîné de Louis II. Sa naissance. XIV. 136. Son éducation. 174. Epouse Louise de Coictivy. *Idid.* Sa conduite à la bataille d'Agnadel contre les Vénitiens. 178. Est blessé mortellement à la bataille de Marignan. 204.

*Tremouille* (François de la), fils de Charles, épouse Anne de Laval. XIV. 213.

*Tremouille* (Louis II, Seigneur de la), surnommé le Chevalier sans reproche. Son éducation. XIV. 112 & 239. Malgré les remontrances de son père sur les ordres du Roi, il part pour la Cour de Louis XI. 117 & *suiv.* Est reçu au nombre des Enfans d'honneur. 120 & 262 & *suiv.* Ses premières amours. 122 & *suiv.* & 266. Vole au secours de son père malade. 129. Est remis en possession de la Vicomté de Thouars & autres terres. 131. Epouse Gabrielle de Bourbon. 133 & *suiv.* Est fait Lieutenant Général de l'Armée. 140. Assiége Fougeres. 141. Commande le Corps d'armée. 143. Gagne la bataille. *Ibid. & suiv.* Noms des Seigneurs qui servoient avec lui & qui se distinguèrent dans la bataille. 284. Récompense qu'il reçoit du Roi. *Ibid.* Marche avec Charles VIII à la conquête du Royaume de Naples. 146. Est envoyé en Ambassade auprès du Pape. 147. Sa conduite dans une circonstance périlleuse. 150. Commande l'arrière-garde à la bataille de Fornoue. 152. Est nommé Amiral de Guienne. 154. Confirmé dans toutes ses Places par Louis XII, successeur de Charles VIII, est nommé Lieutenant général de l'Armée en Italie. 161. 167. Il tombe malade. 168. Est nommé Gouverneur de Bourgogne. 169. Succès de sa négociation en Suisse. 180. Repasse en Italie en qualité de Lieutenant général, suivi de plusieurs Seigneurs & grands Capitaines. 184. Harangue les Capitaines de son Armée. 187. Secourt Dijon assiégé par les Suisses & les Bourguignons. 192. Se transporte au camp des ennemis, & les engage à renoncer à leur entreprise. 196. Suit le Roi François Premier, Roi de France, dans une nouvelle expédition pour le recouvrement du Duché de Milan. 200. Vient à Thouars auprès de son Epouse. 207. qu'il assiste à la mort. 210. Il épouse en secondes nôces Louise, Duchesse de Valentinois. 212. Est envoyé Lieutenant Général en Picardie. 217. Comment il rendit inutiles tous les projets des Anglois. 220 & *suiv.* Oblige le Légat à lui remettre la Ville d'Avignon. 226. Suit le Roi en Italie. 227. Est fait Lieutenant Général de Milan. 228. Se rend auprès du Roi tenant le Siége de Pavie. 231. Est blessé. 234. Meurt d'un coup d'Arquebuse. 235. Son corps est transporté en France. 236. Est nommé Lieutenant Général de l'Armée d'Italie. XVI. *Mémoires de Fleuranges.* 118. Vient à Dijon contre les Suisses. 137. Fait un traité avec les Suisses qui lèvent le Siége. 140. Envoyé par le Roi à Ardres pour recevoir les Ambassadeurs du Roi d'Angleterre & les accompagner en France. 259. Fait Général de l'Armée. XVII. *Mémoires de du Bellay.* 4. Il est défait devant Novare. 10. Est envoyé pour reconquérir le Duché de Milan. 14. Fait le Siége de Novarre. *Ibid.* Il est blessé & se retire avec perte à Suze. 18. Il est assiégé à Dijon. Circonstances du Siége. 24 & 25. Accompagne le Roi. 47. Va en Flandre au secours du Duc de Vendôme. 240. Va commander en Picardie. 265. Met des Troupes dans les Places. 298. Quitte Milan & rejoint le gros de l'Armée. 382. Sa mort. 392.

*Tremouille* (le Seigneur de la) va au secours du Roi de Hongrie. VI. 88. Son courage à la bataille de Nicopoli. 108. Sa mort. 122. Particularités. 442.

*Tremouille* (Jean de la) est desservi auprès de Charles VII. VII. 49. Epouse Catherine de l'Isle-Bouchard. 50. Conspiration contre sa personne. 289. Il est fait Chevalier. VIII. 317.

*Tremouille* (Georges de la), Seigneur de Craon, Ambassadeur de Louis XI auprès du Duc de Bourgogne. XI. 189. 292. Lieutenant du Roi Louis XI. XII. 2. Assiége Dôle, est repoussé avec perte. 33. Remporte un petit avantage sur les

Bourguignons. 34. Donne la démiſſion des différens Gouvernemens qu'il avoit. *Ibid.* Eſt fait Grand-Maître d'Hôtel du Roi. XIII. 125. Envoyé en ambaſſade auprès du Duc de Bourgogne. 225. Eſt fait Lieutenant Général. 260. Défait le Prince d'Orange devant la Ville de Gray. 366.

*Trevoul* (le Seigneur de), Chef de l'Armée du Roi de Naples. XII. 167. Oblige la Ville de Pontrême à ſe rendre à Charles VIII. 281. Reçoit ordre du Roi Charles de donner des Gens d'armes à Baptiſte Fregoſe, contre la Ville de Gênes. 403.

*Trichatel* (Hugues de), Seigneur d'Eſconflans, eſt tué par les Turcs. I. 99.

*Tripoli* (les Habitans de) s'oppoſent à la deſcente du Maréchal de Boucicaut. VI. 232 & *ſuiv.* Livrent bataille & la perdent. 236 & *ſuiv.*

*Triſtan l'Hermite*, Prévôt des Maréchaux de l'Hôtel du Roi. XIII. 156.

*Trivulce* (*Jean-Jacques*) commande l'avant-garde à Fornoue. XIV. 151. Eſt forcé d'abandonner la Ville de Milan, dont il étoit Gouverneur. 160. Il opine contre Louis de la Tremouille, & ſon avis devient contraire aux François. 188. Reçoit à Milan Louis XII, où il lui donne un magnifique repas. XV. 63 & 441. Marche au ſecours des Vénitiens contre l'Empereur Maximilien. 64. Défait l'Armée du Pape. 207. Attribue l'honneur de la victoire au Chevalier Bayard. 208. Prend le commandement de l'Armée Françoiſe au défaut du Grand-Maître Chaumont d'Amboiſe. XVI. 70. Reprend ſur les Vénitiens la Mirandole. 74. Perſuade au Roi d'envoyer une nouvelle Armée en Italie. 117. Fête le Roi à Milan. 213. Eſt fait Maréchal de France. XVII. 4. 17. 46. Aſſiége Breſſe. 69.

*Trivulce* (*Alexandre de*) demande des ſecours & fortifie la Ville de la Mirandole contre l'Armée du Pape. XV. 172. Dreſſe lui-même les articles de la capitulation. 180. Sa mort. XVII. 161.

*Trivulce* (le Seigneur *Camille*) eſt tué. XVII. 205.

*Trivulce* (*Théodore*), Général des Vénitiens, eſt fait priſonnier. XVII. 185. Se retire en France après la bataille de Pavie. 395. Eſt fait Maréchal de France. XVIII. 20 Eſt obligé de rendre le Château de Gênes. 114.

**Trivulce** (le Cardinal de) envoyé en France par le Pape. XIX. 172. Vient à Savillan vers l'Empereur. 287.

**Troïlus**, emmène au service du Duc de Bourgogne des Lombards & des Italiens. IX. 217.

**Tromargon** (*Louis de*) appelé par le Comte d'Aumale contre les Anglois. VII. 19.

**Tron** (*Saint-*) assiégée. XI. 13. Se soumet à la discrétion du vainqueur. 23.

**Troussel** (le Chevalier), Anglois, se bat en champ clos contre Bertrand du Guesclin. III. 447. Il est vaincu. 448.

**Troye** (la Ville de) est assiégée par les Barons de France au service du Comte Pierre de Bretagne. I. 39. Les Barons lèvent le Siége. I. 40. Les Anglois renfermés dans Troye attaquent les François. VII. 152. Capitulent. 159.

**Turenne** (*Antoinette de*), fille aînée de Raimond, Vicomte de Turenne & d'Eléonor de Cominge, le Maréchal de Boucicaut la choisit pour la Dame de ses pensées. VI. 25. Elle arrive à Gênes. Cérémonies de son entrée. 199.

**Turenne** (le Vicomte de). XVII. 111. 154.

**Turin** (la Ville de) est prise par les François. XIX. 36. Est surprise par les Impériaux. Par quel stratagême. XX. 433 *& suiv.* 517.

**Turin** (*Jean de*) commande en Italie cinq cens hommes de l'Armée françoise. XX. 127.

**Turle** (*Jean*), Capitaine des Séditieux de Gênes, assassine le Commandant Choleton. VI. 456.

**Turquant**, Juif, meurtrier de la Reine Blanche de Bourbon. IV. 154. Pierre l'exile de sa Cour. 156. Il est surpris par un Chevalier Anglois, auquel il demande la vie, lui promettant de livrer à Henri la Ville de Séville. 157. Il rend compte à Henri du succès de son entreprise. 160. Il se bat en champ clos contre Daniot. 183. Il meurt d'un coup de Tonnerre. 184.

## U.

URBAIN V, Pape, apprend la naissance de Charles, fils aîné de Charles V, Roi de France; ce qu'il fit à cette occasion. V. 290.

Urbain (le Duc d'), neveu du Pape Jules, assiége la Mirandole. XV. 171. Met à mort le Cardinal de Pavie. 103. Envoyé en France par le Pape pour tenir en son nom sur les Fonts de Baptême le Dauphin. XVI. 241. Epouse une fille de la maison de la Tour. 242. Revient en Italie. 245. Prend Laude. XVIII. 26. S'empare de Crémone. 28. Prévient l'Armée du Duc de Bourbon. 35. Se réunit au Comte de Saint-Pol. 104. Assiége Pavie. 105. Rejoint l'Armée Françoise. 116.

Urbin (le Duché d') est remis à Laurent de Medicis. XVII. 74. Est repris par Francisque Marie. 193.

Urfé (Pierre d'), grand Ecuyer de France, vient à Péronne. XI. 49. Lève des Troupes à Gênes pour Charles VIII. XII. 161. Tombe malade à Gênes. 181.

Urfé (François d'), Seigneur d'Orose, visite le Chevalier Bayard. XV. 37. Se signale dans un combat contre les Espagnols. 38 & suiv.

Ursins (Guillaume Juvenal des) est arrêté prisonnier. XIII. 28. Est fait Chancelier de France. 116.

Ursin (Jules) préposé à la garde de la Ville d'Albe. XX. 243. La rend aux ennemis par composition. 253.

Ursin (Virgile), Chef de l'Armée du Roi de Naples. XII. 167. Rend au Roi de France toutes les Villes de son territoire. 198. Est fait prisonnier. 224. & ammené en France. 165. Prend la fuite. 317.

Ursins (les) contre les Colones. XII. 199.

Ursins (Nicolas des), Comte de Petiglane, Général de l'Armée des Vénitiens. XV. 69. Soutient le Siége de Padoue contre l'Empereur & les François. 90 & suiv.

## V.

*Vachiere* (*Cisron*), Maître d'Hôtel du Duc de Lorraine, est fait prisonnier par les Bourguignons. XI. 384. & pendu. 385.

*Vagant* (*Thomas*) traite du mariage du Duc de Bourgogne avec margueritte d'Yorck. IX. 132.

*Vaillant* (*Jean*), Procureur Général du Roi en Piémont. XX. 426.

*Valence* (*Jean de*) va en Egypte réclamer la foi des traités. II. 64. Il ramène deux cens Chevaliers. 65.

*Valence* (le Cardinal de) garant du traité entre le Pape & Charles VIII. 221. S'enfuit. 223.

*Valenciennes* (*Jean de*) secourt Joinville à Belinas. II. 114.

*Valentine*, fille du Duc Galeas de Milan, épouse de Louis Duc d'Orléans. V. 336. Ses enfans. *Ibid*.

*Valepergne* (*Theaulde de*) secourt Orléans assiégé. VII. 82.

*Valeri* (*Jean de*). I. 259. Discours qu'il tient au Roi. 72. Le conseil qu'il lui donne est approuvé par les Barons. 164. Il demande au Roi l'arrière-garde pour le sire de Chatillon. III.

*Tome I.*

Il est pris par les Turcs & délivré par son frère. 139.

*Valiere* (*Diego de*) se présente au pas d'armes, & combat contre Thibaut, Comte de Rougemont. VIII. 81.

*Vallés* (*Guillaume de*), Lieutenant du Sénéchal de Normandie, vient au secours de Beauvais. 134.

*Valmonton* (le Comte *Bernardin* de) attaque les François devant Fornoue. XII. 304.

*Valogne* (le Gouverneur de) méprise les menaces de Bertrand. IV. 44. Il assemble les Officiers de sa garnison & capitule. 47. Quelques Officiers rentrent dans la Tour & s'y défendent. 48.

*Valpergne* (*Thibaut de*). IX. 380.

*Valserre*, Ville où le Comte Thibault de Champagne devoit épouser la fille du Comte Pierre de Bretagne. I. 37. Les Barons de France assemblés à Valserre, se disposent à attaquer le Comte Thibault. I. 39.

*Vandel* (*Guillaume*) est fait Chevalier. VII. 339.

*Vandeneffe* (le Seigneur de),

R

frère du Maréchal de Chabannes, fait prisonnier le Général de l'Armée Vénitienne. XIV. 177. Sa mort. 225. Resté pour garder Côme Capitule. 187. Envoie un cartel au Marquis de Pesquaire. 188. Sa mort. 341.

*Vanlay* ( de ) prévient le Seigneur d'Annebaut de l'arrivée de l'Armée Françoise. XX. 135.

*Van-Roſt* (*Martin*) envoyé à Liesse pour secourir au besoin la Picardie ou la Champagne. XX. 382. Est fait Maréchal de Gueldres & amène des secours à l'Empereur. XXI. 59.

*Vaquerie* (*Jean de la*), premier Préſident du Parlement de Paris. XI. 416. Reçoit les Ambaſſadeurs de Gand. XIII. 432.

*Varenne* (le Sénéchal de la). Sa mort. IX. 76.

*Vaſque* (*Pierre*). VIII. 243.

*Vaſſé* (*de*), Gouverneur de Pignerol, ſe rend maître de la Ville & Château de Barges. XX. 402.

*Vaucourt* (*Louis de*). VII. 310.

*Vaudemont* (le Comte de), héritier du Duché de Lorraine, eſt fait priſonnier par les Troupes du Duc de Calabre. XIII. 258. Vient au ſecours du Pape, & prend une partie du Royaume de Naples.

XVIII. 33. Se retire à Marſeille. 34. Sa mort. 101.

*Vaudois* (l'erreur des) diſcutée, jugée & punie dans ceux qui en étoient accuſés. IX. 431 *& ſuiv.*

*Vaudré* (*Pierre de*). VII. 298.

*Vaudrey* ( *Guillaume de* ) joûte contre un Ecuyer gaſcon. VIII. 81. Jacques de Viſque qu'il bleſſe. 86.

*Vaudrey* ( *Philibert de* ), maître de l'artillerie du Duc de Bourgogne. Aſſiége Villy. VIII. 98. Repouſſe les ennemis. 115.

*Vaudrey* (*Antoine de*) joûte contre Jean de Compays. VIII. 82.

*Vaudrey* ( *Claude de* ) fait armes contre Cadat de Bueil. IX. 128. Propoſe un pas d'armes à Lyon. XIV. 348. Joûte contre pluſieurs Seigneurs. 364.

*Vaugaire* (les Habitans de) demandent grace à Louis de Luxembourg. XV. 6.

*Vauguyon* ( le Seigneur de la ). XVII. 111. 154.

*Vauldré* eſt fait priſonnier. XVIII. 93.

*Vauris* (*Gerard*), Conſeiller du Comte de Charolois, raconte au Duc de Bourgogne les griefs du ſieur de Croy contre ſon fils Charles. IX. 463.

*Vauru* ( le bâtard de ) défend la Ville de Meaux aſſiégée par le Roi Henri. V. 486. Le Roi Henri le fait pendre. 488.

*Vauru* (*Denis de*). Sa conduite envers les Laboureurs. V. 552. Il est condamné à être pendu. 489.

*Veer* (*Guillaume de*) tué à la bataille d'Azincourt. VII. 240.

*Veer* (*Olivier le*) est fait Chevalier. VII. 293.

*Velly* (le Seigneur de) Ambassadeur du Roi près l'Empereur. XVIII. 297. Sa dépêche au Roi; la réponse. XIX. 6. Ses négociations. 7 & *suiv*. Obtient une audience du Pape. 50. Ses discussions avec l'Empereur. 57 & *suiv*. Accompagne l'Empereur au Consistoire. 65. Discussion avec lui. 83. Autre discussion. 86. Exige de lui l'aveu de sa promesse: 96. Cache au Roi les propositions de Charles V. 99. Conserve toujours l'espoir de la conciliation. 109. Va à Sienne vers l'Empereur. 111. Nouvelles négociations. 156. Est rappelé par le Roi. 279.

*Venacq* (le sieur de) est fait Chevalier. IX. 384.

*Vendel* (*Guillaume*) secourt la Gravelle assiégée par les Anglois. VII. 272.

*Vendosme* (le Comte de) reçoit le commandement de l'Armée. VII. 173. Est fait prisonnier à la bataille d'Azincourt. 240. Est choisi pour aller à Arras traiter de la paix. 307.

*Vendosme* (le Duc de) marche avec Charles VIII à la conquête du Royaume de Naples. XIV. 146.

*Veneur* (*le*), Evêque de Lisieux, est fait Cardinal. XVIII. 261.

*Veniers* (*de*) se bat en champ clos contre de Sanzay. XX. 282. Sa mort. 284.

*Vénitiens* (*les*) jaloux de la prospérité des Génevois. VI. 194 & *suiv*. Envoient des Ambassadeurs au Roi de France. 134. Avertissent les Sarrasins des desseins du Maréchal de Boucicaut. 232. Leurs projets contre le Maréchal. 255 & *suiv*. Etat de leur Flotte. 261. Ils donnent le Signal du combat. 164. Abandonnent le champ de bataille. 269. Leur cruauté envers les prisonniers de guerre. 273. Ils s'excusent auprès du Roi de France. 278. Répondent aux propositions de Charles VIII, Roi de France. XII. 158. Sur la conquête du Royaume de Naples, reçoivent les Ambassadeurs de différens Princes. 244 & *suiv*. Leurs plaintes contre Charles VIII. 250. Font une ligue avec le Pape, le

R ij

Roi des Romains & de Castille, & le Duc de Milan. 255. Réjouissances publiques à l'occasion de cette ligue. 257 & *suiv.* État de leur Armée devant Fornoue. 293 & *suiv.* 301. Commencent l'attaque. 310. & fuyent. 312 & *suiv.* Traité de paix avec Charles VIII & le Duc d'Orléans. 366 & *suiv.* Leur réponse relativement aux articles du traité de paix. 372 & *suiv.* Font une ligue contre Charles VIII. XIV. *Mémoires de Guillaume de Villeneuve.* 6. Assiégent le Château de Trani. 15. Somment Guillaume de Villeneuve de se rendre, & à quelles conditions *Ibid.* Sont repoussés devant Tarente. 36. Réclament leur solde & menacent de se retirer. 71. Sont défaits à Agnadel. *Mémoires de Louis de la Trémouille.* 177. Menacés de la guerre par Maximilien, reclament la protection de Louis XII. XV. *Mémoires de Bayard.* 63. Font un traité d'alliance avec l'Empereur. 64. Quelques conquêtes & plusieurs prisonniers sur les François. 70. Sont défaits à Agnadel. 72. Reprennent sur l'Empereur la Ville de Padoue. 75. Par quel artifice ils défont les François à Lignago. 160 & *suiv.* Assiégent Véronne. 215. Se rendent maîtres de la Ville de Bresse. 231. Sont défaits par les François qui la reprennent d'assaut. 244. & *suiv.* Attaquent les François dans Pavie. 318. Campent auprès d'Agnadel où ils sont défaits. XVI. *Mémoires de Fleuranges.* 43 & *suiv.* Rendent la Ville & le Château de Pesquiere. 46 & *suiv.* & plusieurs autres places. 49. Campent auprès de Ferrare. 75. Marchent vers Boulogne. 79. L'assiégent. 85. Levent le Siége. 86. Sont défaits à Bresse. 88. à Ravenne. 91 & *suiv.* Reprennent Pavie. 104. Viennent au secours du Roi. 204. Assiégent Véronne. 293. Sont défaits. XVII. *Mémoires de du Bellay.* 11. Assiégent Bresse. 72. Assiégent Véronne. 73. Sont mis en déroute. 185. Renvoyent Lautrec. 193. Refusent de se lier avec les François. 233. Se liguent contre François I$^{er}$. 260. 484. leur Armée se joint à celle des Espagnols. 310. Réunissent leur Flotte à celle des François. XVIII. 111. Sont poursuivis par Doria. 112. Se retirent à Cassan. 117.

*Venouse* (la Ville de) est

assiégée par les François &
se rend. XVIII. 85.

Ventadour (le Comte de) est
fait prisonnier à la journée
de Cravent. VII. 15. A
celle de Verneuil. 32.

Verceil, Village. XVII. 53.

Vere (le Seigneur de la) est
fait Chevalier de la Toison d'Or. VIII. 190. Lève
des Troupes contre les
Gandois. 286. Arrive à
Ruplemonde. 341.

Verez (le Seigneur de) porte
du secours à Geneve.
XVIII. 296.

Vergne (Petit Jean de la)
prend d'assaut un Château
auprès de Pampelune. XV.
332.

Vergy (Seigneur *Guillaume*
de) arrive à Burse chargé
de négocier pour la rançon
du Comte de Nevers. VI.
327. VIII. 52. Epouse la
fille de Neuf-Chastel. IX.
38. Est fait Sénéchal de
Bourgogne. XI. 445. Est
fait prisonnier. 446. Refuse de prêter serment à
Louis XI. *Ibid.* Par les
conseils de sa mère, il se
soumet au Roi. 447 &
560. qui le comble de
bienfaits. XII. 102. Se
trouve au Siège de Dijon.
XVI. 138.

Vernade (de la), Maître des
Requêtes, harangue l'Electeur de Treves. XVI.
250. Celui de Cologne.
252.

Vernambourg (Jean de)
offre ses services au Duc
de Bourgogne. VIII. 97.

Verneuil (Bataille entre les
Anglois & les François auprès de). VII. 30 & *suiv.*

Vérone (Troupes dans la
Ville & la Forteresse de)
pour sa défense. XVI. 63.
Se rend. XVII. 12. Elle
est remise à l'Empereur.
*Ibid.* Est prise par Lautrec. 71.

Veronne (l'Evêque de) envoyé aux Suisses & fait
prisonnier. XVII. 186.

Vers (Etienne de), premier
Valet-de-Chambre de
Charles VIII & Bailli de
Meaux. XII. 92. Crédit
dont il jouit à la Cour.
131. Est fait Sénéchal de
Beaucaire & Chambellan
du Roi. 139. Est fait Duc
de Nôle & Connétable de
Naples. 263 & 491.

Vert (le), Chevalier, se
signale à la bataille de Cocherel. IV. 34. Il se trouve
à l'attaque de Valogne.
42. Il s'élance au milieu
des Combattans. 68. Il
renverse l'étendard du
Comte de Montfort. 72.
Secourt Bertrand. 73. Il se
joint à lui contre le Roi
d'Espagne. 108.

Verulam (l'Evêque de) cabale en Suisse contre François I$^{er}$. XVIII. 228. Est
mandé pour se justifier.
229.

R iij

*Vervin* (*de*), Lieutenant de Roi à Landrecy pendant le Siége. XXI. 73. Est préposé à la garde de Boulogne pendant le Siége de Montreuil. 153. Capitule & rend la Place. 197 & s. & 322.

*Vianne* (*Aimar de*) mort au Siége de Melun. V. 459.

*Vic* (la Ville de) prise par les François. XVIII. 86.

*Victry* (le Bailli de), Comte de Nanteuil, est préposé à la garde de la Ville d'Yvoy. XX. 379.

*Viefville* (*Louis de la*), Capitaine de Gravelines. IX. 480. Sa conduite avec sa femme. 481. Est accusé devant le Duc de Bourgogne. *Ibid.*

*Vienne* (*Jean de*), Amiral de France, va au secours du Roi de Hongrie. VI. 88. Porte la Bannière des François devant Nicopoli. 102. Son courage. 108. Sa mort. 112. Circonstances de sa mort. 441.

*Vienne* (*Guillaume de*). Sa mort. VIII. 2.

*Vieuville*, Maréchal du Duc Philippe. Sa mort. V. 484. Commande dans Gênes en l'absence du Maréchal de Boucicaud. VI. 203.

*Vieville* (le bâtard de), Capitaine des Archers du Duc de Bourgogne. IX. 130.

*Vieville* (*Louis de la*), Seigneur de Sains, demande au Duc de porter Bannière. VIII. 336.

*Vigère* (le Marquis de) est fait prisonnier. XVII. 185.

*Vigere*, Ville; le Roi s'y retire. XVII. 65. Est prise. 212.

*Vignoles* (*Thévenot de*) défend la Ville de Beauvais. XI. 206. Marche au secours des Liégeois. XIII. 154.

*Vilaines* (le Besgue de) console Charles, Dauphin de France, pendant l'assaut de Melun. III. 433. Il se trouve à l'attaque de Valogne. IV. 42. Il opine pour l'attaque de Tolède. 148. Il commande l'avant-garde. 200. Il se rend au Prince de Galles. 224. Il est remis en liberté. 252. Le Duc d'Anjou lui donne des Troupes pour secourir Henri. 252. Il défait un Corps de troupes de Pierre. 284. Stratagême dont il se sert pour intimider les Habitans de Tolède. 286. Il commande l'aîle gauche de l'Armée. 321. Il tue le neveu du Roi de Belmarin. 324. Il fait prisonnier le Roi Pierre. 338. Il refuse ses offres. *Ibid.* Il fait avertir Henri de la prise de Pierre. 339.

*Villain* (*Philippe*) s'entre-

DES MATIÈRES.

met pour la paix entre les Gandois & l'Archiduc. IX. 311.
Villarnou (de) est livré aux Gandois. IX. 298.
Villars (le Sire de) au Siége d'Orléans. VII. 79. Laisse sa succession à Louis XI. XIII. 203.
Villars (le Comte de) est fait prisonnier auprès de Thérouenne. XX. 215.
Ville (Guillaume de), Chevalier, favorise l'évasion du Seigneur d'Imbercourt. XI. 57. Il en est puni de mort par les Liégeois. Ibid.
Villebon (de), Lieutenant du Roi, pourvoit à la sûreté de la Ville & du Château de Saint-Paul. XX. 184. Refuse de la rendre aux Impériaux. 197. Est fait prisonnier. 202. Est envoyé à Gravelines. 203.
Villeclaire (le Seigneur de). XVII. 123.
Villecler (Mademoiselle de). IX. 409. Maîtresse de Charles VII, Roi de France. Ibid.
Ville-Franche, Ville. 50.
Villefranche (le Capitaine) enveloppe un bataillon d'Impériaux & le défait. XXI. 130.
Villene (Regnaud de), Avocat à Rouen, reçoit chez lui Marguerite d'Anjou, Reine d'Angleterre. XIII. 450.

Villeneuve (Guillaume de), Chevalier, Conseiller, Maître d'Hôtel du Roi Charles VIII, Gouverneur & Capitaine de Trani au Royaume de Naples, est assiégé par les Napolitains. XIV. 14. Sa réponse aux Vénitiens qui le somment de se rendre. 15. Même réponse à Don Fédéric d'Arragon. 16. Est trahi & abandonné d'une partie de ses Soldats. 18. Avec quel courage il soutient l'assaut. 20 & suiv. Forcé de se rendre, il est conduit au Château de Galippe. 24. 25. 41. Est conduit à Naples. 46. Se justifie devant Fédéric d'Arragon. 60 & suiv. Est enfermé dans le Château de Naples. 62. Ce qu'il eut à souffrir durant sa captivité. 73. Recouvre la liberté. 81. S'embarque pour revenir en France. 84. Arrive à Lyon auprès du Roi Charles VIII. 86. qui le fait son Maître d'Hôtel de bouche. 87.
Villequier (Robert de) se joint à Bertrand pour une expédition contre les Anglois. IV. 17.
Villette (Geoffroi de). 26. 179.
Villiers (Jacques de). VIII. 66.
Villiers (le Seigneur de) XVII. 112.

R iv

*Vimerat* ( *Francisque Bernardin de*) est chargé de ravitailler Thérouenne. XX. 157 & 158. Est fait prisonnier. 215. Se trouve à l'avant-garde de l'Armée en Piémont. XXI. 113.

*Vincence* , Ville, se rend. XVII. 12, Elle est remise à l'Empereur. *Ibid.*

*Vincestre* (le Cardinal de) Anglois, assiste aux Conférences tenues à Arras. VII. 308.

*Vire* se rend aux François. VII. 399.

*Vireton*, Ville, est assiégée. XVII. 99.

*Viscomte* (*Bénédict*) blesse au bras le Duc Sforce. XVII. 281.

*Viscomti* commande en Italie deux mille hommes de l'Armée Françoise. XX. 127. Apporte en Italie les nouvelles de la bataille de Serisolles gagnée par les François. XXI. 140.

*Visfarin* ( *Ludovic* ) livre Laude au Duc d'Urbin. XVIII. 26.

*Visque* (*Jacques de*), Comte de Saint-Martin, joûte contre Guillaume de Beaufremont. VIII. 83.

*Vital* (le Seigneur de) est envoyé parlementer avec le Marquis de Pesquaire. XVII. 234.

*Vitey* (Situation de la Ville de). XXI. 166. Est prise par les Impériaux. 170.

*Vitry* (le Bailli de), Capitaine du pays d'Aquile. XII. 264.

*Volan* ( *Jean* ), Marchand de Paris, l'un des envoyés auprès de Charles VII pour justifier les Parisiens. XIII. 9.

*Vos* (*Thean de*), Député des Gandois pour traiter de la paix. VIII. 365.

## W.

*W*ANCOUR (le Sire de) avec ses deux fils, s'oppose au passage des Anglois. V. 379. Il prend le parti du Dauphin contre le Roi d'Angleterre. 467.

*Wandrille* (*Auger de Saint-*) mort au Siége de Toucy. V. 449.

*Wanon* (*Raoul de*) est pris par les Turcs. I. 99. Joinville & ses Chevaliers le délivrent. *Ibid.*

*Wartis* ( le Capitaine ) est blessé à Fossan. XIX. 254. Empêche les ennemis d'entrer dans Turin. XX. 241.

*Warvic* ( le Comte de ), Ambassadeur du Roi d'Angleterre auprès du Roi Charles, pour lui demander en mariage Catherine, sa fille. 441. Il va au secours de la Ville de Cône. 498. Assiége Montargis. VII. 56. Lève le Siége. 60. Assiége & se rend maître de Pontorson. 69. 267. Passe en France. IX. 125. Ses intelligences dans la Ville de Londres. Ibid. Sa mort. 127. Déclare la guerre au Roi d'Angleterre. XI. 143 & suiv. Est vaincu par ce même Roi. 169 & suiv. Est élu chef de la conspiration contre Henri de Lancastre, Roi d'Angleterre. XIII. *Mémoires de Jean de Troye*. 6. Se rend maître de sa personne. Ibid. Arme une Flotte, & prend terre en Normandie. 204. Repasse en Angleterre. 209 & suiv. Replace sur le trône Henri VII. 211. Est fait Régent du Royaume. 212. Son entrevue à Rouen avec Louis XI. 141 & suiv. Est vaincu par Edouard & meurt dans le combat. 222.

*Was de Suavedra* (Pierre), Chevalier Castillan, se présente pour le pas d'armes. VIII. 70. Se présente au Duc de Bourgogne. 72. qui le retient pour son Chambellan. 81. Fait la guerre par mer aux Sarrasins. IX. 97.

*Waurin* (le Seigneur de). VIII. 47. Remporte le prix de la joûte. Ibid.

*Wayssy* (Jean de), Prêtre. Il va seul aux Sarrasins; il met en fuite six Capitaines Turcs. I. 119. Sa mort. 142.

*Wiltem* (-Frédéric) remporte le prix de la joûte. IX. 62. Fait la guerre aux Sarrasins. 97.

*Wincester* (l'Evêque de) est envoyé à la place du Duc de Northfolk. XVIII. 231.

*Wirtemberg* (le Duc de) se trouve au Siége de Dijon par les Suisses. XVI. 138. Ses démêlés avec les Confédérés de la ligue de Suabe. XVIII. 263. Sa lettre au Roi. 265. La réponse du Roi. 267. Vient à Ausbourg. 278. Noms des différens Députés qui l'assistent. Ibid. Est ajourné à la diette. 281. Ses raisons sont goûtées. 282. Remet au Roi le Comté de Mont-Belliard. 285. Lève des Troupes, rentre dans son Duché & le Comté de Mont-Belliard. Ibid. Passe en Piémont avec dix mille Lansquenets. XX. 230. 434.

*Wolf* (le Comte) est chargé d'amener des Lansquenets. XVII. 39. Sa mort. XVIII. 107.

*Wolfskam*, Duc de Bavière, vient au secours du Roi des Romains. IX. 300.

*Worme*, Ville. XVII. 98.

## Y.

YENVILLE (Prise de la Ville d') par le Comte de Salisbery. VII. 74. Se rend à l'obéissance du Roi de France. 144.

Yoland, de France, Duchesse de Savoie, sœur de Louis XI, cherche à se réconcilier avec son frère. XI. 359.

Yoland (Madame), fille du Roi de Sicile, épouse le Comte de Montfort. VII. 287.

Yorc (le Duc d'), oncle de Henri, Roi d'Angleterre, est blessé à mort à la bataille d'Azincourt. V. 384.

Yorc (le Duc) secourt Pontoise. VII. 365.

Yriée, Ville. XVII. 14.

Ytier, Marchand, se charge pour le Duc de Bourgogne, d'empoisonner le Roi Louis XI. XIII. 262.

Yves, le Breton, de l'Ordre des Frères Prêcheurs, porte au Soudan de Damas la réponse de Saint-Louis. II. 56. Porte des présens au Prince des Beduins. 61. L'instruit de la Religion chrétienne. 63.

Yve (Saint-) est préposé à la garde de la Ville de Maubeuge, avec cinq cens hommes d'armes. XXI. 18.

Yville, au Siége de Saint-Paul, par les Impériaux, défend le bastion de Dourlens. XX. 194. Est fait prisonnier. 202. Est envoyé vers lui pour lui faire part de la triste situation des Assiégés à Landrecy. XXI. 68.

Yvoy, Ville, se rend à l'Armée Françoise. XX. 377. Etat des Capitaines & de la garnison. 378.

Ybri (le Château d') rendu au Duc de Betfort. VII. 26.

Yzanay (*Guillaume d'*), Valet-de-Chambre ordinaire du Roi. XX. 4.

## Z.

ZIZIME, frère de Bajazet II, est remis entre les mains de Charles VIII, par Alexandre VI, Pape. XII. 221. Sa mort. 232.

*Fin de la Table des Matières.*

# TABLE GÉNÉRALE
## DES SOMMAIRES ET CHAPITRES

Contenus dans les Mémoires relatifs à l'Histoire de France,

Depuis le Tome I, jusqu'à XXI inclusivement.

# SOMMAIRE

Des Mémoires du Sire de Joinville.

## PREMIÈRE PARTIE.

| Années | Texte. | Tomes | Pag. |
|---|---|---|---|
| 1215 | Louis IX. Vertus qu'il pratiqua dans son enfance. Ses différentes conversations, avec Joinville & Robert de Sorbon. | I. | 5. |
| | Il donne des instructions aux Princes, ses enfans. | I. | 14 |
| | Réponse de Guillaume, Evêque de Paris, consulté par un homme qui avoit des doutes sur la présence réelle au Sacrement de l'Eucharistie. | I. | 19 |

TABLE GÉNÉRALE

| Années | Texte. | Tomes | Pag. |
|---|---|---|---|
| 1215 | De quelle manière un Chevalier termina une dispute de Religion. | I. | 22 |
|  | Saint-Louis rend la justice à ses Sujets au pied d'un Chêne dans le Bois de Vincennes. | I. | 25 |
| 1258 | Il conclud un traité de paix avec le Roi d'Angleterre. | | |

## SECONDE PARTIE.

| Années | Texte. | Tomes | Pag. |
|---|---|---|---|
| 1215 | Naissance de Saint-Louis; son Couronnement. | I. | 31 |
| 1226 | Il pardonne au Comte de Bretagne, Pierre de Dreux, surnommé *Mauclerc*. | I. | 34 |
| 1234 | Traité de paix entre la Reine de Chypre & le Comte de Champagne. | I. | 41 |
| 1242 | Bataille de Taillebourg. Danger qu'y court le Roi. | I. | 46 |
|  | Discussion entre Henri III, Roi d'Angleterre, & le Comte de la Marche qui se rend prisonnier du Roi Saint-Louis. | I. | 47 |
| 1243 | Il tombe dangereusement malade; se croiser Princes & Seigneurs qui suivent son exemple. | I. | 48 |
| 1248 | Départ de Saint-Louis pour | | |

| Années | Texte. | Tomes | Pag. |
|---|---|---|---|
| 1248 | la Terre-Sainte. Celui de Joinville. | I. | 52 |
| | Arrivé en Chypre, Saint-Louis reçoit les Ambassadeurs du Roi de Tartarie, & lui envoie les siens. | I. | 58 |
| 1249 | Saint-Louis arrive devant Damiette; débarquement de l'Armée Chrétienne; Met en fuite les Sarrasins & se rend maître de la Ville. | I. | 64 |
| | Alphonse, Comte de Poitiers & de Toulouse, arrive à Damiette. | I. | 79 |
| | Description du Nil. | I. | 82 |
| | Effets du feu grégeois. | I. | 90 |
| 1250 | Combat entre les Chrétiens & les Sarrasins dans la Ville de Massoure. Saint-Louis y fait des prodiges de valeur. Le Comte d'Artois, son frère, y perd la vie. | I. | 97 |
| | Maladies particulières qui ravagent l'Armée Chrétienne. | I. | 136 |
| | Proposition de paix entre Saint-Louis & le Sultan de Babylone. | I. | 142 |
| | Saint-Louis revient à Damiette. Il est fait prison- | | |

| Années | Texte. | Tomes | Pag. |
|---|---|---|---|
| 1250 | nier. L'Armée Chrétienne est défaite. | I. | 145 |
| | Joinville se rend prisonnier aux Sarrasins qui lui conservent la vie. | I. | 152 |
| | Dissertation sur les cottes d'Armés; sur l'origine des couleurs & des métaux dans les Armoiries. | I. | 312 |
| | A quelles conditions le Sultant offre la liberté aux Princes & Seigneurs chrétiens. | II. | 8 |
| | Saint-Louis conclut un traité avec le Sultan; il promet quatre cent mille livres; rend Damiette & une trève de dix ans. | II. | 13 |
| | Mort du Sultan. | II. | 18 |
| | Saint-Louis refuse de faire le serment proposé par les Sarrasins. | II. | 23 |
| | Les Génois reçoivent Saint-Louis sur une de leurs Galères; les Turcs retiennent prisonnier le Comte de Poitiers jusqu'à l'entier paiement de deux cent mille livres. | II. | 31 |
| | Situation de la Reine Marguerite pendant la captivité de Saint-Louis. Elle met au monde un | | |

# DES SOMMAIRES.

| Années | Texte. | Tomes | Pag. |
|---|---|---|---|
| 1250 | fils qui fut surnommé Tristant. | II. | 39 |
| | Saint-Louis arrive à Acre, assemble les Princes & Seigneurs de sa Cour, & leur demande s'il doit ou ne doit revenir en France. Résolution de son Conseil. | II. | 46 |
| | Saint-Louis reçoit les Ambassadeurs de l'Empereur Ferry; du Sultan de Damas; du Prince des Beduins; *le Viel de la Montagne*. | II. | 55 |
| | Quelques principes de la Religion des Beduins. Le frère Yves, envoyé ambassadeur auprès du Prince, le combat. | II. | 61 |
| | Cérémonies de l'enterrement du Comte Gautier de Brienne à Acre. | II. | 65 |
| 1253 | Saint-Louis vient à Césarée & en fait rétablir les Fortifications. | II. | 67 |
| | Différens jugemens que S. Louis porte contre plusieurs chevaliers chrétiens. | II. | 82 |
| | Saint-Louis fait alliance avec le Sultan d'Egypte, contre celui de Damas. Il vient à Japhe. | II. | 86 |

| Années | Texte. | Tomes | Pag. |
|---|---|---|---|
| 1253 | L'Empereur de Perse, Barbaquan, ravage le Royaume de Jérusalem. | II. | 90 |
| | Combat d'un Chevalier contre dix Turcs. | II. | 99 |
| | Saint-Louis apprend la mort de la Reine Blanche de Castille, sa mère. Prend la résolution de repasser en France. S'embarque à Acre. Danger qu'il court aux approches de l'Isle de Chypre. | II. | 118 |
| | Il arrive au Port d'Yeres. Histoire du Cordelier Hugues. | II. | 135 |
| 1254 | Saint-Louis visite la Sainte-Beaume en Provence, & revient à Paris. | II. | 138 |
| | Traité de paix entre Saint-Louis & Henri III, Roi d'Angleterre; il réconcilie entr'eux plusieurs Princes & Seigneurs. | II. | 142 |
| | Loi contre les Blasphémateurs. | II. | 145 |
| | Réglement pour l'exacte administration de la Justice. | II. | 149 |
| | Saint-Louis abolit la Vénalité de la charge de Prévôt de Paris. | II. | 154 |
| | Sa charité envers les Pauvres. | II. | 159 |

| Années | Texte. | Tomes | Pag. |
|---|---|---|---|
| 1270 | Saint-Louis fait un second vœu de passer dans la Terre-Sainte, & part pour Tunis. | II. | 158 |
| | Il tombe dangereusement malade. Instructions qu'il donne aux Princes ses enfans. | II. | 159 |
| | Sa mort. Son Corps est transporté à Saint-Denis en France. | II. | 166 |
| | Dissertation sur les plaids de la Porte, & de la forme que nos Rois observoient pour rendre la justice en personne. | II. | 349 |
| | . . . . . . Sur le Frérage & le Parage. | II. | 367 |
| | . . . . . . Sur les Assemblées solemnelles des Rois de France. | II. | 384 |
| | . . . . . . Sur les Cours & les Fêtes solemnelles des Rois de France. | II. | 405 |
| | . . . . . . Sur l'origine & l'usage des Tournois. | II. | 432 |
| | Extrait des Manuscrits Arabes, contenant plusieurs particularités sur la Vie de Saint-Louis. | III. | 1 |
| | Dissertation sur les armes à outrance, les joûtes, la Table ronde, les Be- | | |

*Tome I.*          S

| Années | Texte. | Tomes | Pag. |
|---|---|---|---|
| 1270 | hourds & la Quintaine. | III. | 81 |
| | Dissertation sur l'exercice de la chicane ou du jeu de Paume à cheval. | III. | 108 |
| | . . . . . . Sur les Chevaliers Bannerets. | III. | 113 |
| | . . . . . . Sur les Gentilshommes de nom & d'Armes. | III. | 130 |
| | . . . . . . Sur le cri d'Armes. | III. | 141 |
| | . . . . . . Sur l'usage du cri d'Armes. | III. | 154 |
| | . . . . . . Sur la mouvance du Comté de Champagne. | III. | 162 |
| | . . . . . . Sur les Comtes Palatins de France. | III. | 167 |
| | . . . . . . Sur l'Escarcelle & le Bourdon des Pelerins de la Terre-Sainte. | III. | 176 |
| | . . . . . . Sur le nom & la dignité de Sultan ou Soudan. | III. | 180 |
| | . . . . . . Sur le mot *sale*, sur les loix & terres saliques. | III. | 183 |
| | . . . . . . Sur la Bannière de Saint-Denis & sur l'Oriflamme. | III. | 190 |
| | . . . . . . Sur le tourment des Bernicles & le Cippus des anciens. | III. | 199 |

| Années | Texte. | Tomes | Pag. |
|---|---|---|---|
| 1270 | Dissertation sur la rançon de Saint-Louis. | III. | 203 |
| | ..... Sur les adoptions d'honneur en frères, & les frères d'armes. | III. | 208 |
| | ..... Sur les adoptions d'honneur en fils, & sur l'origine des Chevaliers. | III. | 220 |
| | ..... Sur les Couronnes des Rois de France de la première, seconde & troisième race; ensemble sur celles des Empereurs d'Orient & d'Occident, des Ducs, des Comtes de France & des grands Seigneurs de l'Empire de Constantinople. | III. | 230 |
| | ..... Sur la communication des armoiries des familles, ou d'une partie accordée par les Princes à diverses personnes, par forme de privilége ou de récompense. | III. | 248 |
| | ..... Sur la prééminence des Rois de France au-dessus des autres Rois de la terre, & par occasion sur quelques circonstances du Regne de Louis VII, Roi de France. | III. | 259 |

| Années | Texte. | Tomes | Pag. |
|---|---|---|---|
| 1270 | Dissertation sur le Port *Itius* ou *Iccius*. | III. | 267 |
| | ...... Sur les guerres privées & sur le droit de guerre par coutume. | III. | 276 |
| | Liste des Chevaliers qui accompagnerent S. Louis dans le voyage d'Outremer. | III. | 305 |

# MÉMOIRES
## De Bertrand du Guesclin.

| Années | Texte. | Tomes | Pag. |
|---|---|---|---|
| 1311 | CHAPITRE PREMIER. Où le Lecteur admirera le penchant que *Bertrand* avoit pour la guerre dans son enfance même. | III. | 345 |
| 1326 | Chap. II. Où *Bertrand* remporta le prix dans un tournoi qui se fit au milieu de Rennes, après avoir toujours eu l'avantage dans tous les combats de lance qu'il donna. | III. | 359 |
| | Chap. III. Où l'on verra l'artifice & le courage avec lequel *Bertrand* s'empara de la Citadelle de Fougeray pour Char- | | |

| Années | Texte. | Tomes | Pag. |
|---|---|---|---|
| 1326 | les de Blois, contre Simon de Montfort, lorsque ces deux Princes se faisoient la guerre pour soutenir l'un contre l'autre leurs droits prétendus sur le Duché de *Bretagne*. | III. | 364 |
| | Chap. *IV*. Où l'on admirera le stratagême dont se servit *Bertrand* pour faire lever le Siége de Rennes, assiégée par le Duc de Lancastre, & comme il se jeta dans la Place pour la secourir. | III. | 368 |
| | Chap. *V*. De l'avantage que *Bertrand* remporta dans le combat qu'il eut avec Guillaume de Bambroc, Chevalier Anglois, en présence du Duc de Lancastre, & de plusieurs artifices qu'il mit en usage pour faire lever à ce Prince le Siége de Rennes. | III. | 384 |
| | Chap. *VI*. De l'avantage que *Bertrand* remporta dans un combat singulier contre Thomas de Cantorbie, durant le Siége de Dinan, par le Duc de Lancastre. | III. | 398 |
| | Chap. *VII*. Siége de Ber- | | |

| Années | Texte. | Tomes | Pag. |
|---|---|---|---|
| 1326 | cherel par le Comte de Montfort, & levé dans la suite par composition. Avec quelle adresse Bertrand s'évada des prisons de ce Prince, & les conquêtes qu'il fit depuis. | III. | 417 |
| 1356 | Chap. *VIII*. Bertrand prend d'assaut le Château de Melun, sous les yeux de Charles, Dauphin, Régent de France. | III. | 429 |
| | Chap. *IX*. Du Siége, assaut, prise & destruction du Fort de *Rouleboise* & de la prise de *Mante* & de *Meulan*, dont les murailles furent détruites. | IV. | 1 |
| 1364 | Chap. *X*. De la célèbre victoire que *Bertrand* remporta sur les Anglois devant Cocherel, où le Captal du Buc, leur Général, fut pris, & toute son Armée défaite. | IV. | 30 |
| | Chap. *XI*. De la prise de Valogne & de Carentan, par Bertrand, & de la victoire qu'il remporta sur les Anglois dans le même Pays. | IV. | 42 |
| | Chap. *XII*. Du Siége que Jean de Montfort mit | | |

| Années | Texte. | Tomes | Pag. |
|---|---|---|---|
| 1364 | devant la Citadelle d'Auray qui tenoit pour Charles de Blois, & pour qui Bertrand mena de fort belles Troupes à dessein de secourir la place. | IV. | 54 |
| 1365 | *Chap. XIII.* De la bataille que Charles de Blois perdit avec la vie devant Auray, contre Jean de Montfort, qui devint, par cette victoire, maître de la Bretagne. | IV. | 66 |
| 1366 | *Chap. XIV.* De l'origine de la guerre d'Espagne entre le Roi *Pierre,* dit *le Cruel,* & son frère naturel *Henri,* Comte de Transtamare. | IV. | 82 |
| | *Chap. XV.* De la mort tragique de la Reine *Blanche de Bourbon,* commandée par *Pierre-le-Cruel,* son mari. | IV. | 89 |
| | *Chap. XVI.* De l'adresse de *Bertrand* pour faire un Corps d'armée de tous les Vagabonds de France, & les mener en Espagne contre *Pierre-le-Cruel,* pour venger la mort de la Reine *Blanche,* & faire monter *Henri* sur le trône. | IV. | 100 |

| Années | Texte. | Tomes | Pag. |
|---|---|---|---|
| 1366 | Chap. XVII. De la prise de *Maguelon* & d'autres fortes Villes d'Espagne en faveur de *Henri*, contre *Pierre*. | IV. | 120 |
| | Chap. XVIII. De la reddition volontaire que firent de leurs Villes ceux de Burgos & de Tolède, aussitôt qu'ils apprirent que *Bertrand* & *la Compagnie Blanche* étoient en marche pour les assiéger. | IV. | 135 |
| | Chap. XIX. De la vaine tentative que fit *Pierre* auprès du Roi de Portugal, pour obtenir du secours; & du prix que *Mathieu de Gournay*, Chevalier Anglois, remporta dans un tournoi contre des Portugais. | IV. | 165 |
| | Chap. XX. De la foudre qui tomba miraculeusement sur *Daniot* & *Turquant*, Juifs, accusés du meurtre de la Reine *Blanche*, & qui voulurent se justifier en rejetant l'un sur l'autre ce crime, pour lequel on les fit combatre en champ clos. | IV. | 180 |
| | Chap. XXI. Du secours que | | |

| Années | Texte. | Tomes | Pag. |
|---|---|---|---|
| 1366 | le Roi *Pierre* alla demander au *Prince de Galles*, qu'il trouva dans Angoulême, & du présent qu'il lui fit de sa Table d'or, pour l'engager dans ses intérêts. | IV. | 187 |
| | *Chap. XXII.* Des lettres de cartel dont le *Prince de Galles* envoya défier *Henri*, avec menaces aux Anglois qui servoient sous lui, de confisquer leurs biens & de les punir comme criminels de haute trahison s'ils ne le quittoient. | IV. | 196 |
| | *Chap. XXIII.* De la victoire que le *Prince de Galles* remporta près de Navarette en faveur de *Pierre* sur *Henri*, où *Bertrand* fut fait prisonnier. | IV. | 209 |
| | *Chap. XXIV.* De la reddition volontaire de *Burgos*, *Tolède* & *Séville*, entre les mains de Pierre, & de son ingratitude envers le *Prince de Galles*, son bienfaiteur. | IV. | 227 |
| | *Chap. XXV.* De l'artifice dont se servit *Henri* pour parler au Roi d'Arragon, | | |

| Années | Texte. | Tomes | Pag. |
|---|---|---|---|
| 1366 | qu'il alla trouver déguisé sous l'habit d'un Pélerin de Saint-Jacques. | IV. | 237 |
| | Chap. *XXVI*. De la délivrance du *Maréchal d'Endreghem*, & du *Besque de Vilaines*, accordée par le *Prince de Galles*, & de la reddition de Salamanque entre les mains de Henri. | IV. | 250 |
| | Chap. *XXVII*. De la rançon que paya Bertrand au Prince de Galles, & du voyage qu'il fit en Espagne, pour se rendre avec tout son monde au Siége de Tolède qui tenoit encore contre Henri. | IV. | 281 |
| | Chap. *XXVIII*. De la grande bataille que *Bertrand* gagna sur le Roi *Pierre*, qui cherchant du secours chez les Sarrasins, tomba malheureusement entre les mains d'un Juif, auquel il fut vendu comme esclave. | IV. | 300 |
| | Chap. *XXIX*. De la dernière bataille que gagna *Bertrand* sur le Roi *Pierre*, qui perdit dans cette journée plus de cinquante | | |

| Années | Texte. | Tomes | Pag. |
|---|---|---|---|
| 1366 | mille hommes, & qui fut ensuite assiégé dans le Château de *Montiel*, où il se retira. | IV. | 319 |
| | Chap. XXX. De la prise du Roi *Pierre* par le *Besque de Vilaine*, comme il sortoit furtivement du Château de *Montiel*, pour se sauver. | IV. | 336 |
| 1369 | Chap. XXXI. De la cérémonie qui se fit à l'Hôtel de Saint-Pol à Paris, par *Charles-le-Sage*, Roi de France, en donnant l'épée de Connétable à *Bertrand*, qui, sous cette qualité, donna le rendez-vous à toutes ses Troupes dans la Ville de *Caën*, pour combattre les Anglois. | IV. | 364 |
| | Chap. XXXII. De la prise du Fort de *Baux* & de la Ville de *Bressière*, & de la sortie que les Anglois firent de *Saint-Maur-sur-Loire*, après y avoir mis le feu; mais qui furent ensuite battus par *Bertrand* devant *Bressière*. | IV. | 393 |
| | Chap. XXXIII. De la défaite & de la prise du Comte de Pembroc de- | | |

| Années | Texte. | Tomes | Pag. |
|---|---|---|---|
| 1369 | vant la *Rochelle*, par les Flottes d'Espagne & de France, dont la première étoit commandée par *Ivain de Galles*. | IV. | 418 |
| 1380 | Chap. *XXXIV*. De plusieurs Places conquises par *Bertrand* sur les Anglois, & de la reddition de la Ville de Randan devant laquelle il mourut, après en avoir reçu les clefs. | V. | 1 |
| | Noms des Chevaliers Bannerets, des Chevaliers Bacheliers & Ecuyers qui accompagnerent Bertrand du Guesclin dans ses différentes expéditions. | V. | 60 |

# MÉMOIRES

## De Christine de Pisan.

### PREMIÈRE PARTIE.

| Années | Texte. | Tomes | Pag. |
|---|---|---|---|
| 1380 | CHAPITRE PREMIER. Prologue. | V. | 99 |
| | Chap. *II*. Quelle fut la cause & par quel commandement ce Livre fut fait. | V. | 99 |

# DES SOMMAIRES.

| Années | Texte. | Tomes | Pag. |
|---|---|---|---|
| 1380 | Chap. III. La cause pourquoi ces Mémoires seront divisés en trois Parties. | V. | 101 |
| | Chap. IV & V supprimés. | | |
| 1337 | Chap. VI. Naissance du Roi Charles V, dit *le Sage*. | V. | 102 |
| | Chap. VII. De la jeunesse du Roi Charles. | V. | 103 |
| 1364 | Chap. VIII. Son Couronnement. | V. | 104 |
| | Chap. IX. X. XI. XII. XIII supprimés. | | |
| | Chap. XIV. Preuves & exemples de son courage. | V. | 105 |
| | Chap. XV. Comment le Roi Charles établit l'Etat en son vivant en belle ordonnance. | V. | 106 |
| | Chap. XVI. Comment en toutes choses étoit bien réglé. | V. | 108 |
| | Chap. XVII. De la phisionomie & corpulence du Roi Charles, *supprimé*. | | |
| | Chap. XVIII. Comment le le Roi Charles se contenoit en ses Châteaux, & de l'ordre de son Chevauchier. | V. | 112 |
| | Chap. XIX. De l'ordre qu'il mettoit dans la distribution des biens de son Royaume. | V. | 114 |

| Années | Texte. | Tomes | Pag. |
|---|---|---|---|
| 1364 | Chap. XX. Etat de la Reine. | V. | 114 |
| | Chap. XXI & XXII supprimés. | | |
| | Chap. XXIII. De la Justice du Roi Charles. | V. | 116 |
| | Chap. XXIV. De sa benignité; de sa clémence. | V. | 118 |
| | Chap. XXV. Sur ses emprunts. | V. | 119 |
| | Chap. XXVI & XXVII supprimés. | | |
| | Chap. XXVIII. Ordre de sa Maison & ses largesses. | V. | 120 |
| | Chap. XXIX & suiv. Des autres vertus du Roi Charles. | V. | 121 |

## SECONDE PARTIE.

| Années | Texte. | Tomes | Pag. |
|---|---|---|---|
| 1364 | Prologue. | V. | 130 |
| | Chap. II. III & IV supprimés. | | |
| | Chap. V. Comment le Roi Charles peut être dit Chevaleureux. | V. | 132 |
| 1366 | Chap. VI. Comment il s'avisa, par bon sens, de faire enaller les *Grands-Compagnies* de France. | V. | 134 |
| | Chap. VII. Comment, par le bel gouvernement du | | |

| Années | Texte. | Tomes | Pag. |
|---|---|---|---|
| 1366 | Roi Charles, aucuns Barons vinrent se rendre à lui. | V. | 136 |
| | Chap. VIII. Comment il envoya défier le Roi d'Angleterre. | V. | 137 |
| | Chap. IX. Comment le Roi Charles se pourvut sur le fait de la guerre, & les belles conquêtes qu'il fit en peu de tems. | V. | 138 |
| | Chap. X. Pourquoi le Roi ne se rendoit en personne à la guerre. | V. | 142 |
| | Chap. XI. XII. XIII & XIV. Des frères du Roi. | V. | 143 |
| | Chap. XV. XVI. Des fils du Roi. | V. | 153 |
| | Chap. XVII & XVIII supprimés. | | |
| 1369 | Chap. XIX. Le Roi Charles fait Bertrand du Guesclin Connétable. | V. | 967 |
| | Chap. XX. Comment les Chevaleureux firent grande fête de ce que Messire Bertrand étoit Connétable. | V. | 167 |
| | Chap. XXI. XXII & XXIII supprimés. | | |
| | Chap. XXIV. Comment Messire Bertrand marcha contre les Anglois qu'il déconfit. | V. | 168 |

| Années | Texte. | Tomes | Pag. |
|---|---|---|---|
| 1369 | Chap. XXV. De quelques Forteresses que Messire Bertrand assiégea & prit. | V. | 170 |
| | Chap. XXVI. Comment le Roi d'Angleterre envoya son fils, le Duc de Lancastre, en France, qui guères n'y fit. | V. | 172 |
| | Chap. XXVII. Comment le Duc de Lancastre s'en retourna à son pays. | V. | 176 |
| | Chap. XXVIII. Des Châteaux & Villes qui furent pris en plusieurs parts du Royaume par les François. | V. | 177 |
| 1375 | Chap. XXIX. Comment le Roi Charles, nonobstant sa bonne fortune en ses guerres & sa grande puissance, consentit à traiter de paix avec les Anglois. | V. | 178 |
| 1378 | Chap. XXX. Comment la force & puissance que le Roi Charles avoit en plusieurs grandes armes fut sur ses ennemis. | V. | 180 |
| | Chap. XXXI. Des principaux Barons que le Roi Charles tenoit communément sur les champs en plusieurs parts. | V. | 181 |
| | Chap. XXXII. Comment, | | |

| Années | Texte. | Tomes | Pag. |
|---|---|---|---|
| 1378 | pour le grand renom de la sagesse & de la bonne fortune du Roi Charles, plusieurs Barons vinrent se rendre à lui. | V. | 182 |
| | Chap. XXXIII. Des Gens d'armes qu'il envoya en Bretagne, & le bon exemple qu'ils y firent. | V. | 183 |
| | Chap. XXXIV. Comment le Roi Charles recouvra tout le Duché de Guienne. | V. | 184 |
| | Chap. XXXV. Comment tout le Duché de Bretagne lui demeura. | V. | 185 |
| | Chap. XXXVI. Chateaux & Villes que le Duc de Bourgogne prit en peu de tems. | V. | 186 |
| | Chap. XXXVII. Comme le Roi Charles étoit sage en faisant des conquêtes & en les gardant. | V. | 187 |
| | Ch. XXXVIII. Les navires que le Roi avoit sur mer. | V. | 187 |
| | Chap. XXXIX. Que le Roi Charles a été vraiment valeureux. | V. | 188 |

## TROISIÈME PARTIE.

| Années | Texte. | Tomes | Pag. |
|---|---|---|---|
| 1378 | CHAP. I. & II supprimés. | | |

Tome I.        T

| Années | Texte. | Tomes | Pag. |
|---|---|---|---|
| 1378 | Chap. III. Comment le Roi Charles fut philosophe, & ce que c'est que philosophe. | V. | 189 |
| | Chap. IV. Comment il étoit Astrologue, & ce que c'est qu'Astrologie. | V. | 190 |
| | Chap. V. Comment le Roi Charles avoit grand entendement. | V. | 191 |
| | Chap. VI. De la prudence & art en la personne du Roi Charles. | V. | 192 |
| | Chap. VII. De la prudence du Roi Charles sur la prévoyance du bien commun. | V. | 193 |
| | Chap. VIII. Comment le Roi Charles tenoit ses Sujets en amour. | V. | 195 |
| | Chap. IX. Comment le Roi Charles méritoit d'être craint & aimé. | V. | 195 |
| | Chap. X supprimé. | | |
| | Chap. XI. Comment le Roi Charles étoit droit Artiste & appris ès-sciences, & des beaux maçonnages qu'il fit faire. | V. | 196 |
| | Chap. XII. Comment il aimoit les livres, & des belles translations qu'il fit faire. | V. | 200 |

| Années | Texte. | Tomes | Pag. |
|---|---|---|---|
| 1378 | Chap. XIII. Comment il aimoit l'Université de Cleves. | V. | 202 |
| | Chap. XIV. Aucuns mots substantieux qu'il dit. | V. | 203 |
| | Chap. XV. Comment il répondit modérément à ceux qui le hâtoient. | V. | 204 |
| | Chap. XVI. Comment il approuva diligence. | V. | 205 |
| | Chap. XVII. Ce qu'il dit à propos de ceux que l'on fait mourir à tort. | V. | 209 |
| | Chap. XVIII. Ce qu'il répondit à quelques Barons de Bretagne. | V. | 209 |
| | Chap. XIX. Comment il approuva plus le sage homme pauvre, que le riche Nice. | V. | 210 |
| | Chap. XX. De ce qu'il dit de celui qui s'étoit occis, par soi trop fier en son art. | V. | 211 |
| | Chap. XXI. Comment il approuva la patience qu'il vit avoir à un de ses gens. | V. | 213 |
| | Chap. XXII. Sa sage réponse à un Clerc Mathématicien. | V. | 214 |
| | Chap. XXIII. Comment il envoya querir une bonne Dame de très-élue vie. | V. | 215 |

T ij

| Années | Texte. | Tomes | Pag. |
|---|---|---|---|
| 1378 | Chap. XXIV. De quoi vint ce qu'on dit : *gardez-vous des charrettes ?* | V. | 217 |
| | Chap. XXV. Comment il taxa à cinq cens francs son Officier Changeur. | V. | 218 |
| | Chap. XXVI. Son opinion sur la dissimulation. | V. | 222 |
| | Chap. XXVII. Comment il approuva la vertu de peu de langage. | V. | 223 |
| | Chap. XXVIII. Le sage avis qu'il eut contre la cautèle d'un de ses Officiers. | V. | 223 |
| | Chap. XXIX. Sa réponse aux Hérauts d'Angleterre. | V. | 226 |
| | Chap. XXX. Ce qu'il dit de félicité de seigneurie. | V. | 227 |
| | Chap. XXXI. Comment pour le grand sens & vertu du Roi Charles, les Princes de tout pays desiroient son affinité & alliance. | V. | 228 |
| | Chap. XXXII. Comment il avoit des gens instruits en honneur & en noblesse, pour recevoir les Etrangers. | V. | 230 |
| | Chap. XXXIII. Comment l'Empereur de Rome écrivit au Roi Charles qu'il le vouloit venir voir. *Suppr.* | | |

# DES SOMMAIRES. 293

| Années | Texte. | Tomes | Pag. |
|---|---|---|---|
| 1378 | Chap. XXXIV. Comment il envoya ses frères au-devant de l'Empereur. *Supprimé.* | | |
| | Chap. XXXV, XXXVI & XXXVII *supprimés.* | | |
| | Chap. XXXVIII. Comment il reçut l'Empereur au Palais. | V. | 234 |
| | Chap. XXXIX. Le présent que la Ville de Paris fit à l'Empereur. | V. | 237 |
| 1379 | Chap. XL. La solemnité de l'Epiphanie au Palais. | V. | 240 |
| | Chap. XLI. L'Empereur dîne avec le Roi Charles. Les assiettes des tables & les Barons qui y étoient. | V. | 243 |
| | Chap. XLII. Comment le Roi mena l'Empereur au Louvre. | V. | 246 |
| | Chap. XLIII. Comment le Roi parla au Conseil devant l'Empereur, du grand tort qu'avoit le Roi d'Angleterre contre lui. | V. | 248 |
| | Chap. XLIV. Des grandes offres que l'Empereur fit au Roi. | V. | 253 |
| | Chap. XLV. Comment l'Empereur alla faire son pélerinage *(de S. Maur).* | V. | 256 |
| | Chap. XLVI. Les beaux & | | |

T iij

| Années | Texte. | Tomes | Pag. |
|---|---|---|---|
| 1379 | riches dons que le Roi envoya à l'Empereur & à son fils. | V. | 258 |
| | Chap. XLVII. Départ de l'Empereur. | V. | 260 |
| | Chap. XLVIII. Les Jurisdictions que l'Empereur donna au Dauphin. | V. | 262 |
| | Chap. XLIX supprimé. | | |
| | Chap. L. La mort de la Reine Jeanne. | V. | 264 |
| | Chap. LI supprimé. | | |
| | Chap. LII. Comment fut écrit au Roi Charles, qu'il se gardât d'aucuns qui le devoient empoisonner. | V. | 265 |
| | Chap. LIII, LIV, LV, LVI, LVII & LVIII supprimés. | | |
| | Chap. LIX. La mort de l'Empereur Charles. | V. | 268 |
| | Les Chapitres suivans supprimés. | | |
| 1380 | Chap. LXX. De la mort de Bertrand du Guesclin. | V. | 269 |
| | Chap. LXXI. Le trépassement & belle fin du Roi Charles V. | V. | 270 |
| | Chap. LXXII. Fin & conclusion de ce livre. | V. | 279 |

# MÉMOIRES
# DE PIERRE DE FENIN,

*Ecuyer & Panetier de Charles VI, Roi de France.*

| Années | Texte. | Tomes | Pag. |
|---|---|---|---|
| 1407 | Mort du Duc d'Orléans assassiné par les ordres du Duc de Bourgogne. | V. | 331 |
| 1408 | Révolte des Liégeois contre Jean de Baviere, leur Evêque. | V. | 337 |
| 1410 | Charles, Duc d'Orléans, déclare la guerre à Jean, Duc de Bourgogne, pour venger la mort de son pere. | V. | 342 |
| 1411 | Charles VI, Roi de France, prend le parti du Duc de Bourgogne, & joint ses Troupes aux siennes. | V. | 350 |
|  | *Paix d'Auxerre* entre le Duc d'Orléans & le Duc de Bourgogne. | V. | 353 |
| 1413 | Le Roi Charles VI déclare la guerre au Duc de Bourgogne. | V. | 358 |
| 1414 | Siége & prise de la Ville de Compiégne par le Roi Charles. | V. | 361 |
|  | La Ville de Soissons est prise d'assaut. | V. | 364 |

| Années | Texte. | Tomes | Pag. |
|---|---|---|---|
| 1414 | Conquêtes du Roi Charles dans les Pays du Duc de Bourgogne. | V. | 365 |
|  | Traité de Paix, dit *Paix d'Arras*, entre le Roi Charles VI & le Duc de Bourgogne. | V. | 371 |
| 1415 | Henri III, Roi d'Angleterre, déclare la guerre à Charles VI, Roi de France. | V. | 378 |
|  | Bataille d'Azinçourt. Les François y sont défaits. | V. | 380 |
|  | Le Duc de Bourgogne reprend les armes. Ses conquêtes. Il assiége Paris. | V. | 392 |
|  | Charles VI assiége Senlis. | V. | 402 |
| 1418 | La faction du Duc de Bourgogne triomphe. Il entre dans Paris & prend le gouvernement du Royaume. | V. | 406 |
|  | Henri III, Roi d'Angleterre, repasse la mer & fait de nouvelles conquêtes en France. | V. | 416 |
| 1419 | Traité de Paix entre le Dauphin de France & le Duc de Bourgogne. | V. | 424 |
|  | Mort du Duc Jean de Bourgogne, assassiné par les ordres du Dauphin. | V. | 427 |
|  | Philippe, son fils, fait al- | | |

DES SOMMAIRES. 297

| Années | Texte. | Tomes | Pag. |
|---|---|---|---|
| 1419 | liance avec le Roi d'Angleterre, & lui demande du secours pour venger la mort de son père. | V. | 432 |
| 1420 | Traité de paix entre la France & l'Angleterre, en vertu duquel Henri V est déclaré héritier de la Couronne de France, & épouse Catherine de France. | V. | 444 |
| | Suite de la guerre entre Philippe, Duc de Bourgogne & le Dauphin. | V. | 445 |
| | Henri V & Charles VI assiégent la Ville de Melun. | V. | 459 |
| 1421 | Défaite des Anglois par les Dauphinois, dans le Cimetière du Vieux Baugé. | V. | 468 |
| 1422 | Henri V assiége la Ville de Meaux. | V. | 485 |
| | Mort de Henri V, Roi d'Angleterre. | V. | 499 |
| | Mort de Charles VI, Roi de France. | V. | 506 |

# MÉMOIRES
# DE JEAN LE MAINGRE,
## DIT BOUCICAUT,
### Maréchal de France.

## PREMIERE PARTIE.

| Années | Texte. | Tomes | Pag. |
|---|---|---|---|
| 1370 | Ses Parens, sa naissance, son enfance. | VI. | 9 |
| | Ses premières armes : ses exercices du corps. | VI. | 16 |
| 1382 | Il est fait Chevalier. Ses voyages en Flandre & en Prusse. | VI. | 28 |
| | Il se signale à la prise de Taillebourg, Verteuil, Mauleon, &c. | VI. | 36 |
| | Il est nommé Lieutenant du Duc de Bourbon. Joûte contre Sicart de la Barde, Pierre de Courtenay & Thomas de Clifort. | VI. | 40 |
| | Son voyage en Espagne & la Terre-Sainte. | VI. | 50 |
| | Il propose de tenir champ pendant trente jours, & de joûter contre tous ceux qui se présenteroient à Ingelbert, entre Boulogne & Calais. | VI. | 60 |

# DES SOMMAIRES.

| Années | Texte. | Tomes | Pag. |
|---|---|---|---|
| 1382 | Il est fait Maréchal de France. | VI. | 74 |
| | Ses conquêtes dans la Guienne. Son voyage en Hongrie, Succès de ses expéditions. | VI. | 82 |
| | Bataille de Nicopoli. | VI. | 99 |
| 1396 | Il marche en Guienne contre le Comte de Périgord qu'il fait prisonnier. | VI. | 129 |
| | L'Empereur de Constantinople demande du secours à Charles VI, qui lui envoie le Maréchal de Boucicaut. | VI. | 133 |
| 1415 | Il revient en France à la suite de l'Empereur. | VI. | 152 |
| | Il institue l'Ordre de la Dame Blanche à l'Ecu-Vert, & se dévoue à la défense des Dames & Demoiselles. | VI. | 165 |

## SECONDE PARTIE.

| Années | Texte. | Tomes | Pag. |
|---|---|---|---|
| 1415 | La Ville de Gênes se donne à la France ; le Maréchal de Boucicaut en est fait Gouverneur. Comment il y fut reçu. | VI. | 179 |
| | Son administration dans ce Gouvernement. | VI. | 187 |
| | Il marche contre le Roi de | | |

| Années | Texte. | Tomes | Pag. |
|---|---|---|---|
| 1415 | Chypre, & le force à lever le Siége de Famagouste. Circonstances de son Voyage. | VI. | 200 |
| | Ses conquêtes sur les Sarrasins. | VI. | 219 |
| | Traité de paix entre le Roi de Chypre & le Maréchal de Boucicaut. | VI. | 227 |
| | Ses nouvelles conquêtes sur les Turcs. | VI. | 231 |
| | Plaintes des Vénitiens contre le Maréchal de Boucicaut. | VI. | 255 |
| | Il remporte une victoire sur les Vénitiens. | VI. | 260 |
| | Son retour à Gênes. Plaintes des prisonniers François contre le Maréchal. Les Vénitiens s'excusent auprès du Roi de l'avoir attaqué. | VI. | 270 |
| | Copie des lettres que le Maréchal envoie aux Vénitiens. | VI. | 280 |

## TROISIÈME PARTIE.

| Années | Texte. | Tomes | Pag. |
|---|---|---|---|
| 1415 | Traité de paix entre le Duc de Milan & les Génois, à l'avantage de Charles VI, Roi de France, & à l'honneur du Maréchal. | VI. | 304 |

| Années | Texte. | Tomes | Pag. |
|---|---|---|---|
| 1415 | Combien il eut à se plaindre des Pisains dont il avoit épousé les intérêts. | VI. | 320 |
| | Accord entre le Maréchal de Boucicaut & les Florentins. | VI. | 337 |
| | Il prévient le Roi de Chypre qu'il projette de surprendre la Ville d'Alexandrie. | VI. | 350 |
| | Il s'oppose à ce que le Roi Lancelot marche contre Rome. | VI. | 372 |
| 1418 | Combat naval contre les Maures. L'avantage reste au Maréchal de Boucicaut. | VI. | 387 |

## QUATRIÈME PARTIE.

| Années | Texte. | Tomes | Pag. |
|---|---|---|---|
| 1418 | Vertus du Maréchal de Boucicaut. | VI. | 400 |

## MÉMOIRES
## CONCERNANT LA PUCELLE D'ORLÉANS.

| Années | Texte. | Tomes | Pag. |
|---|---|---|---|
| 1422 | Charles VII, Roi de France. Les Anglois lui déclarent la guerre. | VII. | 9 |
| 1423 | Bataille de Cravent, où les François sont défaits. | VII. | 14 |

| Années | Texte. | Tomes | Pag. |
|---|---|---|---|
| 1423 | Bataille de Broffinière, où les Anglois font vaincus. | VII. | 18 |
| | Les Anglois affiégent le Mont Saint Michel. | VII. | 22 |
| 1424 | Le Comte du Glaz, à la tête de six mille Ecoffois, vient au fecours de la France contre les Anglois. | VII. | 26 |
| | Bataille de Verneuil gagnée par les Anglois. | VII. | 29 |
| | Conquêtes du Comte de Salisbury. | VII. | 33 |
| 1425 | Charles VII demande du fecours à plufieurs Princes. | VII. | 37 |
| | Entrevue de Charles VII avec Artus, Comte de Richemont, qu'il nomme Connétable de France. | VII. | 39 |
| 1426 | Hiftoire du Seigneur de Giac. | VII. | 47 |
| | Artus, Comte de Richemont, lève une Armée pour s'oppofer aux Anglois qui ravagent la Bretagne & la Normandie. | VII. | 50 |
| 1427 | Siége de Montargis par les Comtes de Warvik & de Suffolc. | VII. | 56 |
| 1428 | La Ville du Mans eft reprife fur les François par les Anglois. | VII. | 68 |
| | Le Comte de Salisbury fait | | |

| Années | Texte. | Tomes | Pag. |
|---|---|---|---|
| 1428 | quelques conquêtes en France. | VII. | 72 |
| | Siége d'Orléans. | VII. | 85 |
| 1429 | Jeanne d'Arc vient trouver le Roi Charles VII à Chinon, & se dit envoyée de Dieu pour faire lever le Siége d'Orléans & le faire sacrer à Reims. | VII. | 92 |
| | Sa lettre au Roi d'Angleterre pour l'obliger à lever le Siége d'Orléans. | VII. | 105 |
| | Son entrée dans Orléans. | VII. | 111 |
| | Succès de son entreprise. Les Anglois lèvent le Siége. | VII. | 116 |
| | Après la retraite des Anglois, elle vient trouver le Roi, & le presse d'aller à Reims pour se faire sacrer. | VII. | 131 |
| | Sa conduite au Siége de Jargeau & autres Places. Bataille du Patay. | VII. | 133 |
| | Cérémonies du Sacre de Charles VII à Reims. Jeanne d'Arc est à sa suite. | VII. | 147 |
| | Différentes escarmouches entre les François & les Anglois, sous les ordres du Duc de Bethfort. | VII. | 160 |
| 1430 | Siége de Compiégne par les Bourguignons & les An- | | |

| Années | Texte. | Tomes | Pag. |
|---|---|---|---|
| 1430 | glois. Jeanne d'Arc est faite prisonnière dans une sortie; elle est conduite à Rouen & condamnée à être brûlée. | VII. | 189 |

# MÉMOIRES

## D'ARTUS III,

*Duc de Bretagne, Comte de Richemont & Connétable de France.*

| Années | Texte. | Tomes | Pag. |
|---|---|---|---|
| 1393 | SA naissance. Son enfance. Il devient Duc de Bretagne par la mort de son père Jean. | VII. | 230 |
| 1413 | Il demande & obtient du Duc de Bretagne, des secours pour faire lever le Siége de Bourges. | VII. | 232 |
| 1414 | Renouvellement de la guerre entre les Ducs d'Orléans & de Bourgogne. | VII. | 236 |
| 1415 | Il marche contre les Anglois assiégeant Harfleur. Bataille d'Azincourt. Il y est fait prisonnier. | VII. | 238 |
| 1421 | Il obtient du Roi d'Angleterre, sur sa parole, d'aller visiter son frère. | VII. | 244 |

Son

DES SOMMAIRES. 305

| Années | Texte. | Tomes | Pag. |
|---|---|---|---|
| 1422 | Son Mariage avec Madame de Guienne. | VII. | 247 |
| 1424 | Charles VI l'appelle auprès de lui, & le fait Connétable de France. | VII. | 250 |
| 1426 | Histoire du Seigneur de Giac & sa mort | VII. | 260 |
|  | Siége de Montargis. Le Connétable fait entrer des vivres dans la Place. | VII. | 270 |
|  | Sa querelle avec le Seigneur de la Trimouille, qui le fait exiler de la Cour. | VII. | 274 |
| 1427 | Il assiége Sainte Neomaye près Saint Maixant, appartenant au sieur de la Trimouille. | VII. | 277 |
|  | Secourt la Ville d'Orléans assiégée par les Anglois. | VII. | 277 |
|  | Bataille de Patay. | VII. | 282 |
|  | Ses conquêtes en Champagne & en Normandie. | VII. | 298 |
| 1435 | Conférences pour la Paix, dite *Paix d'Arras*. | VII. | 306 |
|  | Différens avantages qu'Artus remporte sur les Anglois. | VII. | 320 |
| 1436 | Son entrée dans Paris ; il soumet la Ville à l'obéissance du Roi. | VII. | 323 |
|  | Il assiége Château-Landon. | VII. | 337 |
| 1438 | Charles VII fait son entrée dans Paris. | VII. | 339 |

*Tome I.* V

| Années | Texte. | Tomes | Pag. |
|---|---|---|---|
| 1440 | Artus assiége la Ville de Meaux. | VII. | 343 |
| | Sa conversation avec le Prieur des Chartreux de Paris. | VII. | 347 |
| | Il continue la guerre en Normandie. | VII. | 353 |
| | Assiége Pontoise. | VII. | 361 |
| 1442 | Son voyage en Gascogne. Prise de la Ville de Tartas. Il assiége Dacqs. | VII. | 370 |
| 1444 | Trève de deux ans entre la France & l'Angleterre. | VII. | 379 |
| 1448 | Les Anglois recommancent la guerre. Conquêtes d'Artus dans la Normandie. | VII. | 388 |
| 1450 | Bataille de Fourmigni, où les Anglois sont défaits. | VII. | 395 |
| | Siége de la Ville de Caën. | VII. | 401 |
| | Siége de Cherbourg. | VII. | 403 |
| | Artus est envoyé à Genève auprès du Duc de Savoie. | VII. | 407 |
| 1456 | Il fait son entrée à Rennes; à Nantes. | VII. | 409 |
| 1457 | Sa maladie & sa mort. | | |

## MÉMOIRES

### DE FLORENT, Sire D'ILLIERS,

*Capitaine au Service de Charles VII.*

| Années | Texte. | Tomes | Pag. |
|---|---|---|---|
| 1350 | CHARLES VII le nomme Gouverneur de Chateaudun. | VII. | 452 |
| 1429 | Il fait entrer un renfort de Troupes dans la Ville d'Orléans, assiégée par les Anglois. | VII. | 455 |
| | Il réduit la Ville de Chartres sous l'obéissance du Roi. | VII. | 459 |
| 1432 | Il défend Louviers en Normandie, & continue le Siége de Verneuil. | VII. | 462 |
| | Il est nommé Gouverneur & Bailli de Chartres. | VII. | 463 |
| 1461 | Sa mort. | VII. | 463 |
| | Ses enfans; ses alliances. | VII. | 464 |

## MÉMOIRES

### D'OLIVIER DE LA MARCHE.

### PREMIÈRE PARTIE.

| Années | Texte. | Tomes | Pag. |
|---|---|---|---|
| | CHAPITRE PREMIER. Comment M<sup>re</sup> Jacques | | |

| Années | Texte. | Tomes | Pag. |
|---|---|---|---|
| | de Bourbon, Comte de la Marche, mari de la dernière Reine Jeanne de Naples, se rendit Cordelier à Besançon. | VIII. | 1 |
| | Chap. II. Courte narration de la mort du Duc Jean de Bourgogne & des guerres continuées à cette occasion jusqu'à la paix d'Arras. | VIII. | 11 |
| 1435 | Chap. III. De la paix d'Arras. | VIII. | 19 |
| 1438 | Chap. IV. La guerre continue entre les François & les Anglois. Olivier de la Marche entre Page dans la Maison du Duc Philippe de Bourgogne. | VIII. | 23 |
| | Chap. V. Les Ducs de Bourgogne & de Bourbon s'assemblent à Châlons-sur-Saône, pour appaiser une querelle entre Jacques de Chabannes & Jean de Grantson; & le Duc Louis de Savoie & sa femme visitent le Duc de Bourgogne. | VIII. | 32 |
| 1439 | Chap. VI. Des raisons qui engagèrent les Ducs de Savoie & de Bourgogne à se visiter, & de quel- | | |

| Années | Texte. | Tomes | Pag. |
|---|---|---|---|
| 1439 | ques autres particularités. | VIII. | 40 |
| | Chap. VII. Entrevue de Frédéric, Roi des Romains, & de Philippe, Duc de Bourgogne, à Besançon. | VIII. | 48 |
| | Chap. VIII. L'Empereur de Constantinople & la Duchesse de Luxembourg demandent des secours au Duc de Bourgogne. | VIII. | 61 |
| 1443 | Chap. IX. Description d'un pas d'armes tenu par treize Gentilhommes de la Maison du Duc de Bourgogne, à Dijon, dans la place nommée l'*Arbre de Charlemagne*. | VIII. | 69 |
| | Chap. X. Le Duc de Bourgogne soumet plusieurs Villes du Duché de Luxembourg. | VIII. | 88 |
| | Chap. XI. Conférences tenues à Florenges pour traiter de la paix entre le Duc de Bourgogne & les Saxons. | VIII. | 107 |
| | Chap. XII. Les Bourguignons escaladent la Ville de Luxembourg & se rendent maîtres de tout le Duché. | VIII. | 121 |
| | Chap. XIII. Le Duc de | | |

| Années | Texte. | Tomes | Pag. |
|---|---|---|---|
| 1443 | Bourgogne se retire dans ses pays de Brabant & de Flandres. La Duchesse de Bourgogne visite la Reine de France, | VIII. | 139 |
| 1446 | Chap. *XIV.* Le Seigneur de Ternant, Chevalier de la Toison d'or, fait armes à pied & à cheval contre Galiot de Baltazin, Chambrelan du Duc de Milan. | VIII. | 150 |
| | Chap. *XV.* Le Duc de Bourgogne solemnise la fête de la Toison d'or dans la Ville de Gand. Description de cette fête. | VIII. | 176 |
| | Chap. *XVI.* Jacques de Lalain & Jacques de Boniface font armes à pied & à cheval devant le Duc de Bourgogne à Gand. | VIII. | 191 |
| 1447 | Chap. *XVII.* Jacques de Lalain fait armes en Ecosse. Plusieurs particularités de la Maison de Bourgogne. | VIII. | 201 |
| | Chap. *XVIII.* Du *Pas de la Pélerine* tenu par le Seigneur de Hautbourdin; & des armes faites entre le Seigneur de Lalain & un Anglois, devant le Duc de Bourgogne. | VIII. | 215 |

| Années | Texte. | Tomes | Pag. |
|---|---|---|---|
| 1347 | Chap. XIX. Le Seigneur de Hautbourdin continuant le *Pas de la Pélerine*, fait armes contre le bâtard de Béarn. | VIII. | 226 |
| 1448 | Chap. XX. Jacques de Portugal, neveu de la Duchesse de Bourgogne, se réfugie vers le Duc Philippe. | VIII. | 233 |
| 1449 | Chap. XXI. Le Duc Philippe fait délivrer un riche Anglois, que le Seigneur de Ternant avoit fait prisonnier. Le Seigneur de Lalain tient le *Pas de la Fontaine de Pleurs*, à Châlons-sur-Saône. | VIII. | 240 |
| 1451 | Chap. XXII. Le Duc de Bourgogne fait la fête de la Toison d'or à Mons en Hainaut; division entre les Gandois & lui : le Comte de Charolois fait ses premières joûtes. | VIII. | 264 |
| 1452 | Chap. XXIII. Les Gandois s'emparent de quelques Châteaux; ils assiégent Oudenarde. | VIII. | 282 |
| | Chap. XXIV. L'Armée du Duc de Bourgogne force les Gandois à lever | | |

T iv

| Années | Texte. | Tomes | Pag. |
|---|---|---|---|
| 1452 | le Siége d'Oudenarde. | VIII. | 293 |
| | Chap. XXV. De plusieurs rencontres & escarmouches entre les Bourguignons & les Gandois. | VIII. | 307 |
| | Chap. XXVI. Charles VII envoye des Ambassadeurs auprès du Duc de Bourgogne & les Gandois, pour parler de paix. | VIII. | 344 |
| 1453 | Chap. XXVII. De plusieurs escarmouches & rencontres entre le Duc de Bourgogne & les Gandois. | VIII. | 371 |
| | Chap. XXVIII. Bataille de Gaure. Paix entre le Duc de Bourgogne & les Gandois. | VIII. | 388 |
| | Chap. XXIX. Description d'un repas somptueux donné à Lille par le Duc de Bourgogne. | IX. | 1 |
| | Chap. XXX. Des vœux que firent après ce repas le Duc de Bourgogne & un grand nombre de Seigneurs, Chevaliers, &c. | IX. | 20 |
| 1454 | Chap. XXXI. Voyage du Duc Philippe en Allemagne. Le Comte de Charolois épouse Isabelle de Bourbon. | IX. | 32 |
| 1455 | Chap. XXXII. Description | | |

| Années | Texte. | Tomes | Pag. |
|---|---|---|---|
| 1455 | d'un combat à outrance fait entre deux Bourgeois de Valenciennes, en présence du Duc de Bourgogne. | IX. | 39 |
| | Chap. XXXIII. Louis, Dauphin de France, se retire vers le Duc de Bourgogne. Mécontentement du Duc contre le Comte de Charolois son fils. | IX. | 46 |
| 1461 | Chap. XXXIV. Maladie du Duc de Bourgogne. Mort de Charles VII. Couronnement de Louis XI. | IX. | 58 |
| 1463 | Chap. XXXV. Le Comte de Charolois se ligue avec plusieurs Seigneurs de France. *Guerre du bien public.* | IX. | 64 |
| 1464 | Chap. XXXVI. Le Duc de Bourgogne envoie Antoine, son fils naturel, contre les Turcs. Le Comte de Charolois détruit la Ville de Dinand & soumet les Liégeois. | IX. | 94 |
| 1467 | Chap. XXXVII. Antoine, bâtard de Bourgogne, fait armes en Angleterre. Mort du Duc Philippe de Bourgogne. | IX. | 104 |

## TABLE GÉNÉRALE
## SECONDE PARTIE.

| Années | Texte. | Tomes | Pag. |
|---|---|---|---|
| 1468 | CHAPITRE PREMIER. Le Comte de Charolois devient Duc de Bourgogne. Ses différens avec le Roi Louis XI. | IX. | 118 |
| | Chap. II. Mariage du Duc de Bourgogne avec Marguerite d'Yorck, sœur du Roi d'Angleterre. Description des fêtes à cette occasion. | IX. | 132 |
| 1472 | Chap. III. Le Duc de Bourgogne assiége la Ville de Beauvais. Il force le Roi Louis XI à marcher avec lui contre les Liégeois. | IX. | 205 |
| 1474 | Chap. IV. Il assiége la Ville de Nuz; fait un traité avec l'Empereur. | IX. | 216 |
| 1475 | Chap. V. Il soumet le Duché de Gueldres & celui de Lorraine. | IX. | 228 |
| 1476 | Chap. VI. Il est défait deux fois par les Suisses. | IX. | 234 |
| | Chap. VII supprimé. | | |
| | Chap. VIII. Il se saisit de la personne de Madame de Savoie & de son fils. Il périt dans la Ville de Nancy. | IX. | 240 |
| 1477 | Chap. IX. Marie, fille & | | |

| Années | Texte. | Tomes | Pag. |
|---|---|---|---|
| 1477 | héritiére du Duc de Bourgogne, épouse l'Archiduc Maximilien d'Autriche. Guerre entre les François & les Bourguignons. | IX. | 247. |
| 1479 1481 1483 | Chap. X. Naissance de Marguerite d'Autriche; son mariage avec le Dauphin Charles; mort du Roi Louis XI. | IX. | 264. |
| 1484 | Chap. XI. L'Archiduc Maximilien d'Autriche fait la guerre aux Gandois. Motifs de cette guerre. | IX. | 271. |
| 1485 | Chap. XII. Il recouvre la Ville de Gand & le Comte de Flandre son fils. | IX. | 284. |
| 1487 | Chap. XIII. Il est élu Roi des Romains. L'Empereur Frédéric, son père, le délivre des mains des Habitans de Bruges. | IX. | 292. |
| 1488 | Chap. XIV. Nouvelle guerre entre les Gandois & le Roi des Romains. | IX. | 301. |
|  | Chap. XV. Particularités intéressantes de la vie de l'Archiduc Maximilien. | IX. | 313. |

# TABLE GÉNÉRALE
# MÉMOIRES
## DE JACQUES DU CLERQ,
### LIVRE PREMIER.

| Années | Texte. | Tomes | Pag. |
|---|---|---|---|
| 1448 | CHAPITRE PREMIER. Les Anglois se rendent maîtres de la Ville de Fougères. Leurs possessions en France. | IX. | 363 |
| | Chap. II. La guerre recommence entre les Rois d'Angleterre & de France. | IX. | 364 |
| 1449 | Chap. III. Prise de la Ville de Verneuil. Le Château est assiégé. | IX. | 366 |
| | Chap. IV. Prise de la Ville & Cité de Rouen. | IX. | 367 |
| | Chap. V. Charles VII assiége le Palais de Rouen, qui se rend. | IX. | 372 |
| | Chap. VI. Il fait son entrée dans la Ville. | IX. | 374 |
| | Chap. VII. Après avoir soumis toute la Normandie, il envoie ses Troupes en Guienne. | IX. | 375 |
| | Chap. VIII. Ordonnances militaires. | IX. | 376 |
| 1451 | Chap. IX. Il soumet la Ville de Bordeaux. | IX. | 379 |
| | Chap. X. Siége de Bayonne. | IX. | 384 |

## LIVRE II.

| Années | Texte. | Tomes | Pag. |
|---|---|---|---|
| 1451 | CHAPITRE PREMIER. Une imposition sur le sel renouvelle la guerre entre les Gandois & le Duc de Bourgogne. | IX. | 388 |
| | Chap. II. Le Duc de Bourgogne fait publier une trève. Les Gandois mettent à mort le domestique du Héraut d'Armes. | IX. | 394 |
| | Chap. III. Le Duc de Bourgogne revient à Courtray. Disette d'argent dans le pays. | IX. | 399 |
| 1452 | Chap. IV. Les Anglois se rendent maîtres de la Ville & de tout le pays de Bordeaux. | IX. | 400 |

## LIVRE III.

| Années | Texte. | Tomes | Pag. |
|---|---|---|---|
| 1453 | CHAPITRE PREMIER. Charles VII marche à la conquête du pays Bordelois; assiége Chalais & Chastillon. | IX. | 403 |
| | Chap. II. La Ville de Bordeaux & toute la Guyenne se soumet à l'obéissance du Roi. | IX. | 406 |

| Années | Texte. | Tomes | Pag. |
|---|---|---|---|
| 1453 | Chap. III. Histoire de Jacques Cœur, Argentier du Roi. | IX. | 408 |
|  | Chap. IV. Le Duc de Bourgogne lève des Impositions sur ses Peuples, pour aller faire la guerre aux Turcs. | IX. | 408 |
| 1456 | Chap. V. Louis, Dauphin de Vienne, se réfugie auprès du Duc de Bourgogne. | IX. | 411 |
|  | Chap. VI. Mécontentement du Duc de Bourgogne contre Charles son fils; le Dauphin les reconcilie. | IX. | 414 |
| 1457 | Chap. VII. Reproches que le Duc de Bourgogne fait au Comte de Saint-Paul. | IX. | 419 |
| 1458 | Chap. VIII. Baudechon Mallet est condamné à perdre la tête pour avoir violé une jeune femme. | IX. | 423 |
|  | Chap. IX. Arrivée de la Comtesse de Nevers à Lille. Fêtes à cette occasion. | IX. | 424 |

## LIVRE IV.

| Années | Texte. | Tomes | Pag. |
|---|---|---|---|
| 1458 | CHAPITRE PREMIER. Le Cardinal de Constance | | |

| Années | Texte. | Tomes | Pag. |
|---|---|---|---|
| 1458 | Ambassadeur du Roi de France auprès Duc de Bourgogne. Sujet de cette Ambassade. | IX. | 428 |
| 1459 | Chap. II. Histoire de quelques personnes arrêtées suspectes d'erreurs. | IX. | 431 |
| | Chap. III. Punition de quelques hérétiques. Erreur des Vaudois. | IX. | 435 |
| 1460 | Chap. IV. Suite de l'erreur des Vaudois & des personnes accusées. | IX. | 445 |
| | Chap. V. Instruction de leur procès. | IX. | 450 |
| | Chap. VI. Leur Sentence & leur supplice. | IX. | 454 |
| | Chap. VII. Charles, Comte de Charolois, se plaint au Duc de Bourgogne, son frère, du S$^{gr}$ de Croy. | IX. | 463 |
| 1461 | Chap. VIII. Le Parlement force l'Evêque d'Arras à rendre la liberté au Seigneur de Beaufort. | IX. | 465 |
| | Chap. IX. Punition du Doyen d'Arras, pour avoir fait tuer des hérétiques. | IX. | 467 |
| | Chap. X. Mort de Charles VII, Roi de France. | IX. | 471 |
| | Chap. XI. Louis XI prend congé du Duc de Bourgogne. | IX. | 474 |

| Années | Texte. | Tomes | Pag. |
|---|---|---|---|
| 1461 | Chap. XII. Le Comte de Charolois visite Louis XI, & s'égare à la chasse. | IX. | 475 |
| | Chap. XIII. Mort de Louis de la Vieuville. | IX. | 480 |
| | Chap. XIV. Maladie du Duc de Bourgogne. | IX. | 482 |
| 1462 | Chap. XV. Charles, Comte de Charolois, fait décapiter Jean Constain, premier Valet-de-Chambre du Duc de Bourgogne, pour avoir voulu l'empoisonner. | IX. | 484 |

## LIVRE V.

| Années | Texte. | Tomes | Pag. |
|---|---|---|---|
| 1462 | CHAPITRE PREMIER. Assemblée des Etats de Bourgogne. Le Duc pardonne à son fils. | IX. | 490 |
| | Chap. II. Charles, Comte de Charolois, apprend les dispositions du Duc, son père, & vient le trouver à Bruges. | IX. | 496 |
| 1467 | Chap. III. Habillement du tems. Mort de Philippe-le-Bon, Duc de Bourgogne. | IX. | 498 |

MÉMOIRES

# MÉMOIRES
## DE PHILIPPE DE COMINES.
### LIVRE PREMIER.

| Années | Texte. | Tomes | Pag. |
|---|---|---|---|
| 1464 | CHAPITRE PREMIER. Motifs des guerres que se firent le Roi Louis XI & le Comte de Charolois. | X. | 293 |
| | Chap. II. Charles, Comte de Charolois, fait une ligue avec plusieurs Seigneurs de France, & déclare à Louis XI la guerre qu'on appelle *du Bien Public*. | X. | 302 |
| 1465 | Chap. III. Bataille de Montlhéry. | X. | 321 |
| | Chap. IV. Danger que courut dans cette bataille le Comte de Charolois. | X. | 339 |
| | Chap. V. Le Duc de Berry, frère du Roi, & le Duc de Bretagne, se joignent au Comte de Charolois contre Louis XI. | X. | 352 |
| | Chap. VI. Les Princes ligués investissent la Ville de Paris. | X. | 361 |
| | Chap. VII. Digression sur | | |

Tome I.  X

| Années | Texte. | Tomes | Pag. |
|---|---|---|---|
| 1465 | les Etats, offices & ambitions, par l'exemple des Anglois. | X. | 370 |
| | Chap. *VIII*. Entrée de Louis XI dans Paris. | X. | 373 |
| | Chap. *IX*. Fait construire un Pont de bateaux sur la Seine. | X. | 382 |
| | Chap. *X*. Vices & vertus de Louis XI. | X. | 392 |
| | Chap. *XI*. Erreur des Bourguignons qui, en attendant la bataille, prennent des chardons pour des lances. | X. | 397 |
| | Chap. *XII*. Entrevue de Louis XI avec le Comte de Charolois. Pourparlers de paix. | X. | 402 |
| | Chap. *XIII*. Par quelles menées la Ville de Rouen se soumet au Duc de Berry. | X. | 411 |
| | Chap. *XIV*. Traité de paix conclu à Conflans entre Louis XI. Le Comte de Charolois & ses alliés. | X. | 418 |
| 1466 | Chap. *XV*. La division se met entre les Ducs de Bretagne & de Normandie. Louis XI reprend tout ce qu'il avoit cédé à son frère le Duc de Berry. | X. | 423 |

# DES SOMMAIRES.

| Années | Texte. | Tomes | Pag. |
|---|---|---|---|
| 1466 | Chap. XVI. Mécontentement du Duc de Normandie qui se retire en Bretagne. | X. | 427 |

## LIVRE II.

| Années | Texte. | Tomes | Pag. |
|---|---|---|---|
| 1466 | CHAPITRE PREMIER. Commencement des guerres entre le Duc de Bourgogne & les Liégeois. Prise de la Ville de Dinan. | XI. | 1 |
| 1467 | Chap. II. Les Liégeois rompent la treve. Le Comte de Charolois les défait. Mort de Philippe, Duc de Bourgogne. | XI. | 9 |
| | Chap. III. Le Seigneur d'Hymbercourt soumet la Ville de Liége. | XI. | 24 |
| | Chap. IV. Le Duc de Bourgogne fait son entrée dans la Ville de Liége. Les Habitans de Dinan s'humilient devant lui. | XI. | 34 |
| 1469 | Chap. V. Entrevue de Louis XI & du Duc de Bourgogne à Péronne. | XI. | 41 |
| | Chap. VI. Avantage des Princes & Seigneurs instruits, sur ceux qui ne le sont pas. | XI. | 51 |

| Années | Texte. | Tomes | Pag. |
|---|---|---|---|
| 1469 | Chap. VII. Le Duc de Bourgogne fait arrêter & enfermer Louis XI dans le Château de Péronne. | XI. | 55 |
| | Chap. VIII. Sur le danger des entrevues entre les Princes. | XI. | 61 |
| | Chap. IX. Louis XI renonce à l'alliance des Liégeois. | XI. | 70 |
| | Chap. X. Il marche avec le Duc de Bourgogne contre les Liégeois. | XI. | 78 |
| | Chap. XI. Siége de la Ville de Liége. | XI. | 85 |
| | Chap. XII. Danger que court le Roi & le Duc de Bourgogne, dans une sortie que firent les Assiégés. | XI. | 91 |
| | Chap. XIII. La Ville de Liége est prise d'assaut & saccagée. | XI. | 98 |
| | Chaap. XIV. Louis XI revient en France. Le Duc de Bourgogne continue la guerre contre les Liégeois. | XI. | 105 |
| | Chap. XV. Louis XI engage le Duc de Berry à se contenter du Duché de Guienne. | XI. | 111 |

DES SOMMAIRES.

## LIVRE III.

| Années | Texte. | Tomes | Pag. |
|---|---|---|---|
| 1470 | CHAPITRE PREMIER. Nouveaux différens entre le Duc de Bourgogne & Louis XI, qui le cite au Parlement. | XI. | 116 |
| | Chap. II. Les Villes de S. Quentin & d'Amiens se soumettent à l'obéissance du Roi. Le Connétable entretient la guerre entre le Duc de Bourgogne & le Roi. | XI. | 123 |
| 1471 | Chap. III. Trève d'un an entre le Roi & le Duc de Bourgogne. | XI. | 130 |
| | Chap. IV. Des guerres entre les Princes d'Angleterre. | XI. | 139 |
| | Chap. V. Louis XI envoye des secours au Comte de Warvik, avec lequel il chasse Edouard d'Angleterre. | XI. | 148 |
| | Chap. VI. Henri VI remonte sur le trône d'Angleterre, par les soins du Comte de Warvik. | XI. | 160 |
| | Chap. VII. Edouard IV revient en Angleterre; il défait, en bataille rangée, le Comte de Warvik & le Prince de Galles. | XI. | 169 |

X iij

## TABLE GÉNÉRALE

| Années | Texte. | Tomes | Pag. |
|---|---|---|---|
| 1471 | Chap. *VIII.* La guerre recommence entre le Roi Louis XI & le Duc de Bourgogne. | XI. | 176 |
| 1472 | Chap. *IX.* Mort du Duc de Guienne; elle éloigne la paix. | XI. | 189 |
| | Chap. *X.* Le Duc de Bourgogne assiége Rouen. | XI. | 202 |
| | Chap. *XI.* Louis XI fait un traité de paix avec le Duc de Bretagne, & une trêve avec le Duc de Bourgogne. Le Comte de Saint-Paul évite les piéges qu'on lui tend. | XI. | 210 |
| | Chap. *XII.* Sagesse du Roi & du Connétable. | XI. | 222 |

## LIVRE IV.

| Années | Texte. | Tomes | Pag. |
|---|---|---|---|
| 1474 | CHAPITRE PREMIER. Le Duc de Bourgogne soumet à son obéissance le Duché de Gueldres; assiége la Ville de Nuz. | XI. | 227 |
| | Chap. *II.* Louis XI suscite des ennemis au Duc de Bourgogne, & secourt la Ville de Nuz. | XI. | 239 |
| 1475 | Chap. *III.* Conquêtes de Louis XI dans le pays de Bourgogne. | XI. | 248 |

| Années | Texte. | Tomes | Pag |
|---|---|---|---|
| 1475 | Chap. *IV*. Louis XI & le Duc de Bourgogne, suspectent la fidélité du Comte de Saint-Paul. | XI. | 254 |
| | Chap. *V*. Le Roi d'Angleterre marche à la tête d'une puissante Armée au secours du Duc de Bourgogne. Il défie le Roi Louis XI. | XI. | 261 |
| | Chap. *VI*. Embarras du Comte de Saint-Paul. Il envoie des lettres de créance au Roi d'Angleterre & au Duc de Bourgogne. | XI. | 266 |
| | Chap. *VII*. Stratagême dont se servit Louis XI pour faire faire des propositions au Roi d'Angleterre. | XI. | 274 |
| | Chap. *VIII*. Trève de sept ans entre le Roi de France & le Roi d'Angleterre. | XI. | 281 |
| | Chap. *IX*. Louis XI traite les Anglois à Amiens. | XI. | 291 |
| | Chap. *X*. Entrevue des deux Rois; ils jurent de garder la trève. | XI. | 302 |
| | Chap. *XI*. Trève de neuf ans entre le Roi de France & le Duc de Bourgogne. | XI. | 312 |
| | Chap. *XII*. Louis XI & le Duc de Bourgogne jurent | | |

| Années | Texte. | Tomes | Pag. |
|---|---|---|---|
| 1475 | la mort du Connétable de Saint-Paul. Il est décapité en place de Grève. | XI. | 323 |
| | Chap. XIII. Faute que fit le Duc de Bourgogne en livrant au Roi le Connétable de Saint-Paul. | XI. | 336 |

## LIVRE V.

| Années | Texte. | Tomes | Pag. |
|---|---|---|---|
| 1576 | CHAPITRE PREMIER. Le Duc de Bourgogne fait la guerre aux Suisses qui le repoussent. | XI. | 343 |
| | Chap. II. Après la bataille de Granson, les Princes alliés abandonnent le Duc de Bourgogne. | XI. | 354 |
| | Chap. III. Le Duc de Bourgogne est vaincu par les Suisses devant Morat. | XI. | 364 |
| | Chap. IV. Le Duc de Bourgogne se saisit de la personne de Madame de Savoie. Louis XI obtient sa liberté. | XI. | 369 |
| 1477 | Chap. V. Le Duc de Lorraine recouvre la Ville de Nancy. | XI. | 375 |
| | Chap. VI. Trahisons du Comte de Campobache. | XI. | 382 |
| | Chap. VII. Le Roi de Por- | | |

| Années | Texte. | Tomes | Pag. |
|---|---|---|---|
| 1477 | tugal visite le Duc de Bourgogne. | XI. | 391 |
| | Chap. VIII. Le Duc de Bourgogne périt dans la bataille que lui livre le Duc de Lorraine auprès de Nancy. | XI. | 398 |
| | Chap. IX. Particularités sur les mœurs du Duc de Bourgogne & la prospérité de sa maison. | XI. | 403 |
| | Chap. X. Conduite du Roi Louis XI après la défaite du Duc de Bourgogne. | XI. | 409 |
| | Chap. XI. Mort du Duc de Bourgogne. Louis XI soumet la Ville d'Abbeville. Réponse que lui firent les Habitans d'Arras. | XI. | 414 |
| | Chap. XII. Louis XI se réjouit de la mort du Duc de Bourgogne. Il fait une grande faute en soumettant à son obéissance les pays du Duc. | XI. | 419 |
| | Chap. XIII. Conquêtes du Roi dans la Bourgogne. | XI. | 423 |
| | Chap. XIV. Olivier, Barbier du Roi, engage les Habitans de Tournay à recevoir les Troupes du Roi. | XI. | 433 |
| | Chap. XV. Marie, héritière | | |

| Années | Texte. | Tomes | Pag. |
|---|---|---|---|
| 1477 | de Bourgogne, envoie une ambaſſade à Louis XI. Les Villes d'Arras, de Heſdin, de Boulogne, ſe ſoumettent à l'obéiſſance du Roi. | XI. | 439 |
| 1478 | Chap. XVI. Les Gandois envoient des Ambaſſadeurs auprès de la Princeſſe héritière de Bourgogne. | XI. | 448 |
| | Chap. XVII. Les Gandois font mourir le Chancelier Hugonet & le Seigneur d'Hymbercourt. Ils ſont défaits devant Tournay. | XI. | 457 |
| | Chap. XVIII. Réflexions de l'Auteur ſur les ſuites des guerres & des diviſions entre les Princes. | XI. | 468 |
| | Chap. XIX. Caractère du Peuple François. Gouvernement de ſes Rois. | XI. | 480 |
| | Chap. XX. Quelques exemples des malheurs des Princes & des révolutions des Etats. | XI. | 497 |

DES SOMMAIRES.

## LIVRE VI.

| Années | Texte. | Tomes | Pag. |
|---|---|---|---|
| 1478 | CHAPITRE PREMIER. Louis XI se rend maître du Duché de Bourgogne. | XII. | 1 |
| | Chap. II. Le Roi entretient des intelligences avec les Anglois, afin qu'ils ne s'opposent point à la conquête du Duché de Bourgogne. | XII. | 4 |
| | Chap. III. Marie de Bourgogne épouse Maximilien, Archiduc d'Autriche. | XII. | 16 |
| | Chap. IV. Charles d'Amboise reprend pour le Roi, sur le Prince d'Orange, plusieurs Villes du Duché de Bourgogne. | XII. | 30 |
| | Chap. V. Le Seigneur d'Argenton reçoit pour le Roi l'hommage des Duchés de Gênes & de Milan. | XII. | 40 |
| 1479 | Chap. VI. Journée de Guinegate. | XII. | 46 |
| | Chap. VII. Le Roi Louis XI tombe malade. Il s'enferme au Château du Plessis-les-Tours. | XII. | 53 |
| | Chap. VIII. Le Roi fait venir auprès de lui, de la Calabre, l'Hermite Robert. Par quels moyens il | | |

| Années | Texte. | Tomes | Pag. |
|---|---|---|---|
| 1479 | cherche à maintenir son autorité pendant sa maladie. | XII. | 69 |
| 1482 | Chap. IX. Charles, Dauphin, épouse Marguerite de Flandre. Mécontentement d'Edouard IV, Roi d'Angleterre. Sa mort. | XII. | 74 |
| | Chap. X. Louis XI, quoique malade, contient ses voisins & ses sujets. | XII. | 85 |
| 1483 | Chap. XI. Louis XI, peu de tems avant sa mort, fait venir auprès de lui Charles, son fils. Instructions qu'il lui donne. | XII. | 89 |
| | Chap. XII. Dernières actions du Roi Louis XI. Sa mort. | XII. | 93 |
| | Chap. XIII. Discours sur les misères de la vie de l'homme, & surtout de celle des Princes. Réflexions sur la vie de Louis XI. | XII. | 106 |

## LIVRE VII.

| Années | Texte. | Tomes | Pag. |
|---|---|---|---|
| 1484 | CHAPITRE PREMIER. René II, Duc de Lorraine, vient en France demander le Duché de | | |

| Années | Texte. | Tomes | Pag. |
|---|---|---|---|
| 1484 | Bar & le Comté de Provence. Il prétend au Royaume de Naples. Quels étoient ses droits. | XII. | 130 |
| 1485 | Chap. *II.* Le Prince de Salerne & Ludovic Sforce engagent le Roi Charles VIII à la conquête du Royaume de Naples. | XII. | 138 |
| | Chap. *III.* Description du Duché de Milan. | XII. | 146 |
| | Chap. *IV.* Traité de paix entre Charles VIII & l'Archiduc Maximilien. | XII. | 155 |
| 1494 | Chap. *V.* Le Roi cherche à mettre dans son parti les Vénitiens. Préparatifs de son voyage à Naples. | XII. | 158 |
| | Chap. *VI.* Il part de Vienne en Dauphiné, pour la conquête du Royaume de Naples. | XII. | 166 |
| | Chap. *VII.* Philippe de Comines est envoyé en ambassade à Venise. Mort du Duc de Milan. | XII. | 174 |
| | Chap. *VIII.* Ludovic Sforce usurpe la Seigneurie & le Duché de Milan. | XII. | 179 |
| | Chap. *IX.* Pierre de Médicis soumet à l'obéissance du Roi les quatre principales forteresses des Florentins. | | |

| Années | Texte. | Tomes | Pag. |
|---|---|---|---|
| 1494 | Charles VIII rend la liberté aux Pisains. | XII. | 181 |
| | Chap. X. Le Roi part de Pise & vient à Florence. Fuite de Pierre de Médicis. | XII. | 190 |
| | Chap. XI. Il fait son entrée à Florence. | XII. | 195 |
| | Chap. XII. Il fait son entrée dans Rome, malgré ses ennemis & les factions des Ursins & des Colonnes. | XII. | 199 |
| | Chap. XIII. Le Roi de Naples, Alphonse, fait couronner son fils Ferdinand. Quelle avoit été la vie du père & du fils. | XII. | 205 |
| | Chap. XIV. Fuite du Roi Alphonse & sa pénitence. | XII. | 211 |
| 1495 | Chap. XV. Ferdinand, Roi de Naples, pour s'opposer à l'arrivée du Roi Charles VIII, campe à Saint-Germain. Traité entre le Roi Charles VIII & le Pape Sixte IV. | XII. | 217 |
| | Chap. XVI. Charles VIII part de Rome & vient à Naples. Circonstances de son voyage. | XII. | 222 |
| | Chap. XVII. Charles VIII est couronné Roi de Na- | | |

## DES SOMMAIRES.

| Années | Texte. | Tomes | Pag. |
|---|---|---|---|
| 1495 | ples. Fautes qu'il fit dans l'administration de ce nouveau Royaume. | XII. | 228 |
| | Chap. XVIII. De l'état & gouvernement des Vénitiens. | XII. | 235 |
| | Chap. XIX. Le sieur d'Argenton est envoyé ambassadeur à Venise. Motifs de cette ambassade. | XII. | 244 |
| | Chap. XX. Mécontentement des Vénitiens en apprenant les conquêtes de Charles VIII sur le Royaume de Naples. | XII. | 252 |

## LIVRE VIII.

| Années | Texte. | Tomes | Pag. |
|---|---|---|---|
| 1495 | CHAPITRE PREMIER. Charles VIII voulant revenir en France, pourvoit à la sûreté du Royaume de Naples. | XII. | 261 |
| | Chap. II. Le Roi repasse par Rome. Le Pape s'enfuit à Orviette. | XII. | 266 |
| | Chap. III. Prédications remarquables du Frère Jérôme de Florence. | XII. | 271 |
| | Chap. IV. Le Roi retient la Ville de Pise. Louis d'Orléans entre dans Novarre. | XII. | 273 |

| Années | Texte. | Tomes | Pag. |
|---|---|---|---|
| 1495 | Chap. V. Difficultés du retour en France de Charles VIII, entre Pise & Sézane. La Ville de Pontrême est mise à feu. | XII. | 278 |
| | Chap. VI. Conduite du Duc d'Orléans dans la Ville de Novarre. | XII. | 284 |
| | Chap. VII. Comment le Roi fit traverser les Monts Apennins à sa grosse Artillerie. Danger que court le Maréchal de Gié, conduisant l'avant-garde. | XII. | 287 |
| | Chap. VIII. Retraite du Maréchal de Gié en attendant le Roi. | XII. | 292 |
| | Chap. IX. Charles VIII arrive à Fornoue où ses ennemis l'attendoient, résolus de le combattre. | XII. | 295 |
| | Chap. X. Dispositions des deux Armées pour la bataille. | XII. | 301 |
| | Chap. XI. Bataille de Fornoue. | XII. | 307 |
| | Chap. XII. Suite de la bataille de Fornoue. Victoire remportée par les François. Danger que court le Roi Charles VIII. | XII. | 313 |
| | Chap. XIII. Le Roi arrive à Ast. | XII. | 322 |

Chap. XIV.

## DES SOMMAIRES.

| Années | Texte. | Tomes | Pag. |
|---|---|---|---|
| 1495 | Chap. XIV. Les Allemands protègent l'Armée Françoise dans sa retraite. | XII. | 333 |
| | Chap. XV. Le Roi envoie inutilement une Flotte pour secourir le Château de Naples. | XII. | 338 |
| | Chap. XVI. L'Armée du Duc d'Orléans éprouve à Novarre toutes les horreurs de la famine. Mort de la Marquise de Montferrat & de M. de Vendôme. Traité de Paix. | XII. | 343 |
| | Chap. XVII. Le Duc d'Orléans rend Novarre. Les Suisses viennent à son secours. | XII. | 360 |
| | Chap. XVIII. Conditions d'un Traité de Paix entre le Roi & ses ennemis au Royaume de Naples. | XII. | 366 |
| | Chap. XIX. Les Vénitiens refusent d'accepter les conditions de la Paix. Fourberie du Duc de Milan. | XII. | 371 |
| 1496 | Chap. XX. Charles VIII arrivé en France, oublie ceux qui étoient restés à Naples. Mort du Dauphin. | XII. | 379 |
| | Chap. XXI. Charles VIII | | |

*Tome I.* Y

| Années | Texte. | Tomes | Pag. |
|---|---|---|---|
| 1496 | apprend la perte du Château de Naples. Traité d'Atelle, dans la Pouille, au désavantage des François. Mort de Ferdinand, Roi de Naples. | XII. | 385 |
| | Chap. XXII. Comment échouerent les entreprises formées par quelques Seigneurs d'Italie, pour remettre en la possession du Roi le Royaume de Naples, le Duché de Milan & la République de Gênes. | XII. | 396 |
| | Chap. XXIII. Différens entre le Roi Charles VIII & Ferdinand de Castille. | XII. | 407 |
| | Chap. XXIV. Infortunes & malheurs arrivés à la Maison de Castille. | XII. | 419 |
| 1497 | Chap. XXV. Projets du Roi Charles VIII pour réformer l'Eglise, les Finances & la Justice. Sa mort. | XII. | 427 |
| | Chap. XXVI. Mort du Frère Jérôme, Dominicain, brûlé à Florence. | XII. | 433 |
| | Chap. XXVII. Obséques & funérailles de Charles VIII. Couronnement de Louis XII. Généalogie des Rois de France jusqu'à Louis XII. | XII. | 438 |

DES SOMMAIRES.

# MÉMOIRES
## DE JEAN DE TROYE,

*Greffier de l'Hôtel-de-Ville de Paris;*

AUTREMENT DIT:

## LA CHRONIQUE SCANDALEUSE.

| Années | Texte. | Tomes | Pag. |
|---|---|---|---|
| 1460 | LETTRES-PATENTES du Roi Charles VII, en vertu desquelles les Anglois peuvent librement venir en France. | XIII. | 12 |
| 1461 | Mort de Charles VII, Roi de France. Louis XI lui succède. | XIII. | 13 |
|  | Louis XI fait son entrée dans Paris. | XIII. | 19 |
| 1464 | Il arrive à Poitiers, où il reçoit les Ambassadeurs du Duc de Bretagne. | | |
|  | Ligue entre Charles, Duc de Berry, frère du Roi, le Comte de Charolois, le Duc de Bretagne, le Duc de Bourbon, contre Louis XI. | XIII. | 27 |
|  | Ordonnances du Roi pour la sûreté & la garde de la Ville de Paris. | XIII. | 29 |

| Années | Texte. | Tomes | Pag. |
|---|---|---|---|
| 1465 | Guerre entre le Duc de Bourgogne & Louis XI. | XIII. | 33 |
| | Conquêtes des Bourguignons sur les François. | XIII. | 39 |
| | Lettres du Roi aux Habitans de Paris, il les engage à se tenir sur leurs gardes, & les prévient de son arrivée prochaine. | XIII. | 47 |
| | Bataille de Montlhéry gagnée par les François. | XIII. | 48 |
| | Le Roi accorde différens priviléges à la Ville de Paris. | XIII. | 52 |
| | Le Comte de Charolois place son Camp à Conflans, près Paris. | XIII. | 68 |
| | Le Duc de Berry écrit aux Habitans de Paris qui lui envoyent des Députés. | XIII. | 69 |
| | L'Assemblée de Paris délibère sur les demandes faites par le Duc de Berry. | XIII. | 72 |
| | Traité de Conflans. Il termine la guerre du bien public. | XIII. | 79 |
| | La Ville de Pontoise est livrée aux Bourguignons par la trahison de Louis Sorbier, fils du Seigneur de Brezé. | XIII. | 87 |
| | Prise de la Ville de Rouen par le Duc de Bourbon. | XIII. | 98 |

## DES SOMMAIRES.

| Années | Texte. | Tomes | Pag. |
|---|---|---|---|
| 1465 | Conditions du Traité de Conflans. | XIII. | 99 |
| | Le Comte de Charolois lève son Camp & marche contre les Liégeois. | XIII. | 110 |
| | Le Roi, à la tête de son Armée, marche contre la Normandie, & se saisit de plusieurs Places. | XIII. | 118 |
| 1466 | Il assiége la Ville du Pont-aux-Arches. | XIII. | 122 |
| | Trève de deux ans entre la France & l'Angleterre. | XIII. | 130 |
| | Siége & prise de la Ville de Dinan par le Duc de Bourgogne. | XIII. | 135 |
| | Louis XI reçoit les Ambassadeurs du Duc de Bretagne. | XIII. | 139 |
| 1467 | Il fait son entrée dans la Ville de Rouen. | XIII. | 141 |
| | La Reine Charlotte de Savoie fait son entrée dans Paris. | XIII. | 147 |
| | Le Roi envoie des secours aux Liégeois révoltés. | XIII. | 153 |
| 1468 | Etats Généraux tenus à Tours. | XIII. | 168 |
| | Louis XI visite le Duc de Bourgogne à Péronne. Renouvelle le Traité d'Arras. | XIII. | 180 |
| | Le Duc de Bourgogne as- | | |

| Années | Texte. | Tomes | Pag. |
|---|---|---|---|
| 1468 | siége & prend d'assaut la Ville de Liége. | XIII. | 183 |
| 1469 | Traité de Paix entre les Rois de France & d'Espagne. | XIII. | 198 |
| | Traité de Paix entre les Rois de France & d'Angleterre. | XIII. | 210 |
| 1470 | Louis XI soumet à son obéissance les Villes d'Amiens, de Roye & de Montdidier. | XIII. | 218 |
| 1472 | Le Duc de Bourgogne recommence la guerre. Il assiége la Ville de Nesle. | XIII. | 231 |
| | Il ravage la Picardie & la Normandie. | XIII. | 236 |
| | Trève entre le Roi de France & les Ducs de Bourgogne & de Bretagne. | XIII. | 248 |
| 1473 | Le Roi d'Arragon assiége & prend la Ville de Perpignan; il y est assiégé à son tour par les Troupes du Roi. | XIII. | 255 |
| | Le Duc de Bourgogne entreprend la conquête du Duché de Gueldres. | XIII. | 258 |
| | Anne de France, fille aînée du Roi, épouse Pierre de Bourbon, Seigneur de Beaujeu. | XIII. | 260 |
| | Le Duc de Bourgogne conspire contre la vie du Roi. | XIII. | 262 |

| Années | Texte. | Tomes | Pag. |
|---|---|---|---|
| 1474 | Le Roi reçoit les Ambassadeurs du Roi d'Arragon. | XIII. | 269 |
| | Il fait une trève d'un an avec le Duc de Bourgogne. | XIII. | 273 |
| | Il entreprend la conquête du Royaume d'Arragon. | XIII. | 275 |
| | Le Duc de Bourgogne assiége la Ville de Nuz. | XIII. | 277 |
| 1475 | Louis XI fait alliance avec l'Empereur. | XIII. | 287 |
| | Il reprend sur le Duc de Bourgogne les Villes qu'il avoit conquises. | XIII. | 290 |
| | Son entrevue avec le Roi d'Angleterre à Picquigny. Les deux Princes consentent à une trève de sept années. | XIII. | 299 |
| | Le Duc de Bourgogne fait, avec le Roi de France, une trève marchande de neuf ans; il lui livre le Connétable de S. Paul. | XIII. | 306 |
| | Instruction du procès du Connétable de S. Paul, & son supplice. | XIII. | 311 |
| | Le Roi convoque l'Assemblée des Prélats François, en Concile, à Lyon. | XIII. | 326 |
| | Défaite du Duc de Bourgogne par les Suisses. | XIII. | 328 |
| 1476 | Traité d'alliance avec le | | |

| Années | Texte. | Tomes | Pag. |
|---|---|---|---|
| 1476 | Roi de Sicile, en vertu duquel le Comté de Provence est uni à la Couronne de France, | XIII. | 334 |
| | Le Duc de Bourgogne est défait une seconde fois par les Suisses devant Morat. | XIII. | 338 |
| 1477 | Il assiége Nancy; le Duc de Lorraine lui livre bataille; le Duc de Bourgogne la perd & périt dans le combat. | XIII. | 359 |
| | Louis XI soumet à son obéissance toute la Normandie. | XIII. | 357 |
| | Procès de Jacques d'Armagnac, Duc de Nemours & Comte de la Marche; il est condamné à avoir la tête tranchée. | XIII. | 368 |
| 1478 | Louis XI fait de grands dons à plusieurs Eglises. | XIII. | 389 |
| | Assemblée du Clergé de France à Orléans, à cause de la Pragmatique-Sanction. | XIII. | 390 |
| 1480 | Louis XI renouvelle la trêve avec le Roi d'Angleterre. | XIII. | 415 |
| 1483 | Il tombe malade; fait des fondations considérables dans plusieurs Eglises; il fait un Pélerinage à Saint-Claude. | XIII. | 412 |

# DES SOMMAIRES.

| Années | Texte. | Tomes | Pag. |
|---|---|---|---|
| 1483 | Instructions que Louis XI, mourant, donne à Charles, Dauphin de France. | XIII. | 430 |
| | Mort de Louis XI, Roi de France, | XIII. | 445 |

## MÉMOIRES
## DE GUILLAUME DE VILLENEUVE.

| Années | Texte. | Tomes | Pag. |
|---|---|---|---|
| 1494 | CHARLES VIII marche en personne à la conquête du Royaume de Naples. Particularités de son voyage. | XIV. | 2 |
| 1495 | Il est couronné Roi de Naples. | XIV. | 5 |
| | Ligue conclue à Venise entre le Pape, l'Empereur Maximilien, l'Archiduc Philippe, Ferdinand, Roi d'Arragon, Henri VIII, Roi d'Angleterre, contre Charles VIII, Roi de France. | XIV. | 6 |
| | Bataille de Fornoue. | XIV. | 8 |
| | La Ville de Naples se révolte & se rend à Ferdinand, qui y fait son entrée. | XIV. | 11 |
| | Les François se retirent dans le Château de la Ville; ils y sont assiégés & forcés de se rendre. | XIV. | 13 |

| Années | Texte. | Tomes | Pag. |
|---|---|---|---|
| 1495 | Le sieur de Villeneuve est fait prisonnier. | XIV. | 23 |
| | Entreprises & conquêtes des Vénitiens sur le Royaume de Naples. | XIV. | 27 |
| | Après deux assauts, le Roi Ferdinand se rend maître de la Citadelle de Naples. | XIV. | 50 |
| | Bataille de Seminare, où le Roi Ferdinand est défait par les François. | XIV. | 64 |
| 1496 | Situation du sieur de Villeneuve dans sa prison. | XIV. | 74 |
| | Traité de Paix entre Ferdinand, Roi de Naples & le Comte de Montpensier, Lieutenant Général pour le Roi de France au Royaume de Naples. | XIV. | 79 |
| | Le Roi Ferdinand se rend maître des Villes de San-Severino & de Salerne. | XIV. | 81 |
| | Il renvoye en France les Officiers & Soldats de l'Armée Françoise. | XIV. | 82 |

## MÉMOIRES

### DE LOUIS II,

### Seigneur DE LA TRIMOUILLE,

DIT LE CHEVALIER SANS REPROCHE.

| Années | Texte. | Tomes | Pag. |
|---|---|---|---|
| 1460 | CHAPITRE PREMIER. Sa naissance; son enfance; son éducation. | XIV. | 112 |
| 1473 | Chap. II. Il se rend à la Cour à l'insçu de ses parens. | XIV. | 115 |
|  | Chap. III. Il entre au service du Roi de France. | XIV. | 119 |
| 1478 | Chap. IV. Ses premières amours. | XIV. | 121 |
| 1483 | Chap. V. Après la mort de son père, il rentre dans la Vicomté de Thouars & autres Seigneuries usurpées par Louis XI. Charles VIII l'appelle à son service. Son mariage avec Gabrielle de Bourbon-Montpensier. | XIV. | 129 |
|  | Chap. VI. Louis, Duc d'Orléans, se réfugie auprès du Duc de Bretagne. | XIV. | 133 |
| 1488 | Chap. VII. Louis de la Trimouille, n'étant encore | | |

| Années | Texte. | Tomes | Pag. |
|---|---|---|---|
| 1488 | âgé que de vingt-sept ans, est nommé Lieutenant Général du Roi dans la guerre de Bretagne. Bataille de Saint-Aubin; il la gagne & fait prisonnier le Duc d'Orléans. | XIV. | 140 |
| 1493 | Chap. VIII. Conquête du Royaume de Naples: Bataille de Fornoue. Mort de Charles VIII. Louis XII appelle à son service le Seigneur de la Trimouille. | XIV. | 145 |
| 1499 | Chap. IX. Louis XII épouse Anne de Bretagne, après avoir fait déclarer nul son mariage avec Jeanne de France. | XIV. | 156 |
| 1500 | Chap. X. Par la conduite de la Trimouille, Louis Sforce, usurpateur de Milan, est fait prisonnier, & le Duché de Milan est soumis à l'obéissance du Roi Louis XII. | XIV. | 159 |
| 1502 | Chap. XI. Conquête du Royaume de Naples par les François. Ils en sont chassés. La maladie du Chevalier de la Trimouille l'empêche de reconquérir ce Royaume. | XIV. | 166 |

| Années | Texte. | Tomes | Pag. |
|---|---|---|---|
| 1502 | Chap. XII. Eloge de Gabrielle de Bourbon, première épouse du Seigneur de la Trimouille. | XIV. | 169 |
| 1507 | Chap. XIII. Services rendus au Roi par le Seigneur de la Trimouille, durant les guerres contre les Vénitiens & les Génois. Bataille de Ravenne. Les François abandonnent le Duché de Milan. | XIV. | 175 |
| | Chap. XIV. Pour n'avoir pas obéi au Seigneur de la Trimouille, l'Armée Françoise est défaite devant Novarre. | XIV. | 183 |
| | Chap. XV. Le Sieur de la Trimouille est envoyé Lieutenant-Général en Normandie pour s'opposer aux efforts des Anglois. Il préserve la Bourgogne de la fureur des Suisses. | XIV. | 191 |
| 1514 | Chap. XVI. Mort de Louis XII. François Ier lui succède. Bataille de Marignan. | XIV. | 199 |
| | Chap. XVII. Le Sieur de la Trimouille revient en France. Mort de la Dame son Epouse. | XIV. | 207 |
| | Chap. XVIII. Le Sieur de | | |

| Années | Texte. | Tomes | Pag. |
|---|---|---|---|
| 1514 | la Trimouille épouse, en secondes nôces, la Duchesse de Valentinois. Son petit-fils épouse Anne de Laval. Il est envoyé Lieutenant-Général en Picardie. | XIV. | 211 |
| 1523 | Chap. *XIX*. Le Connétable de Bourbon quitte la France. Conduite du S$^r$ de la Trimouille en Picardie. | XIV. | 218 |
| 1524 | Chap. *XX*. Charles de Bourbon assiége Marseille, & est forcé de lever le Siége. François I$^{er}$ le poursuit jusqu'en Italie; il met le Siége devant Pavie. | XIV. | 223 |
| 1525 | Chap. *XXI*. Bataille de Pavie. Le Seigneur de la Trimouille périt dans le combat. Vertus de cet illustre Chevalier. | XIV. | 230 |

# MÉMOIRES
## DU CHEVALIER BAYARD,
DIT LE CHEVALIER SANS PEUR ET SANS REPROCHE.

| Années | Texte. | Tomes | Pag. |
|---|---|---|---|
| 1489 | CHAPITRE PREMIER. Le Seigneur de Bayard, père du Chevalier, interroge ses enfans sur le choix d'un état. | XIV. | 321 |
| | Chap. II. Le père du Chevalier Bayard engage son beau-frère, Evêque de Grenoble, à venir chez lui pour le consulter au sujet de ses enfans. | XIV. | 325 |
| | Chap. III. Le Chevalier Bayard est présenté au Duc de Savoye qui le reçoit à son service. | XIV. | 333 |
| | Chap. IV. Le Duc de Savoye visite le Roi de France, qui se trouvoit alors à Lyon. | XIV. | 336 |
| | Chap. V. Le Roi Charles VIII reçoit honorablement le Duc de Savoye. | XIV. | 340 |
| | Chap. VI. Premières armes du jeune Bayard. | XIV. | 347 |
| | Chap. VII. Secours qu'il trouva auprès de l'Abbé d'Esnay. | XIV. | 354 |

| Années | Texte. | Tomes | Pag. |
|---|---|---|---|
| 1489 | Chap. VIII. Il fait armes contre le Sire de Vauldray. | XIV. | 361 |
| | Chap. IX. Le Seigneur de Ligny le retient dans sa Compagnie, & l'envoye en garnison en Picardie. | XIV. | 367 |
| | Chap. X. Le jeune Bayard fait publier un tournoi dans la Ville d'Aire. | XIV. | 371 |
| 1494 | Chap. XI. Charles VIII se prépare à marcher à la conquête du Royaume de Naples. | XIV. | 386 |
| 1498 | Chap. XII. Mort de Charles VIII. Louis XII lui succède. | XIV. | 390 |
| | Chap. XIII. Après la conquête du Duché de Milan, le jeune Bayard reste en Italie. Il publie un tournoi dans la Ville de Carignan en Piémont, & en remporte le prix. | XIV. | 394 |
| 1500 | Chap. XIV. Ludovic Sforce reprend sur les François la Ville de Milan. | XIV. | 404 |
| | Chap. XV. Avec quels égards & quel honneur Ludovic Sforce traite le jeune Bayard. | XIV. | 409 |
| | Chap. XVI. Ludovic Sforce, aux approches de l'Armée | | |

| Années | Texte. | Tomes | Pag. |
|---|---|---|---|
| 1500 | Françoise, se retire à Novarre, où il est fait prisonnier & conduit au Château de Loches en France. | XV. | 1 |
| | Chap. XVII. Le Seigneur de Ligny visite plusieurs places du Duché de Milan. Aventure particulière. | XV. | 4 |
| 1501 | Chap. XVIII. Louis XII envoye une nouvelle Armée dans le Royaume de Naples. D'Aubigny en est fait Lieutenant-Général. | XV. | 11 |
| | Chap. XIX. Le Chevalier Bayard quitte la garnison de Monervine. Il trouve sur sa route des Espagnols qu'il défait. | XV. | 15 |
| | Chap. XX. Alphonse de Sotomajor se sauve de la prison où il étoit détenu : il est repris & plus étroitement renfermé. | XV. | 20 |
| | Chap. XXI. Alphonse de Sotomajor se plaint du traitement du Chevalier Bayard; ils en viennent à se battre en combat singulier. | XV. | 25 |
| | Chap. XXII. Le Chevalier Bayard défait Alphonse de Sotomajor. | XV. | 30 |

*Tome I.*     Z

| Années | Texte. | Tomes | Pag. |
|---|---|---|---|
| 1501 | Chap. XXIII. Combat de treize Espagnols contre treize François. Le Chevalier Bayard en remporte le prix. | XV. | 36 |
| | Chap. XXIV. Le Chevalier Bayard fait prisonnier un homme qui portoit quinze mille ducats au Capitaine Gonsalez Ferdinand. Emploi qu'il fit de cet argent. | XV. | 40 |
| | Chap. XXV. Le Chevalier Bayard défend seul le passage d'un Pont sur la rivière de Garrillan, contre deux cens Espagnols. | XV. | 45 |
| 1505 | Chap. XXVI. De plusieurs événemens arrivés en France, en Italie & en Espagne. | | |
| | Chap. XXVII. Révolte des Génois. Louis XII les soumet. | XV. | 57 |
| | Chap. XXVIII. L'Empereur Maximilien déclare la guerre aux Vénitiens. Louis XII leur envoie une puissante Armée sous le commandement de Jean-Jacques Trivulce. | XV. | 63 |
| 1508 | Chap. XXIX. Louis XII fait marcher son Armée | | |

| Années | Texte. | Tomes | Pag. |
|---|---|---|---|
| 1508 | contre les Vénitiens. Bataille d'Aignadel. | XV. | 67 |
| 1509 | Chap. XXX. Conquêtes de Louis XII sur les Vénitiens. | XV. | 73 |
| | Chap. XXXI. Louis XII envoie des secours à l'Empereur. Le Chevalier Bayard se trouve au nombre des Capitaines destinés à ce voyage. | XV. | 79 |
| | Chap. XXXII. Siége de Padoue par l'Empereur Maximilien. | XV. | 84 |
| | Chap. XXXIII. Conduite du Chevalier Bayard au Siége de Padoue. | XV. | 88 |
| | Chap. XXXIV. Suite du Siége de Padoue. | VX. | 94 |
| | Chap. XXXV. Trait de valeur du Chevalier Bayard pendant le Siége de Padoue. | XV. | 98 |
| | Chap. XXXVI. Il fait prisonniers soixante Albannois & trente Arbalêtriers. | XV. | 106 |
| | Chap. XXXVII. L'Empereur délibère de donner l'assaut à Padoue. | XV. | 116 |
| | Chap. XXXVIII. L'Empereur lève le Siége de Padoue sur le refus des Al- | | |

Z ij

| Années | Texte. | Tomes | Pag. |
|---|---|---|---|
| 1509 | lemands de monter à l'assaut. | XV. | 124 |
| | Chap. XXXIX. Le Chevalier Bayard étant à Vérone, fait une sortie sur les Vénitiens; deux fois il est fait prisonnier, & deux fois il échappe à ses ennemis. | XV. | 127 |
| | Chap. XL. Danger que court le Chevalier Bayard d'être pris & livré à Jean-Paul Manfron. | XV. | 137 |
| | Chap. XLI. La garnison de Lignago fait une sortie sur les Vénitiens. | XV. | 160 |
| 1511 | Chap. XLII. Le Pape Jules assiége en personne la Mirandole. | XV. | 171 |
| | Chap. XLIII. Danger que court le Pape d'être fait prisonnier par le Chevalier Bayard. | XV. | 175 |
| | Chap. XLIV. Le Chevalier Bayard défait les Troupes du Pape devant la Bastide. | XV. | 181 |
| | Chap. XLV. Conduite du Chevalier Bayard pendant les menées du Pape, contre le Duc de Ferrare. | XV. | 193 |
| 1512 | Chap. XLVI. Evénemens arrivés en Italie durant l'espace de deux années. | XV. | 204 |

| Années | Texte. | Tomes | Pag. |
|---|---|---|---|
| 1512 | Chap. XLVII. Combat à outrance de deux Espagnols dans la Ville de Ferrare. | XV. | 209 |
| | Chap. XLVIII. André Gritti, Provéditeur de la Seigneurie de Venise, reprend la Ville de Bresse. | XV. | 228 |
| | Chap. XLIX. Le Duc de Nemours reprend la Ville de Bresse. | XV. | 235 |
| | Chap. L. A la prise de la Ville de Bresse, le Chevalier Bayard fait un acte de vertu héroïque. Il est blessé. | XV. | 239 |
| | Chap. LI. Le Chevalier Bayard, guéri de sa blessure, rejoint l'Armée Françoise devant Ravenne. | XV. | 259 |
| | Chap. LII. Le Duc de Nemours assiége Ravenne. Les François sont repoussés dans plusieurs assauts. | XV. | 259 |
| | Chap. LIII. Le Chevalier Bayard se signale dans une escarmouche qui eut lieu la veille de la bataille de Ravenne. | XV. | 278 |
| | Chap. LIV. Bataille de Ravenne. Les Espagnols & les Napolitains sont dé- | | |

Z iij

| Années | Texte. | Tomes | Pag. |
|---|---|---|---|
| 1512 | faits. Mort du Duc de Nemours. | XV. | 283 |
| | Chap. LV. Prife de la Ville de Ravenne. Les François font chaffés d'Italie. Maladie du Chevalier Bayard. | XV. | 314 |
| | Chap. LVI. Le Chevalier Bayard marche au fecours du Roi de Navarre. Pendant le Siége de Pampelune, il prend d'affaut un Château. | XV. | 329 |
| 1513 | Chap. LVII. Henri VIII, Roi d'Angleterre, affiége Thérouenne. Bataille des éperons. Valeur du Chevalier Bayard. | XV. | 339 |
| 1514 | Chap. LVIII. Mort de la Reine Anne de Bretagne. Louis XII époufe Marie d'Angleterre. Mort de Louis XII. | XV. | 358 |
| 1515 | Chap. LIX. François Ier, Roi de France, paffe les Monts. Le Chevalier Bayard le fuit en Italie, & fait prifonnier Profper Colonne. | XV. | 364 |
| | Chap. LX. Bataille de Marignan, où François Ier fait des prodiges de valeur. Il fe fait armer | | |

# DES SOMMAIRES.

| Années | Texte. | Tomes | Pag. |
|---|---|---|---|
| 1515 | Chevalier par Bayard. | XV. | 375 |
| | Chap. LXI. Evénemens arrivés en France, en Italie & en Espagne, durant trois ou quatre ans. | XV. | 383 |
| 1521 | Chap. LXII. Robert de la Mark fait quelques courses sur les Pays de l'Empereur, qui lève une forte Armée pour s'opposer à ses entreprises. | XV. | 387 |
| | Chap. LXIII. Le Chevalier Bayard garde la Ville de Mezieres contre tous les efforts de l'Empereur. | XV. | 392 |
| 1524 | Chap. LXIV. Mort du Chevalier Bayard. | XV. | 404 |
| | Chap. LXV. Le Chevalier Bayard emporte en mourant les regrets même de ses ennemis. | XV. | 413 |
| | Chap. LXVI. Vertus du Chevalier Bayard, surnommé sans Peur & sans Reproche. | XV. | 421 |

Z iv

# TABLE GÉNÉRALE
## MÉMOIRES
## DE ROBERT DE LA MARK,
Seigneur DE FLEURANGES ET DE SEDAN,

Et Maréchal de France,

SURNOMMÉ LE JEUNE AVENTUREUX.

| Années | Texte. | Tomes | Pag. |
|---|---|---|---|
| 1499 | ROBERT DE LA MARK vient à la Cour de Louis XII qui l'attache au service de Monsieur d'Angoulême. | XVI. | 3 |
| | Amusemens de Monsieur d'Angoulême & de Robert de la Mark. | XVI. | 5 |
| | Mariage de César Borgia, Marquis de Monferrat, avec Charlotte d'Albret. Tournoi à l'occasion de l'arrivée du Prince de Castille. | XVI. | 9 |
| | Vénerie du Roi de France. | XVI. | 16 |
| | Fauconnerie. | XVI. | 18 |
| | Gardes du Roi. | XVI. | 20 |
| | Artillerie du Roi. | XVI. | 24 |
| | Robert de la Mark marche au secours du Comte Palatin. Le Roi le rappelle. | XVI. | 25 |

| Années | Texte. | Tomes | Pag. |
|---|---|---|---|
| 1506 | Etats du Royaume assemblés à Tours. Conclusions du Mariage de Monsieur d'Angoulême, avec Claude de France, fille aînée de Louis XII. | XVI. | 28 |
| | Robert de la Mark est nommé Lieutenant-Général pour le Roi, dans le Duché de Gueldres. | XVI. | 29 |
| | Louis XII passe en Italie pour la conquête du Royaume de Naples. | XVI. | 33 |
| | Le Roi d'Arragon épouse la sœur du Duc de Nemours. Traité de paix entre les Roi de France & d'Arragon. | XVI. | 41 |
| 1509 | Bataille d'Aignadel où périrent trente-huit mille Vénitiens. | XVI. | 43 |
| | Louis XII assiége & prend la Ville de Peschiera, & plusieurs autres sur les Vénitiens. | XVI. | 49 |
| | L'Empereur Maximilien demande une entrevue au Roi de France. Il réclame tout ce que le Roi avoit conquis. | XVI. | 50 |
| | L'Empereur se laisse reprendre toutes ses Places, excepté Vérone. | | 52 |

| Années | Texte. | Tomes | Pag. |
|---|---|---|---|
| 1509 | Louis XII revient en France. | XVI. | 53 |
| | Il envoie des secours à l'Empereur Maximilien sous le commandement du Seigneur de la Palisse. | XVI. | 55 |
| | Siége de Padoue. | XVI. | 56 |
| | Robert de la Mark épouse Guillemette de Sarbruche, Comtesse de Braine. | XVI. | 60 |
| | Il passe en Italie. | XVI. | 61 |
| 1511 | Marche au secours de la Mirandole, assiégée par le Pape Jules II en personne. | XVI. | 68 |
| | Les François se rendent maîtres de la Ville de la Concorde, & font prisonnier Jean-Paul Manfredon. | XVI. | 72 |
| | Le Duc de Ferrare bloque le Pape & les Vénitiens dans leur camp. | XVI. | 75 |
| 1512 | L'Armée du Pape & des Vénitiens marche contre Boulogne ; les François la poursuivent & la mettent en déroute. | XVI. | 79 |
| | Ils se rendent maîtres de la Ville de Boulogne. Le Vice-Roi de Naples les y assiége inutilement. | XVI. | 84 |
| | Prise de la Ville de Bresse par le Duc de Nemours. | XVI. | 86 |

| Années | Texte. | Tomes | Pag. |
|---|---|---|---|
| 1512 | Bataille de Ravennes. Mort du Duc de Nemours. | XVI. | 88 |
| | Prise de la Ville. Le Sieur de la Palisse est élu, par un consentement unanime, Chef général des François. | XVI. | 99 |
| | Les Espagnols reprennent la Ville de Ravenne. Les Suisses & les Vénitiens chassent les François d'Italie. | XVI. | 102 |
| | Les Espagnols font une descente en Guienne. Le Roi de Navarre perd son Royaume. | XVI. | 112 |
| 1513 | Le Seigneur de la Trimouille repasse en Italie avec une Armée, & le titre de Lieutenant-Général. | XVI. | 116 |
| | Robert de la Mark se rend maître de la Ville d'Alexandrie. | XVI. | 120 |
| | Bataille de Novarre gagnée par les Suisses. | XVI. | 123 |
| | Bataille de Trécas, où les François sont défaits. Robert de la Mark y reçut quarante-six blessures. | XVI. | 131 |
| | Les Suisses se joignent aux Anglois & assiégent Dijon. | XVI. | 137 |

| Années | Texte. | Tomes | Pag. |
|---|---|---|---|
| 1513 | Les Anglois affiégent Thérouenne. Robert de la Mark, à la tête des Lanſquenets, joint l'Armée Françoiſe à Blangy. | XVI. | 141 |
| | Priſe des Villes de Thérouenne & de Tournay par les Anglois. Traité de paix entre les Rois de France & d'Angleterre. Mort de Jacques IV, Roi d'Ecoſſe. | XVI. | 149 |
| 1514 | Mort de la Reine Anne, Ducheſſe de Bretagne. Louis XII épouſe, en ſecondes nôces, Marie d'Angleterre. | XVI. | 153 |
| | Arrivée de Marie d'Angleterre à Abbeville. Réjouiſſances. | XVI. | 159 |
| | Marie d'Angleterre fait ſon entrée à Paris. Joûtes & tournois. | XVI. | 164 |
| 1515 | Mort du Roi Louis XII. | XVI. | 167 |
| | François Ier eſt ſacré & couronné à Reims. Il fait ſon entrée dans Paris. Joûtes & tournois. | XVI. | 173 |
| | Il paſſe en Italie. Proſper Colonne eſt fait priſonnier. De Lautrec & Robert de la Mark mettent en fuite les Suiſſes. | XVI. | 180 |

| Années | Texte. | Tomes | Pag. |
|---|---|---|---|
| 1515 | Bataille de Marignan gagnée par les François. | XVI. | 188 |
| | François I$^{er}$ assiége le Château de Milan, qui se rend par composition. | XVI. | 204 |
| | Le Roi y fait son entrée solemnelle. Joûtes & tournois. | XVI. | 212 |
| 1516 | Entrevûe de François I$^{er}$ avec le Pape Léon X à Boulogne. | XVI. | 214 |
| | Robert de la Mark revient en France. | XVI. | 217 |
| | Le Marquis de Mantoue quitte le parti de la France. Robert de la Mark déclare la guerre au Baron d'Antin. | XVI. | 225 |
| | François I$^{er}$ envoie Robert de la Mark en Allemagne. Quel étoit le but de ce voyage. | XVI. | 226 |
| | Le Cardinal de la Mark & le Sieur de Sedan, son frère, passent au service de l'Empereur. | XVI. | 235 |
| | Le Duc d'Urbin renouvelle le traité d'alliance entre le Pape & le Roi. | XVI. | 240 |
| 1519 | Mort de l'Empereur Maximilien. François I$^{er}$ envoie ses Députés à l'Assemblée générale de l'Empire. | XVI. | 245 |

| Années | Texte. | Tomes | Pag. |
|---|---|---|---|
| 1529 | Voyage desdits Députés ou Ambassadeurs. | XVI. | 248 |
| | Le Roi d'Angleterre envoie des Ambassadeurs à François I$^{er}$. Réception qu'on leur fit à Paris. | XVI. | 259 |
| 1520 | Entrevue des Rois d'Angleterre & de France, entre Ardes & Ghines. | XVI. | 267 |
| | Charles V, Roi d'Espagne, est couronné Empereur à Aix-la-Chapelle. | XVI. | 279 |
| | Robert de la Marck mécontent de l'Empereur, repasse au service de France. | XVI. | 283 |
| 1521 | Guerre entre l'Empereur & le Roi de France. | XVI. | 285 |
| | Le Comte de Nassau, Lieutenant-Général pour l'Empereur, marche contre Robert de la Mark, & se rend maître du Château de Loigne. | XVI. | 288 |
| | Le Maréchal de Lautrec assiége Vérone, qui se rend par composition. | XVI. | 293 |
| | Siége de Messencourt. | XVI. | 296 |
| | Robert de la Mark ravitaille & fortifie la Ville de Jamets. | XVI. | 300 |
| | La Ville de Bouillon est surprise, & les Habitans passés au fil de l'épée. Trève | | |

## DES SOMMAIRES.

| Années | Texte. | Tomes | Pag. |
|---|---|---|---|
| 1521 | de six semaines entre le Seigneur de Sedan & le Comte de Nassau. Robert de la Mark refuse d'y être compris. | XVI. | 310 |
| | M. de l'Escun défend la Ville de Parme contre l'Armée du Pape & des Espagnols. | XVI. | 316 |

# MÉMOIRES
## OU JOURNAL
## DE LOUISE DE SAVOIE,
*Duchesse d'Angoulême, d'Anjou & de Valois.*

| Années | Texte. | Tomes | Pag. |
|---|---|---|---|
| 1459 à 1522 | Commençant le 22 Mars 1459, jusqu'à l'an 1522. | XVI. | 409 |

# TABLE GÉNÉRALE
## MÉMOIRES
## DE MARTIN DU BELLAY,
### SEIGNEUR DE LANGEY.
## LIVRE PREMIER.
### SOMMAIRE.

| Années | Texte. | Tomes | Pag. |
|---|---|---|---|
| 1513 | Louis XII entreprend de recouvrer le Duché de Milan qu'il venoit de perdre. | XVII. | 3 |
| | Louis de la Trimouille, chargé de cette expédition, est défait à Novarre par les Suisses, qui, poursuivant leur victoire, passent les Monts & viennent attaquer Dijon, pendant que d'un autre côté l'Empereur Maximilien & Henri VIII, Roi d'Angleterre, battent les François à la journée des Eperons, & prennent Thérouenne & Tournay. | XVII. | 14 |
| 1514 | Louis XII fait sa paix avec Henri & les Suisses; donne la Princesse Claude, sa fille aînée, en mariage à François, Duc de Valois. | XVII. | 28 |

## DES SOMMAIRES.

| Années | Texte. | Tomes | Pag. |
|---|---|---|---|
| 1515 | Il épouse en fecondes nôces Marie d'Angleterre, & meurt peu de tems après. | XVII. | 37 |
| | François, premier du nom, son successeur, signale son avénement à la Couronne par le gain de la fameuse bataille de Marignan qui est suivie de la conquête du Duché de Milan. | XVII. | 41 |
| 1521 | La protection que la France accorde à Henri d'Albret & à Robert de la Mark, occasionne la guerre qui s'allume entre Charles V & François Ier. | XVII. | 73 |
| | L'Esparre, en moins de quinze jours, remet toute la Navarre sous la domination de ses anciens maîtres, & en aussi peu de jours le Royaume est reconquis par les Espagnols. | XVII. | 89 |
| | L'Empereur, après avoir dépouillé Robert de la Mark de la plus grande partie de ses Etats, pénétre en France par la Champagne, prend Mousson & assiége en vain Mezières. | XVII. | 104 |

François Ier porte la guerre

Tome I.      A a

| Années | Texte. | Tomes | Pag. |
|---|---|---|---|
| 1521 | dans l'Artois & dans le Hainaut. Se rend maître d'Hesdin, & présente la bataille à Charles V, qui se retire avec précipitation à Valenciennes. | XVII. | 109 |
| | Henri, Roi d'Angleterre, offre sa médiation pour reconcilier les deux Puissances. | XVII. | 149 |
| | La paix est conclue, & elle est presque aussitôt rompue, à cause de la prise de Fontarabie, par l'Amiral Bonnivet. | XVII. | 150 |
| | Les Impériaux se dédommagent de cette perte, par la conquête de Tournay, qui se rend après un long Siége. | XVII. | 155 |
| | Le Pape Léon X, s'engage, par un traité, à unir ses forces à celles de l'Empereur, pour chasser les François de toutes les Places qu'ils occupoient en Italie. | XVII. | 156 |

## DES SOMMAIRES

### LIVRE II.

| Années | Texte. | Tomes | Pag. |
|---|---|---|---|
| 1521 | Le Pape & l'Empereur entreprennent de rétablir François Sforce. | XVII. | 173 |
| | Prosper Colonne & le Marquis de Pesquaire, leurs Généraux, font de rapides conquêtes, battent l'Armée Françoise à la journée de la Bicoque, & surprennent la Ville de Gênes. | XVII. | 174 |
| | Lautrec qui n'avoit été malheureux que parce qu'on l'avoit laissé sans argent, retourne en France pour se justifier. | XVII. | 227 |
| 1522 | Semblancai, Surintendant des Finances, est la victime de l'avarice de Louise de Savoie, mère du Roi. | XVII. | 228 |
| | Mort de Léon X. Adrien VI est élu Pape à la recommandation de l'Empereur. | XVII. | 243 |
| 1523 | Le Connétable de Bourbon se laisse gagner par l'Empereur & quitte la France. | XVII. | 264 |
| | Sa désertion empêche que le Roi ne se mette à la tête de son Armée. | XVII. | 180 |
| | Il en donne le commande- | | |

A a ij

| Années | Texte. | Tomes | Pag. |
|---|---|---|---|
| 1523 | ment à Bonnivet, qui, faute d'argent, n'est pas plus heureux que Lautrec. | XVII. | 281 |
| | Henri VIII déclare la guerre à la France. | XVII. | 297 |
| | Ses Troupes unies à celles de l'Empereur, font une invasion en Picardie, où elles brûlent Roye & Montdidier, pendant que les Espagnols reprennent Fontarabie. | XVII. | 302 |
| | Le comte Guillaume de Furstemberg se jette en Bourgogne à la tête d'un gros Corps de Lansquenets ; mais il est repoussé par le Duc de Guise. | XVII. | 310 |
| 1524 | Le Connétable de Bourbon & le Marquis de Pesquaire, viennent mettre le Siége devant Marseille. Ils le lèvent avec précipitation, dès qu'ils apprennent que le Roi marche à eux avec une nombreuse Armée. | XVII. | 345 |
| 1525 | François I.er passe les Monts ; se rend maître de Milan & de plusieurs autres Places. | XVII. | 349 |
| | Assiége Pavie, où se donne la malheureuse bataille où il est fait prisonnier. | XVII. | 355 |

## LIVRE III.

| Années | Texte. | Tomes | Pag. |
|---|---|---|---|
| 1525 | LA Reine-Mère tient conseil à Lyon pour délibérer sur les moyens de rendre au Roi la liberté. | XVIII. | 3 |
| | Elle engage Henri VIII, Roi d'Angleterre, dans les intérêts de la France. | XVIII. | 6 |
| | Les Fanatiques d'Allemagne qui avoient dessein de pénétrer en Bourgogne & en Champagne, sont défaits par le Duc de Guise & le Comte de Vaudemont, son frère. | XVIII. | 7 |
| 1526 | La crainte qu'avoit Charles V de perdre son prisonnier qui étoit tombé dangereusement malade, l'engage à le voir & à conclure le traité de Madrid contre lequel François I.er proteste & qu'il refuse de ratifier. | XVIII. | 15 |
| | La France & les Princes d'Italie se liguent ensemble pour le rétablissement de François Sforce. | XVIII. | 23 |
| 1527 | Le Connétable de Bourbon prend le commandement de l'Armée Impériale. | XVIII. | 29 |
| | Il se rend maître du Château | | |

Aa iij

| Années | Texte. | Tomes | Pag. |
|---|---|---|---|
| 1527 | de Milan, met le Siége devant Rome où il est tué. | XVIII. | 33 |
| | Le Prince d'Orange fait continuer l'assaut, emporte la place & la livre au pillage. | XVIII. | 37 |
| | Il se fait une ligue entre François I<sup>er</sup> & Henri VIII, pour la délivrance du Pape. | XVIII. | 40 |
| | Lautrec passe en Italie à la tête d'une nombreuse Armée; s'empare de plusieurs Places du Duché de Milan; conduit son Armée dans le Boulonnois. | XVIII. | 64 |
| | Les Espagnols craignans que le Pape, qu'ils retenoient prisonnier, ne leur fût enlevé de force, consentent à lui rendre la liberté. | XVIII. | 70 |
| 1528 | Le Royaume de Naples se soumet presqu'en entier à Lautrec, qui met le Siége devant la Capitale; mais les maladies ruinent totalement son Armée, & il est lui-même emporté. | XVIII. | 91 |
| | André Doria se révolte; il engage les Génois à suivre son exemple. | XVIII. | 92 |

| Années | Texte. | Tomes | Pag. |
|---|---|---|---|
| 1529 | La paix conclue à Cambray, est suivie de la délivrance des Enfans de France & du mariage de la Reine Eléonore, Douairière de Portugal, avec François Premier. | XVIII. | 121 |
| | Charles V passe en Italie, se fait couronner à Rome, & oblige les Florentins, après un long Siége, de changer la forme de leur Gouvernement. | XVIII. | 130 |

## LIVRE IV.

| Années | Texte. | Tomes | Pag. |
|---|---|---|---|
| 1530 | Exposition des raisons qui autorisoient le Roi à reprendre les Armes. | XVIII. | 136 |
| | La Reine Eléonore, son Epouse, travaille inutilement à l'affermissement de la paix. | XVIII. | 141 |
| 1531 | Mort de Louise de Savoie, Duchesse d'Angoulême & Régente. | XVIII. | 143 |
| | Le Roi pressé d'entrer dans la ligue de Smalcade, fait un traité d'alliance avec les Princes confédérés d'Allemagne. | XVIII. | 145 |

| Années | Texte. | Tomes | Pag. |
|---|---|---|---|
| 1531 | Il a une entrevue avec Henri VIII, & conclut, avec ce Prince, un nouveau traité. | XVIII. | 148 160 |
| | Jean Vaivode de Transilvanie lui envoie des Ambassadeurs qui sont favorablement écoutés. Balançon, Ambassadeur de Sa Majesté Impériale, n'est pas aussi bien reçu. | XVIII. | 152 |
| 1532 | Union de la Bretagne à la Couronne de France. | XVIII. | 159 |
| | Décimes accordées au Roi par le Clergé. | XVIII. | 174 |
| | Délibération sur la convocation d'un Concile général. | XVIII. | 192 |
| | Sentence d'excommunication prononcée contre Henri VIII. | XVIII. | 211 226 |
| | Le Pape vient trouver le Roi à Marseille, où se conclut le mariage de Catherine de Médicis, Nièce de Sa Sainteté, avec le Duc d'Orléans. | XVIII. | 222 258 |
| | Merveille, Ambassadeur de Sa Majesté, est mis à mort par ordre de François Sforce, Duc de Milan. | XVIII. | 233 |
| 1534 | Le Roi se prépare à se faire raison de cet attentat, après en avoir inutilement porté ses plaintes à l'Empereur. | XVIII. | 243 282 |

| Années | Texte. | Tomes | Pag. |
|---|---|---|---|
| 1534 | Les Ducs de Wirtemberg, aidés du secours de la France, sont remis en possession de leurs états, qui étoient entre les mains de Ferdinand, Roi de Hongrie. | XVIII. | 263 |
| | Institution d'une nouvelle Milice en France, à l'imitation des Légions Romaines. | XVIII. | 290 |
| 1535 | Mort du Duc de Milan. | XVIII. | 300 |
| | Premier discours prononcé dans la Diète d'Ausbourg par Martin du Bellay, Sieur de Langey. | XVIII. | 356 |
| | Second discours dans la même Diète. | XVIII. | 377 |

## LIVRE V.

| Années | Texte. | Tomes | Pag. |
|---|---|---|---|
| 1535 | Le Roi fait solliciter auprès de l'Empereur la restitution du Milanois, l'héritage des Enfans de France, & fait demander, mais sans succès, au Duc de Savoie, le passage sur ses terres. | XIX. | 1 |
| 1536 | L'Amiral Chabot force les ennemis au passage de la Doire; s'empare de Turin | | |

| Années | Texte. | Tomes | Pag. |
|---|---|---|---|
| 1536 | & de la plupart des Places du Piémont, pendant que l'Empereur continue d'amuser les Ambassadeurs de France par de belles promesses. | XIX. | 25 |
| | L'Empereur arrive à Rome, prie le Pape d'assembler le sacré Collège, & prononce en plein consistoire un long discours, où il déclame avec véhémence contre François I$^{er}$. | XIX. | 49 67 |
| | Les remontrances du Pape l'engagent à donner des explications à quelques points de sa harangue. | XIX. | 84 89 |
| | Le Roi reçoit une copie, mais infidelle, de ce manifeste. | XIX. | 85 |
| | Il y répond & adresse sa réponse au Pape. | XIX. | 122 |
| | Il l'envoie aussi au Roi d'Angleterre, qui lui fait part à son tour d'une lettre artificieuse que l'Empereur lui avoit écrite. | XIX. | 138 |

# DES SOMMAIRES.

## LIVRE VI.

| Années | Texte. | Tomes | Pag. |
|---|---|---|---|
| 1536 | L'Empereur assemble une nombreuse Armée destinée à chasser les François du Piémont, & à porter la guerre en France. | XIX. | 144 |
| | Antoine de Leve, l'un de ses Généraux, débauche le Marquis de Saluces du Service de France. Cause de la désertion de ce Seigneur. | XIX. | 153 246 |
| | Le Cardinal de Lorraine est envoyé à l'Empereur pour traiter de l'investiture du Milanois. | XIX. | 158 |
| | Remontrances pleines de fermeté qu'il ose faire à ce Prince. | XIX. | 173 |
| | Il vient rendre compte au Roi du succès de ses négociations. | XIX. | 176 |
| | Discours de Sa Majesté. | XIX. | 178 |
| | Ordres qu'Elle donne pour pourvoir à la sûreté de ses Etats & à celle de ses conquêtes en Piémont. | XIX. | 187 |
| | Elle envoie Langey en Allemagne pour y travailler à dissiper les faux bruits répandus par les Emissaires de l'Empereur. | XIX. | 200 |

| Années | Texte. | Tomes | Pag. |
|---|---|---|---|
| 1536 | Belle lettre de Langey aux Electeurs, Princes & Etats de l'Empire. | XIX. | 214 |
| | Siége mémorable de Foſſan; belle défenſe des François. | XIX. | 240 |
| | Ils obtiennent la capitulation la plus honorable. | XIX. | 263 |
| | L'Empereur arrive au camp, Il a recours à de nouveaux artifices pour tromper le Roi. | XIX. | 271 |
| | Les Légats du Pape viennent le trouver à Savillan. | XIX. | 287 |
| | Ses Généraux tâchent en vain de le détourner du deſſein qu'il avoit de conduire ſon Armée en Provence. | XIX. | 290 |
| | Il prononce une harangue aſſez ſemblable à celle qu'il fit à Rome. | XIX. | 296 |
| | Réflexions ſur les intelligences ſecrètes que ce Prince avoit en France. | XIX. | 311 |

# DES SOMMAIRES.

## LIVRE VII.

| Années | Texte. | Tomes | Pag. |
|---|---|---|---|
| 1536 | Le Roi ordonne qu'on fasse le dégât en Provence. | XIX. | 318 |
| | L'Empereur arrive à Saint-Laurent, premier Bourg de France, le 25 de Juillet, comme il étoit à pareil jour arrivé à Tunis. | XIX. | 321 |
| | Il profite de cette circonstance de tems pour haranguer ses Troupes. | XIX. | 322 |
| | Il marche avec une partie de son Armée vers Grasse, tandis que le Maréchal de Montmorency se fortifie dans le camp d'Avignon, & le Roi dans celui de Valence. | XIX. | 330 |
| | D'Humieres est chargé de pourvoir à la sûreté du Dauphiné. | XIX. | 333 |
| | Arles & Marseille sont mises en état de défense. | XIX. | 371 |
| | Le Maréchal fait démanteler Aix. | XIX. | 376 |
| | Imprudente entreprise de Montejean. | XIX. | 380 |
| | Déroute de Brignole. | XIX. | 382 393 |
| | Empoisonnement de Monsieur le Dauphin, attribué aux Généraux de l'Empereur. | XIX. | 408 420 |

| Années | Textes | Tomes | Pag. |
|---|---|---|---|
| 1536 | Les Impériaux s'emparent de Guise & viennent faire le Siége de Péronne. | XIX. | 417 |
| | Annebaut, Gouverneur de Turin, se rend maître de plusieurs Places en Piémont. | XIX. | 432 |
| | Le Comte Rangoné lève une nouvelle Armée pour la France. | XX. | 4 |
| | L'Empereur court risque de la vie. | XX. | 16 |
| | Il arrive à Aix, envoie reconnoître Arles & Marseille. | XX. | 15 |
| | Il envoie un Ambassadeur au Pape, & lui fait faire les offres les plus séduisantes pour l'engager dans la ligue d'Italie. | XX. | 6 |
| | Sage réponse du Pape. | XX. | 12 |
| | Le Dauphin obtient la permission de se rendre au Camp d'Avignon. | XX. | 59 |
| | Il assiste au Conseil tenu par le Maréchal, qui continue de suivre le plan de défense dont il étoit convenu avec le Roi. | XX. | 69 |

# DES SOMMAIRES.

## LIVRE VIII.

| Années | Texte. | Tomes | Pag |
|---|---|---|---|
| 1536 | Le Marquis Jean-Louis détenu prisonnier en France, est mis en liberté, & reçoit de Sa Majesté l'investiture du Marquisat de Saluces. | XX. | 80 |
| | Conseil tenu au Camp de Valence. | XX. | 84 |
| | Le Roi se rend à celui d'Avignon. | XX. | 88 |
| | Retraite de l'Armée ennemie. Combien elle souffre dans les chemins. | XX. | 89 |
| | La Gendarmerie & une partie de l'Infanterie Françoise, marche au secours de Péronne. | XX. | 93 |
| | Levée du fameux Siége de cette Place. | XX. | 97 |
| | Le Roi retourne à Lyon après avoir réparé les dommages que la guerre avoit causés en Provence. | XX. | 116 |
| | Il envoie une Ambassade en Angleterre. | XX. | 120 |
| | Fait procéder à la condamnation du scélérat qui avoit empoisonné M. le Dauphin. | XX. | 141 |
| | Mort du Maréchal de Fleuranges. | XX. | 148 |

| Années | Texte. | Tomes | Pag. |
|---|---|---|---|
| 1536 | Mariage de Madelaine de France, avec Jacques V, Roi d'Ecosse. | XX. | 148 |
| | Le Comte Rangoné met le Siége devant Gênes & échoue dans son entreprise. | XX. | 129 |
| | Les Impériaux lèvent le Siége de Turin, & on leur enlève plusieurs Places du Piémont. | XX. | 135 |
| | Burie essaye de surprendre Cazal, & est fait prisonnier. | XX. | 149 |
| 1537 | Procédures faites contre Charles V, par François Premier. | XX. | 153 |
| | Les Comtés d'Artois, de Flandres & de Charolois sont déclarés réunis à la Couronne de France. | XX. | 155 |
| | Prise d'Hesdin, de Liliers & de Saint-Venant par les François. | XX. | 161 |
| | Le Roi fait fortifier Saint-Paul. | XX. | 183 |
| | Les ennemis reprennent cette Place, se rendent maîtres de Montreuil. | XX. | 188 |
| | Ils assiégent Thérouenne & battent le détachement qui étoit venu le ravitailler. | XX. | 211 |

Trêve

## DES SOMMAIRES.

| Années | Texte. | Tomes | Pag. P |
|---|---|---|---|
| 1537 | Trève conclue pour la Picardie & les Pays Bas. | XX. | 218 |
| | D'Humieres se rend maître d'Albe ; fait fortifier Quieras, & est obligé de se retirer à Pignerol à cause de la mutinerie des Lansquenets. | XX. | 234 |
| | Ces Places sont reprises par le Marquis de Guast, qui vient bloquer Pignerol. | XX. | 247 |
| | Le Pas de Suze est forcé par le Maréchal de Montmorency. | XX. | 261 |
| | Le Dauphin recouvre la plupart des Places que les François avoient perdues. | XX. | 265 |
| | Il présente inutilement la bataille aux ennemis. | XX. | 269 |
| | L'on convient d'une suspension d'armes; elle est prorogée pour dix ans par la médiation du Pape. | XX. | 276 |
| | Le Maréchal de Montmorency est fait Connétable. | XX. | 280 |
| 1538 | Entrevue de l'Empereur & du Roi à Aigues-Mortes. | XX. | 285 |
| 1539 | Révolte de Gand. | XX. | 288 |
| | Passage de l'Empereur par la France. | XX. | 289 |
| | Grands honneurs qu'on lui rend. | XX. | 292 |
| | Mariage du Duc de Cleves | | |

Tome I.                                  B b

| Années | Texte. | Tomes | Pag. |
|---|---|---|---|
| 1539 | avec Jeanne d'Albret. | XX. | 296 |
| | Langey, par sa prévoyance & ses soins, fait succéder l'abondance à une affreuse famine qui désoloit le Piémont. | XX. | 299 |

## LIVRE IX.

| Années | Texte. | Tomes | Pag. |
|---|---|---|---|
| 1541 | Les honneurs extraordinaires rendus à l'Empereur lors de son passage en France, font perdre au Roi la plupart de ses Alliés. | XX. | 305 |
| | Rinçon & Frégose, envoyés en ambassade à Venise & à Constantinople, sont assassinés par ordre du Marquis de Guast. | XX. | 306 |
| | Ce Seigneur adresse un manifeste aux Etats de l'Empire, pour se justifier. | XX. | 321 |
| | Langey répond à ce manifeste. | XX. | 328 |
| 1542 | La guerre est déclarée à l'Empereur. | XX. | 356 |
| | L'Armée commandée par le Duc d'Orléans, s'empare de Damvilliers, d'Yvoi, de Montmédy & de Luxembourg; & | | |

| Années | Texte. | Tomes | Pag. |
|---|---|---|---|
| 1542 | bientôt après les ennemis reprennent ces mêmes Places. | XX. | 368 |
| | Le Dauphin est obligé de lever le Siége de Perpignan. | XX. | 369 385 |
| | Les François prennent Quieras & perdent Albe. | XX. | 391 |
| | Martin du Bellay se rend maître du Château de Carignan & de Barges. | XX. | 395 |
| | Annebaut est envoyé en Piémont pour y commander en la place de Langey, qui retourne en France. | XX. | 403 |
| | Mort de ce grand homme. | XX. | 406 |
| | Le nouveau Général échoue devant Côni & fait plusieurs fautes. | XX. | 409 |
| | Il est rappelé à la Cour. | XX. | 412 |
| | Révolte des Rochelois. | XX. | 414 |
| | Beau discours que le Roi leur adresse. Clémence de ce Prince. | XX. | 418 |
| | Martin du Bellay, Gouverneur du Piémont, découvre différentes entreprises formées sur Turin, & fait punir les traîtres. | XX. | 422 |
| | Le Duc de Vendôme ravitaille Thérouenne, prend Lilers & fait démolir cette Place. | XX. | 436 |

## TABLE GÉNÉRALE
## LIVRE X.

| Années | Texte. | Tomes | Pag. |
|---|---|---|---|
| 1543 | Siége d'Avênes entrepris & abandonné par les François. | XXI. | 4 |
| | Ils prennent Bapaume & Landrecy que le Roi fait fortifier. | XXI. | 8 |
| | Se rendent maîtres du Château d'Aimeries & de Maubeuge; mais ils font obligés de lever le Siége de Binche. | XXI. | 13 |
| | Le Comte d'Anguien assaye inutilement de surprendre le Château de Nice. | XXI. | 15 |
| | Siége de Landrecy par les Impériaux. | XXI. | 28 |
| | Brissac bat un de leurs détachemens. | XXI. | 36 |
| | Le Duc d'Aumale leur enlève plusieurs Châteaux. | XXI. | 41 |
| | Prise d'Arlon & de Luxembourg par le Duc d'Orléans. | XXI. | 42 |
| | Le Duc de Cleves fait sa paix avec l'Empereur. | XXI. | 52 |
| | Luxembourg est ravitaillé par le Prince de Melphe. | XXI. | 54 |
| | La garnison de Landrecy est rafraîchie, & l'Empereur est obligé de lever le Siége de cette Place. | XXI. | 57 |

| Années | Texte. | Tomes | Pag. |
|---|---|---|---|
| 1543 | Ruses auxquelles il a recours pour surprendre Cambray. | XXI. | 84 |
| | Prise de Nice par le Comte d'Anguien; mais il attaque inutilement le Château. | XXI. | 86 |
| | Le Marquis de Guast s'empare de Mondovi & de Carignan, & oblige Boutieres de lever le Siége d'Yvrée. | XXI. | 87 |
| 1544 | Fameuse bataille de Cérisoles gagnée par le Comte d'Anguien. | XXI. | 110 |
| | La conquête du Montferrat & de Carignan, est une suite de cette victoire. | XXI. | 143 |
| | Traité de l'Angleterre avec l'Empereur. | XXI. | 149 |
| | Prise de Luxembourg & de Ligny par les Impériaux. | XXI. | 154 |
| | Surprise d'Albe par le Comte d'Anguien. | XXI. | 160 |
| | Suspension d'armes pour l'Italie. | XXI. | 165 |
| | Fameux Siége de S. Dizier. Une trahison rend les Impériaux maîtres de cette Place. | XXI. | 166 |
| | Ils surprennent Epernay & Château-Thiéry. | XXI. | 191 |
| | Paix de Crespy. | XXI. | 193 |
| | Prise de Boulogne par les Anglois. | XXI. | 198 |

| Années | Texte. | Tomes | Pag. |
|---|---|---|---|
| 1544 | Ils lèvent le Siége de Montreuil. | XXI. | 200 |
| | Monsieur le Dauphin reprend la Basse Boulogne & la perd presqu'aussitôt. | XXI. | 202 |
| 1545 | Etrange exécution de Cabrieres & de la Merindole. | XXI. | 216 |
| | Descente en Angleterre, faite par le Maréchal d'Annebaut, sans aucun succès. | XIX. | 222 |
| | Construction du Fort d'Outreau. | XXI. | 240 |
| | Mort du Duc d'Orléans. | XXI. | 246 |
| | Les François ravagent la terre d'Oye. | XXI. | 253 |
| 1546 | Traité de paix avec l'Angleterre. | XXI. | 270 |
| 1547 | Mort de Henri VIII, suivie de près de celle de François I<sup>er</sup>. | XXI. | 275 |
| | Description des Magnifiques obséques faites à ce Prince. | XXI. | 278 |

*Fin de la Table générale des Sommaires & Chapitres.*

www.ingramcontent.com/pod-product-compliance
Lightning Source LLC
Chambersburg PA
CBHW050435170426
43201CB00008B/683